Hugo Pratt

La traversée du labyrinthe

Jean-Claude GUILBERT

Hugo Pratt

La traversée du labyrinthe

PRESSES
DE LA
RENAISSANCE

Ouvrage réalisé
sous la direction éditoriale de Victor LOUPAN

Si vous souhaitez être tenu(e)
au courant de nos publications,
envoyez vos nom et adresse, en citant ce livre,
aux Éditions des Presses de la Renaissance,
12, avenue d'Italie, 75013 Paris.
Et, pour le Canada,
à Interforum Canada inc.,
1055, bd René-Lévesque Est,
11e étage, bureau 1100,
H2L 4S5 Montréal, Québec.

Consultez notre site Internet :
www.presses-renaissance.fr

ISBN 2-7509-0162-6

Avertissement

Hugo Pratt était mon ami, et j'étais aussi le sien. Notre amitié a duré jusqu'à sa mort. Depuis, elle continue.

À défaut de se réclamer de l'écriture automatique chère aux surréalistes, Hugo Pratt disposait d'une excellente « mémoire automatique ». C'est pourquoi j'ai choisi de le citer souvent dans le texte. En effet, sont disponibles des ouvrages où il s'est longuement exprimé sur sa vie et sur son œuvre, ainsi que sur les sujets les plus divers s'y rapportant. Comme les livres auxquels je me réfère ont su garder son inimitable style parlé, j'ai entendu sa voix et son rire bien des fois en les consultant. Ainsi les anecdotes, histoires, récits et autres points de vue reproduits dans mon livre me furent pour la plupart racontés par lui-même en termes joyeusement similaires.

Par les notes de bas de pages, je renvoie systématiquement aux ouvrages cités, afin que le lecteur désireux de remonter à certaines sources puisse le faire le cas échéant.

Cette traversée du labyrinthe nous entraîne sur les pas d'Hugo Pratt et dans son monde des fables. Cinq parcours et mille et un détours nous y mènent.

Bonne route !

J.-C. G.

« Même si le monde était un labyrinthe, nous ne pourrions le traverser sans respecter certains parcours obligés. »

Umberto Eco, *Les limites de l'interprétation*

I

Le parcours des ombres

1
Le rêve du volcan éteint

Raconter Hugo Pratt, c'est le voir comme dans un rêve. Comme dans un songe ! Il le disait lui-même : « La vie est un songe », en parlant du drame de Pedro Calderón de la Barca, livre qu'il avait lu dans la pampa[1]. Mais hâtons-nous, car nous engager sur les traces du maestro est un long voyage.

Or donc, commençons par un rêve.

Ce rêve, je l'ai fait, alors que la mort rôdait du côté de chez lui, en Suisse. Dans les vignes. Sur les coteaux de Grandvaux qui dominent le lac Léman. Là où il avait rangé ses trente mille livres, dans une grande maison cachée devenue sienne ; et sans lui devenue vide.

Avait-elle terminé sa ronde, ou s'apprêtait-elle à la faire, l'ultime faucheuse, en cette période avancée des vendanges ? Cela se passait deux ou trois nuits, pas plus, juste avant ou juste après son dernier souffle. Je ne sais plus. L'ai-je déjà su ? J'étais tellement troublé. Je le suis encore.

C'est pendant les grandes vacances de la fin de l'avant-dernier lustre du siècle passé qu'Hugo Pratt s'en alla pour toujours : le 20 août 1995. Un dimanche, jour de repos, à 17 heures. Ce moment-là s'imposa comme notre rendez-vous dicté. Le seul dont nous nous serions bien passés, tout en

1. Pedro Calderón de la Barca (1600-1681). *La vie est un songe* est considéré comme le dernier grand chef-d'œuvre du théâtre de l'âge d'or espagnol. Calderón, homme de guerre et mystique, a été surnommé « le poète du ciel ». On l'a aussi parfois appelé « le poète de l'honneur ».

sachant que nous ne pouvions y échapper, même en y ajoutant quelques brins pour le tirer à la courte paille.

Quelle explication donner à cette incertitude de date concernant le rêve annoncé ? Au fond, je crois que c'est bien pour notre histoire. Pour notre amitié. Pour le mystère qui nous unissait. Ça correspond. Comprendrai-je un jour qui a soudoyé ma tête pour occasionner ce vide, et pourquoi ma mémoire a du jeu ? Pour l'heure, je me résigne à l'idée de me heurter à une sorte de droit de passage pour la traversée du sommeil au réveil. Une taxe de restitution du rêve, payable par l'oubli de la date où il se produisit.

Une certaine – et mémorable ! – nuit...

... Cette nuit-là, nous sommes, Hugo et moi, au creux d'un volcan éteint. Il fait jour. Apparemment, il n'y a personne d'autre que nous. L'endroit est plutôt de forme carrée que ronde. C'est un volcan peu profond, mais haut perché et fermé par des rochers dressés. Une caverne est incrustée dans un des côtés de la paroi formant muraille. Son ouverture est immédiatement repérable derrière nous. Elle attire par sa largeur, mais l'attirance provient également d'un étrange besoin de pénétrer à l'intérieur.

Est-ce à cause du recul, ou est-ce parce que ce rêve s'est d'emblée présenté à moi comme peu ordinaire, que j'ai aujourd'hui le sentiment d'avoir songé, à ce moment-là, que nous connaissions les lieux depuis longtemps et que nous nous y trouvions pour y accomplir une tâche précise ou pour y jouer un rôle déjà attribué à chacun ? Dans un rêve, tout est permis. Nous étions simplement là, en plein jour, dans cette citadelle naturelle. Forteresse minérale occupée seulement par nous deux.

On accède au volcan par un éboulis de roches, pentu au maximum, et par une faille très étroite que je situe à gauche de la caverne. Je n'ai pas l'appréciation réelle des difficultés d'accès, parce que nous sommes bel et bien sur place, dans le volcan, à ciel ouvert, depuis le début de mon rêve.

Au milieu coule une rivière à fort débit. Elle sort de la barrière rocheuse pour suivre son lit creusé dans le volcan. Vers où la rivière s'en va-t-elle ? Le rêve ne le montre pas. Peut-être s'en est-elle allée vers ce coin perdu, destination imaginaire, dont je possède l'original sur une carte postale ramassée dans un grenier.

Hugo est d'un côté de la rivière et moi de l'autre. Quelques mètres seulement nous séparent. Un champion pourrait presque franchir la rivière d'un bond, puisque tout est réduit en dimension. Comme pour nous offrir l'apparence d'une mesure à l'échelle humaine. Comme pour nous donner l'impression d'une tranquillité. Comme si le rêve voulait rester conforme à l'idée simple du paradis sur terre. Mais quelque chose me dit que le rêve cache son jeu. Je sens poindre une certaine nervosité chez Hugo que je n'ai pas quitté du regard sur l'autre rive. Je sais qu'il n'en pense pas moins à mon sujet.

Nous sommes sans bagages apparents. En règle générale, on a chacun son sac. Je porte le mien sur le dos. Hugo porte le sien à l'épaule. Pas de sacs dans le rêve !

Dieu, que ce rêve est précis ! Il me pousse à l'être moi-même pour une raison qui m'échappe. Ici, mon imagination n'a pas sa place. On est loin des inexactitudes géographiques placées çà et là, de façon délibérée, par Hugo Pratt dans son œuvre, pour mieux la coder. Pour mieux nous désorienter...

Soudain, un violent orage éclate. Tombe drue la pluie !

À toute vitesse, les eaux de la rivière montent. Le flot accélère son emportement et se fait rageur. La crue se profile.

Dans le ciel claquent des éclairs à répétition. En quelques instants, le paysage est bouleversé. La possibilité d'une fatalité nous coupant l'un de l'autre se dessine.

Je m'entends encore crier : « Hugo, dépêche-toi ! » Et de le voir plonger sans hésiter. En quelques mouvements, il m'a rejoint. Il a toujours été à l'aise dans l'eau. J'ai des souvenirs de baignades en mer Rouge et dans l'océan Indien avec lui. Il nageait très bien. Il aimait ça. Et ses personnages ne manquaient jamais une occasion de se jeter à l'eau. Comme nous dans la vie. Nous sommes trempés et joyeux sous l'averse. Que grondent les eaux et tonnent les cieux, on s'en fiche. Le rire nous a gagnés. C'était souvent le cas lorsque nous étions ensemble. Comment souvent ? Tout le temps, tu veux dire ! Tu veux rire ! La pluie continue. La joie demeure.

On a eu chaud, maintenant on a froid.

« Viens, je vais allumer le feu », suggéré-je.

Nous courons nous abriter dans la caverne d'à côté. L'ouverture de l'excavation est comparable à la taille d'un homme debout, la main hautement levée vers le ciel, comme la longueur donnée à la canne des maîtres d'œuvre, bâtisseurs de cathédrales. Est-ce une canne de cet ordre, une perche, une gaffe, une branche légère bien droite et bien élaguée, ou encore un long bâton sans signification apparente dont je me saisis ferme après que le feu ait pris ?

Alors que dansent les flammes et qu'une dense fumée nous enrobe, je dis à Hugo, mon bâton pointé au-dessus du foyer : « Je vais dégager le conduit au-dessus, sinon nous allons être enfumés ! » Ah ! le charme des rêves tant qu'ils ne tournent pas au cauchemar ! Et me voilà en train de ramoner un vague trou bouché dans la voûte à la verticale du feu. Ce bon feu qui nous sèche et qui nous réchauffe.

Je m'active avec beaucoup d'énergie. Hugo est goguenard et serein. On ne se le dit pas, mais on est bien dans notre caverne. Je touille le plafond et cela ne m'empêche nullement de savourer ce moment. Il m'en rappelle d'autres en sa compagnie, quand les rôles étaient inversés : lui préparant le repas et moi tranquille à attendre qu'il soit prêt. J'en vécus pas mal, de ces moments-là, en voyage ou dans sa grande maison. En cet instant, je me revois dans son atelier de Grandvaux, en 1992, ma main posée sur son épaule, singeant la posture de l'amitié, alors qu'il envisageait déjà sa mort ; et moi à son côté qui ne l'imaginait même pas !

À nos pieds, le foyer vire au bûcher. Je m'écarte des flammes pour continuer de porter mes assauts à la pointe de mon bâton et sur la pointe des pieds. Hugo se déplace en souriant pour ne pas me gêner. Je l'ai un peu perdu de vue durant cette scène.

Après plusieurs tentatives pour déboucher l'orifice au-dessus du feu, je constate qu'il est obstrué par de la terre, des feuilles, des pierres, des os et de vagues résidus floraux échoués là au fil du temps. Pourvu des échantillons que je viens d'énumérer, l'ensemble forme un bouchon, qui commence sérieusement à bouger sous la pression de la pluie à l'extérieur et de mes coups de bâton répétés à l'intérieur.

Je sens que le tout, en s'effritant de plus belle, est sur le point de céder, en passe de nous éclabousser et de choir dans le feu. Je ne suis pas sûr d'avoir lancé à Hugo : « Attention ! » C'est alors qu'une pluie d'or s'abat sur moi. Des pièces de monnaie étincelantes qui me tombent dessus. Comme une douche, à l'unisson de l'orage, au-dehors.

Sur ce, je me réveille.

Le rêve est fini.

Il n'a pas duré assez longtemps pour me permettre de connaître la réaction d'Hugo face à la situation. Et lorsque j'entends son rire (en fait, assez souvent), je me demande à chaque fois s'il ne provient pas de la caverne du volcan.

Je n'ai pas eu le temps de saisir une seule des pièces d'or au vol, pour en évaluer la valeur. Mais surtout…

… pour jouer à pile ou face, avec lui, la suite de notre histoire.

2
Pluie de grenouilles et de souvenirs

Il était une fois une très belle sorcière vivant dans une grotte au bord d'une rivière qui aperçut un chercheur d'or se diriger droit vers elle sans peur, un jour de pluie. Contre toute attente, elle lui ouvrit ses bras. Hélas ! un ancien sortilège liait la femme à la mort dès lors qu'elle offrirait son cœur. Avant que sa destinée ne s'accomplisse, au bout de quelques nuits, la sorcière eut le temps de glisser à l'oreille de l'homme aimé : « Une grenouille connaît l'emplacement de l'or qui t'est destiné ; elle se présentera un jour à toi pour te désigner l'endroit. »

La sorcière mourut dans ses bras. Depuis qu'il l'avait enterrée, le chercheur d'or était inconsolable. Quelque temps plus tard, un orage éclata et une pluie de grenouilles lui tomba dessus[1]. L'une d'elle se blessa en arrivant au sol. Elle s'adressa à lui en ces termes : « Prends soin de moi. Dès que je serai guérie, je te montrerai l'emplacement de l'or. »

Les jours passèrent et, bien soignée, la grenouille se rétablit. Elle dit au chercheur d'or, toujours aussi triste et désespéré : « Demain, tu viendras avec moi. Tu prendras le chemin conduisant à l'or qui te revient. »

1. La pluie est universellement associée au symbole de la fertilité et, par extension, à un don du ciel. C'est en se transformant en pluie d'or que Zeus ensemença Danaé pour qu'elle enfante Persée. Mais que dire de la grenouille ? Nous retiendrons qu'elle est partout liée à l'eau et qu'elle attire la pluie. Les Japonais la considèrent comme une protectrice des voyageurs ; les Français la mettent dans leur assiette !

Dans la nuit qui suivit, la sorcière le visita au cours d'un rêve : « Demain, tu m'attendras, je serai de nouveau et pour toujours auprès de toi, comme si je n'avais jamais quitté cette terre. »

Confronté à un tel choix, l'homme comprit qu'il lui fallait dormir et attendre l'aube pour trancher.

Dès les premières lueurs du jour, la grenouille fit des bonds et des bonds au bord de la grotte afin de marquer son impatience de servir de guide, sans plus attendre, sur le chemin de l'or.

L'homme, on ne peut plus perturbé par son rêve de la nuit, lui annonça :

— Nous ne partirons pas aujourd'hui, parce que j'attends, ce jour même, la visite la plus précieuse de toute ma vie.

— C'est aujourd'hui ou jamais que tu dois me suivre sur le chemin de la fortune ! rétorqua la grenouille en sautant comme une folle de la mousse à la pierre, de la rosée à la rivière, des fleurs aux ronces...

La fable s'attarde sur les détails, mais ne raconte pas clairement la suite. Elle laisse seulement supposer que le rêve trouva son accomplissement.

Mais quel rêve et pour quelle conclusion ?

Celui de la femme retrouvée, ou celui de l'or donné ?

La fable laisse entendre que la grenouille peut se changer soit en femme, soit en tas d'or, selon l'intensité de la passion éprouvée par la personne touchée par le sortilège.

D'autres versions de cette histoire existent, qui varient selon l'interlocuteur du moment et le lieu où l'on se trouve. Cela dépend, m'avait dit Hugo, du quartier de lune sous lequel la fable est écoutée. Dans sa version, la grenouille disparaît aussitôt exprimé le refus du chercheur d'or[2].

---

2. Avec son livre *La célèbre grenouille sauteuse de Calaveras* (1865), Mark Twain obtint la célébrité. Il avait réussi à élever une histoire drôle, racontée dans le milieu des chercheurs d'or, au rang de légende. Sa grenouille, championne de saut en longueur, se fit battre par une grenouille concurrente parce que son propriétaire avait triché en remplissant la gueule de la grenouille du héros de Twain de limaille de plomb. La métaphore, au pays des chercheurs d'or, fut appréciée à sa juste valeur.

Cette fable, on me l'a transmise – « soufflée ! » – sous la lune, près de Djibouti, au moment des fêtes de Noël et du nouvel an, fin 1985. Dès cette époque, Hugo et moi avions des souvenirs en commun. Cela faisait déjà cinq ans que nous mettions à l'épreuve notre amitié en voyageant ensemble dans la région. Cette fois, il n'était pas avec moi. J'étais perdu, au sens affectif. Pas à cause de son absence. À cause d'un changement crucial dans ma vie sentimentale, qui exigeait que je la modifiasse d'un trait. Cela impliquait que je lui en parlasse dès que possible. Ce que je fis, mais plus tard que prévu.

Alors que j'étais seul sous l'œil malicieux de la lune, le feu que j'avais allumé au bord de la mer me servit à brûler des affaires très personnelles (en fait, des papiers). Pas vraiment un feu de joie. Des babouins aux terribles mâchoires, cantonnés là, montaient la garde. Ils me connaissaient bien. Sans doute aussi leurs cousins d'Éthiopie leur avaient-ils fait savoir qu'Hugo Pratt les avaient dessinés plus vrais que nature. Au cours de ces séances de croquis pris sur le vif, j'étais souvent à côté de lui à faire comme eux : veiller alentour.

Alors que mes papiers n'étaient plus que cendres, alors que l'ombre de la nuit gobait une à une les ombres du jour finissant, y avait-il, parmi les nombreux singes protecteurs qui faisaient le guet avec bienveillance, des géladas[3] venus des lointaines montagnes éthiopiennes du Simien ou du Balé ? Ces cynocéphales arborent sur leur poitrine une tache de peau rosée en forme de cœur, qui enfle et rougit chez les femelles en période de rut. *Ch'elada* veut dire « babouin au cœur saignant ». Leur présence m'aurait convenu. Elle aurait conforté mes propres stigmates non apparents du cœur qui saigne... Le cri du gélada est proche de celui de l'homme. Il m'avait semblé l'entendre alors que j'étouffais le mien.

Aux temps pharaoniques, les babouins servaient de chiens policiers. En plus efficace, sans qu'il fût besoin de les tenir en

3. Le gélada est un parent du babouin.

laisse ou de faire des simagrées[4]. Quant à la justice expéditive confiée aux bons soins des animaux, elle était plutôt l'apanage des serpents.

Ainsi, c'était bien sous la protection de singes guetteurs, de singes sentinelles, ou singes policiers, voire de singes pénitents au cœur flamboyant – comme celui brodé sur la cape des chevaliers de l'ordre du Sang du Christ-Roi, et comme celui du Christ lui-même montrant son cœur, peinture largement reproduite par les artistes éthiopiens – que je méditais la fable. Quel titre lui donner ? *La grenouille qui voulait se faire aussi grosse qu'un tas d'or* ou bien *La grenouille aussi belle qu'une femme en or* ? Du Jean de La Fontaine ! Non, plutôt une fable à la Ésope, car c'est à lui, l'esclave affranchi, bègue et difforme, que nous devons *Les grenouilles demandant un roi.* De plus, des travaux récents tendraient à démontrer que le génial fabuliste, sur qui on ne sait à peu près rien, était du coin. Sans certitude, on l'a le plus souvent fait naître en Égypte, au VIe siècle avant J.-C. Va pour l'époque, mais pour le lieu, son bulletin de naissance flotterait plutôt du côté des sources du Nil Bleu que du côté de la Méditerranée.

Les ibis, lors de la crue saisonnière du Nil, se délectaient de grenouilles en quantité quand nos batraciens pullulaient sur les rives du fleuve. Et quand, appelées par le bâton d'Aaron, obéissant aux ordres de Moïse, les grenouilles se font si nombreuses qu'elles finissent en monceaux pourrissants pour former la deuxième plaie d'Égypte, elles se contentent de n'être qu'un des signes annonciateurs de la colère de Dieu contre le pouvoir de Ramsès II. Pour que Pharaon cédât, il faudra attendre que sonne l'heure de la dixième plaie d'Égypte – celle condamnant à mort tous les premiers-nés, ceux du roi, des hommes et des bêtes, excepté les Israélites que le fléau ne touchera pas afin qu'ils puissent sortir d'Égypte avec Moïse grâce au sang marquant leur porte.

4. Le babouin est le scribe divin de l'ancienne Égypte. Faire de lui un supplétif de la police, c'est donner priorité à ses crocs. Regardons-le plutôt comme le créateur de l'écriture, tel que les Aksoumites l'imaginaient. Il existe un très bon livre sur la vie des babouins, tout à la fois récit d'aventures et enquête scientifique : *Voyage chez les babouins*, par Shirley C. Strum, coll. « Points sciences » éd. du Seuil, 1995.

Et pourtant, Pharaon savait ! L'ibis, friand de grenouilles, avait donné sa tête d'oiseau sacré à Thot, le dieu du Savoir à la tête pleine. Et Thot nous conduit à Hermès, le messager des dieux, par ailleurs guide des voyageurs, patron des marchands et chef céleste des voleurs, lui-même assimilé plus tard au Mercure des Romains et ensuite au métal blanc de la tradition alchimique. Des familles juives étaient restées malgré la crainte et l'exode. Elles formeront la seconde vague, celle de l'autre sortie d'Égypte. Ce sont leurs descendants qui feront le royaume de Saba, et leur reine Makeda enfantera Ménélik 1er, le fondateur de l'Éthiopie salomonienne[5]. J'imagine Hugo confronté au besoin de parler d'un tel sujet par goût du jeu des connaissances éclatées – et, pour moi, seulement picorées dès lors que je m'affuble du masque de Thot ! Pas une seule fois suis-je sorti d'une conversation avec lui sans éprouver le sentiment que j'en savais un peu plus grâce à son incroyable érudition.

À ce stade de notre récit, alors qu'un souffle indicible nous a fait perdre l'entrée du labyrinthe, une porte a claqué. Hugo Pratt aimait à nous prévenir que chacune des sept portes de la connaissance donnait sur sept nouvelles portes. Cela en faisait donc quarante-neuf à franchir dès le premier passage et derrière chacune de ces nouvelles portes, on en trouvait à nouveau sept, qui elles-mêmes, etc.

À chaque fois que l'on cogne à une porte de la connaissance, son écho résonne sans jamais cesser. Mais voilà que des ombres nous assaillent. Les « ombres portées » seraient-elles elles-mêmes porteuses de souvenirs ?

Quand nous voyagions dans la corne de l'Afrique en saluant d'un geste de la main les nomades dominateurs et les babouins scrutateurs, nous photographions l'ombre de

---

5. Aussi désignée, au Yémen, comme étant Balkis, reine de Saba, Makeda, la reine éthiopienne du royaume de Saba, serait la même personne puisque à son époque (xe siècle avant J.-C.) le royaume de Saba occupait les deux rives de la mer Rouge. La seconde sortie d'Égypte est une théorie largement développée par les spécialistes. *Makeda ou la fabuleuse histoire de la reine de Saba*, par Jakoub Adol Mar, Michel Lafon, 2001, en offre une intéressante illustration romanesque ; de même que *La reine de Saba*, roman de Jacqueline Dauxois, éd. Pygmalion/Gérard Watelet, 1999.

l'autre comme pour nous glisser discrètement dans nos histoires. Les siennes en phase d'exécution, les miennes en période de gestation.

Le portrait masqué de terrain, voire l'autoportrait voilé (du style sans visage et sans décor précis), nous convenait au cours de nos randonnées. Lui parti, j'ai gardé l'habitude de cette pratique spéciale du portrait. Est-ce parce qu'une telle mesure est sans conséquence sur le cadrage de notre âme ?

Voyager en solitaire, ou avec une escorte sans rencontrer personne hormis d'autres ombres aperçues au loin, Hugo et moi aimions ça. C'est pourquoi nous pouvions si aisément voyager ensemble avec nos souvenirs. Ceux de notre vie et ceux de nos lectures. Entre l'école buissonnière et les cours du soir. Entre la curiosité et la méticulosité. Entre le carnet de bord et le journal intime. Entre la rusticité et la préciosité… Il y a une expression que j'aime pour en résumer l'ensemble : de la poussière des archives à la poussière de nos pas. Mais notre méthode préférée était la pédagogie de l'expérience. Pas les leçons de choses, les leçons de gens ! On comparait nos vies. Par exemple, quand je suis né, en France, en 1942, lui avait 15 ans et il était prisonnier à Dirédaoua, en Éthiopie, ville que je connais bien, ville natale de ma femme, née, elle, en 1961. Elle était bébé quand j'étais soldat. Il débarquait en Argentine quand j'avais l'âge de raison. Un coucou suisse trônait dans le salon de ma belle-famille éthiopienne bien avant que lui-même n'aille faire son nid du côté de Lausanne. Et ainsi de suite…

Tout, pour nous, était prétexte à des histoires.

Vraies ou fausses ?

Les deux, bien sûr !

Le tour des histoires fausses qui ont l'air vraies viendra, mais l'histoire qui suit est vraie, bien qu'elle ait l'air fausse :

Un jour – un jour de pluie, non loin de l'endroit où Hugo finira ses jours et où il repose, à Grandvaux –, alors que je n'avais pas encore 20 ans et lui pas loin de 35, et alors que je passais mes dernières vacances avant celles de l'âge adulte, j'ai vu une pluie de grenouilles. Quand je dis « j'ai vu », j'étais en plein dedans. Non, je ne délire pas ! Nous étions trois. Des dizaines et des dizaines de grenouilles vertes nous sont tombées sur la tête. Ça se passait à flanc de montagne, sur une route du canton de Vaud. Nous roulions, mon frère un peu plus jeune et moi, en voiture décapotable, la capote restée pliée à l'arrière, les sièges trempés, passagers peu soucieux des intempéries, dans une MG conduite par une dame. Pas une grande dame ! La femme d'un garagiste dans le Rhône. Tous les trois, on jouait aux riches en Suisse : deux adolescents au visage encore enfantin et une adulte aux gestes caressants. Sous la pluie. Sous une pluie de grenouilles !

Grenouilles pour grenouilles, je n'ai jamais réussi à me moquer des grenouilles de bénitier. L'effervescence charnelle dans laquelle la femme du garagiste me mettait en m'indiquant comment passer les vitesses ne m'empêcha jamais de faire mes prières. Les très nombreux émois du corps qui toujours m'envahiront, quel que soit l'état de mon âme du moment confrontée à ma propre vision des cieux, me confirmeront que le *Kâma Sûtra* et le *Cantique des cantiques* pouvaient faire bon ménage.

De ces vacances, je retins surtout que les Suisses disent « il *pleige* » quand la neige tombe en pluie ; ce qui n'était pas le cas le jour des grenouilles. Rétrospectivement, cette virée en Helvétie – qui n'était pas la première et sera loin d'être la dernière – s'avérera à mes yeux l'un de ces petits riens qui font figure de rites de passage et qu'Hugo Pratt aimait détourner pour les placer dans ses histoires. Entre la montagne aux grenouilles sous la pluie et le rocher aux singes sous le spleen, quelle est l'anecdote qui le faisait le plus sourire ? La réponse est dans le ciel ; à moins qu'elle ne soit dans un album !

C'est par les travaux de recherche historique entrepris par Hugo alors qu'il dessinait *Les Helvétiques*, en 1987, que j'appris que lord Byron, en franchissant le Simplon entre le Piémont et le Valais, en 1916, avait fait la remarque suivante : « Dieu et l'homme y ont fait des miracles, pour ne rien dire du diable, qui a certainement mis la main (ou le sabot) à quelques rocs ou quelques rochers que la route enjambe ou grimpe[6]. »

Le poète anglais excentrique, descendant d'une branche d'une vieille famille normande, les Buron, mort à Missolonghi, en Grèce, dans les fièvres et les querelles avec les patriotes locaux, avait bien perçu la Suisse ésotérique, secrète, démoniaque, légendaire, arthurienne, qui sert de décor aux *Helvétiques*. Ainsi, dans l'album, le professeur Jeremiah Steiner et l'écrivain Hermann Hesse se retrouvent-ils pour participer à un congrès d'alchimistes à Sion, tandis que Corto Maltese vit sa vie par le biais du rêve en quête du Graal. Du Saint-Graal ou du Saint-Rêve ? Dans cette histoire, la mort, déjà, rôde. Elle traîne du côté de chez lui, dans le canton voisin. Corto s'en prend à la mort pour préserver la vie d'Hugo. Il réussit donc à lui échapper. Corto Maltese a prêté ses jambes à Hugo Pratt. Il lui devait bien ça, puisque ce dernier lui avait fourni

6. Hugo Pratt, *Les Helvétiques*, album en couleurs, Casterman, 1988. Dans cet album, publié directement en couleurs (le onzième et avant-dernier des aventures de Corto Maltese), figure le passage cité de George Gordon Noel Byron, extrait du texte de présentation écrit par Hugo Pratt, p. 6.

sa dégaine. Nous nous rendîmes à Sion avec Hugo. Il paraît qu'il y règne un microclimat.

Une histoire de voisinage et de cousinage, avec l'auteur du *Chevalier Harold*[7] comme protagoniste, se passe en cette même année 1916 – celle du passage du Simplon et du passage cité –, après que Lord Byron eut quitté l'Angleterre pour toujours. Les membres de sa fameuse petite bande d'enfants chéris du romantisme, tous extravagants et ombrageux, sont installés chez lui, villa Diodati, sur les bords du lac Léman. Ils organisent un tournoi littéraire[8]. Y participent, autour de Byron : John William Polidori, jeune médecin dépressif qui se suicidera à l'âge de 26 ans, le poète Percy Bysshe Shelley qui a déjà écrit *La reine Mab* et *Alastor ou l'esprit de la solitude*, Mary Godwin – qui deviendra Mme Shelley –, enfin Claire Clairmont, la demi-sœur de Mary – leur père est l'écrivain William Godwin. Ils sont donc cinq participants. Les deux poètes, Byron et Shelley, rebutés par la nécessité d'utiliser la prose, abandonnent tout de suite. Polidori se contente d'imaginer une femme dont le visage s'est transformé en tête de mort

---

7. Lord George Gordon Noel Byron, (1788-1824). Son *Chevalier Harold*, sorte de guide du voyageur romantique, long poème composé en stances et divisé en quatre chants, fut publié en trois livraisons, de 1812 à 1818. Cette trilogie poétique de Lord Byron eut un énorme succès – par les descriptions de l'histoire des pays traversés par son auteur, ainsi que par l'évocation des sentiments qui lui traversaient l'esprit. La phrase reprise par Hugo Pratt est tirée du troisième chant (1816).

8. Francis Lacassin, « Byron ou le vampire malgré lui », *in Mythologie du fantastique. Les rivages de la nuit*, éd. du Rocher, 1991, p. 64-69.

à force d'avoir regardé par le trou d'une serrure. Claire laisse faire sa demi-sœur ; et c'est Mary qui gagne le tournoi. Faute de combattants, mais pas faute de talent ni d'hérédité, car elle vient d'écrire *Frankenstein ou le Prométhée moderne*, qu'elle publiera, en 1918, sous son nom de femme et d'auteur, Mary Shelley Wollstonecraft[9]. Le rôle du monstre sera joué au cinéma par Boris Karloff, de son vrai nom Charles Edward Pratt. Un lointain cousin d'Hugo.

Dans sa maison, à Grandvaux, par la grande baie vitrée, il m'arrivait souvent de suivre pendant la nuit les lumières des bateaux et des voitures, baignées par le lac Léman. Surtout durant les dernières années, entre 1988 et 1994, et particulièrement en 1992, l'une de nos plus belles années, alors que les siennes étaient comptées. Il s'en doutait un peu, moi pas du tout. On se voyait tout le temps avec un bon prétexte. On préparait la relance du magazine *Corto Maltese*. Les cent vingt-huit pages inédites de la maquette ne sont pas dans un coffre en Suisse. Elles sont sous bonne garde – tout comme l'était ma personne grâce à la troupe de mes babouins protecteurs, quand je n'étais plus que l'ombre de moi-même en train de remuer, avec mon bâton, les cendres de mon feu en bord de mer. Un foyer où ne se consumait pas mon passé, contrairement aux usages, mais où couvait mon devenir. Je pense à ce moment précis de mon existence à Djibouti, fin 1985, alors que je suis en Suisse début 1992. Hugo travaille, enfermé dans son grand atelier du bas. Je suis installé dehors, sur la terrasse ; et ce sont bien ces satanées lueurs formées par les phares sur la route, enlacées aux lueurs des feux sur le lac Léman, qui m'ont transporté sept ans en arrière, en ce lieu retiré du golfe de Tadjoura, où je m'étais volontairement isolé pour réfléchir, décider et foncer.

L'endroit me servait de planque. C'était une crique dont l'accès par terre était camouflé et l'accès par mer caché. Très peu de personnes de mon entourage connaissaient son exis-

9. Mary Shelley Woolstonecraft (1797-1851). Elle s'éprit du poète romantique anglais Percy Bysshe Shelley dès qu'ils se rencontrèrent et se laissa enlever par lui. Ils se marièrent deux ans plus tard, après la mort de la première femme de Shelley. Leur histoire de couple fait partie de l'histoire de la littérature.

tence. Quatre d'entre elles seulement étaient capables de localiser son emplacement. Un jour, un chameau s'est avancé sur les sables mouvants (mon autre protection !) et il a mis des heures et des heures à s'enfoncer sans que ni les babouins ni moi ne puissions agir ou prévenir, car l'endroit devait impérativement rester secret. Même Hugo ne le connaissait pas. Je ne l'ai jamais entraîné dans mon terrain vague africain visible de nulle part. Le décor du volcan éteint symbolisait-il un emplacement concurrent encore plus inaccessible, auquel mon cher camarade du rêve aurait eu accès ?

Ma cache dans la nature se trouve à quelques heures à pied, dans la caillasse, d'une plage fréquentée par les Djiboutiens et les militaires français cantonnés dans le pays. Pas question que j'en dise davantage. On n'est plus dans un rêve.

Je suis seul dans mon coin, quelque part en république de Djibouti, le dos tourné à la mer. Le feu qui est en moi brûle plus fortement que le foyer que j'alimente depuis des heures et qui tout juste me réchauffe sans pour autant que j'en aie besoin. Hugo, de son côté, est sans doute à Grandvaux. En fait, il en est au début de sa période helvétique : les douze dernières années de sa vie (1984-1995). Sa douzaine ultime. Un panier bien rempli ! Un coffre bourré à ras bord de trésors qu'on est loin d'avoir fini d'inventorier. Sa grande maison bibliothèque, qu'il aménagera au fil du temps et dont je suivrai toutes les modifications, lui sert surtout, à ce moment-là, de base arrière pour une succession de voyages. C'est bizarre, nous étions lui et moi, durant cette période, à un tournant très important de notre vie. C'est même à cette période de l'année 1985 en passe de se terminer que la chronologie de la vie et des aventures de Corto Maltese s'achève ; cette dernière rédigée simultanément par Dominique Petitfaux et Michel Pierre. L'un et l'autre, avec l'accord et la contribution du maître, viennent de boucler deux tentatives d'explications biographiques savantes, heureuses et bien argumentées qui paraissent et se complètent, en février 1986. Dans la revue spécialisée *Le collectionneur de bandes dessinées*, pour ce qui concerne le travail de Dominique Petitfaux ; dans le magazine *Corto*, pour les textes de Michel Pierre, publiés sous forme de feuilleton, avec *L'enfance* : *1887-1900* comme premier épisode. L'ensemble donnera l'album *Corto Maltese. Mémoires*, qui paraîtra deux ans plus tard ; de son côté, l'article de Dominique Petitfaux nourrira les futurs livres de référence sur Hugo Pratt, connus des spécialistes[10].

Ainsi, Hugo venait d'en finir avec le problème identitaire de Corto Maltese. Grâce à une double délégation biographique autorisée. Son personnage mythique avait trouvé sa légitimité. Quant à moi, j'avais tout réglé pour recommencer ma vie en m'étant penché sur mon sort et en l'ayant conjuré à ma façon.

Quand nous nous retrouvâmes, fin 1985, Hugo était joyeux. Je lui racontai dans l'ordre mes derniers voyages précipités : Djibouti près de mon feu, le Yémen du Sud en feu et l'Australie des feux de camp d'où je revenais avec quelques pépites d'or. Nous évoquâmes l'énorme succès de l'exposition qui lui était consacrée au Grand Palais et que j'avais visité auparavant avec Amaretch, nouvelle venue dans la bande. Nouvelle venue dans ma vie ; et aussi, en tout bien tout honneur, dans celle d'Hugo à la fleur de l'âge ! En tant qu'Éthiopienne, elle lui rappelait sa jeunesse et, à elle seule, affirmait-il malicieusement, elle figurait toutes les jeunes filles d'Abyssinie qu'il avait connues quand il vivait là-bas, entre 1937 et 1943. Une certaine Mariam lui avait laissé un souvenir bien particulier. Il ne faut pas la confondre avec Fala Mariam, princesse abysinienne mariée, en 1918, à Rhomah, le frère de Cush, lui-même grand ami mahométan de Corto. Elle fuira son domicile conjugal de la brousse au bout de deux ans. De confession chrétienne, elle avait tenu bon en refusant d'abjurer sa religion ; de plus, pour aggraver son cas, elle n'avait pas donné d'héritier à son cher guerrier danakil de mari[11]. Le tout début de cette histoire est raconté dans *Les Éthiopiques*.

« Votre situation n'est pas la même ! » me dira Hugo.

---

10. *Corto Maltese. Mémoires*, texte de Michel Pierre, aquarelles et dessins d'Hugo Pratt, Casterman, 1998. Hugo Pratt, *Le désir d'être inutile. Souvenirs et réflexions* (entretiens avec Dominique Petitfaux), édition définitive, coll. « Vécu », Robert Laffont 1999 ; et Hugo Pratt, *De l'autre côté de Corto* (entretiens avec Dominique Petitfaux), Casterman, 1996.

11. Hugo Pratt, *Les Éthiopiques*, album noir et blanc, Casterman, 1978, chap. « Et d'autres Roméos et d'autres Juliettes », p. 74-78.

L'avenir me confirmera ses propos perspicaces qu'il avait énoncés pour s'amuser, car il m'encouragera toujours dans ma décision de tout reprendre de zéro. Ce zéro qui, tracé à la main, doit donner la figure parfaite comme le *O* de notre alphabet latin. Comme dans le graphisme de sa signature. Comme le cercle, sa forme préférée. Comme une bague au doigt. Et comme la forme de la bouche prise par la plupart de ceux à qui j'annonçais la nouvelle ! Ah ! comme Hugo gâtera la famille depuis ce jour et qu'il se fera du souci pour nous ! J'ai longtemps cru qu'il resterait toujours à nos côtés.

Tout changement d'existence s'inscrit dans le feu. Pour mieux faire disparaître l'ancienne vie partie en fumée et mieux éclairer la prochaine.

Dans le feu !

Mais aussi dans l'ombre...

C'est le traitement de l'ombre qui donna à Pratt son style. Sa patte ! La technique du noir et blanc qui en résulte fut sans conteste influencée par les violents contrastes d'ombre et de lumière du cinéma américain et par la bande dessinée *Terry and the Pirates*, de Milton Caniff. Hugo a souvent rendu hommage à ce dernier et a toujours admis avoir subi l'influence du cinéma américain des années 1930 et 1940 : celui des films de sa jeunesse. Mais cette double influence, qu'il revendiquait volontiers, n'explique pas à elle seule le phénomène formidable qu'il est devenu, ainsi que les engouements, l'impact, les admirations, les amitiés, les vocations et les troubles qu'il engendra. Bref, son talent, son profil, ses provocations et ses mystères permanents nous renvoient à des choses autrement plus somptueuses que des sujets de thèse. Soyons sérieux ! Si on allait chercher Hugo Pratt, de la même façon que l'on retrouve souvent Corto Maltese : là où l'on ne l'attend pas ? Là où l'on s'y attend le moins... La quadrature du cercle ? En Éthiopie, nombreux sont les lacs de cratère de forme circulaire alimentés par les eaux de pluie et les eaux souterraines. Hugo Pratt nous a laissé le tracé en couleurs d'un labyrinthe salomonien de forme carrée qu'il copia là-bas.

La création vient des humeurs du ciel et des profondeurs de la terre. Comme pour l'alimentation de certains lacs ! Comme pour le paysage d'un certain rêve...

Et voici qu'une grenouille « pousse son cri ». Oui, c'est ainsi que le coassement se fait et se dit ; tout comme le barrissement des éléphants, qui finissent souvent centenaires.

Le cri de la mémoire qui se perd au loin et le cri de la douleur que l'on tait en soi.

3

Lever de rideau sur L'œuvre au trésor

« Toi aussi, un jour, tu trouveras ton île au trésor », lui avait annoncé son père, en paroles d'adieu, après lui avoir fait cadeau du livre *L'île au trésor*, de Robert Louis Stevenson. Une histoire dont il rêva et qui contribua à lui suggérer tout ce qui fera de lui le créateur de Corto Maltese. « Mon père avait raison, j'ai trouvé mon île au trésor. Je l'ai trouvé dans mon monde intérieur, dans mes rencontres, dans mon travail[1] ».

Ainsi, en hommage à Hugo Pratt, un jeu de mots désigne son œuvre : *L'œuvre au trésor.*

Le rideau se lève, après les trois coups. Nos trois coups sont trois titres des aventures de Corto Maltese :

— *Les Celtiques,*
— *Les Éthiopiques,*
— *Les Helvétiques.*

Ces trois albums vont nous servir d'entrée au théâtre dessiné à succès d'Hugo Pratt.

Ah ! Corto Maltese ! Ses histoires chantent, dansent et nous parlent, belles comme l'antique. Les titres cités – qui nous tendent leurs pages comme on tend les bras – nous offrent le spectacle d'une belle répétition de l'histoire littéraire et de

1. Hugo Pratt, *Le désir d'être inutile. Souvenirs et réflexions, op. cit.*, p. 281. En 1965, Hugo Pratt exécuta une version BD de *L'île au trésor*, adaptée par Mino Milani, sous le pseudonyme de Piero Selva, d'après *Treasure Island* de Robert Louis Balfour Stevenson.

l'histoire théâtrale (qui souvent se complètent), ainsi que de jolies améliorations de quelques-uns des thèmes classiques dont l'auteur s'inspirait et qu'il puisait à leurs sources. En comparaison de son trio d'albums à la résonance frappante, comment ne pas faire état de trois ouvrages classiques qu'il avait forcément lus et qui lui fournirent des modèles pour ses titres : *Les Lusiades, les Géorgiques, Les Éthiopiques.* Du long poème de Luís de Camoens, *Les Lusiades* (publié à Lisbonne, en 1572), magnifiant l'épopée de Vasco de Gama et la gloire des navigateurs portugais (au temps où le cap des Tempêtes n'avait pas encore été rebaptisé « cap de Bonne-Espérance » pour ne pas effrayer les marins), en passant par les *Géorgiques*, le grand poème de la nature et des moissons de Virgile (achevé en 29 avant J.-C., après les *Bucoliques* et avant *L'Énéide*), jusqu'au plus long premier roman grec signé Héliodore d'Émèse : *Les Éthiopiques*, dont Hugo reprit le titre *ad litteram* vingt-trois siècles plus tard.

Au sujet des *Éthiopiques*, j'ai la preuve qu'il connaissait bien l'histoire d'amour de Théagène et Chariclée, puisqu'il s'était moqué de moi en me surnommant Théagène ! Mais le fiancé de la belle princesse éthiopienne était un Thrace. Un Barbare, pour les Grecs de l'époque ! C'est ce que j'avais retenu de ma lecture du livre d'Héliodore – dans une version bilingue commentée et annotée, en trois tomes, avec en pages impaires la traduction française faisant face au texte original en grec ancien[2]. « Je préfère que tu m'imagines en Barbare plutôt qu'en pâtre dans mon histoire avec mon Éthiopienne », lui avais-je rétorqué. Quelle rigolade ce jour-là !...

*
* *

« Quel destin douloureux que le mien ! Tous riront du vieux Merlin amoureux. Oh ! grenouille, grosse grenouille. Devrai-je aller moi aussi sur la lune à la recherche de mon cerveau ?... Ou bien boire de l'eau druidique qui naît à Folle Pensée et détruit les souvenirs... Que faire, mon ami ?

— Je ne sais quel conseil te donner. Tu devrais partir un petit peu, pendant une paire de siècles par exemple... À New York, pour apprendre les “méthodes modernes”... Ou bien te cacher ici dans le Val sans retour, rêver de tes souvenirs les plus beaux, revivre tes antiques aventures avec les autres grands bardes...

— Non, mon cher. Mes souvenirs existent parce que je les ai inventés... Quant aux songes, je te dirai encore non... parce qu'il n'y a aucune félicité à rêver de la Brocéliande...

— Clap ! Clap ! Clap[3] ! »

Applaudissements.

C'est sur ce dialogue entre Merlin l'enchanteur se plaignant de la dureté du cœur de Viviane et la grenouille lui faisant la leçon, que Corto Maltese apparaît comme spectateur d'un théâtre de marionnettes agrandies en ombres chinoises. Il assiste au spectacle avec des soldats américains alliés de la France en guerre, en 1918, alors que le premier grand conflit mondial est à quelques mois de sa fin.

Dans cet épisode des *Celtiques* formant le chapitre intitulé « Burlesque entre Zuydcoote et Bray-Dunes », après la plainte du vieux Merlin et une complainte chantée par la séduisante Mélodie Gaël, le Rossignol de Bretagne, c'est cette fois un très estimable compagnon de jeu de Corto qui prend la

2. Héliodore d'Emèse (IIIe siècle après J.-C.), *Les Éthiopiques*, éd. Les Belles Lettres, 1960.

3. Hugo Pratt, *Les Celtiques*, album noir et blanc, Casterman, 1980, chap. « Burlesque entre Zuydcoote et Bray-Dunes », p. 101.

parole après les bravos : « Oui... elle est très bien !... Et le montreur de marionnettes aussi. Étrange, cette histoire de Merlin l'enchanteur et de la fée Viviane... Pleine de double sens... et de double mots[4]... » Le joueur, le lieutenant de Trésson, est avocat sans le sou dans le civil. Et comme il ne possède rien, il joue aux cartes tout ce qu'il considère comme ses biens propres : la ville de La Rochelle, Notre-Dame de Paris, la forêt de Fontainebleau, etc. On a tous rencontré dans la vie un type de ce genre. Certains d'entre nous ont même au fond de la poche, ou d'un tiroir, les clés d'une place forte gagnée un jour ou une nuit de chance.

Après une histoire de duel entre lieutenants amoureux et une tragédie d'espionnage sur fond de commedia dell'arte, Corto Maltese conclut l'épisode en engageant le capitaine Rothschild à faire comme lui : prendre un bain dans la mer du Nord, non sans avoir préalablement obtenu du riche baron, banquier sous les drapeaux, la promesse de boire de son bon vin de Bordeaux, en son château de Gironde, une fois la guerre gagnée. Quand l'album parut, la famille Rothschild envoya sa caisse. Clap, clap !

4. *Ibid.*, p. 103.

Et le trésor, dans tout ça ? Eh bien ! rien que dans *Les Celtiques*, il y a le secret de l'Eldorado et l'or du Monténégro. Dans « L'ange à la fenêtre d'Orient », le premier épisode, une vignette nous montre Corto à Venise, sortant deux bourses pleines en remerciement pour les renseignements sur l'Eldorado tatoués sur la peau arrachée d'un moine. L'argent est destiné aux congrégations de ses informateurs vénitiens : un franciscain, frère Séraphin, et un dominicain, frère Marc. Mais, comme le dira lui-même, quelques planches plus loin, frère Séraphin : « ... L'or de l'Eldorado... Qu'il soit maudit[5] !!! » Une autre vignette nous montre, dans l'épisode « Sous le drapeau de l'argent », un officier écossais sortant deux lingots du trésor du roi du Monténégro caché dans une église bombardée, à Caporetto. Corto sait à qui il réserve sa part : une moitié pour la patronne de l'auberge « El Gitanillo », à Tolède près de l'ancienne synagogue qui fut la maison du Greco ; l'autre moitié pour le comité républicain du Monténégro.

La scène que je préfère dans *Les Celtiques* se passe sur un remorqueur anglais, dans les eaux de Tintagel, à bord duquel se trouvent incognito la fée Morgane et le mage Merlin. Corto Maltese les rejoint précipitamment pour entraver un sous-marin allemand dans le brouillard.

Entre Corto et Merlin, pris ensemble sous le feu du sous-marin, cela donne le dialogue suivant :

« Dis-moi, grand-père, tu ne devrais pas être à la retraite ?

— Occupe-toi de tes affaires, marin[6]. »

Nom du remorqueur : *Excalibur*.

Titre de l'épisode : « Songe d'un matin d'hiver ».

C'est évidemment Shakespeare, avec *Songe d'une nuit d'été*, qui a inspiré son titre à Pratt ; tout comme l'épisode vénitien « L'ange à la fenêtre d'Orient » est un hommage à Gustav Meyrink, auteur du *Golem* et de « L'ange à la fenêtre d'Occident ».

Ici, la suite tombe bien à point pour passer des *Celtiques* aux *Éthiopiques*, car la transition entre Occident et Orient s'inscrit dans ma transition personnelle : je rentre d'Irlande afin de m'installer pour de bon en Éthiopie où ma famille m'a précédé.

5. *Ibid.*, chap. « L'ange à la fenêtre d'Orient », p. 28.
6. *Ibid.*, chap. « Songe d'un matin d'hiver », p. 89.

Nous sommes en juillet 2002, et c'est pour me remettre dans l'atmosphère, sur place, que je découvre, au cours d'une relecture des *Éthiopiques*, que les grands singes qui montrent les dents dans l'album ne sont pas nos chers babouins, mais des mandrills. Ils sont de la même famille certes, mais les mandrills n'ont pas du tout la même gueule que les babouins. Toujours rigoureux dans le traitement de ses histoires, Hugo ne s'était pas trompé. Il avait reproduit des visions antérieures d'autres cynocéphales, différents et tout aussi impressionnants. C'est pourquoi, quand on voit dans l'album des mandrills féroces prêts à déchiqueter un type devenu fou – lord Personne ou lord Richesse ou encore, comme le suggère Corto Maltese, lord Haw Haw[7] –, cela montre seulement que Pratt n'avait pas encore observé de près nos babouins lorsqu'il avait dessiné *Les Éthiopiques*.

Cush nomme les mandrills « nez-de-couleur », leur museau étant strié de bleu. On est loin du cœur rouge sur la poitrine des femelles géladas, ou de la robe brun olivâtre des babouins doguéras, de forte corpulence, ou encore de l'épaisse fourrure brun clair des babouins hamadryas, de taille plus petite, mais d'imposante allure.

7. Pratt Hugo, *Les Éthiopiques*, album noir et blanc, Casterman, 1978, chap. « Et d'autres Roméos et d'autres Juliettes », p. 65.

Avec toutes ces images du singe féroce et multiforme à tête de chien, on replonge dans un univers magique très prattien où une histoire d'or et une histoire d'amour chez les Danakils cohabitent, dans un épisode intitulé « Et d'autres Roméos et d'autre Juliettes ». En fait, il s'agit bien du choix de la grenouille, mais dans une région à scorpions ! C'est dans ce même épisode que Corto Maltese dit : « Je ne suis pas un héros, moi... je suis comme les autres... et j'ai le droit de me tromper comme tout le monde, tranquillement, sans avoir à faire un examen de conscience à chaque fois[8]... » Le choix de l'aventurier sous l'œil du sorcier ! Et c'est ce dernier, Shamaël l'ange déchu, le sorcier de l'histoire, qui déclenche la fin de cette aventure pour Cush et Corto.

« Je rêve... Shamaël n'a pas d'ombre ! Cush, je préfère changer de rêve.

— Il y a des choses mystérieuses dans ce pays... mais dis-moi, où iras-tu maintenant ?

— Je ne sais pas, Cush... Loin... », conclut Corto[9].

Ah ! son côté évasif, son art de la distanciation ! Shamaël a surnommé Corto Maltese : « Celui-qui-fait-semblant-de-rien[10]. » Ainsi, le mot *loin* remplace-t-il le mot *fin* dans cet épisode. Une technique de récit qui rend le héros d'autant plus proche de nous qu'il s'est sorti lui-même de l'histoire de son propre chef. En s'éloignant, il contraint le lecteur à vouloir le rattraper. C'est bien tout le charme de Corto Maltese de réussir à nous faire croire que son ombre est la proie. La géniale trouvaille d'Hugo Pratt (d'un point de vue narratif) tient dans l'aspect « mine de rien » de ses histoires, dont le personnage principal est le constant porte-parole jamais gagné par la nécessité de bavarder. Des histoires qui finissent presque toutes comme celle-ci : sans qu'elles soient jamais tout à fait achevées. Le paradoxe est qu'elles sont le contraire des histoires qui n'en finissent pas et qu'on lit rarement jusqu'à la fin. Les histoires d'Hugo Pratt se lisent jusqu'à la fin, bien qu'elles n'aient pas vraiment de fin. J'ai dans l'idée que c'est pareil pour l'histoire

8. *Ibid.*, p. 73.
9. *Ibid.*, p. 80.
10. *Ibid.*, p. 80.

de notre amitié, tout en lui reconnaissant la paternité de la méthode et la quasi-totalité du talent qu'elle nécessite.

Les Helvétiques ? !

Que cette histoire en déconcerta plus d'un !

L'album, le onzième et avant-dernier Corto Maltese, mériterait à lui seul de faire l'objet d'une étude comparative particulière. Mais cette remarque vaut pour chaque fragment de l'œuvre de Pratt depuis le début. Pourtant, celui-ci est testamentaire. Il est annonciateur de l'instinct de la fin qu'Hugo Pratt sut se cacher à lui-même et à ses intimes, mais qu'il fit partager à ses lecteurs. L'état de grâce dura. « Encore quelques albums, monsieur le bourreau ! » *Les Hélvétiques* est aussi révélateur de l'union entre l'œuvre et la vie de son auteur. Lui qui aimait danser, il danse joue contre joue avec lui-même dans cette histoire ; en fait, il colle à son sujet. Quant à Corto, il danse joyeusement dans l'album avec quatre squelettes blancs sur l'air de *La danse macabre*, poème symphonique de Camille Saint-Saëns[11], inspiré des vers d'Henri Cazalis.

Le nom de la pension suisse où Corto Maltese va passer la nuit dans *Les Helvétiques* est « Morphée ». C'est clair, non ! Bien qu'avec Hugo, comme avec Corto, nous soyons toujours sur un fil, surtout lorsque nous nous retrouvions pour déambuler rue du Pont-de-l'épée, à Paris. Oui, du Pont-de-l'épée ! Une rue des temps jadis, sur nos voies de promenades historiques parisiennes, empruntée régulièrement par nous et transmuée par Hugo, dans *Les Helvétiques*, en voie de passage pour Corto, quand il fait basculer l'épée géante, Rosenschwert, l'épée de la douve, posée sur le fil, pour franchir le précipice qui le sépare du château aux deux tours, le château du Saint-Graal[12].

« Je suis le Château de la rose, du calice, des chevaliers, des gardiens des songes… des secrets à demi révélés, du mont

11. Hugo Pratt, *Les Helvétiques*, *op. cit.*, p. 69. Sur Camille Saint-Saëns, qu'il faut réécouter, rien à ajouter, sinon qu'il fut aussi précoce que Mozart et qu'il est l'auteur de cette phrase : « Même quand on va au fond des choses, on s'aperçoit que l'émotion apporte à l'art un élément dangereux qui le mène à sa perte. » Le poème *La danse macabre*, d'Henri Cazalis, que Corto Maltese récite (p. 68), a une suite qui n'est pas dans l'album : « … on se pousse, on fuit, le coq a chanté. »

12. La coupe du Saint-Graal figure dans les pages « portraits souvenirs », *in Corto Maltese. Mémoires, op. cit.*, p. 11.

Sauvage, de Lucifer hors les murs… et de tant et tant d'autres choses ». Tu es sire Corto ? Que veux-tu ?

— Moi ? Je voudrais m'en aller, mais je n'arrive pas à me réveiller !

— Mais te réveiller de quoi ? N'as-tu pas compris que tu es en train de rêver la réalité[13] ? »

Dans ce château qui, au fond, est celui de la tentation (la version arthurienne de l'arbre de la connaissance), aura lieu le procès de Corto Maltese, jugé par de grands représentants de l'enfer. Comme ils ne sont que dix, on peut les passer en revue. Ce n'est pas comme pour les noms du démon : « Oh ! des noms, j'en ai tellement que je ne peux pas vous les énumérer. Ce serait trop long[14]. » C'est ce que rappelle, fort à

13. Hugo Pratt, *Les Helvétiques*, *op. cit.*, p. 64.
14. *Ibid.*, p. 74.

propos, à sire Corto, le diable. Celui-là même qui se fait baiser le cul par Erica, la pucelle magique, par ailleurs jeune et pimpante tenancière de la pension « Morphée ».

« Haw, haw, haw, tu parles de fable ? Mais ce n'est pas une fable ! Peu importe, si tu veux t'en aller, cela dépendra du Grand tribunal infernal. Préfères-tu cela ? » demande le diable à Corto.

« Qu'il en soit ainsi ! répond ce dernier. Mais j'accepte ce procès uniquement parce que je suis curieux[15]. »

On a désormais compris qu'entre Hugo et Corto, l'auteur et son personnage, les lecteurs et les amis, les rêveurs de nuit et les rêveurs de jour, les vivants et les morts, le pont est établi. Le pont de l'épée !

« Diable, c'est lourd ! » dit le diable lui-même en soulevant une lourde trappe, porte de l'enfer, d'où sortent un par un les dix jurés du Grand tribunal infernal.

Le diable lui-même va nous les présenter :

« On va s'amuser ! Le premier... sera Caïn, le fratricide biblique qui tua par amour – mais c'est une autre histoire. Le second, Judas Iscariote, qui trahit par amour – mais c'est une autre histoire. Le troisième sera Balal En Shînaar, qui voulut atteindre le ciel... Mais ceci aussi est une autre histoire... Le quatrième, le barde mage Merlin, fils d'un démon, qui abandonna son roi par amour d'une mineure – une autre histoire encore... La cinquième, Ève, qui par vanité trahit son mari avec un serpent – une autre histoire. Sixième : la pucelle d'Orléans, Jeanne d'Arc, la télégraphiste de Dieu, dont elle écoutait les voix... Elle n'a jamais bien compris ce qui lui est arrivé et elle n'en parle jamais. Brûlée ou non ? De toute façon, une casse-pieds sans rémission. Le septième, Bertrand de Got, dit pape Clément V, qui fut une cause de scandale pour l'Église et provoqua la ruine des templiers... Et c'est de l'histoire ! Le huitième, Gilles de Rais, maréchal de France, sodomite, compagnon d'armes de la "pucelle" et alchimiste. Peut-être une histoire fausse... Neuvième, Dick Turpin, *the famous Highwayman*, assassin et prince du stupre – une autre très belle histoire... »

---

15. *Ibid.*, p. 76.

Et le dixième ?

— Non ! dit Corto.

— Eh si ! répond l'autre[16].

L'autre est Raspoutine, bien sûr ! Le double maléfique de Corto. Son ami le plus mauvais et le plus méchant, mais son meilleur ami ! Hugo aimait beaucoup Raspoutine, qu'il avait décidé d'« humaniser » au fil du temps ; c'est-à-dire au fur et à mesure de ses apparitions dans les albums. Apparitions de plus en plus attendues et de mieux en mieux acceptées ; jusqu'à faire de Raspoutine le seul personnage capable de voler la vedette à Corto. En bon voleur qu'il est !

« Mais ceci est une autre histoire », me disait Hugo (comme disait Kipling !) en parlant de ses projets. Il nous faudra bien les inclure un jour ou l'autre en post-scriptum de *L'œuvre au trésor*, le temps d'une pause, comme ce fut son cas lorsqu'il dessina *L'île au trésor*. C'était quand il faisait et défaisait les bandes du *Corriere dei Piccoli*. Une très longue pause qui dura cinq ans, de 1962 à 1967, lors de sa réinstallation en Italie après l'Argentine, et qui précéda l'arrivée de Corto Maltese dans *Sgt Kirk*.

C'est pour un tel cas de figure que je remplissais, à la fin de l'an 2000, deux malles métalliques contenant *L'œuvre au trésor*, autrement dit l'ensemble de l'œuvre d'Hugo Pratt, pour peu qu'il fût possible d'avoir rassemblé presque tout. Aux albums et ouvrages divers empilés, j'ajoutais une sélection de dossiers en rapport avec l'auteur. Je m'installais dans la peau de l'invité en train de faire ses bagages pour répondre à une sollicitation complice venue de loin, de la part d'un très cher ami vivant en Nouvelle-Calédonie, territoire français des antipodes.

Les trois coups frappés continuent de résonner. D'autant que par là-bas, en Mélanésie, dans les parages de l'île lointaine où je me rendais, précédé par *L'œuvre au trésor* dans deux cantines pesant le poids de deux hommes, Corto Maltese était apparu pour la toute première fois à ses lecteurs à travers la lunette d'approche de Raspoutine.

---

16. *Ibid.*, p. 78.

4

Deux cantines aux antipodes

Quel jour, à quel endroit en plein Pacifique, le capitaine Raspoutine avait-il cadré Corto Maltese dans sa longue-vue ? Caïn et Pandora Groosvenore, cousin et cousine, étaient déjà logés à son bord, recueillis épuisés quelque temps auparavant par l'équipage de son catamaran, après que les deux jeunes gens eurent dérivé, à moitié morts, au fond d'une coquille de noix démâtée. La situation avait agacé Raspoutine, plongé dans la lecture de *Voyage autour du monde* de Louis-Antoine de Bougainville – et voilà qu'un incident semblable se reproduisait !

« Voyons un peu... Hmm... Oui, mais... Ce n'est pas un naufragé... Je parie que je sais qui c'est[1] ! » Raspoutine vient de voir avec « le grand œil » le capitaine Corto Maltese attaché, bras et jambes en croix, sur un radeau de fortune (ou plutôt d'infortune !), flottant dans cet état depuis deux jours, abandonné au Pacifique par son équipage mutiné.

On connaît la date du sauvetage de Caïn et de Pandora – « C'est Tarowean, le jour des surprises, jour de tous les saints, le 1er novembre 1913[2] » –, mais pas celle du sauvetage de Corto Maltese quelque temps après. Signe du destin, à l'autre bout du monde commence la publication d'*À la recherche du*

1. Hugo Pratt, *La ballade de la mer salée*, album en couleurs, Casterman, 1989, p. 41.
2. *Ibid.*, p. 37.

temps perdu, de Marcel Proust. Elle durera jusqu'en 1927 – cinq ans après la mort de l'écrivain –, l'année de naissance d'Hugo Pratt, mais aussi une des années les plus chargées de mystères concernant la vie de Corto Maltese.

Le parcours des ombres est donc un voyage « au cœur des ténèbres », allusion pas innocente, puisqu'il s'agit de se référer à un livre précis de Conrad[3] qui est autant un voyage dans le mystère qu'un voyage dans le temps. Le livre est tiré d'une œuvre qui, elle-même, dans sa totalité, par l'extrême richesse de son assemblage inspiré, est parfaite pour s'initier aux différents niveaux de lecture que l'œuvre de Pratt propose. Joseph Conrad est mort l'année où Corto Maltese visita tous les cantons suisses. Les lectures de ce dernier, tout comme ses pas, l'éloignèrent de la mer, cette année-là. C'était en 1924. Deux ans plus tard commençaient les années mystérieuses, durant lesquelles il ne faut pas confondre « mort » et « disparition », avec cependant une exception :

Corto Maltese a été vu en compagnie d'Henry de Monfreid et de Pierre Teilhard de Chardin, à Harar, en Éthiopie, en décembre 1928 et janvier 1929 (calendrier grégorien, le nôtre[4]). Je crois même savoir quels sont les lieux où ils se rencontrèrent, par quels endroits ils passèrent et où ils déambulèrent. J'ai localisé un emplacement où ils posèrent leurs affaires, à en croire ceux qui me le désignèrent[5].

On ne peut que se montrer attentif à la phrase de Corto Maltese, proférée dans une rue de Dublin, en 1917 : « ... Je

3. Joseph Conrad (Józef Theodor Konrad Nalecz Korzeniowski, 1857-1924). *Au cœur des ténèbres* est l'un des récits les plus propices à entrer au cœur de l'œuvre de Conrad, avec deux personnages inoubliables, Marlow et Kurtz, l'un et l'autre perdus en pleine jungle africaine, décrite comme ténébreuse à l'excès, par souci de donner un décor symbolique à l'étrangeté des destinées humaines. Le premier cherche un fleuve à la forme d'un serpent sans fin qui le fascinait sur une carte, dans son enfance ; le second est devenu une épave chez les sauvages, idole divinisée malgré lui, avec une fiancée lointaine qui ne l'a jamais oublié.

4. Les Éthiopiens ont conservé l'ancien calendrier julien, dérivant du calendrier romain, celui-là même que nous utilisions chez nous jusqu'à la réforme opérée en 1592 par le pape Grégoire XIII, d'où son nom : calendrier « grégorien ».

5. En 1986, alors que nous étions ensemble à Djibouti, Hugo Pratt réalisa plusieurs aquarelles, à Obock et à Tadjoura. Elles représentent Henry de Monfreid ainsi que Corto Maltese et Teilhard de Chardin.

n'ai pas encore décidé de la date de ma mort[6]. » On se doit également de bien retenir ce qu'il dit, en 1925, à l'occasion d'une croisière en vue de retrouver le continent Mû en compagnie de quelques-uns de ses amis parmi ceux que nous connaissons depuis longtemps : Steiner, Raspoutine, Bouche dorée, Lévi Columbia, Soledad Lokäarth, Jésus Maria, Tristan Bantam[7]...

Que dit-il alors que l'histoire s'achève, du moins celle-ci, dernière de ses aventures racontées en album ?

« ... Je n'ai pas les idées très claires. Il faudrait peut-être repartir de zéro. Peut-être[8]... » Sur ce, Corto entraîne Lévi Columbia vers la jonque qui les attend. Grand érudit, spécialiste de l'art d'Amérique du Sud, possédant un magazine d'antiquités à Maracaïbo, au Venezuela, Lévi Columbia est l'âme et le sponsor de cette croisière en quête du royaume perdu de Poséidon. Bouche dorée, grande prêtresse de tous les cultes secrets d'Amérique du Sud et femme d'affaires avisée[9], a contribué, elle aussi, à son financement. En guise de carte et de guide pratique, nos explorateurs se réfèrent à un labyrinthe. Il est tiré d'un vieux codex maya indiquant comment accéder à l'une des entrées de Mû, le continent perdu d'où Corto Maltese revient.

Ainsi, de la toute première image de Corto quasi crucifié en pleine mer à la toute dernière où il s'apprête à s'embarquer sur une jonque, la boucle est bouclée alors qu'il nous reste encore tout, absolument tout, à dénouer ! L'armateur de la jonque, un Chinois richissime et très, très âgé, patriarche de la fameuse famille Soong, vient d'expirer à son bord, content d'apprendre par Corto Maltese que « le monde caché existe bien... » et heureux, pensons-nous, de clore sa longue vie en disant : « Peut-être arriverai-je à boire à la fontaine de l'éternelle jeunesse... Car c'est de cela qu'il s'agit... Retrouver

6. Hugo Pratt, *Les Celtiques*, *op. cit.*, chap. « Concert en O mineur pour harpe et nitroglycérine », p. 59.

7. Hugo Pratt, *Mû*, album en couleurs, Casterman, 1992.

8. *Ibid.*, p. 270.

9. C'est ainsi que Bouche dorée est présentée dans *Corto Maltese. Mémoires*, *op. cit.*, p. 11.

le filtre de l'éternelle jeunesse… Le plaisir primitif… Quel autre trésor[10] ?… »

De l'autre trésor, nous en parlions souvent avec Hugo. J'étais chez lui quand il dessina Corto en scaphandrier, avec sous ses yeux le casque – cadeau fétiche – qu'il avait à la maison et qu'il sut si bien visser sur la tête de son héros.

Dans ce même douzième et dernier album de Corto Maltese, son auteur prend bien soin de préciser « sur cet au revoir commence la plus étrange des aventures de Corto Maltese[11]… », alors que l'histoire est largement entamée et que la bande d'amis dessinés se sépare en deux groupes. Le premier groupe, autour de Lévi Columbia, reste à bord du bateau, pour contourner l'île censée cacher l'entrée de Mû. Le

10. Hugo Pratt, *Mû*, *op. cit.*, p. 264.
11. *Ibid.*, p. 150.

second groupe, avec Corto, Raspoutine, le jeune Tristan et Jésus Maria, part explorer l'île à pied.

À n'en pas douter, Hugo terminait son tour de table. Que l'on songe à la Cène ou au Banquet, peu importe ! Mais les deux trésors qu'il chercha toute sa vie sans jamais les trouver, pour la bonne raison qu'ils étaient cachés en lui, il nous les fait miroiter dans un dialogue entre nos deux chers érudits de « la bande à Corto » : Lévi Columbia et le professeur Steiner. « Cher Lévi Columbia, pour entrer dans le monde des légendes, il faut être un enfant ou un initié. Toi, tu es les deux[12] », dit le professeur Steiner à son interlocuteur. Et dans la dernière planche, où les mouettes en grand nombre survolent la jonque qui patiente au mouillage, c'est au tour de Corto de dire à Lévi Columbia : « Nous chercherons un labyrinthe harmonique et des dieux qui regardent les étoiles[13]. »

Gardons bien en tête le décor et l'ambiance dans lesquels toutes ces petites phrases, qui contribuent à la grandeur des histoires d'Hugo Pratt, furent dites, car « les forces du hasard » sont déjà à l'œuvre. Je suis en train de sortir de leur cantine les albums, livres, dossiers et archives de *L'œuvre au trésor.*

C'est en pensant à ce personnage de pierre, taillé sur le fronton du portail central de la cathédrale de Sens – l'« Antipode », figuré la tête et les pieds vers le haut, paraissant retenir le monde –, que je fais mes premiers pas dans les rues de Nouméa avant de plonger dans le Pacifique, dans les eaux calmes de l'anse Vata.

Là-bas, au bout du monde, je me retrouve entre les mains, tendues et fraternelles, d'un réseau d'amis autour de Christian Prost, témoin de l'amitié mystérieuse qui m'unissait à Hugo Pratt depuis le début.

En 1980, Christian Prost et moi étions les producteurs, présentateurs, journalistes, hommes à tout faire du *Magazine de l'aventure*, sur TF1. Nous disposions d'assez peu de moyens pour asseoir notre programmation, mais nous avions beaucoup de libertés pour la décider comme nous l'entendions. Notre

12. *Ibid.*, p. 134.
13. *Ibid.*, p. 270.

façon de l'envisager avait sa devise à usage interne et, admettons-le, à connotation excessive, bien à l'image de notre inclination naturelle à chacun : « Vivre ou mourir, mais debout ! » Cette « image » nous sauvait en permanence des compromissions, tant pour le contenu de nos programmes que pour l'attitude que nous affichions aussi bien dans les couloirs de la télévision que sur les sentiers du monde.

Ce fut donc à cette période de notre vie que la nécessité de présenter Hugo Pratt, dans le cadre de nos propres émissions télévisées consacrées à l'aventure, s'imposa à nous. Et là, avec le recul, je mesure à quel point nous étions bien dans notre sujet en associant Pratt à l'idée de l'aventure. Une aventure qui, pour moi, allait basculer dans une direction et une conception autres que celles que je défendais avant ma rencontre avec lui. Ce changement de regard sur l'aventure, cette modification de ce qu'est l'aventure, voire de ce sur quoi repose le jugement que l'on se doit de porter sur elle, tout comme de la façon d'en justifier sa désignation ; tout cela, je le dois à Hugo Pratt. Avant de fréquenter Hugo, je prônais l'action avant tout ; avec lui, j'ai compris que cette dernière importait moins que le rêve qui la suggérait et les lectures qui la magnifiaient. Il m'a permis d'oser un retour sur moi-même en réintroduisant dans mon esprit une très vieille idée de l'aventure qui m'avait accompagnée au temps de ma prime jeunesse, mais que j'avais rejetée pendant des années et des années, au profit de gesticulations aventureuses irréfléchies.

*
* *

Pierre Mac Orlan a tout inventé, ou presque, dans ses écrits sur l'aventure, qui forment le socle de son œuvre d'écrivain difficilement classable. Son monde de marlous, de filles à soldats et d'individus interlopes a contribué à l'évocation des quartiers tristes et des marginaux quand ceux-ci étaient encore placés au cœur des villes. Ses livres sont étranges ; ils résultent d'un monde qui flotte en eau trouble, entre l'imaginaire et le palpable. *L'ancre de miséricorde*, *À bord de l'Étoile Matutine*, *Le chant de l'équipage* et *Le quai des brumes* sont des chefs-d'œuvre[14]. Ils contribuèrent à provoquer des vocations de marins et des engagements à la Légion étrangère entre les années 1920 et les années 1950. On a qualifié son œuvre de « fantastique social ». Près de chez lui, à Saint-Cyr-sur-Morin, il y a une ruelle très bizarrement située qui s'appelle « rue du Hasard ». Je l'avais remarquée alors que je cherchais à retrouver sa maison que j'avais failli habiter bien après sa mort.

Pierre Mac Orlan n'aurait pas dépareillé dans le paysage vestimentaire cher à Hugo Pratt. Il était toujours vêtu en Écossais, bien qu'il soit né à Péronne, dans la Somme, et que son vrai nom était Pierre Dumarchey. Il y a un réel mystère Pierre Mac Orlan, que ses livres reflètent et que la postérité discrète retiendra avec ceux de Francis Cargo, Roland Dorgelès et Albert t'Serstevens, ses amis écrivains inspirés par l'aventure, tous nés à la fin du XIXe siècle. Leur monde était un monde littéraire. Un monde qui nous échappe, pour s'être échappé lui-même, mais qui, moi, m'a marqué à jamais. Pierre Mac Orlan était aussi le parolier des goualantes chantées par Germaine Montero, mais ses paroles les plus célèbres sont tirées du *Petit manuel du parfait aventurier* : « Il est nécessaire d'établir comme une loi que l'aventure n'existe pas. Elle est dans l'esprit de celui qui la poursuit et, dès qu'il peut la toucher du doigt, elle s'évanouit, pour renaître bien loin, sous une autre forme, aux limites de l'imagination[15]. »

La parenté entre Mac Orlan et Pratt est due aux limites de ma propre imagination, comme à ces forces du hasard qui ne cesseront jamais de nous provoquer.

---

14. Pierre Mac Orlan (pseudonyme de Pierre Dumarchey, 1882-1970). *Le quai des brumes*, paru en 1927, est un roman à surprises exprimant ce fameux « fantastique social » dans lequel Mac Orlan était passé maître. Tous les livres de Mac Orlan sont hallucinatoires. Ce livre-ci a donné lieu à un film célèbre de Marcel Carné, avec Jean Gabin et Michèle Morgan, en 1938. Les *Œuvre complètes* de Pierre Mac Orlan (Paris, 1969-1971) ont fait l'objet d'une édition illustrée (en vingt-cinq volumes) établie par Gilbert Sigaux, avec une introduction de Raymond Queneau et une notice biographique, ainsi qu'une chronologie.

15. Pierre Mac Orlan, *Petit manuel du parfait aventurier*, *in La clique du café Brebis*, en version réduite, Gallimard, 1951. Une biographie a été écrite récemment sur lui : Jean-Claude Lamy, *Mac Orlan l'aventurier immobile*, Albin Michel, 2002.

Pierre Mac Orlan ne fut pas sa vie durant le modèle de « l'aventurier immobile », en pantoufles, comme on l'a un peu trop affirmé à son sujet. À mes yeux, il est un magnifique hors-la-loi de la littérature, j'ai bien dit : de la littérature ! Bandit d'honneur des pactes écrits que sont les livres, il sut m'encourager dans l'écriture : c'est-à-dire à écrire comme on veut. De son côté, Hugo Pratt qui, lui, multiplia les vies inachevées en formant un modèle unique d'aventurier toujours en mouvement, sut mieux que personne enfreindre la loi établie par Pierre Mac Orlan, jusqu'à lui adjoindre tous les amendements possibles que son imagination sans limites avait puisés dans ses vies et ses lectures, et que, par amitié, il me fit partager, en me les racontant ou encore en m'y associant.

Sous un halo de lumière sont posées mes deux cantines vidées de leur contenu. Je les ai baptisées intérieurement l'une et l'autre de sobriquets affectueux : « Pratt » et « Mac Orlan ». À leurs côtés, les souvenirs bien rangés et étiquetés dont ma pensée a besoin pour écrire sont nickel. Comme le minerai qui a contribué à la richesse de la Nouvelle-Calédonie, belle terre de création pour moi.

On frappe à la porte. C'est Christian Prost qui désire m'entraîner dans la bonne chaleur. Je me sens bien depuis que j'ai posé mes pieds dans les empreintes de l'« Antipode ». On part s'installer en bord de mer pour le plaisir de faire des projets au soleil. Entre nous deux, il y a en permanence cette chose irremplaçable que le temps nourrit plutôt qu'il ne la pourrit : la mémoire partagée, comme on rompt le pain pour offrir son morceau égal à l'aventure.

Sous les rayons brûlants des souvenirs filtrés éclairés par le sourire de Christian, en avant pour un fondu enchaîné de la télévision au service de l'aventure : j'ouvre un dossier de l'époque du *Magazine de l'aventure*. En le compulsant, je constate que c'est en date du 22 juillet 1979, dans la deuxième émission, qu'Hugo Pratt apparaît. En effet, dès le lancement du *Magazine de l'aventure*, alors que rien n'était encore joué en faveur d'une programmation régulière, assurée et reconduite (en fait il s'agissait de huit émissions tests pendant l'été), nous avions choisi de présenter un petit film d'animation, sous forme de bancs-titres, tirés d'une BD de Milo Manara, *H P. et*

Giuseppe Bergman[16], dans lequel le maître d'aventure est Hugo Pratt, gourou transcendé par Manara qui s'est dessiné lui-même en routard fasciné par l'aventure. Leurs traits, à l'un et à l'autre, sont conformes ; leurs propos calligraphiés sont les mêmes dans la BD que dans la vie. Bref, ils sont confondants de ressemblance ! Avec cette initiative, nous avions mis sous les yeux des téléspectateurs un duo d'avenir.

Un mois plus tard, on réitérait l'expérience en pratiquant la même technique sur « Têtes et champignons[17] », une histoire de Corto Maltese. J'avais pour la circonstance taillé à grands coups de ciseaux l'ouvrage en couleurs, devenu depuis rarissime et hors de prix, des éditions Publicness au tirage limité à 3 500 exemplaires, au format à l'italienne, datant de 1974. Je l'ai conservé amputé, découpé. Il a encore plus de prix ; il a son histoire. Comment concevoir autrement le rôle d'un ouvrage ? Comme les cicatrices sur un corps humain ! Quand on tire un

16. Milo Manara, *H P. et Giuseppe Bergman*, Casterman, 1980. Émission diffusée sur TF1, le 22 juillet 1979.

17. Hugo Pratt, *Corto toujours un peu plus loin*, album noir et blanc, Casterman, 1979, chap. « Têtes et champignons ». L'édition Publicness 1974 est devenue introuvable. Émission diffusée sur T.F.1 le 19 août 1979.

livre de ma bibliothèque, concurrente bagarreuse et voyageuse en genre et en nombre de celle d'Hugo, on voit qu'il a pris des coups ! Tous mes livres sont d'anciens combattants mutilés, d'anciens fugitifs blessés, d'anciens duellistes balafrés, d'anciens ennemis ou amis fatigués. Tous m'accompagnèrent dans mes combats contre l'ignorance. Des régiments entiers ont disparu, avec seulement – malheureusement pour moi ! – de très rares fantômes encore vaillants, rôdant dans ma tête. Et des armées entières m'attendent en renfort pour batailler et m'entraîner vers l'hôpital de campagne qui ne serait autre qu'une bibliothèque ambulante…

Pierre Mac Orlan eut droit à sa séquence à la télévision, à la même époque, au cours d'une autre émission, *L'envie de lire*, où j'évoquai sa mémoire. J'étais au milieu d'enfants. J'étais chargé de leur donner, comme le titre de l'émission l'indiquait, « l'envie de lire », en leur racontant un auteur et un livre[18].

La ballade plus loin, maintenant ! Celle qui servit de bon prétexte à concrétiser, pour Hugo et moi, notre folle demande

18. *L'envie de lire* a fait l'objet de quatre rendez-vous le samedi après-midi, sur TF1, en septembre 1979.

d'amitié réciproque. Cette « ballade » est un film de 52 minutes sur Hugo Pratt, produit par *Le magazine de l'aventure*[19]. L'un des rares portraits filmés sur lui qu'il jugeait favorablement ; ce film, entièrement tourné en république de Djibouti, cache nos parcours à chacun et préfigure notre itinéraire en commun.

Après les deux petits sujets faits en bancs-titres, on reçut un gros sac de courrier de la part de téléspectateurs intrigués, qui voulaient en savoir plus sur Hugo Pratt. Et notre premier rendez-vous eut lieu, à Paris, rue Le-Regrattier, sur l'île Saint-Louis, où il habitait à l'époque comme dans un bateau à quai.

Hugo Pratt est mort un dimanche après-midi de l'été 1995, à 17 heures. Je l'ai connu un dimanche après-midi de l'hiver 1980 à peu près à la même heure. Quinze ans ont séparé ces deux journées à l'opposé l'une de l'autre. L'une pleine de promesse ; l'autre pleine de tristesse. Comme si cette dernière faisait payer cher à la première la fréquence des moments heureux entre les deux.

La toute première fois où nous nous sommes vus, nous nous sommes immédiatement acceptés. Un moment qui oscille, dans sa restitution et sa mémorisation, entre la rencontre miraculeuse, le croisement des chemins et les retrouvailles magiques. Dans l'évocation de cette première rencontre, je me limiterai à préciser que l'on s'est reniflés comme deux chiens de guerre habitués à parer au plus pressé en montrant tout de suite les dents, soit pour mordre, soit pour sourire ! Radieux fut son sourire d'accueil ; spontané fut le mien, la porte de son domicile parisien à peine franchie. La confiance avait balayé sans traîner la méfiance. C'est elle qui l'a emporté et c'est elle qui, dès cet instant, nous a entraînés très loin dans l'amitié.

Quelques semaines plus tard, nous nous retrouvions à Djibouti pour le film *La ballade plus loin*. Avec Hugo, une fois le tournage terminé, nous avons décidé de ne plus jamais nous quitter. Pour l'anecdote, les dialogues de la scène du double dans l'album *La maison dorée de Samarkand* ont été imaginés

19. *La ballade plus loin*, film de Jean-Claude Guilbert et Michèle Tournier. Diffusé sur TF1 le 5 septembre 1981.

entre nous, place Ménélik, à Djibouti, à la terrasse de l'hôtel d'Europe, démoli depuis. Cette scène du double existe dans le film. Que d'écueils pour tourner cette scène avec une seule caméra !

Précision chronologique : *La maison dorée de Samarkand*, neuvième grande aventure de la série Corto Maltese, commencée en 1980, n'a été terminée que cinq ans plus tard, avec la scène du double du film transposée et dessinée dans l'album[20].

J'ai toujours été flatté d'entendre Hugo dire que c'était à cause de moi qu'il avait pris autant de retard pour achever cette histoire, une des plus foisonnantes qu'il ait conçues, dans laquelle on découvre le Grand Or, le trésor de Cyrus caché par Alexandre, qui trône, semblable à une boule de feu, dans une caverne d'Afghanistan, sous les yeux de Corto et de Raspoutine, le temps de griller une allumette !

La maison dorée de Samarkand se déroule de 1921 à 1922, de Rhodes au Pakistan. Corto Maltese, dans sa plus tragique et longue pérégrination, se trouve confronté à une secte adoratrice du démon sur fond de massacres épouvantables. Depuis Ankara, Mustafa Kemal Pacha (le futur Atatürk, « le père des Turcs ») provoquait un sursaut nationaliste. Sur fond de rivalités entre Français, Anglais et Soviétiques, le résultat fut le génocide du peuple arménien.

« Dis-moi... Il me ressemblait tant que ça[21] ? » demande Corto à Raspoutine pour clore l'histoire de la maison dorée qui était une prison à Samarkand, mais aussi le nom d'un bar à Buenos Aires.

Corto parlait de son double, Chevket, que Raspoutine venait de tuer pour se donner l'illusion qu'il avait tué Corto. En réalité, Raspoutine évitait à son ami Corto le face-à-face néfaste. En tueur cultivé, Raspoutine savait que la confrontation d'un homme avec son double engendre le malheur.

Tirée de l'une de mes deux lourdes cantines, Pratt ou Mac Orlan, une page du mensuel *À suivre*, de septembre 1981, commence ainsi : « Tous à vos télés, samedi 5 septembre,

20. Hugo Pratt, *La maison dorée de Samarkand*, album en couleurs, Casterman, 1992, p. 104-105.

21. *Ibid.*, p. 199.

dans l'après-midi : vous partirez dans la corne de l'Afrique avec Pratt. Un numéro entier du *Magazine de l'aventure* lui est consacré... » Ces lignes de la page d'*À suivre* se révèlent le chapeau d'un article signé de moi – prattien, par mimétisme ! – où j'évoquais notre rencontre avec Hugo ainsi que le tournage du film. En conclusion, je faisais directement allusion à la publication interrompue du feuilleton *La maison dorée de Samarkand* dans *À suivre* et à la « fausse vraie » disparition de Pratt qui – je le compris dès ce moment – inaugurait ce qui deviendrait notre jeu préféré de trictrac sur plateau planétaire :

« Je dois aux lecteurs des excuses, car c'est en grande partie de ma faute si Corto Maltese ne déambule pas dans les pages d'*À suivre* depuis quelques mois : j'ai "rapté" l'auteur pour aller me baigner en mer Rouge avec lui et fixer nos avants, après et ailleurs sur pellicule. Forcément, son travail s'en est ressenti. Au fait, est-ce que je connais mieux Hugo Pratt, maintenant que j'ai longé les frontières de l'Éthiopie, de la Somalie et du Yémen en sa compagnie ? À mon tour de jouer le mystérieux. Restons-en là. Mais si d'aventure Hugo désirait derechef s'enfuir loin, qu'il ne m'oublie pas : je suis de nouveau partant. C'était si fou et si bien. Que celui qui reprendra l'enquête encore en cours le lui fasse savoir, à l'occasion[22]... »

La donne de nos années vagabondes côte à côte avait donc bien été distribuée dès le tournage de *La ballade plus loin*. Ainsi le titre du film était-il annonciateur d'un jeu établi. Un jeu de rendez-vous jamais fixés pour une partie à deux sans cesse reprise là où nous l'avions arrêtée.

J'avais un rendez-vous[23] est un ouvrage testamentaire magnifique dans lequel sont rassemblés les souvenirs de son dernier voyage lointain dans les mers du Sud, en 1992, en compagnie de Patrizia Zanotti, « mon meilleur compagnon de voyage », disait Hugo Pratt. Je ne suis pas jaloux. Ne m'avait-il pas dit : « Avec elle, je fais mes voyages sur les

22. *La ballade plus loin avec Hugo Pratt*, *À Suivre*, n° 44, septembre 1981.
23. Hugo Pratt, *J'avais un rendez-vous*, Vertige Graphic, 1995, p. 14.

traces des sentiments, avec toi, je voyage sur la piste des mystères ».

Dans *J'avais un rendez-vous*, l'illustration placée en ouverture du texte porte un titre : *Au nord du dernier rêve*. Elle représente la tête de Corto Maltese, menton levé, en profil de médaille, cigarette aux lèvres, qui exhale une sorte de labyrinthe tracé par la fumée – comme il nous arrive d'imaginer le contour de figures formées par les nuages dans le ciel. Ce labyrinthe de fumée qui s'échappe de la bouche de Corto en médaillon, graphité et figuré à coups de pinceau, nous fait songer à un signe, à un sceau, à des initiales secrètes, des caractères magiques, des volutes codées... Comme pour arrondir les angles d'un rêve prémonitoire.

Avec *Au nord du dernier rêve*, l'orientation symbolique de ce message artistique, à l'appellation si évocatrice, transmet le froid, les terres gelées, la direction d'Utgard, la citadelle des géants de la glace – à Jotunheim, territoire mythique des légendes nordiques. Le dessin – mi graphite mi aquarelle – a été conçu l'année qui précéda celle de sa mort.

Hugo Pratt a-t-il voulu, par Corto Maltese interposé – son intermédiaire préféré, mais pas exclusif ! –, nous indiquer que le temps du soleil bienfaiteur et du voyage réparateur était en passe de s'achever pour lui au profit du temps du froid éternel ?

J'avais un rendez-vous est sorti quatre mois après notre tout dernier rendez-vous avec Hugo. J'invitai l'éditeur de l'ouvrage, Latino Imparato, qui fait partie du cercle rapproché des amis d'Hugo Pratt qui me sont chers, à raconter à la télévision, sur LCI, l'histoire en images de ce livre qui est, avec *Le désir d'être inutile*, le plus à même de nous faire comprendre avec qui, et avec quoi, son auteur avait rendez-vous[24]. Là encore, nous voilà confrontés à la colossale somme de références et d'expériences accumulées et présentées dans son livre. Dans cet inclassable atlas géographique et historique du monde imaginaire et du monde réel mélangés d'Hugo Pratt, à la retranscription faite totalement par lui-même, on découvre une multitude d'histoires battues par les vents. Il les a exhumées, iconographiées, racontées, sublimées, comme par exemple l'histoire du comte Felix von Luckner avec son voilier armé le *Seeadler* (l'« Aigle de mer »). Tel un corsaire à l'ancienne, il mena sa propre guerre de course pour le compte du pangermanisme et de l'Allemagne coloniale présente dans le Pacifique et en Afrique, en 1917. Dans le livre de Pratt, une autre histoire concerne la marine de guerre allemande. Il s'agit de celle de l'épave de l'ancien *Duhnen*, devenu le *Yankee*, au destin farouche. Cette histoire était pour Hugo la confirmation de la légende des bateaux qui deviennent porte-malheur quand on les rebaptise.

Dans ce journal de voyage rédigé par Hugo Pratt, les histoires s'enchaînent. Elles nous ramènent à lui-même et à son *Œuvre au trésor* dans cette partie du globe, espace gigogne, dont rien n'est à passer par-dessus bord, quelles que soient les îles au large dont certaines cachent des naufrageurs.

Dans *J'avais un rendez-vous*, la genèse et les cheminements du créateur de Corto Maltese sont issus de la main même du maître. Une main experte, habile, géniale, qui ne tremblait pas. Celle d'un homme qui savait par où passer pour se diriger vers la sortie.

---

24. *Ibid.*, p. 15 : « Je suis venu sur les rives du Pacifique à la recherche, ou plutôt à la poursuite, d'un rêve. J'avais plusieurs rendez-vous à mi-chemin entre la réalité et la fantaisie. Dans ce monde enchanté, toutes les images que j'ai vues, les histoires que j'ai lues, les couleurs que j'ai rêvées devenaient réelles, filtrées par une lumière magique qui me montrait le passé et m'aidait à réinterpréter le présent. »

*
* *

Je suis à l'îlot Casy, à la pointe sud de la grande terre de Nouvelle-Calédonie. L'îlot Casy est une terre minuscule et paradisiaque, en forme d'Afrique. On en fait le tour dans la demi-journée, soit à pied, soit en canoë de mer. J'y ai donc mon parcours maritime autour et, sur l'îlot même, mon passage secret dans les ronces, sur les traces d'un ancien sentier oublié de chasseurs-cueilleurs d'orchidées sauvages rares.

D'une chambre, à côté de la mienne, dans l'hôtel du bout du monde, où je loge sur l'îlot Casy, camp de base luxueux de mes solitaires randonnées pédestres et maritimes, j'entends *On the Blueberry Hill*, chanté par Fats Domino. Cette musique servait d'illustration sonore à une séquence de *La ballade plus loin* montrant une escadrille de vieux avions de chasse à réaction, cloués au sol, derrière des fils de fer barbelés, avec l'avant du fuselage des zincs décoré en gueule de requin. Je venais de me replonger dans un projet de périple audovisuel dans les mers du Sud avec Hugo, à bord d'un voilier, *La Cyprae*, fidèle réplique du prestigieux *Malabar X*, dessiné par le célèbre architecte naval américain, John Alden, pour gagner la course des Bermudes dans les années 1930. *La Cyprae* est le bateau qui sert de régie flottante au bimestriel *Îles*, « le magazine de toutes les îles[25] ».

En fait, ce projet *« Cyprae » autour du monde-Pacifique Sud*, riche catalogue d'histoires que nous revendiquions sur les traces d'aventures anciennes, n'ira pas jusqu'à son terme. Conçues en 1990, nos histoires en images, filmées, dessinées et mémorisées sur trois années en effectuant de courts embarquements épisodiques à bord de *La Cyprae*, ne verront jamais le jour sous les formes multiples que nous avions envisagées ! Mais ce n'est pas pour autant que les autres personnes mobilisées et impliquées dans le projet se fâchèrent. Et malgré la

25. À l'occasion de la parution du livre *J'avais un rendez-vous*, le magazine *Îles* offrira à ses lecteurs un dossier *Corto Maltese* : *aventures dans les mers du Sud*, n° 44, février 1996.

déconvenue, nos rendez-vous collectifs manqués se transformèrent en aventures individuelles ; le meilleur exemple en est, une fois de plus, celui d'Hugo qui, dans son livre *J'avais un rendez-vous*, mit le doigt sur des histoires que nous n'avions pas recensées au départ ou que nous n'avions pas imaginées faire aboutir comme il le fit lui-même. Quel bonheur pour moi de retrouver dans son livre les gestes des mains du « jeu des figures de ficelle » pratiqué par les jeunes Pascuanes de Rapa Nui ! Il m'avait un jour montré dans son salon comment les jeunes filles de l'école Hanga Roa faisaient, en les comparant aux jeux de ficelles des Inuits d'Ammassalik que ce cher Paul-Émile Victor nous avait mimés à une autre occasion, alors que nous étions tous les trois en train de rire du dicton : « Jeu de mains, jeu de vilains ! »

Le plus terrible dans les souvenirs, c'est la brièveté avec laquelle on se retrouve dans la peine après s'être replongé dans la joie : en 1995, Paul-Émile précédait de six mois Hugo dans son départ pour l'au-delà. Avec l'un et l'autre, je m'étais embarqué. Jusqu'en Antarctique avec l'aventurier polaire. Jusqu'au bout de mes rêves avec l'aventurier du dédoublement personnalisé qu'était Hugo Pratt, en parfait Gémeaux, né un 15 juin. J'ai conservé une lettre de Paul-Émile Victor reçue le jour de la naissance de mon fils aîné, Matthias, le 13 juin 1987, deux jours avant Pratt et soixante ans après.

Comme Hugo Pratt, Paul-Émile Victor possédait le don de dessiner. Lui aussi était dans le projet *« Cyprae » autour du monde-Pacifique Sud*. Au sommaire figuraient cinq superficies maritimes immenses, ponctuées de territoires insulaires innombrables. Chacune de ces cinq zones maritime se posait en « conjugaison ». Hugo composa *J'avais un rendez-vous* en cinq parties – Rapa Nui, îles Cook, Samoa-Américaines, Samoa-Occidentales, Nouvelle-Irlande – en les conjuguant selon le même principe de l'espace revisité, tel que nous l'avions défini à l'époque : « Une authentique logistique hauturière et de communication, doublée d'une quête historique et poétique non moins authentique. C'est en conjuguant un maximum d'éléments apparentés aux plus puissantes rêveries vraies que nous suggérons la création d'un véritable concept de cabotage au long cours, en plein Pacifique Sud, à médiatiser avec sérénité. [...] On peut compter sur ses doigts, le compte à rebours a commencé[26]... »

Était-ce une allusion au jeu des figures de ficelles pratiqué à Rapa Nui que l'idée de nos cinq conjugaisons se concluait ainsi ?

26. Projet « *Cyprae* » *autour du monde*, Tam Tam production, 1990, p. 21.

Les deux seuls passages, dans le sillage de *La Cyprae*, qui ont encore leur mot à dire aujourd'hui sont ceux sur les îles Salomon et l'archipel de la Louisiade :

« Les îles Salomon, c'est Guadalcanal. On imagine les GI englués dans la guerre du Pacifique ! C'est aussi Vanikoro, où les deux vaisseaux de La Pérouse, *L'Astrolabe* et *La Boussole*, sombrèrent corps et biens. C'est encore là-bas, cette fois en pleine mer ! qu'apparut pour la première fois le personnage de Corto Maltese, tiré d'affaire par son « ami » Raspoutine. Mais pourquoi Salomon ? Parce que son « découvreur occidental », Mendaña de Neyra, crut qu'il avait trouvé Ophir, le pays mythique d'où le roi Salomon tirait son or et la reine de Saba sa puissance. Délirant ? N'oublions pas que nous sommes en 1568 et que le mythe existe bel et bien, d'autant que l'on situe le « paradis sur terre » soit en Éthiopie, soit en direction de cette *Terra Australis nondum cognita*, représentée sur des mappemondes où soufflent les anges... Nous ferons flèche de tout bois aux îles Salomon, avec évidemment le souci d'enquêter sur le mystère La Pérouse[27]. Enfin, l'île de Malaïta, au nord de Guadalcanal, est là pour entretenir un autre mystère : un papillon – appelé *kaïkaï* (« manger », en pidgin-english) – porte-t-il bonheur et protège-t-il des cannibales qui y vivent encore ? Jack London, dans son livre *La croisière du Snark*, nous donne de ce lieu une description bien pittoresque[28]. »

Oui, à la lecture de cette première fiche cuisine d'une fortune de mer qui nous fera boire la tasse, le menu – qui ne sera jamais consommé – était alléchant ! Le second exemple est bien la confirmation qu'à la table du capitaine, nous aurions tenu notre rang d'invités permanents, aux conversations justifiant les changements de cap. Mais comme nous ne sommes pas montés à bord, on reste dans le dossier :

« Pandora ! Avec ce joli nom, Hugo Pratt a dessiné de jolis traits sur un visage de jeune fille. C'est donc à partir de cet

27. Le « mystère La Pérouse » alimenta sans relâche la chronique du Pacifique, de 1827 (date des premières recherches certifiées, grâce à Dumont d'Urville) à 1986, à l'occasion de l'expédition Vanikoro, qui récolta des centaines de pièces récupérées sur les sites des épaves de *L'Astrolabe* et de *La Boussole*.

28. Projet « *Cyprae* » *autour du monde*, *op. cit.*, p. 63.

archipel de la Louisiade que miss “boîte à Pandore” et son petit frère Caïn vont voguer en direction de Corto Maltese. Les aventures du marin (sans bateau !) le plus célèbre de la BD mondiale commenceront donc en leur compagnie. La suite, on la connaît ; et si ce n’était d’aventure pas le cas, son auteur, Hugo Pratt, sera sur place pour nous la raconter... La Louisiade, c’est aussi l’île Rossel et l’échouage du *Saint-Paul*, au siècle dernier. Il s’agit d’un fait divers incroyable où 327 coolies chinois, recrutés pour se rendre en Australie, furent victimes d’un véritable génocide de la part des indigènes. Ce sera de même l’occasion pour le mousse français – Narcisse Pelletier –, miraculeusement épargné, de vivre chez ces derniers durant dix-sept ans. “Je ne suis pas mort, je suis vivant”, écrira-t-il à ses parents, pour annoncer son retour. *La Pandora* était le nom du navire de guerre chargé de rapatrier *manu militari* les mutins du Bounty. Son retour fut tragique, bien que beaucoup survécurent. Pandore était aussi la beauté pure pour Goethe. Qui inspira Pratt : le navire ou la fille ?

*
* *

Je suis toujours en Nouvelle-Calédonie. Je mémorise et j’engrange. J’assiste à la projection d’un film sur le mystère La Pérouse[29]. Louis XVI, à la veille d’être guillotiné, demandait à qui voulait bien l’entendre : « A-t-on des nouvelles de La Pérouse ? » Monsieur le comte, aussi bon conteur que marin, avait su faire rêver le roi, huit ans plus tôt, en dépliant une carte du Pacifique afin de lui présenter son projet d’expédition. Je cherche un texte de Robert Louis Stevenson, *Le diable dans la bouteille*, que je n’avais jamais lu et que je n’ai pas encore lu à ce jour. J’évoque avec Christian Prost cet essai sur l’aventure que je n’ai plus du tout envie d’écrire, au titre à la dérive : *Il y a du sang dans une bouteille à la mer*, de même qu’il me revient un autre titre pour un scénario resté dans un tiroir : *Une tache à l’histoire*. Tache de sang, tache de larmes ou tache de sueur ? Une tache d’ombre, plutôt !

29. *Le mystère de Vanikoro*, film d’Yves Bourgeois, 2001.

Les aventures que nous avions préméditées il y a longtemps avec Christian, puis avec Hugo, même si elles ne trouvèrent pas leur accomplissement, se réincarnèrent de bien étrange façon. Elles trouveront le moyen d'exister avec beaucoup plus d'intensité que nous l'avions imaginé, poussées par les forces du hasard…

Après trois mois de Nouvelle-Calédonie, l'accumulation des rencontres et des détails heureux m'offrait le rattrapage des destinations que la vie avait choisi de nous accorder, à Hugo et à moi, séparément et à des années de distance. Tout était déjà joué, depuis que l'un de nous deux avait accompli son voyage de retour au Créateur, tandis que l'autre avait obtenu le statut envié de sursitaire pour la conscription céleste. Je me trouvai donc en situation bien tardive de conjuguer passé, présent et avenir en concrétisant nos rêveries anciennes posées sur le papier.

5

Les forces du hasard

Il faut s'entendre sur l'idée de forces du hasard. Pour ce faire, rien de tel que de s'aventurer à confier notre réflexion au destin et de se hasarder à rejeter toutes les théories du genre, voire de les balancer par-dessus bord.

Démocrite, le plus rationnel des philosophes du siècle de Périclès, est l'auteur de la fameuse formule « le hasard et la nécessité ». Cette façon de résumer et d'exprimer une pensée élaborée quatre siècles avant J.-C. a fourni son titre à un livre célèbre du professeur Jacques Monod, biochimiste et prix Nobel 1965 pour ses travaux sur le mécanisme cellulaire de la régulation génétique. Vingt-quatre siècles séparent le philosophe du scientifique ; mais si j'ajoute à la somme de mes ignorances toutes les raisons de ne me vouloir ni rationnel ni explicatif sur ce que sont les forces du hasard, la distance qui me sépare des deux hommes est encore plus grande.

Protagoras, aîné et compagnon de discussions cosmologiques de Démocrite, fut le seul penseur de toute l'histoire de la philosophie qu'Hugo et moi choisîmes de citer dans le document que nous présentâmes en commun pour la relance du magazine *Corto Maltese*. Notre argumentaire précisait : « Œuvré par le duo Pratt-Guilbert, *Corto Maltese*, dont l'expression, insistons-nous, passe par un style très particulier de vécu et d'imaginaire, est tributaire de ce qu'il conviendrait de placer sous le signe de l'identité. En cela, d'après

Protagoras, il résulte que, en toute personne, “la même chose est et n’est pas”. »

Patrice Franceschi, président de la Société des explorateurs français, saurait bien mieux que moi disserter sur le sujet, car il a repris des études poussées de philosophie qui le rendent incollable sur la maïeutique, la dialectique et autres systèmes de la pensée grecque léguée par les anciens. Il déjeuna à la table d’Hugo Pratt, à l’hôtel Lutetia, à Paris, en 1993, pour le lancement du livre écrit par ce dernier, *Vent des terres lointaines*, roman tiré de la bande dessinée *El Gaucho*[1]. Au cours de ce repas – bon souvenir, pour moi comme pour ceux qui étaient présents, vieux camarades d’aventures séparées et remémorées au fond d’un verre –, de quel long voyage parlâmes-nous ? De *L’Odyssée*, bien sûr ! le premier voyage lu, avant qu’il ne nous conduise à nos voyages vécus.

*
* *

Je suis à la barre d’un bateau de trente mètres, *La Boudeuse*, la jonque de Patrice Franceschi, armateur et capitaine, maître d’œuvre sans pareil d’une série de missions exploratoires dans le Pacifique, restituées par une série documentaire sur France 2[2]. La campagne d’exploration, « dans l’esprit de Bougainville », a duré trois années. Elle est terminée. C’est le retour.

La Boudeuse rentre au port. Elle navigue en Méditerranée, direction les côtes françaises. Qui me fait remarquer qu’elle ressemble à la jonque dessinée par Pratt dans *Mû* ? Nous sommes sept à bord. La dernière relève d’équipage s’est faite à Port-Saïd. Nous approchons de l’île de Malte.

Mon embarquement a eu lieu à Suez. Ainsi, j’ai pu m’habituer au bateau et à la vie à bord. Mon expérience en la matière est insuffisante et assez ancienne. Mon profil est plus proche de celui du mousse permanent que du skipper

1. Hugo Pratt, *Vent de terres lointaines*, roman, Robert Laffont, 1993.
2. *Les aventuriers des îles oubliées*, série de sept documentaires coproduits par France 2/Télé-Images et la chaîne Voyage.

compétent. Comme j'ai une propension à faire tout à l'envers, je n'y vois aucun inconvénient majeur. Et puis, on navigue aux instruments. Le barreur n'est que l'exécutant de confiance chargé de tenir le cap, ponctuellement calculé et régulièrement indiqué par le chef de quart. Bref, à défaut de pouvoir faire le malin, je fais le marin. Je tiens bon la barre dans une mer Méditerranée qui, depuis quarante-huit heures, tape plus dur que sur le lac Léman quand le vent des Alpes souffle et qu'il le rend tempétueux. Sur les sept hommes de *La Boudeuse*, six sont de quart deux par deux, capitaine compris. Le septième, le mécanicien, s'active autrement puisqu'il fait aussi fonction de cuistot. Le manque d'effectifs justifie donc nos deux quarts quotidiens à raison de quatre heures d'affilée, matin et soir. Je me considère comme favorisé, car mes tours de quart coïncident avec le lever du soleil et je suis de nouveau à la barre quand il se couche[3].

Nous sommes le 14 mars 2001, j'attaque la deuxième heure de mon quart du soir. Il fait encore jour. Il est aux alentours de 17 heures. Je barre ferme, car le vent est de la partie et les creux se font sérieux. Soudain, un choc ! Je me retrouve le cul sur le pont, pour aussitôt me relever et constater une agitation à bord, organisée, technicienne, sans panique, mais nette.

Le plus ancien dans le grade le moins élevé, je reste à la barre. Quoi qu'il arrive ne jamais quitter son poste, c'est la consigne ! Tout semble rentrer dans l'ordre. Et pourtant... c'est après coup que je me suis souvenu du titre du dernier numéro de *Combat*, journal auquel j'ai collaboré, en 1967-1968 : « *Silence, on coule !* »

À bord de *La Boudeuse*, au milieu de la Méditerranée, les forces du hasard sont à l'œuvre. Le navire est en train de couler lentement. Il finira à l'aube par quatre mille mètres de fond, avec ses sept hommes d'équipage indemnes, récupérés en deux temps par un pétrolier géant. Un naufrage irrémédiable, à cause d'un container à la dérive à fleur d'eau, supposons-nous, ayant violemment éperonné la jonque à l'avant, entraînant une voie d'eau impossible à colmater, malgré les efforts de chacun faisant corps autour de Patrice Franceschi.

Ainsi, alors que je n'avais pas pu me tremper, du côté des îles Salomon, dans la zone où Corto Maltese était apparu pour la première fois dans *La ballade de la mer salée*, quand j'étais sur ses traces en Mélanésie, voilà que je faisais naufrage

3. La *Feuille de navigation n° 49*, attribuant le « Service à la mer », à bord de la jonque *La Boudeuse*, de Port-Saïd à Malte (du 3 sept. 2001 au 19 mars 2001) mentionnait le personnel suivant : Aldrick Delaroche, Patrice Franceschi, Jean-Claude Guilbert, Christophe Kerneau, Gérard Maury, Philippe Pothon, Patrick Rondel.

juste à côté de l'île de Malte, terre de naissance de Corto Maltese, ma destination, où il était prévu que l'on me débarquât le lendemain.

Le capitaine de *La Boudeuse*, dernier à quitter le navire, était bien le même que le compagnon d'agape et de conversation d'Hugo Pratt, au Lutetia. Les BD les plus lues à bord étaient les albums de *Corto Maltese*. Ils gisent par le fond avec mes notes prises sur son auteur, noyées dans mes bagages.

Là, il faut que je mentionne le nom de celui qui téléphona le premier à bord de l'*Eco Europa*, l'immense pétrolier, notre sauveur, alors que nous étions tous les sept sains et saufs, entourés et réconfortés par son équipage italien. Il s'agit de Christian Prost ! Il avait tout de suite réagi à la lecture des premières dépêches annonçant le naufrage de *La Boudeuse* et le sauvetage sans problème de son équipage. Ainsi, par l'intermédiaire du téléphone de bord, je poursuivai mon dialogue avec les auditeurs de Radio Rythme bleu et les lecteurs du journal *Les Nouvelles Hebdo*, commencé en Nouvelle-Calédonie, pour leur raconter la suite de mes aventures sur la piste de Corto Maltese. Entre l'océan Pacifique et la mer Méditerranée, je passais d'un naufrage en bandes dessinées à un naufrage en réalité.

La photo souvenir où nous sommes tous les sept avec le commandant de bord – il commandante Francesco Musumeci I – et certains membres de l'équipage de l'*Eco Europa* est précieuse à mes yeux, mais elle ne l'est pas autant que le surprenant détail suivant : le supertanker de la SNAM, venu de Palerme, qui nous recueillit à son bord, arborait le pavillon de la société pétrolière AGIP ; et c'est AGIP qui, au début de l'année 1995, passa commande à Hugo Pratt d'une bande dessinée racontant les grandes heures de son histoire. Ce dernier se mit au travail sans tarder. Il exécuta les premières planches, mais la mort ne lui permit pas de poursuivre l'histoire jusqu'à son terme[4]. Une telle coïncidence a de quoi rendre perplexe. Pour ma part, je ne fus pas plus surpris que ça : avec lui, j'étais habitué ! C'est une très, très longue corde à nœuds, un bout sans fin, qui relie nos destins, celui d'Hugo et le mien ; l'expression « amitié mystérieuse » convient bien pour en résumer le lien !

4. Le magazine *BoDoï* a publié les sept planches de l'*Histoire des hommes à six jambes*, par Hugo Pratt, commande de la société pétrolière AGIP, que la mort lui empêcha de terminer. *Cf.* « Le vrai Hugo Pratt », *in Bodoï*, hors série, n° 5, septembre-octobre-novembre 2002, p. 38-44.

6

Mémoire et derniers instants suspendus

Quelle idée de classer nos amis dans des catégories qui s'apparenteraient à des critères du genre : ceux qui lisent plusieurs livres à la fois ou pas, ceux qui donnent volontiers le peu qu'ils ont ou pas, ceux qui prennent des risques sans hésiter ou pas, ceux qui restent à nos côtés après leur trépas ou pas ! Ces critères-là ne nous offrent pas le meilleur exemple de deux catégories d'amis que nous aurions eues, Hugo et moi, en commun, puisqu'elles nous suggèrent un choix ; et que ce choix – qui, en fait, est un tri –, nous l'avions fait depuis longtemps. C'était l'une de nos discussions préférées : le recrutement des amitiés.

Mais voilà que l'on a sonné à ma porte, et que j'y entends comme le tocsin !

Hugo est là, sur le palier. Il a ses yeux bleus moqueurs et son sourire charmeur. La tendresse qui nous unit depuis quinze ans se met à grossir démesurément en moi en subissant une accélération exagérée. Seuls les battements de mon cœur semblent être capables d'en rendre compte. Il est en costume cravate, habillé, endimanché, comme rarement je l'ai vu. Il est essoufflé. Il a l'air fatigué, une fatigue occasionnée par quelque chose de plus contraignant que les quatre étages qu'il a dû monter à pied, la main sur la rampe, pour venir jusque chez moi. À cet instant, je me rends compte qu'il n'est encore jamais venu ici, dans notre grand appartement de la rue Le-Sueur, qui se situe non loin de l'Arc de triomphe et d'où l'on peut voir la tour Eiffel en se penchant par la fenêtre. L'étrange fatigue que je devine en lui me retient, alors qu'il est sur le point d'entrer chez moi, de me lancer sur le sujet opposant deux catégories d'amis : ceux qui déménagent sans cesse et ceux qui conservent la même adresse tout le temps. Est-il besoin d'insister sur notre appartenance à la première catégorie ?

Cet appartement nouveau, Hugo ne le connaissait pas. Pourtant, il est bien là, sur le palier, dans une ambiance de douceur suspendue, concurrencée par la sensation d'un temps arrêté.

C'est l'été. L'appartement a été déserté par la famille, qui passe les grandes vacances à l'étranger. Je suis seul. Je sais que c'est aussi le cas d'Hugo. Notre situation préférée pour remplir un sac avant un départ lointain. J'ai envie de me jeter « à la virile » dans ses bras. Je le connais trop bien pour savoir qu'il n'aime pas ça. « Ces types qui s'étreignent tout le temps, des trucs de pédés ! » disait-il. J'avoue que je me retiens. La pudeur nous unit. La porte ouverte nous sépare. Je n'imagine pas ce qu'il va faire…

Il sort un revolver… et se tire une balle dans la tête.

C'est Livio qui m'a soufflé cette histoire ; Livio Benedetti, notre ami, avec lequel on formait le trio : Hugo, Livio et moi.

Hugo, pendant les mois et les mois que dura sa longue maladie, avait eu le temps de penser de quelle manière il lui faudrait en finir. « Quand je saurai que c'est foutu pour moi, j'irai chez Jean-Claude, à Paris. Je sonnerai à sa porte. Il m'ouvrira, et je me tirerai une balle ! » avait-il confié à Livio. Texto.

C'est fort d'un tel témoignage que les mots me sont venus pour raconter cette scène finale (ou scène fatale ?) telle que j'ai l'impression que nous aurions pu la vivre, Hugo et moi.

La mort de mon ami n'a pas eu lieu comme il l'avait formulée. Pourtant, elle fut en conformité avec son existence, celle-ci étant tissée des fictions le concernant, elles-mêmes dépassées par les réalités l'entourant. Et c'est là que nous allons tourner, non pas autour du pot, mais autour de sa peau, dans l'attente du passage qui l'emporta, à l'image de ces derviches qui, sur la route de *La maison dorée de Samarkand*, dansent et invoquent le diable dans un cercle pour éclairer le chemin – et le destin ! – de Corto Maltese[1]. Cassandre, belle Grecque jouant à la perfection son rôle mythologique de voyante, avait déjà prévenu Corto dans la même histoire en lisant dans le marc de café : « Ta vie est en danger... Mais c'est étrange, on dirait que tu te tues sans que ce soit un suicide[2] ! »

Ses lectures furent ses références en tout. Il avait ses auteurs. J'avais les miens. Ils étaient parfois les mêmes. Ce sont bien eux – nos chers auteurs – qui jusqu'au bout nous donneront l'heure. Et si le scénario d'Hugo réglant sa sortie tel que confié à Livio ne ressembla pas au point final tracé par Ernest Hemingway, le doigt sur la gâchette, comme le maestro aurait aimé le faire à son tour, sa mort s'accomplira – par une imprévisible tournure – selon un modèle romanesque digne des fables qu'il affectionnait.

Le destin de Corto Maltese croisa celui d'Ernest Hemingway, sur le front de Vénétie, en 1918, et en Asie Mineure, en 1921. C'était bien des années avant que l'écrivain américain n'écrivît *Pour qui sonne le glas* ; bien avant que ce dernier ne

---

1. Hugo Pratt, *La maison dorée de Samarkand*, *op. cit.*, p. 123-125.
2. *Ibid.*, p. 72.

se tuât, comme Hugo Pratt avait imaginé de le faire pareillement sous mes yeux[3].

À la vision de cette belle tête bien remplie et si chérie, éclatée à mes pieds sur mon paillasson, je préfère le panorama que j'ai sous les yeux : le mont Granier, tout près, et la chaîne de Belledonne, au loin, au cœur de la Savoie historique. Je suis chez Livio Benedetti, à Apremont. Hugo Pratt n'est pas si loin. Il est dans le même décor, de l'autre côté de la frontière, en Suisse, à Grandvaux, où il est enterré. Notre très cher Hugo y a trouvé son antre d'outre-tombe et ses caches d'outre-monts. Son souvenir s'inscrit dans le paysage, cavalier du ciel, non pas les deux pieds sous terre, mais à cheval entre les deux terres. Sur place, que nous ayons, Livio ou moi, les yeux ouverts ou fermés, son visage rieur nous parvient à l'un et à l'autre dans le grondement du ciel. C'est son rire que nous entendons quand tonne la foudre, c'est son regard que nous voyons se poser sur nous à la lumière des éclairs.

Cette amitié du tonnerre nous porte à tourner notre regard vers les cieux où deux albums d'Hugo Pratt, publiés juste avant sa mort, *Saint-Exupéry : le dernier vol* et *Dans un ciel lointain*[4], nous attendent. Le premier relate une destinée touchée par l'histoire, le second une aventure brusquée par le destin.

Dans *Saint-Exupéry : le dernier vol*, c'est le « plus vieux pilote de guerre du monde » qui est raconté et magnifié par celui qui fut le « plus jeune soldat du monde », pendant la Deuxième Guerre mondiale, Hugo Pratt lui-même. Dans cet hommage original du créateur de Corto Maltese et des *Scorpions du désert* à l'auteur de *Vol de nuit*, du *Petit Prince* et de

3. Ernest Miller Hemingway (1899-1961). Son suicide à l'arme à feu est connu. Ainsi boucla-t-il, ou plutôt relança-t-il, sa légende ! Son père s'était lui-même suicidé, en novembre 1928. À Key West, en Floride, où il avait sa maison (achetée en 1930), a lieu chaque année un concours de sosies d'Hemingway. Dans *La maison dorée de Samarkand*, Corto a son sosie. Il ne s'agit pas d'un concours entre simples « papas » venus du monde entier, mais d'une poursuite à mort entre un homme et son double…

4. Hugo Pratt, *Saint-Exupéry : le dernier vol*, album en couleurs, Casterman, 1995 ; et *Dans un ciel lointain*, album en couleurs, Casterman, 1996.

Citadelle[5], il y a une idée : Hugo Pratt fait défiler la vie de l'écrivain-aviateur alors qu'il est aux commandes de son avion, au cours des dernières minutes de son dernier vol. Les circonstances obligent Antoine de Saint-Exupéry à passer en revue son existence, alors que le temps lui est compté. Il est dans le collimateur de deux avions de chasse allemands. Ils l'ont repéré. Ils ne le louperont pas !

Ainsi la toute fin de Saint-Ex, racontée par Pratt, se passe-t-elle comme dans un rêve aux réminiscences pressées par le chronomètre et l'altimètre. Les dernières minutes du dernier vol d'Antoine de Saint-Exupéry, le lundi 31 juillet 1944, se situent entre 11 h 54 et 12 h 06 ; le temps que son Lighting P38 de Lockheed, avion de reconnaissance très mal équipé pour soutenir un combat aérien, soit repéré, ensuite capté, puis pourchassé et enfin attaqué, au-dessus de la mer Méditerranée, par les deux FW 190 allemands venus de la base d'Orange pour l'abattre.

C'est de Bastia que Saint-Ex avait décollé pour sa neuvième et dernière mission d'observation, avec le grade de commandant des Forces aériennes françaises. Au cours d'une mission précédente, il avait pris des photos dans le ciel de Chambéry. Il est fort probable que sur l'une d'elles figure nettement

5. Dans sa préface de l'album de Pratt, Frédéric d'Agay écrit : « … le plus vieux pilote de guerre du monde, venait de mourir pour la France, de donner sa vie pour sauver le patrimoine spirituel du pays à quarante-quatre ans, laissant une des plus grandes œuvres littéraires du siècle, une des plus connues et plus lues du monde entier » (p. 19).

l'énorme bâtisse isolée et ancienne, très reconnaissable, qui aujourd'hui sert d'atelier à Livio Benedetti. Y sont stockées ses sculptures splendides et y sont cachés mes livres, encore nombreux malgré mes déménagements à n'en plus finir. C'est donc là, en cet endroit protégé, très haut perché, en cette place forte inexpugnable, que j'ai remisé, grâce à la complicité de Livio, une bibliothèque sauvage contenant des ouvrages gardés par les forces terribles du hasard. Y sont forcément présents Pratt et Saint-Ex, classés séparément. Avant même qu'il ne devînt notre refuge sacré, l'atelier vu du ciel s'imposait comme le bastion visible de loin, vigilant défenseur de nos souvenirs futurs.

L'autre album, *Dans un ciel lointain*, présente une histoire qui s'achève non plus par une disparition à la localisation désormais prouvée[6], mais par un salut impeccable sur une tombe fraîchement creusée et aussitôt recouverte : le salut du commandant Tristan Melrose au major Pietro Bronzi. L'avion du premier vient d'abattre celui du second pour incompatibilité de cocardes sur leurs ailes. Un combat aérien au-dessus de l'immense plaine du Harargué, en Éthiopie, dû à une déclaration de guerre en règle précipitée entre le Commonwealth et l'Italie. C'est par là-bas qu'Hugo, en son temps, et moi, en le mien, saluâmes nos vivants et nos morts, dans les traces desquels nous avions mis nos pas[7]. « Bonsoir, Pietro... mon ami ! », fait dire Hugo au pilote de la RAF mobilisé du côté des Sud-Africains, vainqueur de celui qui était son ami dans la vie avant d'être son ennemi dans la guerre. Et la *« British distinguished flying cross »*, que le *Group Captain* (« colonel ») Melrose venait de se voir attribuer pour sa victoire, finit non pas sur sa poitrine fièrement bombée mais accrochée à la carlingue du CR 32 du major Bronzi que ce dernier aurait réussi à poser avant de mourir[8].

6. Les débris de l'appareil ont été officiellement identifiés, à la suite de la récupération de morceaux d'épave de l'avion de Saint-Exupéry, au large de l'île de Riou, tout près de Marseille. Mais si le lieu de sa disparition est bien établi, les causes ne sont toujours pas élucidées.

7. La scène du duel aérien s'est déroulée dans le Harargué, entre Dirédaoua et Harar, région d'Éthiopie où des attaches familiales et des souvenirs séparés, auxquels nous étions ensemble très attachés, subsistent encore sur place.

8. Hugo Pratt, *Dans un ciel lointain*, *op. cit.*, p. 79.

Cette scène de deux amis à vie qu'une déclaration de guerre force à devenir ennemis à la minute suivante, avec pour épilogue un mort héroïque et un survivant brave, Hugo y a assisté quand il avait quatorze ans : « Le 18 mars 1941, je me trouvais en Abyssinie orientale, à Harar, je devais rencontrer Henry de Monfreid, ennemi d'Hailé Sélassié, l'empereur éthiopien. À ce moment-là, juste au-dessus de ma tête, il y eut un duel aérien entre un biplan italien et deux hurricanes sud-africains. L'avion italien tomba près de la ferme d'Henry de Monfreid. En arrivant sur les lieux de l'accident, j'ai constaté la présence d'un officier sud-africain et de quelques soldats coloniaux. L'officier – le major Melrose – avait abattu l'avion. Il commença à me raconter cette belle histoire de loyauté, d'amour et de mort[9]... »

J'en reviens à l'album sur Saint-Exupéry. Dedans, j'ai retrouvé une feuille avec des annotations diverses griffonnées de ma main, en date du 7 décembre 2000, sur laquelle j'avais, entre autres remarques, écrit : « Mon cher Hugo, tu me manques vraiment. Fais-moi signe cette nuit. » Au petit matin, rien, bien sûr ! Mais la feuille marquait une page, la page 46, où figure le sauvetage de Saint-Ex et de son mécanicien Prévot par des Bédouins, en plein désert de Lybie, après que leur coucou – un Caudron « Simoun », le F. ANRY – se fut

9. *Ibid.*, p. 5.

écrasé, dans la nuit du 30 au 31 décembre 1935. Il avait heurté le sommet d'un plateau rocheux, à 270 km/h. Miraculeusement indemnes, les deux hommes marchèrent pendant trois jours, en buvant la rosée du matin récupérée sur la toile d'un parachute qu'ils tordaient ensuite au-dessus d'un bidon vide...

Oh ! que sont révélateurs les dialogues, entre un Saint-Ex assoiffé et un Bédouin heureux de l'avoir sauvé, tirés de cette page de l'album où ma feuille manuscrite s'était logée comme à dessein !

« Si tu bois trop d'eau d'un coup, ta gorge éclatera... Tu dois l'avaler avec des lentilles.

— Je n'aime pas les lentilles !...

— Le seul par ici à qui ça ne devrait pas plaire, c'est au fils d'Isaac.

— Ah !... celui qui vendit son droit d'aînesse...

— Oui, Esaü, qui l'a vendu à Jacob pour une assiette de lentilles... Et vous, qui êtes-vous ?

— Des aviateurs français... Nous transportons rapidement le courrier.

— Ah !... ce n'est pas sage de faire arriver les lettres trop vite.

— Tu as peut-être raison...

— Viens, nous allons t'accompagner chez un ami qui pourra t'aider.

— Et cette porte ?

— Une des sept portes du paradis perdu. »

Imaginer les dessins qui vont avec est toujours bien. Les voir est encore mieux. C'est le contraire des mirages !

Saint-Ex, dubitatif[10], est reparti dans d'autres souvenirs, poussé par les deux avions allemands qui le chassent dans le ciel, comme on a parfois le diable à ses trousses sur terre. *Saint-Exupéry : le dernier vol*, revu et corrigé par le talent de Pratt, est un morceau de bravoure – car ce dernier sait qu'il lui reste peu de temps à vivre. Il anticipe ainsi sa mort prochaine dans celle, déjà ancienne, de celui dont il imagine les dernières minutes. En dessinant les principaux moments de

10. Hugo Pratt, *Saint-Exupéry : le dernier vol*, *op. cit.*, p. 47.

la vie de Saint-Ex, Hugo a fatalement superposé d'autres images : celles de sa propre vie. Et celles-ci, il les garda pour lui. Une photographie prise en studio à Venise, en 1929, montre Hugo, petit garçon, campant un aviateur dans un décor. Il ne sourit absolument pas sur la photo, dans son rôle de pilote d'avion à hélice grossièrement reproduit pour prendre la pose[11]. Il avait l'intuition des choses sérieuses.

La dernière fois que nous dînâmes ensemble, Hugo, Livio et moi, c'était chez lui et nous étions nombreux. C'était à l'occasion de l'année nouvelle 1994. Il y avait des lentilles au menu. Il paraît qu'en manger cette nuit-là porte bonheur toute l'année !

Du 30 au 31 décembre 1935, Antoine de Saint-Exupéry n'eut pas le même genre de réveillon, avec son mécano. Les

11. Hugo Pratt, *Le désir d'être inutile, Souvenirs et réflexions*, *op. cit.*, p. 8.

deux aviateurs titubaient de fatigue dans la caillasse du désert de Libye, très loin des festivités d'un jour de l'an arrosé. Pas question de sabler le champagne pour eux, mais obligation, dans les conditions qui étaient les leurs, de cracher du sable, en tirant la langue, avec la rage de survivre, dans l'espoir d'apercevoir âme qui vive. Ils furent, nous le savons, recueillis, sauvés et hors de danger trois jours après qu'ils eurent erré à bout de forces dans le désert, en laissant loin derrière eux la carcasse de leur avion « planté » et inutilisable.

« Quant à toi qui nous sauves, Bédouin de Libye, tu t'effaceras cependant à jamais de ma mémoire. Je ne me souviendrai jamais de ton visage. Tu es l'homme et tu m'apparaîtrais avec le visage de tous les hommes à la fois. Tu ne nous a jamais dévisagés et déjà tu nous a reconnus. Tu es le frère bien-aimé. Et à mon tour, je te reconnaîtrais dans tous les hommes[12]. »

Ce visage du Bédouin sauveur, Antoine de Saint-Exupéry nous l'offre dans sa dimension universelle. Normal pour un texte tiré d'un livre appelé *Terre des hommes* ! De son côté, Hugo Pratt nous dessine les traits de l'homme du désert sans visage, tirés de sa propre idée universelle du portrait. Normal pour un dessinateur de bandes dessinées dont l'œuvre est un tour du monde multicolore permanent !

Quand l'écrivain indonésien Pramoedya Ananta Toer publie, entre 1980 et 1989, sa tétralogie romanesque *Fils de toutes les nations*, *Traces de pas*, *La maison de verre* et *Le précurseur*, il intitule l'ensemble des quatre romans la constituant *Terre des hommes*[13]. De l'aveu même de son auteur, l'emprunt à Saint-Exupéry est délibéré. Toer, qui a fait de la prison dans son pays, où ses livres sont interdits, se place dans la lignée de Pratt, Saint-Ex et autres « frères bien-aimés ».

L'un de ces frères bien-aimés est en face de moi. Il est des nôtres, de même que je suis son hôte. Nous sommes, en cette

---

12. *Terre des hommes* a été publié à Paris en 1939.

13. Pramoedya Ananta Toer (né en 1925, sur l'île de Java). Sa quadrilogie romanesque raconte principalement l'histoire des Javanais pris dans la tourmente indonésienne.

nuit du nouvel an 1998, Livio et moi, en train de réveillonner en tête à tête, dans un café-restaurant de Chambéry, quatre ans jour pour jour après le réveillon chez Hugo avec toute sa bande autour de lui jusqu'à l'aube. Comment le dire ? Nous étions tellement demandeurs de la présence d'Hugo entre nous que des souvenirs de nous trois ensemble resurgirent en grand nombre à ce moment-là. Et ils nous assaillirent si concrètement qu'ils contribuèrent à redonner vie au trio. Nous en profitâmes pour nous faire voyageurs imaginaires afin de partir longuement sur la route, comme il était prévu de longue date de le faire tous les trois. En effet, en 1965, j'avais effectué un tour complet du Bassin méditerranéen, en Combi Volkswagen, avec un copain de régiment, Michel Lépine, qui avait été incorporé en Algérie, dans les troupes sahariennes, tout comme moi, trois ans plus tôt. Notre voyage – de vingt mille kilomètres, parcourus dans le sens Levant-Couchant, avec treize pays traversés –, je l'avais un jour raconté à mes deux compères, en forçant un tantinet sur les anecdotes.

C'est alors que la décision fut prise, dans l'hilarité partagée, de refaire un bout de ce même voyage en camping-car, dans le sens contraire à l'original. Nous commencerions par

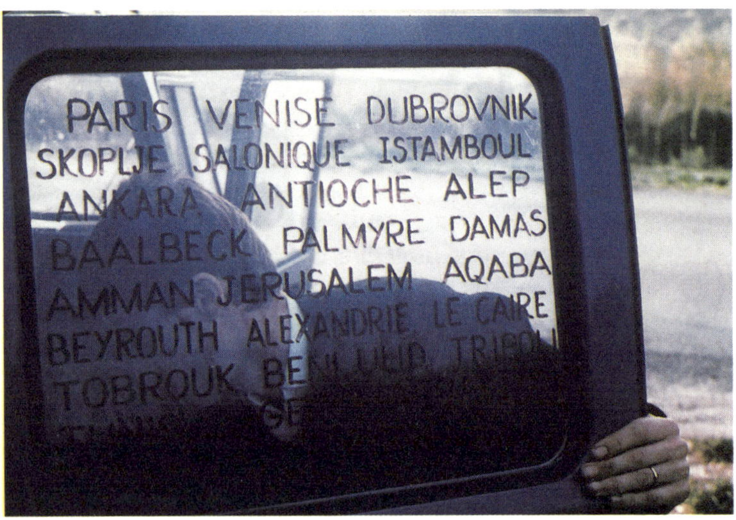

la traversée de l'Espagne et du détroit de Gibraltar, puis celle du Maghreb et de la Libye – le pays de Kadhafi et non plus celui que j'avais connu : la Libye du roi Idris ! Un aller et retour bringuebalant, sorte de périple terrestre en clin d'œil, baguenaude décadente de trois retardataires sur les traces d'un monde définitivement perdu et de leur jeunesse pas prête de s'envoler. Ce voyage – grand dégagement où nous devions carburer avec des pleins réguliers de fous rires –, nous ne le ferons jamais. À cause de moi ! Et j'étais le seul à en connaître le trajet complet ! Je croyais que nous avions le temps. Je confondais les instants avec les siècles !... Nous avions aussi le projet de nous rendre ensemble, par avion, jusqu'à Tamanrasset pour aller visiter, dans le Hoggar, un site préhistorique, orné de peintures rupestres, que j'avais prises en photo quand j'étais soldat en Algérie. À partir de mon expérience saharienne, j'avais même peint, à l'époque, une fresque de quatre mètres de long sur trois mètres de haut, sur un mur du foyer du soldat au camp d'In Salah.

À minuit, nous avons levé nos verres à la mémoire de celui qui nous manquait. Livio m'a collé un cadeau dans les mains, un dessin au crayon où sont figurées des statues légères qui

dansent, statuaire éthérée, avec la dédicace suivante : « Cadeau de nouvel an 1998, en échange du rien que Jean-Claude m'a donné. Bonne année ! Livio Benedetti. »

Un beau jour, avec Livio, alors que nous étions esseulés sans lui, comme d'habitude, et que nous lui rendions visite sur sa tombe, après avoir fait notre trajet coutumier Chambéry-Lausanne, par la route (c'est-à-dire Apremont-Grandvaux en voiture, pour être précis), un train vide passa au loin. Nous étions en fin de journée, les wagons étaient éclairés. Spontanément, il nous vint à l'idée qu'Hugo était dans ce train et qu'il nous faisait signe à tous les deux en passant. Malgré la situation, cette scène bizarre nous mit dans une totale euphorie. Nous étions plantés là, en contrebas de la voie ferrée, figés devant sa tombe, tandis que le train qui l'emportait pour un long voyage en solitaire disparaissait, à nos yeux, au loin dans la nuit tombante…

Corto, le nez en l'air est assis tout contre le portrait d'Hugo/Corto apparaît, debout derrière le portrait d'Hugo, le tenant contre lui/Corto, l'air renfrogné, s'appuie, debout, contre un panneau horizontal : « Hugo Pratt 1927-1995 »/Le visage d'Hugo apparaît dans un cube, comme dans un téléviseur, avec Corto et Raspoutine qui dansent dessus/La pierre tombale d'Hugo laisse entrevoir le passage pour une bibliothèque, avec Corto tranquillement installé en serre-livres.

Autant d'aquarelles pour un projet de tombe, mausolée miniature à la mémoire d'Hugo Pratt, peintes toutes les cinq par Luc Benedetti, fils aîné de Livio. Je les remets précieusement d'où je les avais sorties : d'un carton à dessins du souvenir. Entre autres illustrations diverses, se trouvait aussi rangée dans le carton une affichette annonçant Nino Ferrer en tournée dans toute la France. Une vignette, tirée de *Corto Maltese en Sibérie*, représentant Nino Iaroslav, officier de la garde impériale de Nicolas II, servait d'accroche à la tournée du chanteur[14].

14. La vignette en question est en p. 71 de l'album de Pratt (*cf.* note suivante). Le texte du phylactère a été conservé : « Nous pouvons partir quand vous voudrez. » La tournée de Nino Ferrer passait par une trentaine de villes dans toute la France, du 7 avril au 3 juin 1995.

Nino Ferrer se suicidera à l'arme à feu peu de temps après. Le chanteur avait-il fredonné dans sa tête : « Pour ma part, je pense qu'il vaut mieux mourir », comme le faisait dire Pratt à l'autre Nino – Nino Iaroslav –, juste avant que ce dernier fût tué à bout portant par la jolie révolutionnaire chinoise, Changaï Li, dans un train blindé qui tirait un wagon bourré d'or roulant à la hauteur du lac des trois frontières, en Mandchourie ? Une mort qu'il avait forcée lui-même pour qu'elle aille avec sa tirade, en refusant l'injonction de sauter du train formulée par celle qu'il obligea à appuyer sur la détente du Colt 45 qu'elle brandissait ferme[15].

15. Hugo Pratt, *Corto Maltese en Sibérie*, album noir et blanc, Casterman, 1980, p. 86.

7
Le salut sur les tombes

Tout au long de sa vie, Hugo Pratt s'aménagea des voyages à sa mesure. Très souvent, le but principal était d'aller saluer la tombe de quelqu'un qui avait forcé son admiration, en général après une lecture. Une fois sur place, il pratiquait l'épigraphie, suite logique de ses investigations livresques. Je le revois encore, au cimetière marin d'Obock, lisant avec solennité les inscriptions gravées sur les pierres tombales qui résumaient le destin des premiers Français enterrés là-bas. Un coin de terre qui borde les eaux de la mer Rouge quand celles-ci se mêlent aux eaux du golfe d'Aden en se faufilant par le Bab-el-Mandeb : la Porte des larmes !

Le point limite du trajet de notre trio de vieux routards en goguette, sur la route côtière du pourtour sud de la Méditerranée, devait être un salut sur les tombes des héros de la bataille de Bir Hakeim, avant de repartir en suivant le même itinéraire pour le retour. Je m'y étais arrêté le mardi 12 octobre 1965, au cours de l'étape Sidi Baranni (Égypte)-Aïn-el-Gazala (Libye) ; une étape qui ne me semble pas plus lointaine aujourd'hui que celle que je fis avec Hugo, au nord de Djibouti, entre Moulhoulé et Obock, au jour de l'an 1985, sur la piste – déjà ! – de notre passé commun.

Le silence du recueillement sur une tombe ne doit surtout pas être confondu avec le « silence, on tourne ! » du cinéma. Aux yeux d'Hugo Pratt, il s'agit d'établir un lien avec certains. Il s'en est souvent expliqué :

« Quand je vais sur une tombe, c'est pour rendre hommage à quelqu'un qui a été important pour moi, c'est une sorte de pèlerinage, un pèlerinage laïc. J'ai une grande dette vis-à-vis de certaines personnes qui, par leur vie, par leur œuvre, m'ont fait tel que je suis aujourd'hui. Beaucoup d'autres que moi sont en moi, et aller sur leur tombe est un acte symbolique par lequel je veux témoigner de ma gratitude pour ce qu'ils m'ont apporté[1]. »

Ce pèlerinage de la gratitude, faisons-le comme il le préconisait : avec le sentiment de n'être ni les premiers ni les derniers à faire de tels voyages, en y ajoutant la sensation de faire partie d'une communauté informelle – confrérie de porteurs de torche dans un coin !

Les cimetières d'Hugo Pratt sont le contraire des *Grands cimetières sous la lune*[2] de Georges Bernanos, ils sont petits cimetières au soleil. En effet, chez le grand écrivain catholique – qui a pour point commun avec Pratt d'avoir eu la bougeotte en direction de l'Amérique latine : il vécut au Brésil avec toute sa famille, de 1938 à 1945 –, les cimetières dont il

1. Hugo Pratt, *Le désir d'être inutile, Souvenirs et réflexions*, *op. cit.*, p. 178.
2. Georges Bernanos (1888–1948). Son livre sur la guerre d'Espagne, *Les grands cimetières sous la lune*, date de 1938.

est question dans son livre sont tout en violence et en désillusion. À l'unisson de son caractère, de sa foi et de son écriture. Les cimetières que Pratt revendique sont tout le contraire de ceux de Bernanos. Ils sont conformes à la candeur qu'il mettait à les visiter. Qu'ils fussent cimetières militaires ou tombes isolées, ils sont autant de bivouacs fleuris sur *le chemin de la Croix-des-âmes*. Que Dieu me pardonne, ce chemin-là est le titre d'un livre de Georges Bernanos[3] !

Aux pèlerins bédéphiles, littéraires et aventureux qui désireraient partir à leur tour sur l'itinéraire des ombres claires qui hantent les tombes choisies du bon maître, je risque ce conseil : découvrez-les sans crainte. À mille lieux de ces vers effrayants de Victor Hugo : « Et que je te sens froide en te touchant, ô mort, Noir verrou de la porte humaine[4]. »

Le salut sur les tombes qui va suivre est formé du doux mélange des exemples qu'Hugo Pratt me donna et des souvenirs qu'il livra et publia. Nous commencerons par la tombe de Stevenson, que ses amis polynésiens avaient surnommé Tusitala (« Celui-qui-raconte-des-histoires ») :

— Balfour Robert Louis Stevenson (1850-1894) : repose sur l'île Apia, aux Samoa occidentales.

« Une tombe simple et solennelle, à la fois modeste et chargée de signification. Elle est toujours là, intacte, sur le sommet du mont Vaea. On y arrive par un sentier terriblement escarpé ; la végétation se réapproprie peu à peu le chemin tracé par les Samoans et les ouragans abattent sans cesse des arbres pour barrer le passage. Aidé d'un indigène, j'ai dû littéralement escalader des troncs énormes, je suis tombé plusieurs fois dans la boue, et pourtant, j'ai échoué. Je n'ai pu voir la tombe de Stevenson que du ciel, en la survolant à bord d'un hélicoptère néo-zélandais [...] L'un des premiers à lui rendre hommage fut le grand chef Tuimaleali'ifana. Il s'assit devant le corps efflanqué de Tusitala, croisa ses jambes robustes et

3. Dans *Le chemin de la Croix-des-âmes*, publié après son retour en France, en juin 1945, figurent ses derniers écrits d'exil. La Croix-des-âmes était le nom de la ferme que Bernanos occupa, au Brésil, avec toute sa famille, près de Barbacena, dans l'État de Minas.

4. Citation de Victor Hugo, *in Grammaire Larousse du XXe siècle*, 1936.

prononça sur un ton grave ces simples mots, une douce plainte au nom de tous les Samoans : *"Tatou moni Tusitala. Ua Tagi le fatu ma le eleele"* (" Notre cher Tusitala, même les pierres et la terre versent des larmes pour toi")[5]. »

— Rolando Pratt (1907-1942) : repose près de Harar, en Éthiopie.

« Quand je suis arrivé au consulat d'Italie à Addis-Abeba, l'employé a pris un registre où, en face du nom de mon père, étaient indiqués un cimetière près de Harar et le numéro inscrit sur la tombe, puis il m'a dit que ce que je faisais était très émouvant et qu'il était possible de renvoyer en Italie les restes de mon père. C'est bizarre, la bureaucratie : pendant vingt-cinq ans, ma mère avait écrit en vain dans les ministères, n'obtenant jamais de réponse, alors que sur place, non seulement j'avais obtenu le renseignement immédiatement, mais encore l'on me proposait d'organiser une cérémonie où le cercueil de mon père serait porté par des membres de son

5. Hugo Pratt, *J'avais un rendez-vous*, *op. cit.*, p. 177-178.

régiment. Le fonctionnaire commençait même à chiffrer ce que cela pourrait me coûter… Je lui ai répondu : “Non, mon père est mort ici, il reste ici, c'est à moi de me déplacer.” Comme je sortais du consulat, un balayeur indigène qui avait entendu la conversation est venu vers moi et m'a dit : “Vous avez bien fait, monsieur[6].” »

— William Butler Yeats (1865-1939) : repose à Drumcliff, en Irlande.

« Je me rappelle avoir vu un chêne très ancien dont le tronc était protégé des graffitis : par une grille de fer. Sur ce tronc étaient déjà gravés, entre autres, les noms de Yeats, Shaw, Joyce, Parnell, Lady Gregory… Je vais à nouveau sur les traces de Yeats : à Trinity College à Dublin et, pour la première fois, sur sa tombe, dans le comté de Sligo. Là, quelqu'un me dit que je suis Hugo Pratt : dans un voyage précédent, on me disait sans me connaître que j'étais à la recherche de Yeats, et maintenant que j'ai trouvé sa tombe, on me dit que je suis Hugo Pratt ! […] Ce fut un voyage entre bière et poésie. Tous mes séjours en Irlande ont été ainsi, oniriques, musicaux, peuplés de fantômes joyeux[7]. »

— Joseph Brant ou Thayendanegea (1742-1807) : repose à Brantford, dans l'Ontario, au Canada.

« Une tombe étonnante, décorée de signe maçonniques, car il était franc-maçon : dès cette époque, des Peaux-Rouges étaient devenus francs-maçons[8]. […] Chef Mohawk à l'intelligence brillante, grand guerrier, Joseph Brant est profondément influencé par son contact avec le monde colonial. Sans renier ses racines ou sa culture, Brant fait ses études dans une école anglaise. Chrétien convaincu, il se conforme aux règles franc-maçonnes. Son amitié avec sir William Johnson et son influence sur les Indiens contribuèrent de façon décisive à consolider l'alliance entre Iroquois et Anglais[9]. »

— William Walker (1824-1860) : repose à Trujillo, au Honduras.

---

6. Hugo Pratt, *Le désir d'être inutile. Souvenirs et réflexions*, *op. cit.*, p. 123-124.
7. *Ibid.*, p. 148.
8. *Ibid.*, p. 188.
9. Hugo Pratt, *Wheeling. Le sentier des amitiés perdues*, album en couleurs, Casterman, 1995, p. 264.

« Cet aventurier américain, médecin, journaliste, avait fini par prendre le pouvoir au Nicaragua. Quand j'étais au Honduras, je me suis rendu à Trujillo, où il a été fusillé en 1860, après avoir voulu former un empire avec les Antilles et l'Amérique centrale. Un type qui part pour le Nicaragua avec cinquante gentilshommes de fortune et en devient le président ne peut que m'intéresser, et je suis donc allé sur sa tombe[10]. »

— Edward John Trelawny (1792-1881) : repose à Rome, sa tombe est à côté de celle de Percy Bysshe Shelley.

« Un écrivain et aventurier aujourd'hui oublié que, moi, je n'ai pas oublié. C'était un ami de Byron et de Shelley[11] [...]. En 1825, pendant la guerre gréco-turque, Trelawny apprit qu'un trésor phénoménal était caché dans les montagnes du Kafiristan [aujourd'hui Nouristan], territoire en pleine ébullition sur la frontière russo-afghane. Sous prétexte d'aider la Grèce, de nombreux chevaliers de fortune pro-grecs arrivent alors à Missolonghi, prennent part aux combats qui s'infiltrent en pays turc, persan et russe, pour atteindre le Kafiristan et mettre la main sur le trésor d'Alexandre de Macédoine. Beaucoup périrent assassinés par les brigands Afrini, les plus malchanceux finissant leurs jours dans la torture et les privations d'une terrible prison appelée la "Maison dorée de Samarkand[12]". [...] Et ce sont les révélations de Trelawny, dans son histoire intitulée *Le grand or*, qui déclencheront les aventures de Corto Maltese et de Raspoutine, dans *La maison dorée de Samarkand*, à la recherche de ce trésor, fondu en une seule grande boule d'or, beaucoup plus grosse et dangereuse qu'un boulet de canon, cachée au creux d'une montagne[13]. »

---

10. Hugo Pratt, *Le désir d'être inutile. Souvenirs et réflexions*, *op. cit.*, p. 190.

11. Hugo Pratt, *De l'autre côté de Corto*, *op. cit.*, p. 115.

12. Hugo Pratt, *La maison dorée de Samarkand*, *op. cit.*, p. 5.

13. Le dernier paragraphe est un ajout de ma main, volontairement placé dans la bouche d'Hugo Pratt, pour rendre plus compréhensible l'importance qu'il accordait à Edward John Trelawny, auteur de *Mémoires d'un gentilhomme corsaire*, et modèle pour Byron de son livre *Le corsaire* (1814), sorte de *Chevalier Harold* de la mer. Dans le « roman-poème » de Byron, composé en distiques épiques, son héros, inspiré par Trelawny, s'appelle Conrad !

— Frederick William Rolfe, le « baron Corvo » (1860-1913) : repose à Venise, sur l'île de San Michel qui, avant d'être un cimetière, était le siège d'un monastère réputé pour ses études de textes à l'époque de la Sérénissime.

« Il est naturel que je sois allé sur la tombe de Frederick Rolfe, l'écrivain anglais qui signait la plupart de ses œuvres "baron Corvo", car dans *Fable de Venise*[14], il était un de mes inspirateurs. Je n'allai pas sur sa tombe par goût du morbide, mais pour le saluer comme un vieil ami alors qu'il m'aidait à une étape de ma vie. Quand j'arrive ainsi devant la tombe d'un de ces amis, j'éprouve la satisfaction de l'avoir trouvée, de pouvoir me recueillir symboliquement avec quelqu'un qui a peuplé mes songes. J'ai aussi le sentiment que je ne suis pas le seul à avoir fait ce voyage, que certains l'ont fait avant moi, que d'autres le feront après moi. Il y a comme une chaîne, comme une filiation secrète. Il est d'ailleurs préférable de ne pas se retrouver à plusieurs en même temps sur une tombe, car la sensation que l'on éprouve devant elle est par nature privée, intime. Parfois,

14. Hugo Pratt, *Fable de Venise*, album noir et blanc, Casterman, 1981, chap. « La loge d'Hermès », p. 26 : « J'ai cru voir quelqu'un que j'ai connu il y a longtemps, un écrivain anglais. Mais c'est impossible puisqu'il est mort en 1913. Un certain Frederick Rolfe, mieux connu sous le nom de "baron Corvo" », dit Corto Maltese.

on trouve des traces de gens qui vous ont précédés, et là, ça devient intéressant[15]. »

La visite réfléchie et organisée sur une tombe, pratiquée à la Hugo Pratt, a un sens bien plus fort qu'un simple geste cultuel au service d'un accomplissement culturel. Elle a valeur de reconnaissance et de mobilisation mettant en jeu, non seulement le visiteur, mais le gisant visité.

Toutes les tombes qu'il chercha et sur lesquelles il se recueillit, toutes sans exception, contiennent les restes d'êtres rares qui participèrent à sa métamorphose, ou qui contribuèrent à son évolution.

Alors qu'Hugo Pratt a rejoint ses inspirateurs dans le royaume des morts, son rôle est désormais acquis. À nous d'en mesurer la puissance sur nous-mêmes, sur le chemin des histoires le concernant lui-même ; non pas sur *le chemin du cœur amoureux*, comme celui qui mène à la tombe de Stevenson[16], mais sur *le chemin du cœur aventureux*, comme celui qui mène à la sienne.

---

15. Hugo Pratt, *Le désir d'être inutile. Souvenirs et réflexion, op. cit.*, p. 178 et 180. Par ailleurs, dans *Les balades de Corto Maltese*, *Guide de Venise* de Guido Fuga et Lele Vianello, Casterman, 1999, il est raconté comment la cité des doges se visite comme si Hugo Pratt, ou Corto Maltese, nous la faisait découvrir. La tombe du baron Corvo y est même dessinée (p. 32).

16. Hugo Pratt, *J'avais un rendez-vous*, *op. cit.*, p. 178.

II

Le parcours des scribes

8

Le mangeur de livres entre deux lectures

Qui se souvient d'une vaste campagne pour la promotion de la lecture ayant pour slogan : « Un homme qui lit en vaut deux » ? Il peut même en valoir mille. Mais peut-on affirmer pour autant qu'un homme qui ne lit pas – ou peu ! – ne vaut rien ? Ce n'est pas aussi simple. « Sans lecture, pas de culture, et sans culture, pas d'aventure » serait plutôt le bon sésame pour comprendre notre homme au seuil de ce deuxième parcours.

Véritable « homme-univers », Hugo Pratt présentait la singularité de s'intéresser à toutes les cultures pourvu qu'elles s'inscrivissent dans une continuité historique et qu'elles disposassent de représentations sacrées. Toutes les lectures étaient possibles à ses yeux, à condition qu'elles l'entraînassent vers une aventure. Son intermédiaire pour ça – son voltigeur de pointe –, c'était Corto Maltese ! Et pour que son héros ait du répondant, notre « homme-univers » se transformait en « homme-livre ».

On a souvent glosé sur le contenu, le symbole et le lieu de sa bibliothèque géante, véritable entrepôt de munitions pour sa documentation, arsenal livresque à la puissance de feu redoutable. J'énonce ainsi les choses pour réaffirmer l'importance qu'il donnait à une culture que l'on n'a pas l'habitude de considérer en tant que telle : la culture militaire ! Et lorsqu'il en faisait état en la défendant tout en condamnant la guerre, il en surprenait plus d'un.

Sa bibliothèque était comme un magasin d'armes, soit ! Mais une bibliothèque est aussi une gare de triage. Les livres qui y sont dirigés en masse, comme on pousse un wagon, y sont en fait en dépôt. C'est pourquoi les bibliothèques qui ressemblent à des hangars ont de quoi nous satisfaire. Les livres transmettent leur contenu par leur charge elle-même. Ils sont objets individuels et portatifs. C'est cette qualité-là qui les rend si aptes à être fourrés dans un sac pour faire de leurs auteurs de merveilleux compagnons parmi les meilleurs, en voyage, ou cachés dans un coin.

Tirer un livre d'un entrepôt, c'est tirer un ami par la manche. Un livre, comme son destin, il faut savoir le prendre en main. Haut les mains ! Avec un livre, on peut capturer des ennemis ou libérer les prisonniers !... C'est la fréquentation assidue et attentive du maestro qui me fait aligner ce genre de formules aujourd'hui, alors que je les avais longtemps prises pour des sornettes sorties des perversions de mon esprit et indéfendables pour peu que je me risquasse à les énoncer !... C'est bien au contact d'Hugo Pratt que j'ai compris qu'il n'y avait aucune honte à affirmer qu'il fallait mener sa vie au fil des pages lues ou relues. Il m'a même fait admettre qu'il y avait comme un devoir à accomplir dans l'effort d'inscrire son existence à la cadence d'histoires apprises dans les livres pour les vérifier dans la vie.

Bien sûr que nous savons tous que les livres eux-mêmes tirent leur inspiration de la vie elle-même ! Ça ne fait rien. Il n'empêche qu'il faut vivre comme dans les livres, parce que mener de cette manière son existence ne produit pas les mêmes effets que de se conformer au modèle courant de la vie. Ce n'est pas Corto Maltese qui nous démentira ; n'est-il pas entré lui-même dans le *Parzival* de Wolfram von Eschenbach, en ouvrant le livre comme on ouvre une porte pour en ressortir pareillement[1] ?

Gaffe à la colère meurtrière de Raspoutine, pour quiconque n'admettrait pas de pareilles entrées ! « Ce qui compte c'est le symbole, le jeu, l'aventure... » dit-il lui-même, en bon ami amoral de Corto. C'est du sérieux, d'autant qu'il lance

1. Hugo Pratt, *Les Helvétiques*, *op. cit.*, 1988, p. 44 et 89.

sa tirade dans une bibliothèque de bord bien fournie[2]. N'oublions jamais que leur destinée commune, l'histoire qui les lie entre eux, fut organisée par Jack London. Un écrivain conscient du rôle que doivent tenir des personnages de livres. Et c'est très malin de la part d'Hugo Pratt d'avoir choisi Jack London pour parrainer l'extravagante amitié entre Corto et Raspoutine. C'était au temps de leur jeunesse, en Mandchourie, en 1905. Là-bas, Raspoutine, Corto et Jack London se débattaient déjà pour rester conformes à cette vision qu'ils avaient des hommes et d'eux-mêmes. Cette vision qui consiste à vouloir entrer dans les livres pour mieux s'en sortir soi-même. Cette année-là, Henryk Sienkiewicz recevait le prix Nobel de littérature. C'est Hugo qui me parla, un jour, de l'auteur du célèbre roman historique *Quo vadis ?* pour me signifier que l'écrivain polonais avait beaucoup écrit, beaucoup voyagé et que, toute sa vie, il fit montre d'une infatigable curiosité, digne de le faire entrer dans la légende de ceux qui, non seulement écrivent de bons livres, mais entrent bellement dedans. Cosmopolite

2. Hugo Pratt, *Mû*, *op. cit.*, p. 149.

comme Pratt, Sienkiewicz est mort près de Lausanne. Comme lui[3] !

Dans les années 1930, il y en avait aussi un autre qui faisait figure de parfaite synthèse des « lectures et aventures », aux yeux de ses nombreux lecteurs. C'était Henry de Monfreid. « Lectures et aventures » est d'ailleurs le titre de la collection qui lui tient lieu d'abri (ou de mouillage) pour la réédition récente de ses livres, avec sur leurs couvertures des aquarelles d'Hugo Pratt[4]. Monfreid avait le don de planter le décor en s'adressant directement à son lecteur, comme, par exemple, dans *Le drame éthiopien* : « Je ne suis pas venu pour le Touring Club et ne veux point m'attarder sur la féerie de cette excursion, mais j'ai été tellement empoigné par le grandiose de ce massif de trois mille mètres, cabré devant la mer Rouge, que je voudrais partager un peu avec le lecteur, condamné par les nécessités de sa vie à s'engouffrer dans le métro, à l'heure où mes regards embrassent tant d'espace... C'est trop pour un seul[5] !... »

On sait qu'Hugo, jeune garçon, a connu Monfreid, ami de son père, en Éthiopie. Monfreid, écrivain français ? Et pour sûr, qu'il l'est ! Son œuvre est abondante (plus de quarante volumes) et vivante : on ne lâche plus un livre de Monfreid dès lors qu'on en a commencé la lecture. Il était peintre aussi, comme son père. Du côté de la famille Monfreid, comme du côté de la famille Pratt, il y a une aventure familiale tourbillonnaire, où vie d'aventures et vie de lectures s'agencent pour ne faire qu'une. À cette vie-ci, il convient d'ajouter vie de littératures et vie de beaux-arts. Bref, ces vies en fusion contribuent à finaliser une vie grandie par leurs apports. Et cette vie, produite par

3. Henryk Sienkiewicz (1846-1916). Si Pratt évoqua devant moi la vie du grand écrivain cosmopolite, premier Polonais à obtenir le prix Nobel, en 1905, c'est que leurs parcours présentaient des similitudes, non pas de style, mais de vie. Chez l'un, comme chez l'autre, couper l'œuvre de l'homme est difficile. « Quo vadis ? » veut dire « Où vas-tu ? » L'un et l'autre se posèrent la question et nous offrirent leurs réponses, souvent traduites par eux-mêmes en faisant étape dans les mêmes pays.

4. La collection « Lectures et aventures » est publiée aux éditions Grasset. Elle comprend une vingtaine de titres.

5. Henry de Monfreid (1879-1974), *Le drame éthiopien*, coll. « Lectures et Aventures », Grasset, 1997, p. 118.

un ensemble de plusieurs vies, est au cœur de la personnalité de ceux qui en reçoivent la manne. Bien que séparés par leur date de naissance de près d'un demi-siècle, Henry de Monfreid et Hugo Pratt – encouragés par leur famille qui les avait mis en situation d'aventures sans trop s'en rendre compte, et qui les avaient mis en condition de lectures en leur en contant les raisons – étaient bons pour faire, chacun, leur chemin avec ce que l'on appelle « un bagage ». Comme le voulaient leurs destins, leurs chemins se croisèrent.

Hugo Pratt aborde le sujet alors qu'il était encore enfant, avec son père, Rolando Pratt, en Éthiopie : « Quand j'avais onze ans, il m'avait emmené à Dirédaoua, et nous avions rencontré Henry de Monfreid, qu'il connaissait bien. J'ai le souvenir d'un homme grand et mince, affable, qui tenait un commerce d'outillage électrique. À l'époque, je ne savais pas qu'il avait fait de la contrebande et qu'il était connu comme écrivain. Aujourd'hui, alors que plusieurs études ont paru sur lui, Henry de Monfreid est quelqu'un de très controversé, mais déjà dans mon enfance c'était le cas : je m'étais rendu compte que beaucoup de gens le détestaient. Quant à ses livres, je les trouve intéressants car ils traitent de sujets très peu connus, bien que dans *La voile carrée* Vladimir Pozner lui ait montré la voie. Quant à la relation entre Henry de Monfreid et Pierre Teilhard de Chardin, elle me rend perplexe : pourquoi ce paléontologue et théologien catholique s'intéressait-il à cet aventurier ? On peut se demander sur quoi portaient leurs discussions quand ils étaient ensemble à Djibouti en 1928-1929[6]... Idéologiquement, je ne me sens pas proche d'Henry de Monfreid : il était le chroniqueur complice du

6. Dans *Mes vies d'aventures*, ou *Le feu de Saint-Elme*, coll. « Vécu », Robert Laffont, 1992, Henry de Monfreid écrit : « J'avais regardé avec sympathie cette longue figure énergique et fine, où les traits accentués de rides précoces semblaient taillés dans du bois dur. L'œil pétillant et vif avait quelque chose de rieur sans être ironique. Il exprimait indulgence et bonté. Très entouré, il parlait avec la vivacité de ceux qui se passionnent. Sa parole était prenante, elle allait jusqu'à l'âme avec la puissance persuasive de celle de l'apôtre. Nos regards se croisèrent, et nous échangeâmes un sourire. Je venais de me lier d'amitié avec le père Teilhard de Chardin qui, jusqu'à sa mort, fut l'ami sublime auquel je dois le peu que je vaux » (p. 211).

maréchal Graziani[7], il était contre Hailé Sélassié, il a été reçu par Mussolini. Mais l'aventurier m'intrigue et, à l'occasion d'un de mes retours dans la corne de l'Afrique, je suis donc allé voir les endroits où il a habité, à Dirédaoua, à Djibouti et à Obock, où sa grande maison est maintenant occupée par les religieuses : au bout de mon pèlerinage, j'ai trouvé des religieuses[8]... »

Nous étions ensemble, sur place, en 1981, quand la vérité sur l'identité et la raison sociale des occupantes de la grande maison d'Obock, chère au vieux pirate, nous fut révélée. Le premier moment de stupeur passé, nous hésitâmes entre le rire et la supplique. Lui était plus porté vers le rire, et moi, plus enclin à demander d'entrer en la demeure. Ce jour-là, nous restâmes assis devant la porte ; Hugo s'ingénia à faire dessiner des enfants groupés autour de nous. Presque tous dessinaient des avions. Les lieux de mémoire de Monfreid porteraient-ils à regarder le ciel ? Celui-ci raconte avoir assisté à une éclipse totale de lune, le 20 janvier 1933. Il l'avait observée par la large porte ouverte sur la terrasse de la maison en question : « vieille masure, toute blanche du bord de l'eau[9] ». Quand Monfreid écrivait sur sa maison d'Obock, les plus vieilles des sœurs derrière ses murs avaient l'âge des enfants assis le long de sa façade.

Finalement, nous laissâmes en paix les bonnes sœurs et les petits enfants pour aller nous promener au bord de la mer, jusqu'à la tombée de la nuit. À cette occasion, notre discussion du soir fut consacrée à imaginer un personnage au profil d'un rescapé de tous les commerces illicites, sorte de « docteur Miracle », camelot en chariot, marchand ambulant, ven-

7. Le maréchal italien Rodolfo Graziani fut vice-roi d'Éthiopie en 1936-1937. C'est à ce titre qu'Hugo Pratt le mentionne. Vice-roi d'Éthiopie, sur place, mais avant tout sur le papier ! me permets-je de préciser. Pour faire bonne mesure, citons Evelyn Waugh : « Graziani me questionna sur le livre que j'avais l'intention d'écrire, me disant qu'il était sûr de ne pas avoir le temps de le lire, puis il me congédia. Je le quittai en gardant le souvenir d'un des hommes les plus aimables et les plus sensés que j'eusse rencontrés depuis bien longtemps. » *In Waugh en Abyssinie*, Arléa, 1989, p. 225.

8. Hugo Pratt, *Le désir d'être inutile. Souvenirs et réflexions*, *op. cit.*, p. 184-186.

9. Henry de Monfreid, *Le drame éthiopien*, *op. cit.*, p. 32.

deur de recettes et matériaux en tous genres, du style de ceux que l'on trouvait en Amérique à l'époque de la ruée vers l'Ouest. Notre personnage, transposé ici, s'était reconverti dans la vente de livres, conducteur fou d'une bibliothèque roulante des sables... Une version africaine bien à nous des colporteurs qui s'approvisionnaient en livres, à Lyon et en Avignon, au XVIIIe siècle, et parcouraient tout le Bassin méditerranéen. Les Bizoards, les habitants de Mouestier-Lès-Briançon (aujourd'hui Le Monêtiers-les-Bains), étaient réputés pour leur capacité à s'approvisionner en livres n'importe où et à les vendre à n'importe qui. Ils fondèrent plus tard le plus ancien réseau de librairies d'Amérique du Sud.

Oui, avec Hugo, quel que fût l'état du ciel au-dessus de nos têtes, nous parlions de livres, par un biais ou par un autre !... Nos conversations, un peu partout, concernaient le thème « culture et cultures », où il était question en permanence de tous ces livres qui contribuèrent à orienter notre vie. Et ces conversations autour de pages envolées ou perdues nous entraînaient sans cesse vers d'autres pages retrouvées. Furent-elles plutôt siennes ou plutôt miennes dans notre faconde à les commenter, toutes ces pages ? Je ne saurais trop le dire !... Seules notre souplesse à en faire usage pour nos idées et notre dextérité à nous les envoyer au visage pourraient en témoigner. Dominique Petitfaux, dans *De l'autre côté de Corto*, dialogue avec lui sur le sujet, alors qu'ils sont tranquillement installés dans une des pièces garnies de livres de sa grande maison-bibliothèque de Grandvaux :

« Dominique Petitfaux – Vous êtes certainement l'auteur de BD qui fait le plus de références à des livres.

Hugo Pratt – Petitfaux, vous comprenez pourquoi je fais référence à des livres : regardez autour de vous, les livres sont naturels dans ma vie.

D.P. – C'est vrai. Quand on pense à la vie d'Hugo Pratt, on pense à une vie d'aventures, mais la vie d'Hugo Pratt est aussi une vie de lectures.

H.P. – Mais lire un livre est une sorte d'aventure. C'est de l'argent, du temps, de la fatigue. Chez moi, vous trouverez surtout des livres d'essais, des ouvrages d'histoire et de géographie pour consultation. Tous ces livres, je les ai toujours transportés avec moi, et je les respecte. Quand on me demande ce qu'est un auteur de BD, je pense que cela dépend. Il y a des gens comme moi qui dépensent une fortune pour trouver un livre. Et je suis plus avantagé que Shakespeare.

D.P. – Parce que vous avez plus à lire ?

H.P. – C'est cela. Moi je peux lire tout ce que Shakespeare avait lu, mais aussi Shakespeare lui-même, et Somerset Maugham ! Et Somerset Maugham n'avait peut-être pas lu Lyman Young !

D.P. – Et les auteurs de l'avenir auront la chance de pouvoir consulter Hugo Pratt dans leur bibliothèque...

H.P. – Peut-être... Mais si je vends à plus de 400 000 exemplaires par an, je le dois aussi à Shakespeare ou à Zane Grey, à Homère ou à Tolkien[10]. »

Nous voici donc confrontés aux nombreux livres qu'Hugo Pratt avait choisis comme compagnons de rêves et de voyages. Et si nous avons pris notre temps pour en arriver là, c'est parce que la poursuite d'une vie avec les livres offre nettement plus l'occasion de faire des détours que la poursuite d'une vie sans les livres. Oui, mieux vaut vivre comme dans les livres, à force d'en dévorer à n'en plus finir ! Hugo Pratt avait de ce côté-là, comme pour tout le reste, un appétit d'ogre.

*

* *

Joseph Conrad et Corto Maltese lancent chacun une phrase. Ils ont un air détaché sous leur casquette. Ils ne dialoguent pas vraiment ; ils échangent plutôt leurs pensées. Derrière eux, un navire à voiles de fort tonnage leur sert de décor. Conrad, assis en premier plan, cache en partie les deux petits huniers du grand voilier. Corto, debout à sa droite, a le beaupré et les trois focs pointés sur lui[11] :

Ainsi, dans ce dessin à la plume, exécuté par Alarico Gattia, l'écrivain connu sous le nom de Joseph Conrad et notre illus-

---

10. Hugo Pratt, *De l'autre côté de Corto, op. cit.*, p. 167.
11. Alarico Gattia, *in Dedicaced to Corto Maltese*, Kesselring, 1985, p. 39.

trissime héros patenté, l'un et l'autre, personnages cosmopolites incomparables, nous glissent-ils avec distanciation ce qui désormais sera notre credo.

Alarico Gattia est un des dessinateurs de Diabolik, héros masqué qui porte bien son nom, sorte de descendant de Fantômas, en Italie, en version nettement plus agressive. Ce personnage de BD présente une certaine ressemblance physique avec Le Fantôme, de Lee Falk et Ray Moore, ainsi qu'une certaine parenté de traits avec l'As de pique et Ombra, personnages nés tous les deux de la plume d'Alberto Ongaro et du crayon d'Hugo Pratt[12].

Le petit dialogue distancié grandement dessiné entre Conrad et Corto rend hommage aux filiations littéraires de Pratt. Une mouvance qui prouve à quel point lui-même et son personnage célèbre ont suscité d'admirations illustrées, écrites et mises en histoires. De telles célébrations éditoriales, fort nombreuses, prennent en compte l'œuvre par ses références aux livres. Qui s'en plaindrait[13] ? Citons une phrase de Conrad : « Rien de plus futile sous le soleil qu'un aventurier[14]. » C'est exactement ce que nous laissent entendre avec le sourire Corto et Hugo.

Les célébrations éclatées contenues dans *Dedicated to Corto Maltese*[15], ouvrage conçu il y a plus de vingt-cinq ans, prouvent, ô combien, que Pratt fut célébré de son vivant autant dans son métier que chez ses lecteurs ! Et cela par la grâce de la littérature autant que par la passion d'une kyrielle de créateurs facétieux qui nous proposent d'autres entrées que les nôtres pour accéder à l'univers mythique de Pratt par le biais de Corto Maltese.

Vincenzo Mollica, qui est à l'origine de l'initiative *Dedicated to Corto Maltese*, présentait à l'époque son idée en ces termes : « Corto Maltese est un prétexte pour raconter, pour commenter, pour illusionner et s'illusionner ; pour jouer avec la magie et faire de la poésie ; pour chercher à arrêter les pensées, les paroles, les signes. Dans ses histoires, tout paraît sens dessus dessous : les situations, les personnages et, aussi, ses propres histoires ; tout semble lié à la magie

12. Alberto Ongaro et Hugo Pratt, *L'ombre*, Casterman, coll. « Écritures », 2004. Et, des mêmes auteurs, *L'as de pique*, Les Humanoïdes associés, 1982.

13. *Dedicated to Corto Maltese*, sur une idée de Vincenzo Mollica, publié en Italie, en 1981, puis en Suisse, en 1985, est un bon exemple pour nous. Dans ce livre-album, des surprises nous attendent.

14. *In* Sylvère Monod, *Joseph Conrad et l'aventure : la voile et la plume*, *Aventure au XX*^e^ *siècle*, n° 57, printemps 1992, p. 39.

15. *Cf.* notes 11 et 13.

logique des fables, mais ce n'est pas vrai. Le secret, ou si nous voulons, la révolution de Pratt réside dans le fait d'avoir réussi à briser la logique des fables pour leur ouvrir des horizons nouveaux [...]. Dans la brève, mais intense, histoire de la bande dessinée, même si ça semble banal à dire, Corto Maltese représente l'événement le plus important. Il n'y a aucune autre œuvre et aucun autre auteur qui ait montré, concrétisé et approfondi les possibilités de la BD comme Pratt l'a fait avec Corto[16]. »

Mollica, dans son introduction intitulée *Corto Maltese : une chance*, fixait une règle du jeu : « Le jeu de ce livre est clair : déchaîner la fantaisie et la créativité autour d'un personnage[17]. » Les joueurs (auteurs et dessinateurs) furent nombreux. *Dedicated to Corto Maltese* en totalise presque soixante-dix : c'est plus que les qualités attribuées (avec quelques défauts) à Corto Maltese, en style télégraphique, par le scénariste De Angelis : « Flegmatique. Irrévérencieux. Andalou. Moderne. Précurseur. Émancipé. Romantique. Anticolonialiste. Sans préjugé. Raffiné. Élégant. Félin. Cynique. Amoral. Anti-héroïque. Arrogant. Narcissique. Anticapitaliste. Solitaire. Spirituel. Antiraciste. Preux. Ironique. Ironique pour lui-même. Dur. Pratique. Anti-rhétorique. Anticonformiste. Imperturbable. Célèbre. Intelligent. Audacieux. Introverti. Vagabond. Désenchanté. Instruit. Libre. Long. Maltese[18]. »

Un tel homme, il fallait le rencontrer. Encore fallait-il le trouver, pour peu qu'il existât ! La règle du jeu lancé par Mollica s'avère porteuse des mêmes inspirations que les nôtres qui tournent autour d'un jeu de piste à la recherche de Corto Maltese. Celui proposé par Castellaci, dans *Dedicated to Corto Maltese*, est intitulé *Aventure brève de Corto Maltese*[19]. L'itinéraire de ce joueur-là nous convient, tout en nous rappelant de bons souvenirs. Sa traque se déroule à Paris, avec comme point de départ un restaurant mythique et comme point d'arrivée une librairie qui l'est tout autant.

16. *Dedicated to Corto Maltese*, *op. cit.*, p. 3 et 4.
17. *Ibid.*, p. 4.
18. *Ibid.*, p. 13.
19. *Ibid.*, p. 17.

Au restaurant de la gare de Lyon, *Le Train bleu*, confirmation est donnée à Castellacci que Corto et Hugo ont l'habitude de venir y manger ensemble. Bertrand, le maître de salle, lui fournit un indice : la dernière fois, Corto Maltese était seul. « Peut-être n'est-ce pas bien important, dit-il, mais quand je lui ai demandé s'il restait longtemps à Paris, il a murmuré des phrases indistinctes. Ensuite, il a parlé d'Hemingway et de sa maison... Oui, je me souviens qu'il a dit exactement "cette maison près du puits noir". Qui sait ce que ça voulait dire[20] ? » La traque se poursuit du côté des cafés du quartier de la rue Mouffetard, pas loin du 74, rue du Cardinal Lemoine, où habitait Ernest Hemingway, dans les années 1920. À l'époque, James Joyce résidait également à Paris. Ils fréquentaient les mêmes cafés. Castellaci, « auteur-enquêteur » sur les traces de Corto Maltese, dans Paris, est confronté aux traces d'écrivains que Corto aurait connus en d'autres lieux et en d'autres temps. Appuyée à l'angle d'un mur, une femme l'interpelle. Elle se réclame de Corto ou d'Hugo ; des deux, peut-être ? Castellaci se retrouve avec elle dans un café de la place Saint-Michel. « Le restaurant était bondé. Elle commanda une omelette au fromage avec une salade niçoise. Je me contentais d'un café au lait. Elle croisa des jambes qui avaient connu des temps meilleurs avec des bas de soie voilés avec une raie noire. "Il m'a dit de donner ça à celui qui le chercherait." Elle me posa une enveloppe chiffonnée, puis cessa de me prêter la plus minime attention : l'omelette était chaude, fumante. Je déchirai l'enveloppe et en sortis une feuille de carnet avec un message : "N'es-tu jamais tombé amoureux d'une céramique d'Orient que les vagues de l'océan ont traîné sur les rives de nos mers ?" Je crois ne pas pouvoir vivre sans elle. La vie n'est rien qu'une comédie, commedia dell'arte[21]. »

Le parcours passe par le 17, rue de la Gaîté, où loge « La Comédie italienne », et où Corto venait de refuser de collaborer à la mise en scène de *La ballade de la mer salée*, au dire d'Attilio Maggiulli, grand patron du lieu. Ce dernier dit à Cas-

20. *Ibid.*
21. *Ibid.*, p. 18.

tellaci : « Il savait que tôt ou tard, quelqu'un l'aurait cherché. Il a laissé un message : "Shakespeare."[22] » La traque continue. « Shakespeare », c'est bien sûr la librairie Shakespeare & Cie, mais pas celle que tout le monde connaît, sur les quais de la Seine, la vraie ! Castellaci précise : « Je compris seulement alors que c'était ça le lien. Corto était à la vraie "Shakespeare", celle du 12, rue de l'Odéon, la "Shakespeare" de Sylvia Beach, de Joyce et de son Ulysse. Le taxi me déposa au mystérieux n° 12, mais rien, même pas une plaque, ne rappelait que c'était un des lieux qui avaient fait la culture de Paris. À cette adresse se trouvaient aujourd'hui les bureaux des Éditions Amphora. Il était en retrait, assis derrière un bureau : il fixait la photo d'une fille. Il se leva, je le regardais. L'imperméable, la casquette, la cigarette au coin de la bouche ne pouvaient laisser aucun doute. "Salut détective, dit-il. Tu es arrivé à me trouver. Assieds-toi.[23]" » S'ensuit un dialogue entre le joueur-auteur et le personnage, entre Castellacci et Corto, à propos d'Hugo. L'histoire finit sur le sourire énigmatique de la fille de la photo : Katherine Mansfield, femme tourmentée, écrivain fêté par les cercles littéraires parisiens de ces mêmes années 1920. Elle vécut les dernières années de sa vie en France[24].

Ce parcours parisien, retracé par Castellacci, nous le fîmes ensemble, Hugo et moi, étape par étape, à peu près à la même époque que lui. Mais notre librairie de prédilection était plutôt la librairie américaine Brentano's, avenue de l'Opéra. Un jour, Hugo m'a fait le coup de vouloir manger chez Drouant, à cinq minutes à pied, pour déjeuner là où, chaque année, depuis 1903, le prix Goncourt est décerné. Comme le célèbre restaurant était plein à craquer et que nous n'avions pas réservé, il s'est vengé en déjeunant d'affilée dans trois restaurants du même quartier. Provocation plus littéraire que culinaire, de mon point de vue. Nous étions plusieurs avec lui à avoir mangé, remangé et remangé

22. *Ibid.*, p. 19.

23. *Ibid.*, p. 19.

24. Amie de Francis Cargo et disciple de Gurdjieff, Katherine Mansfield est morte à Fontainebleau, le 9 janvier 1923.

encore. Patrick Erouard-Siad, écrivain franco-djiboutien – que nous avions connu avec ses parents, à Djibouti, et futur locataire de la villa Médicis, à Rome[25] – était avec nous ce jour-là. Ainsi, le monde nous appartint pour l'avoir mis dans nos assiettes, sans retenue, comme quand on tourne les pages jusqu'à la fin. Jusqu'à plus faim !

Dans l'Apocalypse, saint Jean dit : « La voix venue du ciel que j'avais entendue me parla encore et me dit : "Va, prends le petit livre ouvert dans la main de l'ange qui se tient debout sur la mer et sur la terre." J'allai donc vers l'ange, et je lui demandai de me donner le petit livre. Il me dit : "Prends-le et dévore-le ! Il sera amer à tes entrailles ; mais, dans ta bouche, il sera doux comme du miel." Je pris le petit livre de la main de l'ange, et je le dévorai. Dans ma bouche, il fut doux comme du miel ; mais, quand je l'eus dévoré, je ressentis de l'amertume dans mes entrailles[26]. »

Ce passage de la Bible est là pour illustrer plus l'appétit de livres d'Hugo Pratt que sa soif de spiritualité. S'il n'eût pas trop apprécié que je le fisse passer pour un saint homme, il prenait tout de même les saintes Écritures pour les pages « les plus importantes qui furent jamais transmises, avec les textes d'Homère ». Il se permettait aussi d'insister sur le fait que le mot « Bible » vient d'une expression grecque qui signifie « les livres ».

« Je me cite souvent ; cela apporte du piment à ma conversation. » Cette phrase de George Bernard Shaw[27] vient à point pour venir à la rescousse de l'anecdote que je m'apprête à raconter, entre deux frissons, deux éclats de rire ou un haussement d'épaules, au choix ! car il sera question d'un de mes livres : *Ils ont tué tous les héros*, un essai rédigé comme un roman avec son personnage principal, un Petit Prince contemporain : « le Petit Mec[28] ». Je cite un extrait de ce mien livre (le moins tombé dans l'oubli) parce que c'est un moyen très direct de revenir à Hugo Pratt :

25. Patrick Erouard-Siad, *Cahiers de la mort-colibri*, éd. du Seuil, 1987.
26. *Nouveau Testament*, Le Livre de l'Apocalypse X, 8-10.
27. Je cite de mémoire.
28. Jean-Claude Guilbert, *Ils ont tué tous les héros*, Albin Michel, 1978.

« … que l'histoire c'est la légende,

que…

tant d'autres choses encore ;

que toute la morale du monde est contenue dans les aventures de Corto Maltese et dans la vengeance du comte de Monte-Cristo,

que le suicide de Mishima et la santé d'Henry Miller ont la même force,

que tout le destin d'un être est entre un câlin et un coup de poing[29]. »

J'ai écrit *Ils ont tué tous les héros* en 1977. Il me restait encore trois ans à passer avant de rencontrer Hugo Pratt[30]. Le quarantième et dernier chapitre d'où est tiré le passage cité comportait une épigraphe, tirée d'un dialogue entre Corto Maltese et Bouche dorée, dans *Corto Maltese en Sibérie* :

« Ce serait bon de vivre une fable…

— Oh oui !… Mais toi, tu vis continuellement une fable et tu ne t'en aperçois plus. Lorsqu'un adulte entre dans le monde des fables, il ne peut plus en sortir. Le savais-tu ?[31] »

*

* *

Le phylactère répond à trois définitions différentes. Il désigne la bulle, ou le ballon de la BD – en fait, son tracé – où s'inscrit le texte. C'est le *fumetto* (la « petite fumée ») des Italiens. La deuxième façon de définir le phylactère est la banderole dans laquelle les artistes du Moyen Âge écrivaient les paroles prononcées par les personnages d'un livre illustré, d'un tableau, d'un vitrail ou d'une tapisserie. J'ai eu l'occasion de dîner (aux chandelles) avec sous les yeux la tenture de l'*Apocalypse d'Angers*. Elle est la seule encore visible parmi les Apocalypses

29. *Ibid.*, p. 259.

30. Nous nous lisions sans nous connaître ; et c'est bien plus tard qu'Hugo dira : « On peut avoir une vision poétique du héros, comme dans *Ils ont tué tous les héros*, l'ouvrage de l'écrivain et reporter Jean-Claude Guilbert, avec qui j'ai fait de longs voyages dans la corne de l'Afrique. » *In De l'autre côté de Corto*, *op. cit.*, p. 185.

31. *In Ils ont tué tous les héros*, *op. cit.*, p. 258.

monumentales connues par les sources. Toutes les autres ont disparu, à l'exception de celle-ci qui mesure vingt-quatre mètres de long sur six mètres de haut. Une commande prestigieuse passée par Louis 1er, duc d'Anjou, frère de Charles V. Elle fut achevée en 1382. L'artiste médiéval qui présida à sa conception fut Jean de Bruges. Il est dit de lui, dans *L'envers et l'endroit*, un ouvrage moderne consacré à la tenture, que son génie « fut de trouver les moyens de transposer son art de peintre en une autre technique sans en perdre l'esprit[32]. »

Relayée par cet artiste génial qu'était Jean de Bruges[33], quelle question l'ange pose-t-il à l'univers ? Nous le savons : la question posée est dans les « livres ».

Bref, j'ai dîné à la lueur des flammes en compagnie de saint Jean dévorant un livre pour notre salut à tous, en songeant à Hugo Pratt, grand dévoreur de livres devant l'éternel !...

La troisième signification du phylactère a autant de sens pour nous que les deux précédentes. En effet, on nomme « phylactère » chacun des deux petits étuis que tout juif pieux possède. Ces étuis renferment un morceau de parchemin où figurent des versets de la Torah, c'est-à-dire le Pentateuque de la Bible. Et Corto Maltese, né à Malte d'une mère gitane venue de Gibraltar et d'un père, marin britannique, originaire de Cornouailles, venu de la mer, a très tôt subi l'influence de la culture religieuse juive, dont la base est bien la « Loi de Moïse », contenue dans les cinq premiers livres[34]. Au contact des amis de sa mère, retournée vivre à Cordoue avec son fils, au *Barrio de la juderia*, Corto, enfant, sera plongé dans l'étude

---

32. Francis Muel, *L'envers et l'endroit*, ouvrage réalisé par le Service régional de l'inventaire des pays de la Loire, ministère de la Culture, Direction du patrimoine, 1996. La phrase citée est d'Alain Erlande-Brandenburg, adjoint au directeur des Musées de France, p. 16.

33. Francis Muel, *ibid.*, p. 6 : « Dès 1366, il porte le titre de peintre du roi. Sa notoriété est telle qu'en 1368 le roi Charles V la qualifie de nostre ami Jehan de Bondolf, dit de Bruges, nostre peintre. Quoique la seule peinture conservée de lui soit l'enluminure placée en tête de la Bible que Jean de Vaudetar offre au roi en 1372, les documents soulignent l'activité très intense du peintre à la cour pendant la décennie 1370. C'est donc à un artiste actif et célèbre que s'adresse Louis Ier d'Anjou. »

34. Il s'agit des Livres de la Loi : *Genèse*, *Exode*, *Lévitique*, *Nombres* et *Deutéronome*.

de la Torah et du Talmud, du Zohar et de la Kabbale. Il en gardera le goût des signes, des symboles, des jeux du réel et de l'imaginaire que les livres qu'il avait entre les mains lui désignaient[35]. Sans aucun doute, cette connaissance de la science hébraïque des écritures et des chiffres contribuera à façonner la part des mystères révélés que Corto porte en lui. Lui aussi a mangé des livres. Et de ceux qui vous nourrissent un homme avec rien dans son assiette.

C'est sur un carnet Moleskine, ce carnet de voyages légendaire qui accompagna les artistes et les intellectuels européens des deux derniers siècles, cadeau d'un connaisseur, que je recopiai des notes prises en compagnie d'Hugo, en 1991, à l'occasion d'une conversation sur les archétypes livresques universels. J'avais griffonné : « Il y a des gens pour qui lire l'*Iliade*, l'*Odyssée* ou tout grand texte fondateur, que ce soit la Bible, les contes et légendes et autres sagas du

35. Réf. *Corto Maltese. Mémoires*, *op. cit.*

monde, est pour eux ennuyeux. Ça ne les intéresse absolument pas. Ces gens existent en grand nombre, même si ça nous paraît incroyable qu'ils existent ! Si le rêve de l'homme passe par les archétypes, tous ceux qui s'en sont éloignés se sont déshumanisés. Mais faut-il pour autant condamner ces gens, pour qui les archétypes sont inconnus faute de s'en être nourris par les livres ? S'ils sont solitaires, on doit leur montrer de la pitié. S'ils sont en bande, on doit leur prouver que le livre que l'on tient cache l'épée… J'ai toujours bien aimé ce jeu de mots : *Le fond de l'ère effraie !* Mais c'est vrai qu'un vent glacial peut souffler sur ces lectures qui nous gouvernent et ces héros qui nous habitent !… »

Van Gogh et Matisse dessinaient sur leur carnet Moleskine. Hemingway l'utilisait pour écrire. Quant à Bruce Chatwin, il en commandait une centaine avant de partir en voyage… C'est après avoir lu *En Patagonie*, du même Chatwin[36], qu'Hugo Pratt était retourné en Argentine à la pointe sud des Amériques, sur les traces de gangsters nord-américains réfugiés là-bas dès 1902. Trois ans plus tard, Corto Maltese rôdera en Patagonie avec eux[37]… Bruce Chatwin a écrit dans *Utz*, bref roman testamentaire : « Plus vous voyagez, plus vous faites collection d'"endroits". J'en ai assez de cette collection[38]. » Enfin, dans son ultime recueil *Qu'est-ce que je fais là*, paru l'année de sa mort, en 1989, il conseillait : « Ne laissez jamais rien d'artistique se mettre en travers de votre vie[39]. »

Hugo Pratt s'est prêté au jeu de Dominique Petitfaux, dans *Le désir d'être inutile*, qui lui a demandé de s'exprimer sur sept auteurs de la culture universitaire et sur sept auteurs de la culture populaire, souvent cités par lui[40]. Excepté Stevenson et Homère, classés à part pour avoir fourni très tôt à Hugo Pratt ses plaisirs fondateurs de lecteur insatiable, les auteurs retenus sont très représentatifs

36. Bruce Chatwin (1940-1989), *En Patagonie*, Grasset, 1979.

37. Hugo Pratt, *Tango*, album en couleurs, Casterman, 1998, réf. *La dernière piste*, p. 10 à 17.

38. Bruce Chatwin, *Utz*, Grasset, 1989.

39. Bruce Chatwin, *Qu'est-ce que je fais là*, Grasset, 1990.

40. Pratt Hugo, *Le désir d'être inutile. Souvenirs et réflexions*, *ibid.*, chap. 2 « Deuxième porte ou culture et cultures », p. 193-207.

de son univers littéraire[41]. Je reproduis les deux listes dans l'ordre des réponses fournies par Pratt, afin d'avoir un point de repère. Ensuite, je n'en ferai qu'à ma tête, ne serait-ce que pour être le plus près possible de ce que pensait Hugo lui-même quand il refusait les hiérarchies culturelles[42].

Liste des auteurs de culture universitaire[43] :

Arthur RIMBAUD (1854-1891), Rudyard KIPLING (1865-1936), Samuel Taylor COLERIDGE (1772-1834), William Butler YEATS (1865-1939), CHRÉTIEN DE TROYES (v. 1135-v. 1183), William SHAKESPEARE (1564-1616), Jorge Luis BORGES (1899-1986).

Liste des auteurs de culture populaire[44] :

Jack LONDON (1876-1916), James Oliver CURWOOD (1878-1927), Zane GREY (1875-1939), Kenneth Lewis ROBERTS (1885-1957), B. TRAVEN (1890-1969), Edgar WALLACE (1875-1932), Henry RIDER HAGGARD (1856-1925)[45].

Sur les quatorze auteurs, onze sont nés au XIXe siècle. Ils sont autant à écrire en anglais.

Serait-ce une explication du choix de Bob Collins comme pseudonyme utilisé parfois par Hugo Pratt pour s'ingénier à se faire passer pour un autre, ou pour le simple jeu de l'incognito ?... Entre les deux Collins, auteurs anglais connus, William Collins (1721-1759) et William Wilkie Collins (1824-1889), y a-t-il un quelconque apparentement littéraire qui

41. *Ibid.*, p. 196.

42. « Culture universitaire, culture de masse, culture ésotérique, culture aristocratique, culture prolétaire, aujourd'hui menacée par la télévision, chaque culture a ses thèmes, ses modes, ses partisans, et je serais tenté de dire : à chaque fou sa marotte ! Mais le travail de ceux qui, comme Chrétien de Troyes ou Wolfram von Eschenbach, ont raconté l'histoire de Perceval ne me paraît pas fondamentalement différent du travail de ceux qui ont créé King Kong : les modes d'expression diffèrent, mais c'est le même effort de créativité – en l'occurrence couronné de succès – pour raconter une histoire empreinte de merveilleux, et à la fois épique et poétique. » *Ibid.*, p. 194.

43. *Ibid.*, p. 196-202.

44. *Ibid.*, p. 202-207.

45. Mon propre classement sera le suivant : H. Rider Haggard, R. Kipling, et E. Wallace (prochain chapitre) ; J. London et B. Traven (chap. X) ; S. T. Coleridge, A. Rimbaud, W. B. Yeats (chap. XI) ; Chrétien de Troyes et W. Shakespeare (chap. XII) ; Z. Grey, J. O. Curwood, K. Roberts (chap. XIII) ; J. L. Borges (chap. XIV).

aurait conduit Hugo Pratt à choisir ce nom-là plutôt qu'un autre ? On laisse le Collins du XVIIIe siècle, William, poète préromantique trop sujet à des dépressions mélancoliques, auteur d'un recueil d'odes allégoriques, pour garder le Collins du XIXe, William Wilkie, ami de Charles Dickens, qui a l'avantage de se situer en précurseur de la littérature d'aventures policières anglo-saxonne. L'enquête sur l'origine de ce pseudonyme de Bob Collins est en cours. Nom de code : Robert-le-Fictif ; mais Collins est bien le nom à retenir.

Alberto Ongaro, écrivain journaliste, scénariste des premières et longues fraternités de jeunesse avec Hugo Pratt, auteur d'*Une vie d'aventures*[46], roman à succès, en 1970, en Italie, dont le héros est Hugo Pratt, désigné comme tel dans le livre, a déclaré, en 2002, sept ans après la mort de son ami, héros de son roman : « Dans le fond, je crois qu'il a créé un nouveau masque, le masque de l'aventure[47]. » On garde cette phrase pour masquer notre échec probable sur l'explication, tant plausible qu'illusoire, du choix de ce pseudonyme qui nous tracasse…

---

46. Alberto Ongaro, *Une vie d'aventures*, Denoël, 1973.

47. *In BoDoï*, hors série, n° 5, « Le vrai Hugo Pratt », septembre-octobre-novembre 2002, p. 66.

9

Trois glorieux francs-tireurs de l'armée des lettres

Quel point commun trouver à Henry Rider Haggard, Rudyard Kipling et Edgar Wallace, hormis leurs langue et citoyenneté communes[1] ? Leur acharnement à défendre les idées de la gloire, dans leur vie comme dans leurs livres, pourrait suffire comme motif. Mais nous allons voir que chaque membre isolé du « trio de la gloire » nous offre, dans sa propre course de la vie, une même succession d'élans répondant à l'appel de la littérature. Les trois auteurs sont, par ailleurs, fascinés par les aspects occultes des sociétés humaines. Ils vont jusqu'à placer des résurgences de l'occultisme dans l'histoire elle-même. Une croyance commune qu'ils savent mettre en scène selon le degré de « volupté spirituelle » qu'ils y trouvent chacun à leur manière. Avec eux, le beau rôle est donné aux forces surnaturelles. Leurs praticiens humains sont leurs héros, bons ou mauvais.

Dans ma redistribution des cartes, à l'effigie des auteurs désignés par Hugo Pratt, s'organise pour ces trois-là un relais. Une sorte de chaîne de solidarité d'inspiration et de lecture. Nos propres références, elles-mêmes sollicitées par le souvenir des millions de lecteurs que comptèrent individuellement Rider Haggard, Kipling et Wallace y contribuent

1. Tous les trois sont anglais.

pour beaucoup. Le fait de placer nos trois hommes sur un même plan est largement facilité par l'abondance et la variété de chacune de leur production livresque personnelle. L'apport individuel de chacun à la production cinématographique, toujours avide de porter à l'écran de bonnes histoires, a joué aussi ! Il suffit de citer *Les mines du roi Salomon*, pour Rider Haggard, *Le livre de la jungle*, pour Kipling, *Bozambo*, pour Wallace. Ce dernier, appelé par Hollywood à la fin de sa vie, est même vraisemblablement à l'origine du personnage de King Kong.

*
* *

1916. Sir Henry Rider Haggard, anobli quatre ans plus tôt par le roi d'Angleterre, George V, pour services rendus à la couronne – et qui sera fait chevalier une seconde fois, en 1919, au titre du British Empire –, apprend que les Allemands ont déclaré la guerre aux Anglais. Il en est très affecté. Il a 60 ans. Il rentre d'une tournée d'inspection officielle en Inde, Nouvelle-Zélande, Australie, Afrique du Sud, Rhodésie, Canada… car sir Henry, homme de lettres, est citoyen britannique avant tout. Et c'est en sa qualité de spécialiste distingué des questions économiques, juridiques, sociales, agricoles, qu'il est régulièrement dépêché aux quatre coins du monde, où flotte l'Union Jack, par le « Colonial office » ou la « Dominions Royal Commission ». Toute sa vie, sir Henry servira fidèlement son pays en même temps qu'il écrira ses livres. Double vie propre à alimenter une œuvre également double : ses romans africains et ses romans d'aventures fantastiques.

En 1916, il lui reste dix ans à vivre et ses deux grands cycles connus – le cycle de *She* et le cycle d'*Alain Quatermain* – ont depuis déjà longtemps contribué à son succès auprès de ses lecteurs. Ceux-ci viennent tout autant de l'aristocratie et de la *gentry* que du petit peuple. Ça fait du monde qui attend avec impatience la sortie des livres d'Henry Rider Haggard ! Se dégage, à leur contact, le profil du grand lecteur qui nous motive : Hugo Pratt. Quand ce dernier se plaît à raconter l'histoire baptisée *La cité perdu d'Amon-Râ*, dans la deuxième partie d'*Ann de la jungle*, l'influence de Rider Haggard est évidente. Quant à la déclaration de guerre entre l'Allemagne et l'Angleterre qui traumatisa sir Henry, Hugo Pratt la traite sous la forme d'une histoire d'amour, en pleine brousse africaine, entre le lieutenant Tenton de l'*East Africa Protectorate*, second rôle persistant dans son œuvre – on le trouve aussi bien en compagnie de Corto Maltese, dans *Les Éthiopiques*, que dans la série *Les scorpions du désert* –, et Sybille Müller, seule femme ingénieur de l'aéronautique allemande, lieutenant en robe du soir, à la surprise générale !... Cette histoire, la quatrième et dernière de l'album *Ann de la jungle*, se termine comme dans un film américain, par un baiser et par un adieu : « Ainsi prit fin cette aventure, un peu tristement peut-être[2]... »

Quand Hugo Pratt crée *Cato Zoulou*, en 1984, ses lectures africaines de jeunesse, signées Henry Rider Haggard, sont encore très présentes dans son esprit. Son personnage, « Tête de canard », Catone Milton, qui participe à la guerre contre les Zoulous, fut un personnage réel engagé dans l'événement le plus marquant de cette année 1879 : la mort du prince Napoléon, transpercé à coups de sagaie par les redoutables guerriers du Zoulouland.

Durant cette période, l'écrivain britannique – pas encore anobli – et « Tête de canard » – pas encore héros de BD – se connaîtront dans la réalité. Hugo Pratt résume bien la situation dans son introduction à l'édition complète réunissant *La fin d'un prince* et *La patrouille de la mort* :

« On devine les réactions de l'opinion publique européenne à la mort du jeune prince impérial. Le nationalisme français donna libre cours à sa traditionnelle anglophobie, hurla à un complot manigancé par la reine Victoria et la franc-maçonnerie anglaise. L'Angleterre fut bouleversée. Puis, comme d'habitude, de nouveaux événements effacèrent des esprits la mort du jeune prince. Catone Milton, "Tête de canard"..., apparaît dès le début de cette histoire, né à Londres dans une élégante

2. Hugo Pratt, *Ann de la jungle*, album en couleurs, Casterman, 2001, *Le cimetière des éléphants*, p. 120.

maison de South Kensington par la grâce d'un père chauffeur chez un baron anglais et d'une mère fille de cuisine dans cette même maison. Très tôt, il quitta sa famille et débuta sa carrière militaire contre le négus Théodoros d'Abyssinie, en

1868[3]. Quelques années plus tard, en Inde, Cato réussit à devenir officier – avec l'aide de sa mère, insinuèrent les mauvaises langues. Elle aurait gagné le titre en bataillant sur le lit du baron de South Kensington. L'honneur fut bref : en Inde occidentale, on le dégrada pour tricherie au jeu. De retour en Afrique comme chercheur d'or, il s'enrôla dans l'"Irregular Cavalry" pendant la guerre contre les Galekas en 1877, il devint l'ami de l'explorateur John Duenn, de l'écrivain Henry Rider Haggard, du chasseur Frédérick Selous et des hors-la-loi Smith "Scotty" St. Leger et Aylward Murphy au cours de la guerre contre les Zoulous. Il fut impliqué dans la mort dramatique du prince Eugène Napoléon et déserta. Contraint à la fuite à perpétuité, il combattit pour l'indépendance de la république fantôme du "New Vaal River Diamond Diggers Confraternity", appelée aussi "Grand's Gang". Puis, conseiller militaire de Usibepu, un chef zoulou, il disparaît au Tanganyika pendant la guerre de 14-18. Le destin de Milton Cato Zoulou fut celui d'un ex-enfant, ex-officier, ex-soldat, ex-amant, ex-héros, ex-déserteur, ex-tout. Ex-mort, même, car lorsqu'on fouilla sa tombe près du fleuve Rufiji pour récupérer des documents, son corps avait disparu[4]. »

Dans son texte, Hugo Pratt – dont il faut savourer les informations qu'il donne – montre parfaitement l'intérêt d'une telle histoire pour lui. Il mentionne Rider Haggard pour nous servir. *Cato Zoulou* est une série que son auteur comptait bien poursuivre au-delà des deux épisodes existants. Juste après la mort du prince, une colonne de la cavalerie légère de frontière se dirige vers l'escorte du prince impérial, pas fière d'avoir abandonné son altesse. L'un des cavaliers de la colonne, avant même d'apprendre le sort tragique du prince Napoléon, lance à propos de l'escorte funeste :

« C'est des moins que rien...

---

3. Il s'agit de la campagne du corps expéditionnaire britannique, commandé par le général Napier (du 11 octobre 1867 au 13 juin 1868), avec la bataille de Magdala comme ultime épreuve pour l'empereur Théodoros. En effet, ce dernier se tua d'une balle dans la tête. Il avait jugé que son armée ne pourrait pas résister efficacement à la puissance de feu de l'artillerie anglaise et qu'une débâcle était inévitable. Son acte de bravoure fut salué par tous, et cela jusqu'en Angleterre, par la reine Victoria elle-même.

4. Hugo Pratt, *Cato Zoulou*, album en couleurs, Casterman, 1990, p. 8-14.

— Tais-toi, Collins ! lui dit un cavalier voisin[5]. »

Collins ?....

Tiens !...

*

* *

D'une déclaration de guerre entre Allemands et Anglais, en Afrique orientale, en 1916, dans *Ann de la jungle*[6], à une fin de guerre entre Japonais et Russes, en Mandchourie, en 1905, dans *Corto Maltese* : *la jeunesse*[7], l'influence de sir Henry est inscrite :

« Dis, London, as-tu déjà entendu parler des *Mines du roi Salomon* ?

— Oui, c'est un roman africain de l'écrivain Rider Haggard[8]. Je préfère son *She* ou *The Witch's Head.* Mais son œuvre la plus importante est encore *The Rural England.*

— Bien... Merci du renseignement, London... Et maintenant que tu m'as fait la démonstration de tes connaissances, je te repose la même question : que sais-tu des mines du roi Salomon ?

— Salomon, roi d'Israël, possédait des mines d'or en Ophir, près du royaume de Sheba, où Saba, son amie, lui offrit deux cents écus d'or pour la construction du temple de Jérusalem... On pense que le royaume d'Ophir se situe soit en Afrique soit en Inde... Au royaume de Sheba correspondrait l'Arabie et la corne de l'Afrique. Mais pourquoi cette question ?

— Oh !... C'est ton ami Corto Maltese qui depuis hier soir nous tient tous en haleine avec une histoire fabuleuse de mines d'or perdues entre la Dankalie et l'Éthiopie[9]... »

---

5. Hugo Pratt, *Cato Zoulou*, *ibid.*, p. 38.
6. Hugo Pratt, *Ann de la jungle*, *op. cit.*
7. Hugo Pratt, *Corto Maltese : la jeunesse*, album en couleurs, Casterman, 1985.
8. Dans l'édition française, Henry Rider Haggard est mentionné comme s'appelant « Didier Haggard » (p. 44). Hugo Pratt y voyait la preuve que les Français n'y connaissent pas grand-chose en littérature populaire anglaise. Rider Haggard est pourtant bien présenté – biographie et bibliographie comprises – dans *Le nouveau dictionnaire des auteurs*, Bompiani-Robert Laffont, coll. « Bouquins ».
9. Hugo Pratt, *Corto Maltese : la jeunesse*, *op. cit.*, p. 44.

Il faut dans cet album du temps de la jeunesse de Corto, en Mandchourie, attendre la cinquante et unième planche pour voir apparaître notre héros lui-même. Quand Corto montre enfin sa tête, c'est en la dégageant d'un casque d'entraînement de kendo, dans un *dojo*. Comme dans *Mû*, quand on le découvre (au tout début de l'album) sous l'eau, en scaphandre. Il est en train de dialoguer avec des peintures mayas. Les personnages s'animent. Ils se prennent pour des Grecs et ils le prennent, lui, Corto, pour Solon[10] !...

De sa casquette de marin, en passant par le casque de samouraï jusqu'au casque de scaphandrier, Corto Maltese sait se présenter « né coiffé » par Hugo Pratt.

Souvent l'auteur prend de la distance avec son érudition pour la faire passer avec ironie dans un dialogue. Lorsque Corto, toujours vêtu en scaphandrier, mais débarrassé de son casque et encore sonné à la suite de sa plongée, dialogue avec les autres restés sur le pont de leur navire d'exploration, cela donne :

« Excusez-moi, Corto, n'auriez-vous pas vu par hasard... ? demande Lévi Colombia.

— Oui !

— Oui ? Oui ? Qu'avez-vous vu ?

— Des peintures mayas, à une vingtaine de mètres...

10. Hugo Pratt, *Mû*, *op. cit.*, 1992, p. 111.

— Ho ! minute, je ne suis pas critique d'art, moi… lance Raspoutine. Je me les mets où, moi, les peintures mayas ?

— Ah… Toujours aussi grossier, fait remarquer Corto en poursuivant : Ami Lévi, vous avez raison, comme toujours. Les peintures sont en parfait état de conservation. Incroyable mais vrai ! Le procédé est mystérieux. Ils disent que c'est un secret magique.

— Qui, ils ? demande Lévi Colombia.

— Sainte Vierge de Maracaibo, protégez notre ami, implore Soledad.

— Timée et Critias.

— Ah non ! tu nous bassines avec ton érudition… dit Raspoutine.

— Qui sont ces deux personnes ? interroge le jeune Tristan.

— Des emmerdeurs, sortis tout droit de chez Platon, répond Raspoutine[11]. »

Remarque du professeur Steiner : « Platon était un grand philosophe ! »

Remarque de Raspoutine : « Vous êtes un grand philosophe aussi, Steiner, et à quoi ça vous a servi ? Pas besoin d'études poussées pour devenir alcoolique[12]. »

Steiner aurait pu répondre à Raspoutine qu'être un tueur délirant qui se fout de tout n'empêche pas une certaine culture !…

De notre côté, pas besoin d'en rajouter sur l'érudition, sauf si elle nous rattache au sujet. Ainsi est-il plaisant d'apprendre que c'est à la suite d'un pari fait avec son frère, Arthur Rider Haggard, qu'Henry rédigea *Les mines du roi Salomon*. Au départ, l'objet du défi était d'écrire un roman moitié moins bon que *L'île au trésor*. Henry Rider Haggar a gagné son pari haut la main.

Francis Lacassin, extraordinaire redécouvreur des romanciers de l'impossible – un auteur que nous aurons l'occasion de croiser et recroiser sur le chemin de la littérature d'aventures, comme j'eus la chance de le connaître sur mon chemin des écritures –, relève dans *À la recherche de l'empire caché* :

---

11. *Ibid.*, p. 116-118.
12. *Ibid.*, p. 118.

« Si le génie du roman d'aventures se définit chez Jules Verne par la logique, Rider Haggard trouve le sien dans le délire. Chérissant l'invraisemblable et cultivant la stupeur, il avait pressenti quelque quarante ans avant André Breton que le surréel est vérité et la réalité, imposture. Le merveilleux magique qu'il prône, défiant la pauvreté des explications, plonge ses racines dans le surnaturel, l'ésotérisme, le mystère de la survie, le mysticisme des croyances et dans les légendes les plus fabuleuses dont les civilisations enfouies ont rêvé dans le sommeil qui a précédé leur mort[13]. »

Chez Hugo, à Grandvaux, bien calés dans le canapé du salon, nous regardions souvent, tous les deux, des cassettes de films. C'est lui qui faisait le programme. Ainsi, j'ai revu à plusieurs reprises *Les mines du roi Salomon*[14], film tiré du livre. Entre deux scènes, Hugo me parlait de cet étonnant écrivain anglais qui non seulement attire encore les cinéastes, mais inspira deux générations de romanciers d'aventures dont le sédentaire Edgar Rice Burroughs, créateur de Tarzan. Francis Lacassin, dans son même ouvrage, *À la recherche de l'empire caché*, précise : « Dans *Les mines du roi Salomon*, Quatermain n'hésite pas à se lancer dans la mêlée pour rétablir sur le trône, d'où l'avaient chassé des intrigants, le jeune souverain légitime. Le seigneur de la jungle ne manque pas de l'imiter dans *Tarzan et l'empire perdu*, *Tarzan et le lion d'or*, *Tarzan et les hommes léopards* et dans d'innombrables bandes dessinées. » Pour Francis Lacassin, Lord Greystoke et Allan Quatermain, « ces deux sourciers du passé », comme il les désigne, « reconstituent parfois des pages arrachées à

13. Francis Lacassin, *À la recherche de l'empire caché*, Julliard, 1991, p. 329-330.

14. Henry Rider Haggard n'a pas fini d'alimenter les productions cinématographiques, puisque son personnage d'Allan Quatermain a été récemment interprété par Sean Connery, dans *La ligue des gentlemen extraordinaires*. L'histoire racontée dans ce film, sorti en 2004, se passe en 1899, où sept personnages tirés du patrimoine légendaire ont 96 heures pour sauver le monde… Quatermain est en bonne compagnie, avec à ses côtés le capitaine Nemo, Dorian Gray, Tom Sawyer ainsi que docteur Jekyll & Mister Hyde. Je cite ces quatre-là pour rappeler que Rider Haggard est tout autant en bonne compagnie avec les auteurs mis, comme lui, à contribution pour le script : Jules Verne, Oscar Wilde, Mark Twain, Robert Louis Stevenson.

l'histoire du monde. Ainsi Quatermain illustre-t-il d'une carte géographique le passage du Livre des Rois relatif à Ophir, et Tarzan ajoute-t-il quelques phrases aux dialogues de Timée et du Critias évoquant l'Atlantide[15]. »

Nous revoilà du côté d'*Ann de la jungle* et de *Mû*. Il n'est pas surprenant que le même Lacassin ait écrit par ailleurs :

« Soit directement par sa propre œuvre, soit au second degré à travers l'influence que Burroughs à son tour exerça sur elle, Rider Haggard ne pouvait manquer d'offrir aux bandes dessinées quelques dénouements fatidiques, certains thèmes inépuisables et des personnages éternels. Dresser l'inventaire de ce qui est dû à l'un plutôt qu'à l'autre de ces deux romanciers serait fastidieux. Tant leur est tributaire, en effet, ce moyen d'expression dont la précision documentaire et le détachement critique rendent plus surprenante l'irruption du fantastique dans une atmosphère réaliste où il était inattendu. Parmi les bandes directement sensibles à l'onirisme défini par Rider Haggard, la plus connue, *Tim Tyler's luck*, a pour auteur l'Américain Lyman Young[16]. »

Pour Hugo Pratt, les histoires de Rider Haggard, lues pendant son enfance, s'étaient insinuées dans les plis d'une cape miraculeuse dont il s'était drapé tout petit. Au fond, il la portait depuis toujours dans les plis de sa mémoire. Une mémoire qui l'enveloppait ! C'est lui qui me poussa à me montrer curieux, sur le tard, de l'œuvre d'Henry Rider Haggard. Il m'incita à me pencher sur la vie de ce dernier, comme à chaque fois qu'un auteur m'intéresse. C'est ainsi qu'en le lisant, je découvris pourquoi des romans comme *La fleur sacrée*, *She*, *Le jour où la terre trembla* – livre dont Rider Haggard développera l'intrigue au cours de sa tournée planétaire de 1916 – étaient capables de nous emporter au *Cœur du monde*, titre d'un autre de ses livres. Ces quatre titres, je me les suis procurés chez un bouquiniste des quais de la Seine, alors que nous nous promenions, à Paris, avec Hugo. Je ne les ai pas payés, car il avait l'habitude de tout régler à la place de ses amis. « Les conseilleurs ne sont pas les

15. Francis Lacassin, *op. cit.*, p. 354.
16. *Ibid.*, p. 334.

payeurs ! » Que non ! Hugo Pratt était de la race de ces hommes capables de faire mentir un proverbe.

Henry Miller a écrit dans *Les livres de ma vie* : « Rider Haggard est un de ces écrivains d'imagination qui se sont incontestablement abreuvés à bien des sources. Nous le considérons maintenant comme un auteur de livres d'enfants et nous laissons son nom sombrer dans l'oubli. Peut-être le jour où nos explorateurs et nos chercheurs scientifiques tomberont sur les vérités que son imagination avait déjà révélées, peut-être alors reconnaîtrons-nous la stature d'un pareil écrivain[17]. »

L'honnêteté m'oblige à avouer que je n'ai jamais lu d'autres livres de Rider Haggard que les quatre que j'ai cités à la suite du geste d'Hugo. En revanche, je connaissais la série dans laquelle ils étaient publiés « Fantastique/Science-fiction/Aventure », sous la direction d'Hélène Oswald, une des plus extraordinaires collections du genre. Pour une fois, la déclaration d'intention de l'éditeur correspond point par point – livre par livre – à ses publications : « Des œuvres insolites et rares appartenant à chacun des genres ou même aux trois à la fois : des livres toujours passionnants[18]. » À la lecture des titres de cette collection, il y a même de quoi composer une liste parallèle d'auteurs : Clive Staples Lewis, *Le silence de la terre* ; John Buchan, *Salut aux coureurs d'aventures* ; Ambrose Bierce, *Le mort et son veilleur*, etc. Avec en plus les intégrales des *Aventures de Harry Dickson* de Jean Ray, de *Tarzan* d'Edgar Rice Burroughs et celles de sir Arthur Conan Doyle.

Robert-le-Fictif, plus connu sous son vrai nom de William Wilkie Collins, figure lui aussi au catalogue...

*
* *

17. Henry Miller (1891-1980), *Les livres de ma vie*, 1952. Cette phrase est citée en quatrième de couverture de *La fleur sacrée*, d'Henry Rider Haggard, 10/18, 1983.

18. Phrase de présentation figurant en fin de volume des ouvrages de la collection, avec la liste des titres parus. Apparemment l'éditeur n'existe plus aujourd'hui.

Si je vous ai donné du plaisir
Par une quelconque de mes œuvres,
Laissez-moi reposer en paix dans cette nuit
Qui tout à l'heure sera la vôtre.

Et pendant le court, court laps de temps
Où l'on garde le souvenir des morts,
Ne cherchez pas à poser vos questions à d'autres
Qu'à ces livres que je laisse après moi.

Ce court poème de Kipling, intitulé *Supplique* – traduit par Dominique Petitfaux avec des illustrations d'Hugo Pratt[19] – nous sert d'autant plus facilement de relais entre Rider Haggard et Kipling que les deux hommes entretenaient des liens d'amitié très forts entre eux. Ces liens s'expliquent par leur univers commun, mais aussi par le mysticisme qui les caractérisait l'un et l'autre. Francis Lacassin écrit, dans *Les rivages de la nuit*[20] :

« Lorsque Kipling, devenu adulte, cherche son identité selon la manière des Blancs, ce mysticisme demeure latent, insoupçonné de lui-même. Puis le succès et la stabilité acquis, un recul suffisant étant atteint, viendra le retour aux sources. Et ce mysticisme pourra se révéler, s'épanouir à l'ombre d'une grande amitié dont l'importance a échappé jusqu'ici à tous ses biographes. L'auteur du *Livre de la jungle*, tôt retiré dans sa propriété de Bateman (Sussex), a peu fréquenté les écrivains de son temps ; sauf en des cérémonies. Le seul d'entre eux avec lequel il ait entretenu des relations intimes, pendant trente-cinq ans, est sir Henry Rider Haggard[21]. »

Qu'est-ce qui a attiré Kipling chez Rider Haggard ? Son passé colonial ? Son imagination ? Sa nature humaine ? Sa cadence d'écriture ? Son tempérament porté à la rêverie ?

---

19. Rudyard Kipling, *Poèmes*, illustrations d'Hugo Pratt, introduction de Franco Buffoni, traduit de l'anglais par Dominique Petitfaux, Vertige Graphic, 1995, p. 143.

20. Francis Lacassin, *Mythologie du fantastique. Les rivages de la nuit*, éd. du Rocher, 1991.

21. *Ibid.*, p. 218.

Son patriotisme ? Son côté bon époux et père attentionné ? Sa prestance ? Son style ? Tout ça va de soi, d'autant que le profil de Kipling s'accommode des mêmes critères auxquels il convient d'ajouter pour eux deux : un talent poétique rare de conteur. Mais ce sont bien les thèmes du spiritisme et de la métempsycose qui ont le plus contribué à la fascination éprouvée par l'auteur de *Kim* pour l'auteur de *She*. Rider Haggard en était un adepte ardent. Beaucoup de ses livres développèrent ces deux thèmes avec assurance et bonheur. Enfin, rappelons qu'Henry Rider Haggard, né en 1856, était l'aîné de Rudyard Kipling, né en 1865, et que ce dernier avait cité à plusieurs reprises les œuvres de Rider Haggard dans ses propres livres avant même leur première rencontre. Celle-ci eut lieu, en novembre 1889, en Angleterre.

« Leur amitié illustre peut-être cette correspondance entre les âmes destinées à se rencontrer. Et il était inévitable que Kipling fût un lecteur attentif de *She*, roman entièrement basé sur la migration des âmes. L'héroïne, Ayesha, ancienne prêtresse d'Isis en Égypte, s'est exilée au cœur de l'Afrique où elle attend pendant deux mille ans la réincarnation de l'homme qu'elle aimait ; elle ne consent à mourir qu'après l'avoir retrouvé[22]. »

Et c'est ainsi que se forgea « *The record of a friendship* », entre Rudyard Kipling et Henry Rider Haggard. Leurs rapports d'amitié étaient tels que la contribution anonyme de Kipling à six ouvrages de Rider Haggard fut prouvée, titres et dates à l'appui. Ce surprenant travail littéraire commun fut révélé par Morton Cohen quand il publia, en 1965, leur correspondance[23]. On peut imaginer alors leurs nombreuses conversations en tête à tête. Les deux écrivains les eurent principalement à Londres, à l'Athaneum Club, ou au Savile Club, au cours de leurs nombreux repas pris ensemble. On peut aussi se faire une idée de ce qu'ils se dirent au cours de leurs longs entretiens sans témoin pendant les séjours répé-

22. *Ibid.*, p. 219.
23. *Rudyard Kipling to Rider Haggard. The record of a friendship*, Hutchinson, 1965. Ouvrage cité en note par Francis Lacassin, *ibid.*, p. 219.

tés que Rider Haggard fit dans la propriété du Sussex de son ami Kipling[24].

C'est à Pratt maintenant de nous parler de Kipling, prix Nobel de littérature en 1907.

« Aujourd'hui encore, je m'étonne de voir comment de nombreux critiques de la "culture officielle" parlent en mal de Kipling auquel, même si c'était un écrivain de l'époque victorienne et impérialiste, on reconnaît le mérite d'avoir été le premier à écrire des poèmes contre la guerre et à reconnaître la valeur des différentes races qui ont combattu contre les Anglais. Ces mêmes critiques oublient, en outre, que Kipling, avant Brecht, avait dit : "Faites l'amour, pas la guerre." Le fait que je sois un libertaire, et j'espère que cela transparaît dans mes histoires, ne m'empêche pas de lire Kipling[25]. »

J'ai toujours entendu Hugo Pratt défendre Rudyard Kipling. Sur lui aussi, il a contribué à modifier mon jugement. Il m'a incité à le lire réellement. Je renouvelle l'invite de sa part à qui veut, il le disait si bien :

« J'aime le poème où Kipling montre un porteur d'eau qui va d'un soldat à l'autre, mais ce sont ses récits en prose qui m'ont véritablement plu : les histoires qui se passent en Inde, dont les *Livres de la jungle*, qui ne sont pas seulement pour les enfants. Je trouve touchante la scène où, les animaux

---

24. L'énumération des livres auxquels Kipling collabora est accompagnée de précisions qui valent la peine, de la part de Francis Lacassin. J'en cite des extraits, imaginant son auteur en train de me les commenter lui-même et en l'interrompant parfois, comme ce fut le cas sur d'autres sujets au cours de nos entretiens épisodiques qui durent depuis trente-cinq ans : « *The Ghost Kings* (automne 1905), roman africain. – *Ève la rouge* (*Red Eve*, mai 1908), roman situé au Moyen Âge. Kipling a également dessiné le visage du héros, dont s'est inspiré l'illustrateur, lors de la publication en magazine. – *The Mahatma and the Hare* (1911), roman fondé sur le rêve. – *When the world shook* (1917), roman de science-fiction. [...] – *Allan et les dieux de la glace* (*The Ice Gods*, février 1922), roman fondé sur la réincarnation. Le héros des *Mines du roi Salomon*, Allan Quatermain, revit ses existences antérieures grâce à la fumée d'une herbe rare appelée *taduki*. [...] Le sixième ouvrage, *La fille de la sagesse*, relance la vie d'Ayesha en Égypte et ses amours avec Kallikrates, avant la mort de celui-ci, et l'exil dans les cavernes de Kor. Il n'est pas certain que Kipling ait collaboré au scénario ; mais il a suggéré de nombreuses modifications du manuscrit final. » *Ibid.*, p. 219-220.

25. Vincenzo Mollica et Mauro Paganelli, *Pratt*, SEDLI, Jacky Goupil éditeur, 1984, p. 26.

l'ayant abandonné pour la saison des amours, Mowgli se retrouve seul et s'approche d'un village où il aperçoit une jeune fille. Il me semble que dans un passage de ce genre, Kipling le méchant impérialiste fait preuve d'une délicatesse d'âme peu courante chez les écrivains de son temps. Je voudrais aussi mentionner *La lumière qui s'éteint* : qu'elle est émouvante, l'histoire de ce dessinateur militaire qui devient aveugle et a conscience de la guerre par ses autres sens ; il reconnaît l'odeur des chameaux, de la poudre, il entend les cris autour de lui, et finalement il meurt dans les bras de son ami. Aujourd'hui, on connaît surtout de Kipling son poème "*If*" ("Tu seras un homme, mon fils"), qui est une excellente définition de ce que devrait être un homme. Je l'ai lu pour la première fois quand j'avais treize ans et j'y ai appris beaucoup – même le respect de l'ennemi[26]. »

Dans le cimetière d'Haisnes (Pas-de-Calais) repose la dépouille mortelle du lieutenant John Kipling des Irish Guards. Fils de Rudyard Kipling, il est mort à la guerre le 27 septembre 1915. « Agresseur ou attaqué, jusqu'à votre dernier souffle, ne vous en expliquez à aucun prix. » Cette phrase est de son père ; elle est destinée à tous les fils[27].

*

* *

Corto Maltese est en Perse, non loin de la forteresse d'Alamûth. Il vient de Turquie. Nous sommes en 1921. Il est à la recherche du trésor d'Alexandre, du côté de... *La maison dorée de Samarkand*[28] :

« Le trésor d'Alexandre que nous cherchons devrait se trouver de ce côté-là... Peut-être plus au sud, entre Bactriane et le Kafiristan[29].

26. Pratt Hugo, *Le désir d'être inutile. Souvenirs et réflexions*, *op. cit.*, p. 198-200.

27. Réf. *Le Figaro*, 31 août 1998.

28. La maison dorée de Samarkand aurait existé, sous forme d'une immense prison. On ne sait pas trop si l'origine de son surnom est due aux geôliers, aux prisonniers ou à des romanciers, voire à un dessinateur de bandes dessinées très imaginatif !...

29. Actuel Nouristan.

— Le Kafiristan ? On dirait un roman de Kipling ! », lui répond Venexiana Stevenson, vieille ennemie à lui, enceinte (pas de lui !).

« Tu as raison, une de ses histoires raconte justement l'aventure de deux fous à la recherche d'un trésor dans cette région-là...

— Je connais cette nouvelle : c'est *Wee Willie Winkie.*

— C'est curieux... je ne pensais pas que Kipling plaisait aux femmes...

— C'est vrai, je n'en raffole pas, mais mon père oui. Au lieu de me raconter des histoires comme *Cendrillon*, il me lisait *La lumière qui s'éteint* et tout le reste[30] ! »

À la fin de cette histoire, dans l'album de Pratt, Corto et Raspoutine repartent (sans le trésor, mais après l'avoir eu sous les yeux !) en direction du territoire afghan, accompagnés par des soldats de la Royal Gurkha Rifles, de la Frontier Force, commandés par un lieutenant nommé... Rudyard London ! Tout est lié chez Hugo Pratt. Ses auteurs de prédilection forment une chaîne avec ses personnages de fiction. Le mélange constant qu'il pratique est dû à trois traits chez lui : son trait de caractère, son trait d'artiste et son trait d'auteur. Chaque fois que l'on repère l'un de ses traits dans un album s'ajoute un autre plaisir. Dans « J'ai deux amours... », le deuxième épisode des *Scorpions du désert*[31], Koïnsky, le double de Corto le plus proche de nous dans le temps (son histoire se passe pendant la Seconde Guerre mondiale), fait référence à Kipling, alors qu'il est sur un chameau :

« Ces chameaux sont *"bisharins"*... Les meilleurs... Avez-vous lu *La lumière qui s'éteint* de Kipling ?... Il parlait des *"bisharins"*...

— Espérons qu'ils courent vite... Avec tous les brigands qui rôdent dans le coin, ce n'est pas très réjouissant[32]. »

Celui qui vient de répondre à Koïnsky, à dos de *bisharin* lui-aussi, est Stella. Il est l'un des personnages de cette autre

30. Hugo Pratt, *La maison dorée de Samarkand*, *op. cit.*, p. 148-149.

31. Hugo Pratt, *Les scorpions du désert*, album noir et blanc, Casterman, 1977, chap. « J'ai deux amours, mon pays et Paris ».

32. *Ibid.*, p. 80.

comédie humaine imaginée par Pratt. Après celle de Corto Maltese, la série des *Scorpions du désert* est la plus réputée. Elle est aussi la plus « autobiographique[33] ». Dans cette même histoire (« J'ai deux amours... »), alors que l'Éthiopie s'apprête à vivre sa libération, en 1941, les deux hommes sont confrontés au personnage de Cush. Ils vont faire un bout de chemin ensemble. En quête d'une femme, d'un trésor, d'une mort violente. Les trois sont destinés à Stella.

Cush est le héros prattien africain par excellence[34]. Guerrier dankali, tiers-mondiste de la tribu des Beni-Amer, homme de foi et de combat, romantique, subtil, révolutionnaire, cultivé, à la fois très dur, très sentimental et très drôle. Les lecteurs de Pratt, sur le continent noir, l'apprécient particulièrement. Il mérite beaucoup mieux que ce jugement hâtif porté par un pilote d'avion à qui Koïnsky, à bord de son appareil, demandait de survoler notre homme sur son chameau *bisharin* pour le saluer du ciel : « Ce n'est qu'un Bédouin pouilleux[35]. »

Le dialogue entre Koïnsky et Cush, juste avant le survol du « Bédouin pouilleux », sous l'ombre tutélaire du fantôme de Kipling, mort cinq ans plus tôt, est pour le moins bien littéraire, en plein désert :

« Ô roi, dont les parents du plus haut rang furent superbes, toi qui ornas mon cou du collier de tes faveurs, précieuses comme les perles et comme elles formant une parure. Embellis ma main avec un faucon, qu'il soit aux ailes limpides, que ses plumes aient joué avec le vent du nord. Avec combien de fierté nous partirions à l'aube, ma main jouant dans le vent pour emprisonner le Franc avec l'enchaîné. »

— Je ne te savais pas poète, Cush.

— Hélas ! Koïnsky, cette poésie n'est pas de moi... mais d'Abd Al-Aziz Ben Al-Quaburnuh, un poète arabo-andalou de

33. Voir Pratt, Guilbert, Wazem, D'Anna, *La trace du scorpion*, Casterman, 2005.

34. Par son ironie, Cush est considéré comme le vrai héros de Pratt auprès d'une certaine clientèle africaine, de même que Raspoutine est parfois préféré à Corto Maltese chez certains très jeunes lecteurs.

35. Hugo Pratt, *Les scorpions du désert*, *op. cit.*, chap. « L'ange de la mort », p. 111.

Badajoz. Ce n'est pas parce que je suis un chamelier que je ne peux pas être sensible à la poésie ou à n'importe quelle autre forme d'art. Tu devrais en finir avec ce petit sourire hébété !... Va, Al-Andaluz !

— Comment es-tu parvenu à en faire ton ami ?

— C'est peut-être un vieil ami[36]... »

Plus tard, au cours d'une discussion entre les deux hommes au sujet de la mort de Stella (Cush l'a tué), on apprendra, par la bouche même de Cush, que son « vieil ami », un faucon baptisé Al-Andaluz, était un cadeau que son ami Corto Maltese lui avait envoyé d'Espagne. « Je lui ai appris à chasser et puis je l'ai donné à mon frère... Étant un animal noble... et non pas de la volaille de poulailler comme j'en connais, il est resté auprès de son maître et compagnon de chasse. Il ne serait pas venu vers moi s'il ne m'avait pas reconnu[37]. »

De la même façon que le faisaient Kipling et Rider Haggard, Hugo Pratt a su établir des passerelles entre ses différentes histoires. Certains de ses personnages passent d'une série à l'autre : « Je suis certainement un des dessinateurs qui a fait

36. *Ibid.*, p. 104.
37. *Ibid.*, p. 108.

le plus de choses différentes. J'ai une espèce d'affection pour tous mes personnages. Je ne veux en oublier aucun, tous m'ont accompagné à un moment de ma vie. C'est une sorte de famille, et une famille meilleure que celle-là me paraîtrait difficile à trouver. Tous ces personnages m'ont aidé à vivre et m'ont aidé à rester jeune. Mes personnages sont comme les pièces d'un jeu d'échecs. Je bouge le cheval et je me trouve en face de la tour, eh bien ! moi, je bouge Koïnsky et je me trouve en face de Corto Maltese. Plus tard, je ferai une autre partie[38]. »

*

* *

Tommy Atkins est le nom qui désigne le soldat britannique dans son ensemble, de la même façon que John Bull représente le peuple anglais[39]. Dans le recueil de poèmes, traduits par Dominique Petitfaux et illustrés par Hugo Pratt, déjà cité[40], Franco Buffoni, traducteur de Kipling en italien, fait le rapprochement suivant :

« Cette très féconde "duplicité" de Kipling, ces alternances entre les pensées et les sentiments de Tommy et la présence chorale d'une armée entière, sont personnellement revécues et restituées au plus près par l'art d'Hugo Pratt, dont l'intérêt pour un auteur comme Kipling tient assurément aussi à une évidente donnée biographique. De Pratt, on ne saurait ignorer

38. Hugo Pratt, *De l'autre côté de Corto*, *op. cit.*, p. 166.

39. John Bull date de 1712. Il est le héros du *Procès sans fin ou Histoire de John Bull*, livre de John Arbuthnot (1667-1735). Cet écrivain écossais, médecin de la reine Anne d'Angleterre et ami de Swift est donc devenu (malgré lui ?) le créateur du personnage représentatif du peuple anglais toujours en butte aux moqueries diverses et en perpétuelle lutte contre les excès bureaucratiques propres à la loi. Mais son ami Swift, avec qui il fonda le « Scriblerus Club », a dit de lui que c'était l'homme qui « avait le plus d'esprit et encore plus de psychologie que d'esprit ». Hugo Pratt a mis John Bull en scène avec Marianne, aux prises avec des déserteurs turcs, pour en faire une des séquences les plus folles de *La maison dorée de Samarkand*, ainsi qu'une satire de la présence des troupes anglaise et française dans la succession de guerres des Balkans. *Ibid.*, p. 80-94.

40. Rudyard Kipling, *Poèmes*, *op. cit.*

l'enfance passée en Éthiopie, qui a déjà inspiré bien des planches venant illustrer les *Lettres d'Afrique* de Rimbaud. Dans la transposition esthétique de cette nouvelle série d'"illustrations", l'Afrique devient l'Inde et il n'est pas impossible que Corto Maltese, dont les traits sont durs et osseux, marqués par le soleil, mais tendres, comme assoiffés de douceur, se métamorphose en Tommy Atkins. Et elle se transforme dans la tradition sans avant ni après de l'aventurier de tout temps, capable d'évoluer, tel un Candide voltairien ou un Don Juan byronien, multiforme mais solidement ancré au principe vital de l'aventure et de la découverte, dans une perpétuelle remise en question[41]. »

À la lecture de ce texte dégageant une synchronie possible entre Pratt et Kipling (une de plus !), il est temps de mettre le doigt sur une BD restée inachevée dont seulement six *strips* furent crayonnés. Il s'agit du procès de Corto Maltese, accusé d'homicide en Afrique du Sud, pays où Kipling se rendait souvent. Détail savoureux : l'avocat de la défense de Corto Maltese est Gandhi[42]. À l'époque, le Mahatma exerçait là-bas cette profession, en tant qu'expatrié, défenseur de la colonie indienne et des droits civils...

En Afrique du Sud, la tension entre les Anglais et les Boers, les deux ethnies colonisatrices blanches, avait provoqué, quelques années plus tôt, la guerre du Transvaal (1899-1902). Quelques mois avant le déclenchement de cette guerre très meurtrière, un pauvre jeune soldat anglais un peu voyou, cantonné sur place, un certain Edgar Wallace, est remarqué par Rudyard Kipling. Il vient de publier un poème dans le *Cape Times*. Invité à un dîner de gala en l'honneur de l'écrivain, le petit cockney, avide de gloire par l'écriture et non par le fait d'armes, recueille un autographe du maître. Les dix ans qui les séparent ne sont rien comparés aux barreaux de l'échelle sociale qu'il serait nécessaire à Wallace de grimper pour avoir accès au niveau social de Kipling. Le jeune homme le sait d'instinct et d'expérience. Il se battra donc sur le terrain

41. *Ibid.*, introduction de Franco Buffoni p. 5-6.

42. Dans l'album grand format, *Hugo Pratt 60*, Glénat, 1981, les *strips* crayonnés, où l'on reconnaît Gandhi, sont présentés p. 40-41.

des lettres plutôt que sur le terrain de la société. Il jouera le rédactionnel contre le relationnel. Non sans amertume, il écrira :

« Mais la Société le réclame pas,
Et la Société lui envoie rien,
Ni ne l'invite à dîner,
Ni à passer l'après-midi,
Ni à danser chez le Gouverneur[43]. »

Nous avons affaire un homme avide d'admirations et prompt aux frustrations, prêt à tout pour obtenir sa démobilisation au profit d'un autre engagement pour lequel il s'entraîne dur. Et son entraînement consiste à lire intensivement le dictionnaire et tout Kipling.

Edgar Wallace connaissait le refrain de *Car d'admirer*, poème signé par son écrivain préféré :

« Car d'admirer et de visiter
Et de contempler ce vaste monde,
Cela ne m'a jamais rien rapporté,
Mais je ne pourrais pas arrêter même si j'essayais[44] ! »

*
* *

12 mai 1899. Pour la somme de 18 livres sterling empruntées à sa future belle-mère, le petit soldat poète Wallace achète son congé définitif afin de vivre sa profession de foi qu'il crie partout : écrire, écrire, n'importe quoi, n'importe quel article, tout ce qui peut rapporter en argent et en notoriété[45]. Et ça marche ! Le voilà qualifié de « Kipling sud-africain », après la publication de son premier recueil, intitulé *The Mission that Failed*, calqué sur le titre *The Light that*

43. Edgar Wallace, *Intégrales du masque*, tome I, Librairie des Champs-Élysées, 1993, p. 8.
44. Rudyard Kipling, *Poèmes*, *op. cit.*, p. 115.
45. Edgar Wallace, *Intégrales du masque*, *op. cit.*, *cf.* la présentation de Jean-Louis Touchant.

Failed, le fameux roman de Kipling *La lumière qui s'éteint*. Plus surprenant encore ! Fort d'une réputation conquise à toute vitesse, Wallace sort un recueil de poèmes, parallèlement à ses autres tâches d'écriture qui lui valent d'être considéré par les journalistes comme un spécialiste des affaires sud-africaines doté d'un grand talent littéraire. Il veut casser la baraque ! Avec pour meilleure preuve la sortie de « poèmes guerriers » regroupés dans un recueil : *Writ in Barracks*. Ses chansons de chambrée à lui, après celles de Kipling ! Sa poésie est fraîchement accueillie. Il rentre du front en sa qualité nouvelle de correspondant de guerre, à l'agence Reuters. Sa réussite – sur le front du récit ! – est décriée. Il est accusé d'enjoliver sans vérifier. Il est confronté au problème du romancier versé dans le journalisme. Il se laisse entraîner par son imagination. Mais ses articles plaisent. Wallace a les faveurs du public populaire. Il a créé le personnage de Tommy Smithy, qui devient le héros d'une série de sketches à succès. C'est sa version retransposée de ses souvenirs d'enfance et de soldat. Son *Tommy Smithy* se pose en concurrent direct du *Tommy Atkins* de Kipling. En moins poétique, mais en plus authentique. Le troufion « Tommy », cher aux deux écrivains, a été dessiné par Hugo Pratt !...

À défaut de pouvoir exhumer un bout de texte de Wallace sur son *Tommy*, c'est au *Tommy* de Kipling, revisité par la grâce de l'initiative Pratt-Petitfaux, à la gloire des soldats d'un monde perdu, que nous faisons appel. Ainsi le traducteur peut-il écrire : « À travers ces poèmes, dont beaucoup n'avaient jamais été traduits en français, et qui modifient l'image simpliste d'un Kipling chantre de l'impérialisme victorien, c'est donc un monde perdu qui revit, mis en aquarelles par Hugo Pratt, qu'un officier d'un régiment de Gurkhas avait jadis défini comme "le dernier soldat de l'Empire britannique" : son dernier soldat, mais surtout son dernier peintre[46]... »

Pour saluer Kipling et en revenir à Wallace, impossible de trouver mieux que l'utilisation du titre *L'homme qui ne voulut pas être un gentleman*, comparé au titre *L'homme qui voulut*

46. Rudyard Kipling, *Poèmes*, *op. cit.*, note du traducteur p. 15.

O'KELLEY
"SHILLIN' A DAY. BLOOMIN' GOOD PAY"

être roi[47]. Ce titre est une trouvaille signée Jean-Louis Touchant. Il l'utilise dans sa présentation d'Edgar Wallace, auteur populaire parmi les plus prolifiques et imaginatifs de la grande époque du *thriller* et du roman d'aventures des années 1920[48].

Voici comment Jean-Louis Touchant nous lance son bonhomme Wallace, génial pisseur de copie dont le nom n'a rien à voir avec les fameuses « fontaines Wallace », mais qui a tout à voir avec les lectures d'enfance d'Hugo Pratt : « À en croire Margaret Lane, sa biographe, divers autres témoignages ainsi que notre propre intuition, Edgar Wallace ne fut jamais un gentleman. Nous verrons qu'il ne prétendit jamais à ce titre, et que ni le roi Édouard, ni le roi George ne songèrent un instant à affubler d'un préfixe ronflant son nom de famille. Pourtant, c'est une reconnaissance qu'il aurait pu désirer, voire obtenir, en menant une existence plus bourgeoise, en fréquentant les gens qui détenaient le pouvoir. Mais il ne voulut jamais renier son passé[49]. »

Après nous avoir incités à la découverte des livres d'Edgar Wallace, tout au long de savoureuses pages, Jean-Louis Touchant prend congé de notre homme avec la même verve attachante : « Comment ne pas admirer cet homme qui, né sans aucun atout, a obtenu que son nom soit connu de tous dans le pays où il est né, et qu'il devienne même proverbial, en matière d'écriture ? C'est en cela que Wallace est exemplaire. Nous avons écrit qu'Edgar n'était pas un gentleman, pas plus qu'un bourgeois dans le sens où nous l'entendons. Il était plus que cela, une sorte d'aristocrate, dépensier, empruntant, ne se souciant pas du lendemain, un peu dandy, un peu voyou, mais généreux, individualiste, amoureux des femmes et de la vie, le cœur pitoyable devant la misère des autres,

47. *L'homme qui voulut être roi* est le titre d'une nouvelle de Kipling, portée magnifiquement à l'écran par John Huston, avec Michael Caine et Sean Connery.

48. Edgar Wallace, *Intégrale du masque*, *op. cit.*, « L'homme qui ne voulut pas être un gentleman », par Jean Louis Touchant, p. 5-28.

49. *Ibid.*, p. 5.

égocentrique mais pas égoïste. Malgré ses défauts que nous n'avons pas dissimulés, Wallace est un homme que nous pouvons aimer[50]. »

Le bonhomme Wallace méritait d'être aimé. À son sujet, Hugo Pratt disait : « Ses récits d'aventures africaines ont été l'une des grandes références de mon enfance. J'ai aussi beaucoup aimé *Bozambo*, le film que Zoltan Korda avait tiré du roman d'Edgar Wallace, *Sanders of the River*. En Éthiopie, je demandais aux enfants noirs s'ils connaissaient *Bozambo*. Plus tard, avec les histoires policières de l'inspecteur Wade, j'ai découvert une autre facette du talent d'Edgar Wallace[51]. »

Lorsque Corto Maltese, dans *Les Helvétiques*, se met à dialoguer avec l'Ogre, un énorme gorille, ce dernier demande à Corto :

« Et ce Wallace, tu le connais ?

— J'ai lu son *Bozambo*, répond Corto[52]. »

En 1931, un an avant sa mort, après des démêlés avec son fils aîné Bryan, qu'il menace de déshériter, Edgar Wallace quitte la petite ville de Blackpool. Il vient d'y subir un échec électoral. Un individu lui crie : « Bon débarras ! »

Le 6 février 1932, après avoir fêté à Hollywood le lancement de sa dernière pièce, qui va être jouée à Londres, *The Green Pack*, il est pris d'un malaise. Il meurt le 10. Son corps est ramené en grande pompe à bord d'un paquebot. Tous les pavillons sont mis en berne à son arrivée au port de Southampton. Les cloches de Fleet Street sonnent le glas. La grande salle du théâtre, le *Wyndham's*, où sa pièce est jouée, éteint toutes ses lumières.

C'est nettement plus conforme à ce qu'il méritait que « Bon débarras ! ».

---

50. *Ibid.*, p. 27-28.

51. Hugo Pratt, *Le désir d'être inutile. Souvenirs et réflexions*, *op. cit.*, p. 206. *Item, l'inspecteur Wade* a été publié en BD, *cf. Patrick Gaumier et Claude Moliterni*, *Dictionnaire mondial de la bande dessinée*, Larousse, 1994, p. 332 (*Inspector Wade*) et p. 449 (Jack Monk).

52. Hugo Pratt, *Les Helvétiques*, album en couleurs, Casterman, 1988, p. 62.

Si, d'aventure, je me trouvais à patrouiller sur une montagne de livres formée par l'amoncellement des ouvrages écrits par notre trio Rider Haggard/Kipling/Wallace, je choisirais de ramasser un Wallace. Un choix qui est la compagnie d'un livre et non pas la compagnie d'un homme.

10

Cas à part, cas de choix

London et Traven. L'un et l'autre menèrent une vie errante. L'un et l'autre s'en inspirèrent dans leurs œuvres. L'un et l'autre attirèrent à eux un large public. Mais un immense détail les sépare. L'un ne cessa jamais de pousser son cri à la face du monde, livre après livre. C'est Jack London. L'autre étouffa le sien en restant un mystère permanent pour ses millions de lecteurs. C'est B. Traven.

L'un comme l'autre furent tant des modèles que des références pour Hugo Pratt. Par son attirance pour London, c'est la face lumineuse de Pratt qui apparaît ; par son attirance pour Traven, c'est sa face crépusculaire que Pratt nous offre.

Nous avons donc rendez-vous avec le soleil et avec la lune.

Beaucoup de lecteurs connaissent Jack London (1876-1916) ; en revanche, pour ce qui est de B. Traven (1890-1969), rares sont ceux qui en savent, ne serait-ce qu'un peu sur lui, y compris sur l'exactitude réelle de son prénom où l'incertitude règne.

Ces deux astres de la littérature, écrivains aventuriers, sortis d'affaire exclusivement par eux-mêmes, avaient une vision d'appropriation de leur image diamétralement opposée. Nous les traiterons chacun à part. Un cas après l'autre.

Sur Jack London, Hugo Pratt précise : « À deux reprises dans mon œuvre, d'abord dans un des récits d'*Ernie Pike* puis dans *Corto toujours un peu plus loin*, je rends hommage à London en m'inspirant d'une de ses histoires, dans laquelle un homme, pour éviter la torture, réussit à se faire tuer tout de suite, ayant persuadé ses ennemis qu'il était immortel. Et bien sûr, London est un des personnages principaux de *La jeunesse de Corto*. J'aime autant ses romans autobiographiques comme *Martin Eden* que ses histoires d'animaux comme *Croc-Blanc*, même si dans ce dernier type de récit l'influence de Kipling [est] évidente[1]. »

Le premier *Livre de la jungle* de l'illustre Rudyard lui confère le droit d'aînesse sur *L'appel de la forêt*[2]. Quand Pratt invoque Kipling en évoquant London, cela n'a rien de vexant pour ce dernier. D'ailleurs, dès qu'il s'agit de montrer son admiration pour Kipling, London est loin d'être en reste. Un article de lui, paru dans *Reader* en juin 1903, *Mort, Kipling ? Il ressuscitera*[3] *!*, alors que Kipling était encore bien vivant – il ne mourra réellement que trente-trois ans plus tard – prouve bien que London nous en sert en plus grande abondance sur Kipling que Pratt lui-même. En effet, London s'en prend aux détracteurs de Kipling qui furent toujours très nombreux et très ignorants de son œuvre :

« Lui, n'y pouvait rien car il était devenu à la mode, et c'est facilement compréhensible. Quand il se coucha, luttant corps à corps avec la mort, ceux qui l'aimaient eurent du chagrin. Ils étaient beaucoup et d'innombrables voix, depuis les rivages des Sept mers, clamèrent leur peine. Sur quoi, cette classe à l'esprit obtus commença vite de s'informer sur cet homme dont tant de gens portaient le deuil. Si tout le monde portait le deuil, ils se devaient d'en faire autant. Et ainsi, une grande lamentation s'éleva. Chacun stimulait le chagrin de l'autre et ils se mirent tous en secret à lire cet homme dont ils n'avaient jamais rien lu et proclamèrent qu'ils l'avaient toujours apprécié. Et le lendemain, sans perdre un instant, ils noyèrent leur chagrin dans un océan de romanesque historique puis oublièrent tout de lui. La réaction fut inévitable. Émergeant des flots où ils venaient de plonger, ils s'aperçu-

1. Hugo Pratt, *Le désir d'être inutile. Souvenirs et réflexions*, *op. cit.*, p. 202.

2. *Le Livre de la jungle* date de 1894, *L'appel de la forêt* de 1903.

3. Paru sous le titre *These Bones Shall Rise Again*, *In Profession : écrivain*, réf. note suivante.

rent combien ils l'avaient vité oublié, combien ils auraient dû avoir honte si les petits hommes voltigeants et babillards n'étaient pas venus dire : "Allons, enterrons-le." Et ils le mirent dans un trou, rapidement pour qu'il soit hors de leur vue.

« Et quand il se seront tapis dans leur propre petit trou, douillettement plongés dans leur dernier sommeil, les siècles futurs soulèveront sa pierre tombale et il réapparaîtra. Car, il faut le savoir : cet homme *qui a rendu ce siècle impérissable, est lui-même impérissable.* Cet homme d'entre nous qui a retracé les faits saillants de notre vie, révèle nos pensées, et ce que nous sommes et ce que nous valons – cet homme sera notre porte-parole dans les siècles à venir et il le restera tant qu'il y aura des oreilles pour l'entendre. »

Cet extrait de l'article de *Reader* est tiré d'un gros ouvrage dirigé par Francis Lacassin[4]. Il réunit quatre-vingt-treize textes autour du thème d'un Jack London inédit.

Dans *La dernière incarnation de Jack London : écrivain* – présentation des travaux qu'il a menés sur lui –, Lacassin nous oriente vers des lectures que nous n'imaginions pas qu'elles eussent existé sous la plume de Jack London :

« La première utilité de cette exhumation de pièces rares est de mettre à la disposition de tous les admirateurs français de Jack London une partie de son œuvre seulement accessible jusqu'ici à quatre ou cinq spécialistes des deux mondes. La rareté n'est pas en soi un élément d'art. Et cet ouvrage aurait été taxé de curiosité si sa première utilité ne s'était renforcée d'une seconde. Il permet de dessiner une nouvelle variante d'une personnalité pourtant riche, d'ajouter une facette de plus au personnage. Après le chercheur d'or, le vagabond du rail ou des mers chaudes, le militant socialiste, le prophète du retour à la nature et à la vie rurale, le journaliste envoyé à la poursuite d'une actualité brûlante, après ce personnage itinérant et bouillonnant, en voici une image statique et solitaire : l'homme de cabinet assis devant une page

4. Jack London, *Profession : écrivain*, série « L'appel de la vie », dirigée par Francis Lacassin, 10/18, 1980, p. 201 et 202.

blanche qu'il affronte en un combat feutré et presque toujours ignoré[5]. »

Le remède le plus courant contre la page blanche est le plagiat. Jack London fut – bêtement ! – accusé d'y avoir eu recours. Dans *Profession : écrivain*, voici comment il répond à un journaliste du *New York Times* qui lui demandait ses vues sur la question, à la suite d'accusations portées contre lui au moment de la publication en feuilletons de son roman *Avant Adam*, en 1906[6] :

« Je ne me rappelle plus de rien de mes écrits, une fois qu'ils se sont éloignés de moi. J'ignore donc à quoi vous faites allusion quand vous parlez de l'incident initial d'*Ab* que l'on m'accuse d'avoir plagié dans mon troisième chapitre. Je ne sais plus ce que raconte ce chapitre et je n'ai pas sous la main d'exemplaire de mon manuscrit pour m'en assurer. J'imagine, cependant, que l'incident "plagié" doit être celui où l'on voit l'enfant s'accrocher à sa mère tandis qu'elle grimpe à un arbre. Si c'est un plagiat, on ne peut l'éviter en traitant d'un sujet aussi ténu que l'homme primitif. Aujourd'hui, dans le monde moderne, une femme avec un bébé, menacée par un danger quelconque, dispose de mille façons d'y échapper. Elle peut appeler un policier ; sauter dans un canoë et s'en aller en pagayant ; sauter dans un tramway ; courir dans la cuisine et s'y enfermer à clef ; sortir un revolver et affronter le danger ; elle peut, encore, laisser à la nourrice le soin de sauver l'enfant. En fait, les moyens dont une femme avec un enfant dispose pour échapper au danger sont innombrables ; mais dans le monde primitif, il ne lui en reste qu'un seul, c'est de grimper à un arbre. Et pour cela, il lui faut se servir de ses mains. Pour le bébé, la seule façon de coopérer à son sauvetage, c'est de s'accrocher à sa mère pendant qu'elle grimpe. [...] Oh ! et puis un tel sujet est si totalement ridicule que je ne peux m'empêcher d'y rester insensible quand j'y pense. Voilà bien ce qu'est le plagiat – un non-sens. La véritable

5. *Ibid.*, réf. Préface, p. 7. Le même ouvrage comporte une filmographie complète : Jean-Claude Romer, *Jack London à l'écran*.

6. Jack London, *Avant Adam, in* Série « L'appel de la vie », *idem* ; et en coll. « Bouquins », Robert Laffont, édition établie par Francis Lacassin.

question, à propos du plagiat, n'est pas : "L'a-t-il fait de la même façon que moi ?" mais "L'a-t-il fait mieux que moi ?" Et s'il a fait mieux, eh bien ! tirons-lui notre chapeau[7]. »

Tous ceux qui se sont essayés à résumer la vie de Jack London – autrement qu'en affirmant qu'il avait vécu et écrit énormément ! – n'ont jamais réussi à le faire en moins de mille mots. Cette même somme de mots qu'il devait aligner chaque jour, quoi qu'il arrivât, pour gagner sa vie. Tantôt riche – ses livres se vendaient énormément –, tantôt pauvre – il dépensait sans compter –, mais toujours lui-même ! Les nombreux regards portés sur sa vie, inséparable de son œuvre, en arrivent toujours à la même conclusion que Francis Lacassin : « Même lorsqu'il s'aventurait sous les horizons traditionnels de l'exotisme, London restait London[8]. »

Pas facile d'en finir avec Jack London ! Le professeur Steiner et Corto Maltese vont nous aider à le quitter en beauté, grâce à l'une de ses histoires. Celle dont Hugo Pratt faisait état quand il nous parlait de Jack London présent dans ses albums. Il s'agit d'un petit voyage dans le temps à faible recul, assorti d'une amnésie presque totale chez Corto et d'un cauchemar nommé « Têtes de champignons » chez Steiner[9]. Le cauchemar qui fit peur au professeur, et dans lequel était Corto, se concluait par l'exécution de leur compagnon d'expédition, Pierre La Reine, au cœur de la forêt amazonienne. La tête tranchée nette d'un coup de machette, asséné par un Indien métis à la mère jivaro et au père, soldat déserteur, blanc. Mais le métissage qui nous intéresse, ici, est le fruit de l'imagination de Jack London couplé au talent d'Hugo Pratt. C'est l'une des deux versions dessinées revendiquée par ce dernier : cette fameuse histoire où un homme berne ceux qui s'apprêtent à le torturer en les incitant à l'exécuter tout de suite pour échapper aux souffrances interminables qui l'attendent avant de mourir[10]. Dans le cauchemar,

7. Jack London, *Profession : écrivain*, *op. cit.*, p. 122-123.

8. Jack London, *Histoires des îles*, *in* Série « L'appel de la vie », *idem*, Préface : « Le vagabond des îles », 1975, p. 28.

9. Hugo Pratt, *Corto toujours un peu plus loin*, *op. cit.*, chap. « Têtes de champignons ».

10. *Ibid.*, p. 25.

Corto fournit aux Indiens – ainsi qu'aux lecteurs de *Corto toujours un peu plus loin* – l'explication de l'histoire. Il s'adresse avec véhémence à Aparia, le tueur mauvais à la machette maculée du sang de son prisonnier décapité : « Pierre La Reine s'est joué de toi... Idiot ! Pierre a été malin... Il a réussi à se faire tuer sans te donner la possibilité de le torturer... Il s'est moqué de toi devant tout le monde[11]. »

Dans les rues de Maracaibo déambulent Corto Maltese et Steiner. À peine remis du choc de son cauchemar, le professeur conclut l'histoire à son tour :

« ... Et ainsi, Pierre La Reine, pour ne pas souffrir les tortures, se fit tuer avec le truc de l'immortalité.

— J'ai lu quelque chose de semblable dans une histoire d'un ami écrivain, un certain Jack London.

— Un certain Jack London ?... Ce n'est pas un écrivain qui m'intéresse beaucoup... Mais il a eu du succès.

— Ah oui ?... Je l'ai connu en Chine pendant la guerre russo-japonaise... Il avait fait construire une belle grande maison pour héberger tous ses amis... La Maison du loup... qui brûla. J'ai appris qu'il s'était suicidé, l'année dernière[12]. »

L'autre version de cette même histoire figure, elle, dans un épisode d'*Ernie Pike*, intitulé *La fuite*[13]. Elle concerne un caporal américain d'origine japonaise, né à San Francisco, qui est fait prisonnier par des soldats nippons de l'armée impériale sur un atoll perdu, en juillet 1945, pendant la Seconde Guerre mondiale. Le caporal de l'armée américaine, Yoshio Namura, comprend très vite qu'il sera torturé et exécuté. Il sait entre les mains de qui il est tombé : « Des paysans du nord d'Hokaïdo... En temps de paix, des hommes capables de s'attendrir sur la naissance d'un agneau ! Des hommes durs à la peine, capable de marchander des heures durant pendant les jours de grand marché... Mais que la guerre avait transformés en bêtes féroces[14]. » Il leur annonce

11. *Ibid.*, p. 26.

12. *Ibid.*, p. 28. Jack London s'est donné la mort, à Oakland, dans la nuit du 21 au 22 novembre 1916.

13. Hugo Pratt, Hector Oesterheld, *Ernie Pike*, version intégrale des *Chroniques de guerre*, Glénat, 1984, p. 47-53.

14. *Ibid.*, p. 50-51.

donc qu'il est impossible pour eux de le torturer puisqu'il a inventé un appareil qui le rend invincible. S'ensuit toute une discussion entre lui et les soldats japonais sur la véracité ou pas de ce qu'il affirme. Finalement, il réussit à les abuser en leur faisant croire qu'en branchant sur lui le circuit de son appareil radio – supposé être l'engin de son invention – il deviendrait invincible...

Avant d'avoir 17 ans, Jacques London avait déjà beaucoup vécu et surtout beaucoup lu :

« Je ne restais jamais sans un livre à la main. Mon instruction a été uniquement populaire. J'ai suivi l'école primaire jusqu'à l'âge d'environ quatorze ans. Puis j'ai pris goût à la vie sur l'eau. À quinze ans, j'ai quitté la maison et me suis mis à traîner sur la Baie. Et la Baie de San Francisco, ça n'est pas un réservoir de moulin. J'ai été pêcheur de saumon, pillard des élevages d'huîtres, matelot de schooner, policier de la pêche, débardeur, et en somme un aventurier de la Baie – jeune garçon par l'âge, mais un homme parmi les hommes. Ayant toujours un livre avec moi et lisant sans cesse pendant que les autres dormaient ; quand ils étaient éveillés, je ne les quittais pas d'une semelle, car j'ai toujours été bon camarade. La pauvreté m'a stimulé. J'ai eu la très grande chance d'éviter que la pauvreté ne me détruise. Presque tous mes camarades pirates des huîtres sont depuis longtemps pendus, tués, noyés, morts de maladie ou bien ils sont en train de finir leurs jours en prison. Tout cela aurait pu m'arriver avant l'âge de dix-sept ans – sans ma très grande chance[15]. »

Jack London ou l'écriture vécue est le titre que Francis Lacassin a donné à la biographie de référence qu'il a publié sur notre écrivain[16], surnommé par ailleurs « le Kipling du froid ». Entre les deux formules, pouvait-on mieux dire ?...

*
* *

Au tour de B. Traven et à Hugo Pratt de nous intriguer à son sujet : « Toujours un aventurier... Sa vie a été mystérieuse. Il est né en Prusse, a parcouru le monde dans les années vingt et est mort au Mexique. Il avait plusieurs dizaines de pseudonymes – Bruno Traven est le plus connu – et a écrit ses livres en allemand puis en anglais. Deux ont beaucoup compté pour moi, *Le vaisseau des morts*, où il montre, après Melville dans *Billy Budd*, la vie difficile des marins, et surtout *Le trésor de la sierra Madre*, un grand roman sur des chercheurs de pépites, adapté au cinéma par John Huston, avec dans le rôle principal Humphrey Bogart[17]. »

Le trésor de la sierra Madre a sa part dans mes souvenirs de visionnages tardifs et tranquilles, à Grandvaux, avec Hugo. Une nuit, nous l'avions visionné, et à sa suite un autre film d'action plus moderne – on en regardait toujours deux ou trois d'affilée. Je ne suis pas sûr d'avoir retenu l'exacte teneur des idées qu'Hugo développa, cette nuit-là, sur la personnalité de Traven, mais comme l'auteur dont il est question a passé toute sa vie à brouiller les pistes le concernant, sa mémoire est mieux servie à évoquer son cas comme il le désirait : dans le brouillard ! D'ailleurs, *Dans le brouillard* est le titre d'une courte nouvelle de Ret Marut, un des pseudonymes de B. Traven[18].

15. Jack London, *Profession : écrivain*, *op. cit.*, p. 18.

16. Christian Bourgois éditeur, 1993.

17. Hugo Pratt, *Le désir d'être inutile. Souvenirs et réflexions*, *op. cit.*, p. 206.

18. La nouvelle *Dans le brouillard*, signée Ret Marut, est reprise du site internet *Traven/Marut*.

Le sujet du *Trésor de la sierra Madre* est le suivant : un marin américain, au cours d'une escale dans le port d'Anvers, voit repartir son bateau sans lui, avec toutes ses affaires. Il n'a ni argent ni papiers. Dans l'impossibilité de prouver son identité, il est refoulé et chassé de partout. Il finit par se retrouver en Espagne, où il embarque à bord d'un bateau qui fait du trafic d'armes et dont l'équipage est composé de types comme lui : déjà morts pour la société. Le « vaisseau des morts » vogue grâce au labeur infernal de ces hommes jetés en enfer. Dans la soute, nos prolétaires méprisés sont relégués au rang de forçats de la mer. Sans matelas, sans couverture, sans électricité, sans amis et sans espoirs, à peine nourris et crevant de soif, ils sont tout juste bons à couler avec leur navire. Un navire tombeau destiné à sombrer pour que son propriétaire touche l'assurance.

Paru à Berlin (*Das Totenschiff*) en 1926, puis publié en anglais, à Londres et à New York (*The Death Ship*) en 1934, ce livre est un flagrant plaidoyer en faveur des damnés de la terre.

Des damnés de la mer !

B. Traven fait acte net d'engagement politique.

Les aventures pénibles racontées sont tirées d'expériences vécues.

Cet aspect de son écriture, trempée dans la sueur et la peur, dans les larmes rentrées et les poings serrés, donne de la force à sa révolte. À son style. C'est par ce côté-là que B. Traven se fait camarade d'idéologie de Jack London ; et ce « côté-là » chez Traven ne dénature pas ses qualités de romancier.

Jamais Traven, écrivain secret qui se terre, ne bassinera ses lecteurs avec son catéchisme laïc. Dans ses écrits, l'idéologie sociale qu'il défend n'est jamais ennuyeuse[19]. Quand il

19. En septembre 1917, après avoir publié son premier roman, signé Richard Maurhut, *An das Fräulein von S...* (*À mademoiselle von S...*), il lance son slogan libertaire : « Ni races ni pays, seulement des individus ! » Il sera même impliqué dans l'éphémère République des conseils de Bavière, instituée en 1919 par des révolutionnaires allemands et très vite noyée dans le sang par l'armée. Commence ainsi pour B. Traven une vie errante (en Europe et aux États-Unis), faite d'expulsions et d'arrestations et ponctuée d'écrits divers.

décrit le « vaisseau des morts », même si derrière la description qu'il en donne peut se cacher l'idée d'un décor d'usine caricaturale et une intention militante, il le fait bien. Son humanité est telle que nous adhérons à son indignation. Il dit d'un trait ce qu'était *Le vaisseau des morts* : un vaisseau dont « l'apparence semblait répondre si exactement à son âme qu'on avait toutes les raisons de mettre en doute sa santé mentale[20] ».

Parvenu dans une enveloppe postale aux Éditions Büchergilde Gutenberg, en 1925, *Le vaisseau des morts* fut aussitôt lu et publié. L'auteur qui se faisait appeler B. Traven était lancé. Toute sa vie, ce dernier pratiqua la méthode du brouillage des pistes le concernant. Il dissimulait son anonymat derrière des femmes qui jouaient le rôle d'agents littéraires pour lui. Ses adresses étaient toujours des boîtes postales. Ses pseudonymes variaient sans logique précise (pour nous !) : Hal Croves, Ret Marut, Richard Maurhut, Torsvan…

Le plus connu est B. Traven, mais avec une interrogation sur le prénom entier. Hugo Pratt avance « Bruno ». Je dis « Benjamin », pour l'avoir entendu plus souvent.

Celui qui avait la bonne réponse s'appelait Hermann Albert Otto Max Feige, né Wienecke, son nom d'origine. Depuis sa petite enfance, passée en Allemagne, il développa ce goût du secret qui le caractérisa.

Il ferma toutes les portes, après avoir été apprenti serrurier.

Quand John Huston décida de tourner *Le trésor de la sierra Madre*[21], il rencontra un certain Hal Croves qui se disait agent de B. Traven. John Huston soupçonna fort le soi-disant agent d'être lui-même l'auteur du livre. Il s'abstint de le lui dire. Quant au sujet du livre, devenu un western historique, il suffit de citer une phrase de B. Traven, extraite de son ouvrage, pour en avoir l'exacte mesure et en comprendre le message : « L'or est une chose endiablée… et dans l'espoir d'en ramasser, on cesse de faire la différence entre le bien et le mal[22]. » L'histoire s'achève quand la richesse s'en retourne à la terre

20. *In* B. Traven, *Le vaisseau des morts*, 1926.
21. Le film de John Huston a été tourné en 1948.
22. Réf. *Le trésor de la sierra Madre*, 1927.

et devient poussière. C'est la scène du trio de brigands qui s'emparent des ânes transportant les sacs emplis de poudre d'or recueillie par les deux héros tragiques du livre (du film culte !). Les trois voleurs, après avoir éventré les sacs, crurent que la poudre d'or était du sable.

Les propriétés envoûtantes des livres de B. Traven expliquent l'influence qu'il exerça sur Hugo Pratt. D'autre part, John Steinbeck le considérait comme l'un de ses maîtres.

Que dire d'autre sur B. Traven ? Tout renseignement ajouté à sa personne aurait tendance à contredire l'idée qu'il voulait laisser de lui-même. Cet homme avait beaucoup souffert, beaucoup milité (à l'extrême gauche), beaucoup voyagé, beaucoup écrit. De plus, il s'était beaucoup caché après avoir beaucoup vécu. J'ai un regret à son sujet. Ne pas m'être rendu dans la gargote qu'il tenait, au Mexique (où il vivait, sans doute depuis la fin de l'année 1924), dans la région de Tampico, où il était possible de le trouver jusqu'à sa mort, en 1969. C'est Hugo qui me souffla ce regret-là parmi d'autres. Il m'incita à trinquer à la mémoire de cet écrivain à part qui, dès 1916, avait trouvé un style bien à lui pour faire passer ses rêves, comme en témoigne sa nouvelle *Dans le brouillard*, que je citais au début.

Présenté comme dans un rêve, le sujet de *Dans le brouillard* est la fraternisation avec l'ennemi dans les tranchées de la Grande Guerre.

Un sergent allemand, Karl Veet, part en mission de reconnaissance à l'intérieur des lignes ennemies, dans le camp français. Il progresse lentement. Il n'y voit goutte. C'est tant mieux, car le brouillard le protège, mais il doit souvent s'arrêter pour ne pas se perdre en gardant ses repères, grâce à sa boussole et à une carte rudimentaire.

Voilà comment Ret Marut, *alias* B. Traven, raconte la suite : « Ce fut quand il releva la tête qu'il vit, à moins de deux pas de lui, un officier français qui, croisant son regard, se figea sur place. Aucun d'eux ne ressentit de la peur, il n'y avait pas non plus de crainte dans leurs yeux, seulement un profond étonnement. Chacun regardait l'autre comme s'il avait été le seul et unique habitant de la planète jusqu'à ce qu'il se trouve tout à coup face à face avec le premier homme. [...]

Chacun d'eux pouvait ressentir le souffle de l'autre, ils pouvaient même voir les lignes les plus délicates inscrites sur le visage de l'autre. Alors, ils restaient debout complètement stupéfaits et, tout à coup, ils n'arrivèrent plus à comprendre les manières de fonctionner du monde. » « Au même moment, chacun d'eux leva lentement la main à son képi et adressa délibérément un salut léger mais reconnaissable – en direction de l'autre[23]. »

C'est Jack London qui utilisait, dans la lettre dont nous avons donné des extraits, l'expression « on tire son chapeau ! » On fait de même pour saluer ce rêve des tranchées. Non pas en hommage au Soldat inconnu, mais en hommage à l'écrivain qui se voulait inconnu et dont les cendres furent dispersées sur les forêts sacrées des Indiens du Chiapas.

À la question classique : « Quel livre emporteriez-vous sur une île déserte ? », Albert Einstein a répondu : « N'importe lequel, pourvu qu'il soit de Traven[24]. »

---

23. Extraits repris du site internet *Traven/Marut*, déjà mentionné, avec la précision suivante au sujet de la nouvelle dont j'ai cité des passages : « La traduction a été réalisée à partir d'une traduction anglaise du texte allemand publié en 1916 dans l'hebdomadaire *März* (Berlin/Munich). Traducteur allemand-anglais : Peter Silcock ; traducteur anglais-français : Laurent Recassa. »

24. *In La bibliothèque idéale*, édition revue et corrigée sous la direction de Pierre Boncenne, préface de Bernard Pivot, La Pochothèque-Albin Michel, 1992.

11

Le dit et le non-dit de la poésie

Hugo Pratt a célébré très tôt la poésie, de même qu'il l'a toujours associée à ses autres choix littéraires. « Le premier contact avec la littérature, je l'ai eu à trois ou quatre ans grâce à mon grand-père, qui était un poète vénitien. Ce fut mon premier impact avec la musicalité de la poésie[1]. »

Jamais les résonances de cette musicalité entendue durant sa petite enfance ne le quittèrent. Il aima avec passion la poésie, qu'il sut par ailleurs saisir dans sa diversité. Les trois poètes auxquels il se réfère dans la liste des quatorze auteurs retenus – Coleridge, Rimbaud et Yeats – le montrent bien. La diversité est là. Par elle se forme l'écho des poètes, incarné par la muse à la voix qui porte et aux silences qui en disent long.

C'est *le dit et le non-dit de la poésie* qu'Hugo Pratt a toujours désiré nous faire entendre.

Faire aimer les poètes, ou simplement les faire connaître, n'est pas évident. Alors, les rendre indispensables dans une bande dessinée ! Nulle part ailleurs, la poésie – récitée ou suggérée, comme il l'a fait dès le début des aventures de Corto Maltese – n'aurait pu trouver place. Et c'est ainsi que cette nécessité pour lui de vivre par référence à la beauté de la littérature, engendrée par les poètes cités, s'est retrouvée dans une situation de coïncidence avec ce que ses lecteurs

1. *Hugo Pratt 60, op. cit.*, p. 7.

revendiquaient inconsciemment. Le talent poétique de Pratt – si intimement ancré dans son travail artistique – a réussi à s'imposer auprès d'un public pourtant peu familier de la récitation des vers.

Corto Maltese à peine apparu, la poésie devient partie prenante de l'histoire ! Il suffit, pour le constater, de nous replonger dans *La ballade de la mer salée*[2] :

> « Seul, seul absolument tout seul,
> Seul sur une immense, immense mer !
> Et aucun saint n'a eu pitié
> De mon âme moribonde.
>
> Tous ces hommes, si beaux !
> Étaient étendus morts :
> Et mille et mille choses immondes
> Vivaient encore ; comme moi. »

Ces vers de Coleridge, tirés de *La ballade du vieux marin*, racontent une scène terrible, sur le bateau maudit, poursuivi par la colère divine. Après avoir joué aux dés le sort de l'équipage, le squelette de la mort et l'horrible personnage surnaturel de Vie-en-mort règlent leur partage. Ils fixent aussi le destin des hommes à bord. Leur verdict est la mort pour tous, hormis pour le vieux marin, condamné à resté seul : « Seul, seul, absolument tout seul. » Il doit payer son geste d'avoir tué un albatros, ce bel et grand oiseau, voilier des mers australes. Son expiation sera d'errer d'un pays à l'autre, afin de confesser sa faute. Telle est l'imprécation admirablement rendue par le poème.

Quand il s'agit de faire appel à la poésie dans ses BD, Hugo Pratt y va à fond. C'est donc ce passage – peut-être le plus fort de la poésie de Coleridge – que le jeune Caïn Groovesnore lit, à haute voix, à sa cousine Pandora Groovesnore[3]. Ils sont à bord d'un sous-marin avec Corto Maltese, Raspoutine

2. Hugo Pratt, *La ballade de la mer salée*, album en couleurs, Casterman, 1989.
3. *Ibid.*, p. 90.

et le lieutenant Slütter. Trois hommes avec qui nos deux adolescents cohabitent tant bien que mal en mer.

*
* *

Samuel Taylor Coleridge est né et mort en Angleterre : 21 octobre 1772, à Ottery Saint Mary – 25 juillet 1834, à Highgate.

Vouloir comprendre Coleridge va dans le sens d'une meilleure compréhension de l'époque où il a vécu. Avec lui, nous sommes en pleine période de turbulences morales, religieuses, littéraires, artistiques et techniciennes. Être anglais, à cette époque, c'est être européen plus qu'aujourd'hui. C'est donc vivre les convulsions des idées de la fin de l'âge des Lumières et connaître le début des grands troubles de la question sociale. Le jeune Coleridge entre dans l'âge adulte pendant la Révolution française. Le voilà donc embarqué sur le terrain d'une pensée fortement influencée par ce qui ne s'appelait pas encore « l'air du temps », mais où il était déjà possible de s'en méfier. C'était surtout le temps des révolutions, y compris la révolution industrielle.

Et la poésie ? Elle va tout submerger sur son passage dès lors que le jeune Coleridge s'y mettra. Il en abusera même. Tout comme il transformera cette poésie qui est en lui non seulement en sonnets, mais en paroles – il donne des conférences. Et parler donne soif ! Bref, Coleridge se lance dans la vie en même temps qu'il se lance dans la poésie, en dérapant plus sur la vie que sur la poésie. Sa première plaquette s'appelle *Poèmes sur divers sujets*[4]. Pour lui, la poésie est partout. La sienne ira jusqu'à hanter ses nuits et être tirée d'elles.

La tradition des rêves veut qu'il y ait deux portes divines par lesquelles passent nos songes. Ces deux portes des songes sont la porte divine des rêves fallacieux – la porte d'ivoire – et la porte divine des rêves prophétiques – la porte de corne[5]. Ce serait sous l'emprise de rêves fallacieux, passés par la porte d'ivoire, que Coleridge aurait écrit ses plus beaux poèmes, grâce au sommeil mérité dans lequel il tombait, après de longues randonnées à la campagne. Il a d'ailleurs écrit : « Les images de la veille suscitent des sentiments, tandis que dans le sommeil les sentiments suscitent des images[6]. »

Le poème de Coleridge qui figure dans *Corto Maltese en Sibérie* est justement le don d'un rêve :

« Entrez, Corto Maltese, entrez... Je pensais aux vers de Coleridge : Au Xanadu Alza Kubla Khan, la demeure des délices, un dôme où Alph, le fleuve sacré, s'écoule le long de cavernes interdites à l'homme vers une mer sans soleil. Dix milles de terres fertiles furent enclos de tours et de murailles...

Et Corto de poursuivre :

— ... Et dans le jardin, le scintillement des ruisseaux, les fleurs de l'arbre d'encens. Il y avait des forêts aussi antiques que les collines qui embrassaient les champs brûlés par le soleil... Hmmh... Mais ce n'est pas pour me parler de Coleridge que vous m'avez appelé, n'est-ce pas ? dit Corto au baron.

— Pourquoi pas ? La poésie et l'épée peuvent parfois faire un bout de chemin ensemble[7]. »

---

4. Plaquette parue en avril 1796.

5. *Cf.* Virgile, l'*Énéide*, d'après une tradition de l'*Odyssée*. Voir la note suivante, sur Borges.

6. *In Livre de préfaces*, par Jorge Luis Borges, Gallimard, coll. « Folio », 1992, chap. « Le Livre des rêves », p. 257.

7. Hugo Pratt, *Corto Maltese en Sibérie*, *op. cit.*, chap. 5 : « Ungern de Mongolie », p. 101-102.

Cette scène durant laquelle Corto Maltese poursuit la récitation du poème de Coleridge, commencée par le baron Roman von Ungern-Sternberg, se pose en un style théâtral du meilleur effet. En déclamant par cœur après lui (en lui donnant la réplique en quelque sorte), Corto Maltese crée, comme le faisait remarquer Hugo Pratt, « un lien inattendu entre les deux hommes[8] ». Nous sommes plus près des planches du théâtre de Shakespeare – nous y reviendrons – que des planches des *comics* américains. Ce passage, à double voix, magnifié par la présence d'un texte, *Kubla Khan*, « extraordinaire vision en forme de poème d'un monde mystérieux[9] », est l'un des plus beaux exemples de l'art du récit classique figurant dans une bande dessinée. D'autre part, ce lien qui unit le baron von Ungern-Sternberg, dit Ungern Khan, à Corto Maltese est là pour nous rappeler qu'il est une manière de cooptation de certains êtres entre eux qui les conduit à avoir la même attitude en se confrontant l'un à l'autre. En la circonstance, les deux hommes choisissent plutôt de sortir un texte de leur tête qu'un colt de leur ceinture.

Les amis de Coleridge étaient poètes pour la plupart. Poètes de leur époque ! Et même si la « nature poétique » de chacun de ces hommes, nés au XVIIIe siècle, est intemporelle, leur « culture » poétique est datée. Elle nous replonge dans un monde disparu. Un de ces mondes romantiques dont Hugo Pratt avait la nostalgie.

On retrouve, autour de Coleridge, Charles Lamb, avec qui il était au collège de Christ's Hospital. Lamb fut le premier à remettre en valeur les dramaturges élisabéthains ; il contribua aussi à souscrire à l'humour anglais. Il écrivit de très beaux textes pour les enfants, ainsi que des contes tirés de Shakespeare, en collaboration avec Mary Lamb, sa sœur[10]. Figurait aussi dans son entourage Robert Southey, avec qui Coleridge fit le projet d'émigrer en Amérique pour y fonder une colonie d'utopistes. Le projet n'aboutit pas, mais il pro-

8. Souvenir de nos conversations.
9. *Idem*.
10. Ex. *L'École de Mrs. Leicester*, 1809. Charles et Mary Lamb, *Contes tirés de Shakespeare*, 1807.

voqua un froid entre eux, sans mauvaise influence sur leurs œuvres respectives. Coleridge fut moins prosateur que Southey, c'est tout[11]. Shelley (belle relation, sur le tard, commune aux deux hommes) a écrit à propos de Southey : « Ce n'est pas une grande intelligence mais c'est pourtant un grand homme et il possède tout ce qui caractérise un poète[12]... » Autre grand homme de l'entourage de Coleridge : William Wordsworth. Leur amitié fut durable. Ils s'épaulèrent toute leur vie durant. Coleridge a dit de son ami : « Je pense que Wordsworth était un poète philosophique de plus de génie qu'aucun des hommes que j'ai connus... » Si on cherche à traduire « *Wordsworth* », ça donne « valeur des mots » ! Ainsi, Coleridge y retrouvait son compte dans la fréquentation de celui qui a écrit : « L'enfant est le père de l'homme[13]. »

Le poète allemand Friedrich Gottlieb Klopstock est l'un de ces poètes européens influents que Coleridge fréquenta. Klopstock était un grand aîné pour Coleridge. Il s'était vu attribuer le titre de « poète de la religion et de la patrie », en 1774, lors d'un séjour à Karlsruhe, à la cour du margrave de Bade. Coleridge avait 2 ans cette année-là. Mais c'est au cours

---

11. Robert Southey (1774-1843). Sa production livresque fut à l'image de son temps, mais le plus remarquable chez lui est sa prose (40 volumes, dont *La vie d'Horace Nelson*, 1813) alors que sa poésie ne compte qu'une dizaine de recueils. Ses poèmes narratifs, assez médiocres, annoncent ceux de lord Byron. Robert Southey a écrit sur les morts importants à ses yeux en développant la même idée que celle reprise plus tard par Hugo Pratt. Voici ce que Robert Southey écrivait à leur sujet : « Avec eux, je jouis de mon bonheur, avec eux je me console dans ma peine ; à songer, à sentir combien je leur dois, mes joues souvent se sont mouillées de larmes de grave reconnaissance. Mes pensées sont avec les morts ; auprès d'eux, je vis dans un lointain passé ; j'aime leurs vertus, je condamne leurs fautes ; je partage leurs espoirs et leurs craintes ; et dans leurs leçons, en humilité d'esprit, je cherche, et je trouve, un enseignement. Mes espoirs sont avec les Morts... » (trad. Koszul). Réf. Thoorens Léon, *Panorama des littératures*, tome IV, Marabout université, 1967, p. 238.

12. *In Le nouveau dictionnaire des auteurs*, *op. cit.*, p. 3029.

13. Wordsworth William (1770-1850). Coleridge et lui ont publié un livre en commun : *Ballades lyriques*, avec trois éditions successives, entre 1798 (année de la parution de *La ballade du vieux marin*) et 1802 : « Je pense que Wordsworth était un poète philosophique de plus de génie qu'aucun des hommes que j'ai connus, il est même probable que depuis Milton l'Angleterre n'avait pas produit son semblable... », *dixit* Coleridge, réf. *Le nouveau dictionnaire des auteurs, ibid.*, p. 34-36.

d'un long voyage en Allemagne, en 1798, alors qu'il venait tout juste de terminer ses plus beaux poèmes, dont certains demeureront inachevés à jamais – c'est le cas de *Kubla Khan* – qu'il connut Klopstock[14]. Le but de ce voyage (bientôt prolongé en véritable séjour) était de perfectionner son allemand. Il voulait lire Kant, Goethe et Schiller dans le texte, ainsi que tous les nouveaux poètes allemands qui émergeaient autour de lui à ce moment-là.

Dans ses dernières années, la renommée de Coleridge exerçait un attrait exceptionnel sur les jeunes écrivains. Carlyle, Emerson, Keats, Shelley se pressaient à ses conférences, éblouis par le talent oratoire du poète. Hugo Pratt savait tout cela, c'est pourquoi il imagina la scène du relais récité entre le baron von Ungern-Sternberg et Corto Maltese.

Les quelques hommes dont j'ai cité les noms autour de Samuel Taylor Coleridge comptèrent tous dans la littérature anglaise. Ils formèrent, sur presque trois générations – sans en avoir pleinement conscience, ni la volonté apparente –, l'un de ces noyaux qui contribuèrent à la floraison d'écoles romantiques partout en Europe, notamment en Allemagne, en France et, bien sûr, en Angleterre[15].

La vengeance de l'albatros, thème sublime de *La ballade du vieux marin*, de Coleridge, se transforma avec le temps en un brûlant survol du phénix au-dessus de nos têtes.

En plein vol, l'oiseau mythique laisse parfois s'échapper, de l'une de ses ailes, une plume légère. L'une d'elles était destinée à Hugo Pratt. Il sut la saisir juste avant qu'elle ne touche terre. Il a ainsi recueilli le don de pouvoir signer un jour une phrase comme celle-ci :

« Comme l'aile blanche de l'albatros sur le souffle monotone du Pacifique, ainsi, vagabonde, va la voile du vrai marin,

---

14. Friedrich Gottlieb Klopstock (1724-1803).

15. « Le romantisme est un mouvement d'idées européen qui se manifeste dans les lettres dès la fin du XVIIIe siècle en Angleterre et en Allemagne, puis au XIXe siècle, en France, en Italie et en Espagne. Il se caractérise par une réaction du sentiment contre la raison : cherchant l'évasion dans le rêve, dans l'exotisme ou le passé, il exalte le goût du mystère et du fantastique. » Article « Romantisme » *in Le Petit Larousse illustré*, 1993.

hier et aujourd'hui, un jour quelconque de ce janvier 1915 qui voit la fin de *La ballade de la mer salée*[16]... »

*
* *

« À quoi penses-tu, Corto ? demande Raspoutine.

— Arthur Rimbaud, un poète français. Et dans ces moments, je ne pense à rien d'autre. »

> « Par les beaux soirs d'été, j'irai dans les sentiers,
> Picoté par les blés, fouler l'herbe menue :
> Rêveur, j'en sentirai la fraîcheur à mes pieds.
> Je laisserai le vent baigner ma tête nue.
>
> Je ne parlerai pas, je ne penserai rien :
> Mais un amour immense entrera dans mon âme,
> Et j'irai loin, bien loin, comme un bohémien,
> Par la Nature, – heureux comme une femme[17]. »

Corto Maltese est prisonnier de la division de Cavalerie asiatique, du baron von Ungern-Sternberg. Il « est loin, bien loin » d'être « picoté par les blés » à « fouler l'herbe menue ». Il a les pieds dans la neige, en Sibérie. Raspoutine et Shanghaï Li partagent le même sort que lui. Ils marchent sous la menace de trois cavaliers cosaques, en direction du camp du baron fou, en guerre contre les bolcheviks. La jeune Chinoise des Lanternes rouges a pris un violent coup de crosse sur la nuque. Elle est soutenue par les deux hommes. Et Raspoutine vient de demander à Corto à quoi il pensait, avec la réponse que nous lui connaissons.

Ce passage précis de *Corto Maltese en Sibérie*[18] a une histoire. Dans l'édition italienne, publiée avant, ce n'est pas un poème de Rimbaud qui apparaît sur plusieurs images, pour servir de soutien moral à Corto Maltese, c'est un poème du

16. Hugo Pratt, *La ballade de la mer salée*, *op. cit.*, p. 199.

17. « Sensation », le poème de Rimbaud récité par le héros de Pratt, dans *Corto Maltese en Sibérie*, *op. cit.*, daté du 20 avril 1870.

18. *Ibid.*, chap. 5 « Ungern de Mongolie », p. 91-92.

grand-père maternel d'Hugo Pratt : Eugenio Genero. Celui-ci versifiait avec bonheur en dialecte vénitien. Il récitait ses poèmes à son petit-fils, en le tenant par la main. Il l'entraînait dans les ruelles secrètes de la cité des doges, où leur famille demeurait[19].

> « Ma Venise, quand sur tes maisons
> La gloire du soleil s'éparpille
> Laisse-moi te dire, si te plaît la comparaison,
> Que tu me sembles comme une jeune fille bien pensive[20]. »

Ce poème du grand-père d'Hugo Pratt a été supprimé dans l'édition française pour être remplacé par le poème de Rimbaud, « Sensation ». Ce sont ces mêmes vers avec deux autres poèmes – « Ophélie » et le long « *Credo in unam* » – que le jeune Arthur envoya à Théodore de Banville. Un courrier, adressé au poète illustre, posté de Charleville (Ardennes) et daté du 24 mai 1870[21]. Rimbaud est respectueux à l'endroit du maître – il le mérite, mais libre à l'égard des conventions épistolaires. Il ne s'égare pas dans la politesse, il s'empare de ce qu'il a à dire. Le jeune prodige s'annonce d'entrée tel qu'il est. Tel que son talent jaillissant l'y autorise. À la lecture de cette lettre, on a la sensation que le très jeune Arthur Rimbaud – il annonce 17 ans, alors qu'il n'en a que 16 – a déjà dépassé, de très loin, toutes ses promesses :

19. Réf. nos conversations.

20. Mon parlé vénitien étant plus nul que ma compréhension de l'italien, je me suis autorisé à reprendre une vieille traduction française, légèrement corrigée par moi, parue dans *Hugo Pratt 60*, *op. cit.*, p. 9.

21. « Ophélie » est un poème daté du 15 mai 1870 et « *Credo in unam* » du 29 avril de la même année. Rimbaud pensait-il à Banville en les écrivant ? En tout cas, il s'adressait à lui, car celui-ci était considéré, à l'époque, comme le grand poète français dans toute sa gloire, rattachée à Victor Hugo et aux parnassiens. Sa poésie – qu'elle fut en vers ou en prose – faisait l'unanimité pour être reconnue comme singulièrement belle. Baudelaire remarque : « Pour dire tout ce que nous croyons être la vérité, Théodore de Banville doit être considéré comme un original de l'espèce la plus élevée. » Réf. *Le nouveau dictionnaire des auteurs*, *op. cit.*, tome I, p. 235.

« Cher Maître,

Nous sommes aux mois d'amour ; j'ai dix-sept ans. L'âge des espérances et des chimères, comme on dit – et voici que je me suis mis, enfant touché par le doigt de la Muse –, pardon si c'est banal – à dire mes bonnes croyances, mes espérances, mes sensations, toutes ces choses des poètes –, moi j'appelle cela du printemps.

Que si je vous envoie quelques-uns de ces vers – et cela en passant par Alph. Lemerre, le bon éditeur – c'est que j'aime tous les poètes, tous les bons parnassiens –, puisque le poète est un parnassien – épris de la beauté idéale ; c'est que j'aime en vous, bien naïvement, un descendant de Ronsard, un frère de nos maîtres de 1830, un vrai romantique, un vrai poète. Voilà pourquoi. – C'est bête, n'est-ce pas, mais enfin ?...

Dans deux ans, dans un an peut-être, je serai à Paris.

— Anch'io, messieurs du journal, je serai parnassien ! – Je ne sais ce que j'ai là... qui veut monter... – Je jure, cher maître, d'adorer toujours les deux déesses, Muse et Liberté.

Ne faites pas trop la moue en laissant ces vers :... Vous me rendriez fou de joie et d'espérance, si vous vouliez, cher Maître, *faire faire* à la pièce "Credo in unam" une petite place entre les parnassiens... Je viendrais à la dernière série du *Parnasse* : cela ferait le *Credo* des poètes !... – Ambition ! ô Folle !

Arthur Rimbaud[22]. »

On connaît la suite...

Quant à celui à qui Rimbaud envoya son « message », il est bon de lui rendre justice. C'était un bon poète et il se comporta bien avec son cadet[23]. Mais qui pourrait souffrir la comparaison face à un tel météore de la poésie, destiné à briller d'emblée comme astre majeur ! Comment Théodore de Banville, qui pourtant taquinait somptueusement la muse

22. *Arthur Rimbaud : Œuvre-Vie*, édition du Centenaire, établie par Alain Borer, Arléa, 1991, p. 73.

23. Dans sa lettre à Banville, Rimbaud ajoutait : « Cher maître, à moi : Levez-moi un peu : je suis jeune : tendez-moi la main... », réf. *Arthur Rimbaud : Œuvre-Vie*, *ibid.*, p. 81. Banville le fera. Sans doute avait-il compris !...

Polymnie[24], avec un rythme et un brio salués par tous, aurait-il pu rivaliser avec celui dont André Dhôtel, l'auteur du *Pays où l'on n'arrive jamais*, écrira, un siècle plus tard : « L'éternelle merveille (tombée de quel ciel ?) ne fait éprouver sa présence que parce qu'elle est une intelligence *insituable*[25]. »

> Pâle et muet, j'entends le murmure des roses
> Et de tous les trésors et de toutes les choses
> Qui plantent dans nos cœurs un regret meurtrier !
> Tu le sais bien, je n'ai voulu que toi, Laurier !

Ça saute aux yeux ! Ces vers ne sont pas de Rimbaud. Ils sont de Banville[26]. « Le divin Banville », disait de lui Mallarmé[27].

Théodore de Banville écrivait à Verlaine, en 1885 : « Parfois peut-être vous côtoyez de si près le rivage de la poésie que vous risquez de tomber dans la musique. Il est possible que vous ayez raison[28]. »

---

24. Polymnie est l'une des neuf filles de Zeus qu'il eut avec Mnémosyne, une Titanide. Polymnie est la muse du récit. Dans *La conjuration du Caniche d'or* – BD humoristique où Corto Maltese et Raspoutine sont embringués dans un complot pour saboter la Biennale cinématographique de Venise 1982 –, l'histoire se termine par une vignette représentant *Le Cercle des muses*, où Polymnie voisine avec ses huit sœurs : Uranie (astrologie), Euterpe (flûte), Terpsichore (lyre), Calliope (chant), Thalie (comédie), Clio (histoire), Melpomène (tragédie), Érato (danse). Réf. Hugo Pratt, *De l'autre côté de Corto* (entretiens avec Dominique Petitfaux), Casterman, 1996, p. 138-144, où figure la BD en question, réalisée pour le quotidien italien *La Repubblica*.

25. *In* André Dhôtel, *Rhétorique fabuleuse*, recueil d'essais, 1983.

26. *In* Théodore de Banville, *Les Exilés*, recueil de poèmes, 1867.

27. *Le nouveau dictionnaire des auteurs*, *op. cit.*, tome I, p. 235. Dans Léon Thoorens, *Panorama des littératures*, Marabout Université, 1969, tome 7, p. 240, on peut lire : « Théodore de Banville (1823-1891) présente, lui, l'originalité d'être gai et d'aimer son époque. Il joue à fleureter avec le passé enluminé, mais sans se prendre au sérieux. Chez lui, les éléphants sont roses et dansent un ballet, la Grèce des *Cariatides* est fantasque comme celle de *La belle Hélène* d'Offenbach et le poète médiéval de *Gringoire* (1866), qu'il emprunte à *Notre-Dame de Paris*, est un plaisant anachronisme, mêlant le vrai Gringoire à la légende de Villon, face à un Louis XI natif d'Épinal. Il rime des *Ballades joyeuses à la manière de François Villon* et des *Rondels à la manière de Charles d'Orléans*. Il introduit le calembour dans les *Odes funambulesques* (1857). L'époque se reconnaît en lui comme elle se reconnaît dans les amuseurs du théâtre. Il est l'apparence, quand Baudelaire sera la vérité secrète. »

28. *Ibid.*, tome III, p. 3 307.

J'ai cité Banville au sujet de Verlaine car ce dernier fut l'unique poète du niveau de Rimbaud de son vivant. En effet, Charles Baudelaire était mort quand Arthur Rimbaud rencontra Paul Verlaine[29]. Et était-ce par hasard que le jeune génie fut le compagnon de débauches du seul aîné qui pût le concurrencer ? ! Un choc charnel inverti de deux forces poétiques immenses ! On peut préciser que si les batailles de polochons entre eux tournèrent mal, il serait outrancier de s'affairer à ne vouloir retenir que leur liaison homosexuelle. Et c'est là que me prend l'envie de faire appel à Hugo Pratt, qui conseillait de savoir être dans la vie « méchant avec les méchants et gentil avec les gentils ». Et avec ces deux-là, il faut savoir être comment ? Ils transcendèrent leur propre avènement sans aucune retenue d'aucune sorte – Verlaine en se soûlant, en tapant et en se repentant, Rimbaud en fuyant, en fuyant toujours et en fuyant encore[30].

On devine pourquoi la poésie du grand-père d'Hugo a été supprimée au profit d'un poème de Rimbaud dans *Corto Maltese en Sibérie*. Notre Arthur Rimbaud national est plus connu des lecteurs français que l'obscur versificateur Eugenio Genero, auteur d'une plaquette en dialecte vénitien.

Et le legs des sentiments et du souvenir familial, on en fait quoi dans l'histoire ?

Hugo tenait énormément à ce passage des aventures de Corto Maltese où son héros récitait des vers du père de sa mère. Il me l'a dit. Il m'a même confessé que ce passage (passé à la trappe) du grand-père, poète à Venise, l'avait énormément chagriné. Officiellement, il paraissait n'y attacher aucune importance. Mais je sais qu'au plus profond de lui-même, il pensait qu'il avait été dépossédé de ses plus vieux sentiments. Il avait mal vécu, en secret, ce remplacement d'un poète qu'il aimait, parce qu'il était son grand-père,

29. Baudelaire est mort en 1867, alors que Rimbaud n'avait que 13 ans. Notons que Banville est mort la même année que Rimbaud, en 1891.

30. Sur les rapports orageux du couple Verlaine-Rimbaud, rappelons qu'*Une saison en enfer* date de la même année terrible que « le drame de Bruxelles », quand Verlaine blessa son compagnon d'une balle : 1873.

par un autre poète qu'il savait dix mille fois plus grand, et qu'il vénérait, mais qui ne lui avait pas tenu la main en lui récitant ses vers... Même si Hugo Pratt déclara plusieurs fois le contraire[31], il avait éprouvé une vraie peine à l'élimination du poème de son grand-père. Il se considérait comme éjecté, écarté de ses propres souvenirs parmi les plus heureux et les plus anciens. Cela d'autant plus qu'il se sentait redevable des dons qui lui auraient été transmis par le sang. Et des deux côtés. Une sorte d'affinité héréditaire partagée avec ses deux grands-pères.

Du côté Pratt, il avait reçu le don de dessiner.

Le père de son père était à l'origine dessinateur de constructions militaires, avec des planches entières, faites de sa main, reproduites dans des encyclopédies.

Du côté Genero, il avait reçu le don d'écrire :

« Et comme mon autre grand-père, quand il n'était ni fasciste ni pédicure, était poète, on peut imaginer d'où vient mon goût pour l'écriture, et en particulier pour la poésie, qui est la forme littéraire qui me donne le plus de plaisir, car elle contient des images. Mon grand-père était d'ailleurs un bon poète dialectal : en 1938, il a publié un recueil de ses poèmes, *La Vose del cuor* – on dit que le vénitien est un dialecte, mais c'est plutôt une langue, avec une tradition littéraire qui remonte loin ; il y a une pièce de théâtre du XVIe siècle qui s'appelle *La Venexiana*.

Mes tantes me racontaient des comédies en dialecte vénitien écrites au XIXe siècle par Giacinto Gallina, et aussi des histoires de la commedia dell'arte. Ma tante Irma a joué un rôle particulier dans ma formation. Elle faisait du théâtre avec le célèbre metteur en scène et acteur Emilio Zago, et je n'avais que sept ans quand elle m'a emmené à l'opéra ; à la Fenice de Venise, j'ai vu *L'or du Rhin* et *Lohengrin* de Wagner, qui m'ont fait découvrir le Walhalla des dieux germaniques. Et ma grand-mère me parlait de mythes hébraïques, souvent hérétiques : les femmes de ma famille connaissaient

31. « Je pense qu'il fallait s'adapter au public, comme dans *Les scorpions du désert* où la chanson *Piccolo Chalet* est devenu en français *J'ai deux amours.* » *In De l'autre côté de Corto, op. cit.*, p. 97.

plein d'histoires, de légendes, de mythes, et me les racontaient à leur manière. Tout cela se mêlait dans ma tête, mais je m'orientais sans difficulté dans ce monde de fables[32]. »

*
* *

C'était à Paris, au printemps de l'année 1990, square Saint-Julien-le-Pauvre, en face de l'hôtel Esmeralda. Hugo aimait descendre à cet hôtel, sur les quais de la rive gauche. Il était à quelques mètres de la librairie Shakespeare & Cie, près des bouquinistes et à l'ombre des lumières de Notre-Dame. Nous étions assis sur un banc de pierre à surveiller mon fils de 3 ans qui jouait sous nos yeux. Il était sous le regard de deux adultes qui avaient choisi le monde des fables !... C'est ce jour-là qu'Hugo me confia ce qu'il avait sur le cœur concernant la décision de son éditeur de langue française de mettre Rimbaud à la place de Genero ! « Quitte à faire plaisir aux lecteurs français, pourquoi ne pas avoir aussi remplacé Venise par Paris ! » avait-il ajouté avant de me parler d'autre chose.

32. Hugo Pratt, *Le désir d'être inutile. Souvenirs et réflexions*, *op. cit.*, p. 24.

L'année suivante, Hugo Pratt s'enthousiasmera pour le travail d'Alain Borer sur Rimbaud. Il lui fournira des aquarelles pour son livre *Rimbaud : l'heure de la fuite*, paru pour le centenaire de la mort du poète[33].

En 1918, dans la corne de l'Afrique, Corto marque son étonnement devant un officier des King's African Rifles, le capitaine Bradt, qui éprouve une vive admiration pour la poésie de Rimbaud : « Vous m'étonnez ! Je ne sais pas pourquoi mais je pensais que les officiers de carrière de l'armée britannique n'aimaient que Kipling[34]. » Corto Maltese fait de la provocation. Il s'adresse à un homme qui ne lui plaît pas. Un traître à la cause irlandaise, au passé fratricide, dont il connaît l'histoire et que l'autre cache sous une nouvelle identité, loin de chez lui. Ici, je me permets de glisser un tout petit renseignement touchant au pseudonyme secret d'Hugo Pratt, objet de mon enquête parallèle : le nom du président du gouvernement provisoire de l'État libre d'Irlande, en 1921, était Michael Collins. Il fut tué l'année d'après, pendant la guerre civile. Mais revenons à Corto qui, dans *Les Éthiopiques*, continue à provoquer le capitaine Bradt, pour nous faire vivre une scène anticolonialiste, où il se montre solidaire de Cush.

Le dialogue est clair :

« Corto... Je suis fatigué d'attendre.

— Il est écrit : "La patience est un privilège"... que les Beni Amer ne connaissent pas... Tu veux boire, Cush ?

— Tu sais bien que je ne bois pas les choses interdites par le prophète.

— Tu ne sais pas ce que tu perds. Tant pis pour toi ! »

Le capitaine Bradt intervient : « De toute façon, les indigènes ne peuvent pas boire ici, dans la résidence. C'est interdit ! »

Cush dit alors :

« Donne-moi à boire, Corto Maltese !

---

33. Alain Borer, *Rimbaud : l'heure de la fuite*, coll. « Découvertes Littérature », Gallimard, 1991.

34. Hugo Pratt, *Les Éthiopiques*, *op. cit.*, chap. 2 « Le coup de grâce », p. 40.

— Ciel !... Quel dilemme... Tout ceci est ridicule. Cush m'a offert de l'eau dans le désert... Tiens, Cush, bois... »

Corto tend son verre de whisky à Cush.

Cush le boit.

La suite est dans l'album, où les silences entre les hommes sont dessinés d'une telle façon que le dialogue devient double[35] : celui de l'image et celui du texte.

L'auteur fait passer là son message : oui, je suis anticolonialiste, mais j'aime Kipling ! Au fond, par la plume de Pratt, le même cas se présente pour le capitaine Bradt (de son vrai nom Juda O'Leary[36]) avec Rimbaud : « Ce fou faisait du trafic d'armes dans la région, le saviez-vous ? Il a même vendu un grand nombre de fusils aux derviches du Mad Mullah, qui, maintenant, s'en servent contre nous. Maudit Français. Mais c'est un grand poète ! "Je m'en allais, les poings dans mes poches crevées ;/Mon paletot aussi devenait idéal ;/J'allais sous le ciel, Muse ! et j'étais ton féal ;/Oh ! là ! là ! que d'amours splendides j'ai rêvées !" Eh oui !... J'aime Rimbaud[37] ! »

Si Kipling dépasse Rimbaud par le nombre d'entrées qui le relient aux autres auteurs de notre liste, en revanche, Rimbaud nous fournit de quoi cumuler des anecdotes en plus grand nombre.

Hugo Pratt disait : « J'aime Kipling, mais j'aime encore plus Rimbaud[38]. »

C'est par l'intermédiaire d'un ingénieur suisse, Alfred Ilg – qui vivait en Éthiopie quand Rimbaud s'y trouvait –, que nous allons parer au plus pressé avec le « poète aux semelles de vent ». En effet, Alfred Ilg, avec qui le meilleur commerce intellectuel était possible, homme scrupuleusement honnête, conseiller de l'empereur Ménélik, accordait au poète une réelle attention par l'estime et l'amitié qu'il lui portait. Dans une de ces lettres qu'il lui adressait en 1888, Ilg écrit : « Chez

35. *Ibid.*, p. 41-42.

36. L'histoire fratricide de Juda O'Leary est mise en images par Hugo Pratt, *ibid.*, p. 46-48.

37. *Ibid.*, p. 40.

38. Hugo Pratt, *De l'autre côté de Corto*, *op. cit.*, p. 90.

vous, tout marche à la vapeur. » Trois ans plus tard – l'année de sa mort –, Rimbaud lui écrira : « Liquidez au plus tôt[39]... »

Hugo et moi aimions nous rendre à Tadjoura, « la ville aux sept mosquées », en prenant le bac au départ de Djibouti ou en nous embarquant sur un boutre.

À Tadjoura, alors que nous sortons de chez le barbier, à l'échoppe non loin du port, Hugo me désigne du doigt de très beaux boutres amarrés à l'écart, qui tanguent légèrement avec leur coque peinte de jolis motifs colorés. Il ira plus tard les dessiner vite fait d'un coup de pinceau. Pour l'heure, nous avons rendez-vous avec le sultan de Tadjoura pour un entretien, puis aussitôt après avec le commissaire de la République pour un déjeuner. Le premier représente le pouvoir traditionnel, le second l'autorité moderne[40]. Un ami français ainsi qu'un ami afar doivent nous conduire auprès de l'un et

39. Alain Borer, *Rimbaud : l'heure de la fuite*, *op. cit.*, p. 36 et 48.

40. *Cf.* « Le Nouveau sultan de Tadjoura-la-Blanche », *in Le Monde*, 21-22 avril 1985 ; « Elles peuvent enfin se marier, le sultan est élu ! » *in Le Figaro Magazine*, 11 mai 1985. Deux articles que j'ai écrits sur le sujet.

de l'autre. Nous guettons leur venue, car nos deux amis ne devraient pas tarder. En les attendant, nous prenons le temps de nous intéresser aussi bien aux pierres qu'aux hommes, posés ça et là, à faire comme nous : à cohabiter patiemment avec l'usure du temps. Les vagues du golfe d'Aden viennent se perdre sur la grève. Pierres et hommes contemplent la mer. Tadjoura n'a guère changé depuis 1886, quand Rimbaud arriva là, avec sa caravane de trente chameaux. Il y passa plusieurs mois dans l'espoir de vendre deux mille fusils à Ménélik, roi du Choa, futur empereur d'Éthiopie, futur vainqueur de la bataille d'Adoua, futur fondateur d'Addis-Abeba, future statue sur son piédestal[41].

Me voilà assis sur une grosse pierre taillée en forme de haute marche, toute émoussée. Elle forme un banc bien confortable. Une femme aimable tend une chaise à Hugo. Nous nous installons tranquillement. C'est alors que surgissent joyeusement nos deux amis, venus par une ruelle d'où on ne les attendait pas. Patrick Millon est l'attaché de presse du président de la République de Djibouti[42]. Il nous accompagnera chez le commissaire de la République. Patrick est un personnage digne de figurer dans un roman de Graham Greene. Un ami sincère et attachant. Hassan Delga est un intellectuel afar. L'excellente culture française qui est la sienne, ajoutée à une vraie connaissance de ses origines, nous rend sa présence parmi nous très précieuse. Non seulement il nous facilitera le contact avec le sultan, mais il nous expliquera le fonctionnement de la société afare, monde pastoral et nomade, avec une clarté et une précision fascinante, notamment en ce qui concerne l'organisation de la justice au sein de son peuple. Bref, avec ces deux-là, notre séjour à Tadjoura s'engageait sous d'heureux auspices. Soudain, Hassan me désigna la pierre où j'étais assis en me demandant de lui faire une place ! Et c'est le derrière posé à côté du mien, avec Hugo tout près sur sa chaise et Patrick debout à côté, qu'Hassan Delga nous

41. Quand Rimbaud attendit en vain Ménélik, à Tadjoura, ce dernier n'était pas encore roi des rois d'Éthiopie, mais roi du Choa depuis plus de vingt ans. Il sera empereur d'Éthiopie de 1889 à 1907, c'est-à-dire juste à la fin du séjour du poète dans son pays.

42. À l'époque, le président djiboutien était Hassan Gouled Aptidon. Resté à la tête de l'État de 1977 à 1999, on l'avait surnommé « le vieux sage de l'Afrique ».

annonça : « Vous voyez, cette pierre, sur laquelle nous sommes assis, Jean-Claude et moi !... Eh bien ! c'est là que Rimbaud passait la plupart de son temps à attendre Ménélik ! »

C'est donc en ce lieu et sur cette pierre que Rimbaud attendra en vain Ménélik II[43] pour lui fourguer ses caisses au froid contenu guerrier. Étranges échanges culturels conclus par un lapin posé par un roi à un poète ! Bref, la bonne fortune tant espérée ne se produira jamais, et notre sublimissime Arthur ne sera jamais richissime. Le poète d'*Une saison en enfer* ne trouvera pas, ici, l'Éden tant souhaité pour se tirer définitivement d'affaire. C'est à partir de la région de Tadjoura-la-Blanche que les Anciens – du temps où La Bible se recopiait en grec – croyaient que commençait le paradis sur terre. Plus tard, après les chevauchées des cavaliers d'Allah, c'est encore là que les croisés imagineront l'un des octrois du royaume mythique du Prêtre Jean. Arthur Rimbaud était-il de ceux qui subodoraient en secret que les anges remplaçaient les caravaniers pour vous y guider ?

Le paragraphe qui précède est tiré des notes que j'ai prises, assis sur « la pierre de Rimbaud », en 1985. Je le plaçai, six ans plus tard, dans le texte d'une brochure, éditée pour le centenaire de la mort du poète, en marge des aquarelles qu'Hugo Pratt fournit à Alain Borer[44].

Le livre *Arthur Rimbaud : Œuvre-Vie*, conçu par le même Borer, est capital pour comprendre et suivre l'« itinérance » complète de « *L'homme qui voulut vendre des fusils à un roi* », d'où est extraite cette lettre du poète destinée à sa famille, postée d'Aden, le 22 octobre 1885 :

« Chers amis,

Quand vous recevrez ceci, je me trouverai probablement à Tadjoura, sur la côte du Dankali annexée à la colonie d'Obock.

43. C'était en 1886 ; la même année paraissait en France, à son insu, son recueil de poèmes en prose, *Illuminations*.

44. Une série de conférences, intitulée *Je me ressouviens*, par Alain Borer, eut lieu dans différentes Fnac, à Paris et en province (février et mars 1991). L'affiche était signée Hugo Pratt. Mon texte édité pour l'occasion était titré *Les ombres conjuguées de Rimbaud et de Corto*. Réf. *L'agenda Fnac*, février 1991.

J'ai quitté mon emploi d'Aden, après une violente discussion avec ces ignobles pignoufs qui prétendaient m'abrutir à perpétuité. J'ai rendu beaucoup de services à ces gens ; et ils s'imaginaient que j'allais, pour leur plaire, rester avec eux toute ma vie. Ils ont tout fait pour me retenir ; mais je les ai envoyés au diable, avec leurs avantages, et leur commerce, et leur affreuse maison, et leur sale ville ! Sans compter qu'ils m'ont toujours suscité des ennuis et qu'ils ont toujours cherché à me faire perdre quelque chose. Enfin, qu'ils aillent au diable !... Ils m'ont donné d'excellents certificats pour les cinq années.

Il me vient quelques milliers de fusils d'Europe. Je vais former une caravane, et porter cette marchandise à Ménélik, roi du Choa.

La route pour le Choa est très longue : deux mois de marche presque jusqu'à Ankober, la capitale, et les pays qu'on traverse jusque-là sont d'affreux déserts. Mais, là-haut, en Abyssinie, le climat est délicieux, la population est chrétienne et hospitalière, la vie est presque pour rien. Il n'y a là que quelques Européens, une dizaine en tout, et leur occupation est le commerce des armes, que le roi achète à bon prix. S'il ne m'arrive pas d'incidents, je compte y arriver, être payé de suite et redescendre avec un bénéfice de 25 à 30 mille francs réalisé en moins d'un an.

L'affaire réussissant, vous me verriez en France, vers l'automne de 1886, où j'achèterais moi-même de nouvelles marchandises. J'espère que ça tournera bien. Espérez-le aussi pour moi ; j'en ai bien besoin.

Si je pouvais, après trois ou quatre ans, ajouter une centaine de mille francs à ce que j'ai déjà, je quitterais avec bonheur ces malheureux pays.

Je vous ai envoyé mon contrat, par l'avant-dernière malle, pour en exciper par-devers l'autorité militaire. J'espère que désormais ce sera en règle. Avec tout cela, vous n'avez jamais pu m'apprendre quelle sorte de service j'ai à faire ; de sorte que, si je me présente à un consul pour quelque certificat, je suis incapable de le renseigner sur ma situation, ne la connaissant pas moi-même ! C'est ridicule !

Ne m'écrivez plus à la boîte Bardey ; ces animaux couperaient ma correspondance. Pendant encore trois mois, ou au moins deux et demi, après la date de cette lettre, c'est-à-dire jusqu'à la fin 1885 (y compris les quinze jours de Marseille ici), vous pouvez m'écrire à l'adresse ci-dessous :

Monsieur Arthur Rimbaud
à Tadjoura
Colonie française d'Obock.

Bonne santé, bonne année, repos et prospérité.

Bien à vous, Rimbaud[45] »

*
* *

Des années plus tard, je retournai à Tadjoura avec Jean-François Deniau[46]. Je voulus lui montrer la grosse pierre qui servait de banc à Rimbaud. Elle n'était plus là. L'endroit près de la mer, témoin du passé, avait été rasé.

Revenons à notre histoire, quand la pierre était encore à sa place. Ce jour-là, après notre visite rendue au sultan, cordial et digne, Hugo et moi étions en train de déjeuner avec le commissaire de la République et Patrick Millon. On imagine la situation : un Vénitien, un Djiboutien et deux Français bien contents d'être ensemble à bavarder amicalement[47]. Et c'est alors qu'après le repas, en nous entraînant dans le jardin de sa résidence d'où, en contrebas, on pouvait voir la petite maison du sultan où Hassan Delga était resté, le commissaire de la République nous montra le fier mandarinier qui avait poussé spontanément à cet endroit. En effet, il avait mangé là une mandarine, en recrachant les pépins sur le sol. La terre à ses pieds était fertile. Elle donna, non pas l'arbre du fruit défendu, mais l'arbre fruitier inattendu !...

45. *Arthur Rimbaud : Œuvre-Vie*, *op. cit.*, p. 602-604.

46. Jean-François Deniau, de l'Académie française, a publié *Tadjoura, Le cercle des douze mois*, Hachette Littératures, 1999. À la suite du frontispice de son livre, l'auteur précise bien : « Toute personne qui croirait se reconnaître ou reconnaître quelqu'un dans ce récit est priée de se reporter à la couverture où est imprimé très clairement le mot : *roman*. »

47. Hugo Pratt, *Le désir d'être inutile. Souvenirs et réflexions*, *op. cit.*, p. 162 : « Dans la corne de l'Afrique, je me sens chez moi. J'ai beaucoup d'amis là-bas, nous vieillissons ensemble. »

Le mandarinier est-il toujours dans le jardin de la résidence du commissaire de la République de Djibouti, à Tadjoura ? Si oui, donne-t-il encore des fruits ? Pour le savoir, le voyageur de passage devrait poser la question à qui s'en souviendrait encore. Peut-être pourrait-il s'adresser en priorité à la réception de l'hôtel Corto Maltese, de Tadjoura, même si l'établissement est souvent fermé…

Nul doute qu'il nous fallut passer et repasser par là-bas, à Tadjoura, où « Abduh Rimbo » s'en alla, pour y constituer notre trousseau, nous autres « chiens d'Infidèles » ! Comme n'aurait pas manqué de nous le faire remarquer Cush, l'ami Beni Amer de Corto et de Koïnsky[48].

J'ai toujours aimé le peuple afar. Nous avons une très vieille histoire entre nous, les Afars et moi. Et Tadjoura – qui n'est pourtant pas entourée d'une muraille comme Harar – est plus pour moi la *Ville aux sept portes* que la *Ville aux sept mosquées*. Mais éloignons-nous d'elle pour nous déplacer plus à l'intérieur de cette Afrique orientale où pointent les minarets, sentinelles annonçant les montagnes des églises cachées d'Éthiopie, à l'ombre desquelles Arthur Rimbaud fit peut-être furtivement un vague signe de croix. On est en droit de le croire en pensant à lui qui était en train de tout liquider avant de s'embarquer pour la France, la jambe droite meurtrie, pourrie au niveau du genou. Tout était bon à tenter pour la sauver, tant et tant il aimait marcher. Et s'en aller.

Hugo Pratt a illustré cette fuite ultime. Une aquarelle qui réussit à rendre jusqu'à l'allure de l'homme blessé, à la meurtrissure horrible, parti d'Harar le 7 avril 1891 : «… je fis fabriquer une civière recouverte d'une toile, et c'est là dessus que je viens de faire, en douze jours, les 300 kilomètres de désert qui séparent les monts du Harar du port de Zeilah. Inutile de vous dire quelles horribles souffrances j'ai subies en route[49]. »

48. *Les ombres conjuguées de Rimbaud et de Corto*, *op. cit.*, voir note 44.

49. *Arthur Rimbaud : lettres d'Afrique*, illustrations d'Hugo Pratt, introduction de Dominique Petitfaux, Vertige Graphique, 1992, p. 61 et 62.

Jean-Nicolas-Arthur Rimbaud sera amputé, quelques semaines plus tard, à Marseille. Après son opération, il passera un mois à Roche, la ferme familiale des Ardennes, unijambiste prêt encore et encore au départ... Et c'est à Marseille qu'il retournera pour mourir, le 10 novembre 1891, à 10 heures du matin, à l'hôpital de la Conception, où sa jambe droite lui avait été enlevée. Il avait 37 ans[50].

*
* *

Une jeune fille juive, membre du Mossad, est tranquillement installée dans un train égyptien, en route pour Alexandrie. Vêtue comme dans une soirée mondaine de la bonne société cosmopolite d'Alexandrie, elle lit un ouvrage intitulé *Rosa alchemica*, qui aurait été écrit par le poète irlandais William Butler Yeats[51]. Nous en saurons bientôt plus sur le sens qu'il faut donner à cette lecture ; comme si nous avions fait le voyage à bord de ce train en nous penchant sur l'épaule de la jeune fille et en nous montrant désireux de lui offrir une rose secrète... Elle a les yeux cachés derrière une paire de lunettes noires. « J'ai eu de la chance à Koufra, capitaine Fouad, dit-elle, c'est grâce à vos agents et à Tom Holms que j'ai pu rentrer en Égypte... J'espère que Kord nous attendra là-bas. »

L'apparition de Judditha Canaan, dans le premier épisode des *Scorpions du désert*[52], est un moment de grâce comme il y en a souvent dans l'œuvre d'Hugo Pratt. Hélas ! un destin tragique est déjà tracé pour la gracieuse jeune fille ! Peu de temps après, elle perdra la vie en inhalant des fleurs piégées, tendues par celui-là même qu'elle désirait rejoindre à la fin

50. Isabelle, la sœur d'Arthur Rimbaud qui soutient son frère jusqu'à la fin, écrivit le témoignage suivant : « Le chagrin, le jeûne, la faiblesse, la souffrance allumèrent en lui une fièvre intense ; le délire s'affirma et, pendant cette affreuse nuit où l'express emportait Arthur Rimbaud vers Marseille, la personne qui l'accompagnait, agenouillée et recroquevillée dans l'espace exigu, assista au plus effroyable paroxysme de désespoir et de torture physique qui se puisse imaginer. » *In Reliques*, Mercure de France, 1922.

51. Hugo Pratt, *Les scorpions du désert*, *op. cit.*, chap. « Direction Le Caire », p. 48.

52. Doivent être considérés comme formant le premier épisode initial des *Scorpions du désert* les trois chapitres : « 1. R.A.S. à Djaraboub », « 2. La piste de Siouah », « 3. Direction Le Caire ». Les chapitres « J'ai deux amours, mon pays et Paris » ainsi que « L'ange de la mort » forment à leur tour le deuxième épisode de la série. *Ibid.*

de son énigmatique voyage en train. Un traître sans scrupule qui avait délibérément pris le parti de la tuer en lui offrant un bouquet de roses. Cela se passa à Suez, en novembre 1940[53]. Judditah Canaan rejoignait ainsi, dans la mort, l'auteur du livre qu'elle lisait, décédé l'année précédente. Il détenait le secret de la rose mystique, par la filière magique de la poésie.

Il y a indéniablement un parfum de mystère (et aussi d'intrigue) qui se dégage de ce livre de Yeats entre les mains de Judditah Canaan[54]. Il y a encore, sur le trajet même du train où le livre de Yeats est lu par elle, un récurrent parfum de souvenir qui me concerne. Dans l'histoire dessinée par Pratt, le train se dirigeant vers Alexandrie portait le nom d'« Orgueil de Marsa Matrouth ». Dans mon histoire, je longeais la voie ferrée en venant d'Alexandrie par la route. Je faisais étape à Mersa Matrouth. Je poursuivais mon voyage dans l'autre sens. Avec Hugo, nos destins se croisaient depuis longtemps.

Sur la tombe de William Butler Yeats (1865-1939), à Drumcliff, en Irlande, Hugo Pratt laissait imaginer une histoire digne de figurer au registre de ses plus beaux mystères vécus. Dans l'insertion qui suit, il nous donne le fin mot de l'histoire et nous livre les raisons de la fascination qu'il éprouvait pour l'écrivain irlandais. De plus, il nous fournit de vrais détails, savoureux et explicatifs, tout autant sur Yeats que sur lui-même :

« Yeats est un autre de ces hommes qui m'ont laissé un monde merveilleux dans leurs récits et une des poésies que j'ai le plus aimée : c'était une poésie sur Brocéliande, un bois, une forêt en Bretagne où l'on dit que Merlin l'enchanteur a été amoureux de la fée Viviane et a été enterré sous un chêne de ce bois. Alors, je suis allé dans la forêt de Brocéliande, à l'endroit où l'on disait qu'il l'appelait, près d'une fontaine. Il pleuvait : c'était un très beau jour, j'ai appelé Merlin et il s'est

53. *Ibid.*, chap. « Direction Le Caire », p. 55 *sq.*

54. Bien qu'un tel petit détail n'ait point trop d'importance, précisons que le titre original du livre de Yeats est *The Secret Rose* (1897) et non pas *Rosa alchemica*, comme l'a dessiné Hugo Pratt.

mis à pleuvoir. Encore une fois, le conte celtique et la mythologie celtique m'ont permis de croire de nouveau aux fables. Yeats a écrit une poésie intitulée *L'île d'Innisfree*, que John Ford a mis dans *L'homme tranquille* ; en présentant tous les personnages irlandais, il a montré une affiche d'une gare qui s'appelait Innisfree, qui n'existe pas en Irlande, mais qui est une petite île sur un lac où Yeats faisait des promenades étant enfant et, à Londres, il a écrit une poésie, *Sous la pluie*, dans laquelle on sentait la nostalgie de cette île. J'avais depuis longtemps l'intention d'aller voir cette Innisfree et j'y suis allé un jour de pluie : ça aussi, ça a été un très beau moment, un moment magique et intime. La magie celtique, en Irlande, existe vraiment. Quand je suis allé à un endroit près de Dublin, je vois dans une taverne des personnes qui me regardent ; j'étais avec une amie. Ils me regardent longuement, puis l'un d'eux s'approche de moi et me dit : "Hugo Pratt ! (en Irlande !) — Oui ! —Vous venez pour Yeats ?" et c'était bien le cas, "Oui". C'était prévisible ! Il m'a offert à boire et il est parti. Ça a été encore une fois une chose magique. Ce sont des choses si belles, mais aussi inquiétantes. Je suis ensuite allé à Drumcliff sur la tombe de Yeats et j'ai trouvé une autre personne près de la tombe, qui m'a salué, me reconnaissant, et m'a dit : "Comment ça va ? Il y a si longtemps qu'on ne s'est pas vus." Et elle s'en est allée. Je ne l'avais jamais vue de ma vie[55]. »

Hugo Pratt affirmait : « Yeats, je l'ai retrouvé ponctuellement comme une réponse[56]. » C'est pourquoi il va nous falloir poursuivre encore un peu notre processus de mémoire autour du prix Nobel de littérature 1923. À coups d'éclairs, faute de pouvoir nous emparer de lui dans la totalité de sa représentation. Il ne peut en être autrement avec un poète pareil dont le rôle d'un seul de ses recueils, *Cygnes sauvages à Coole*, a été résumé ainsi par un critique : « Certes, c'est un moment de nostalgie, la vision d'un bonheur impossible, l'appel d'un autre lieu où vivre enfin. Mais ne nous y trom-

55. Vincenzo Mollica et Mauro Paganelli, *Pratt*, *op. cit.*, p. 27.
56. *Ibid.*, p. 28.

pons pas : ce n'est pas le romantisme qui continue, c'est la poésie du XXe siècle qui commence[57]. »

À la frontière de la Libye et de l'Égypte, là où Yeats fit sa première apparition en couverture de son livre *Rosa alchemica*, dans l'album *Les scorpions du désert*, nous avons rendez-vous avec une petite histoire sans grand parfum alchimique, mais avec une certaine senteur poétique :

Je suis au poste-frontière contrôlant la sortie d'Égypte en direction de la Libye, dans la petite ville frontière de Solloum.

57. Jean-Yves Masson, *Le nouveau dictionnaire des œuvres*, Robert Laffont, coll. « Bouquins », 1994, tome II, p. 1631.

Les tracasseries administratives durent. Ça déborde. Je résiste à l'énervement. Un douanier égyptien s'approche. C'est un Copte qui parle français. Il en est fier. Il l'a appris chez les frères. Il arrange un peu les choses. Il me lance : « Il n'y a pas de roses sans épines[58] ! »

On mesure le fossé qui sépare mon rendez-vous avec la rose – simple pastiche de Ronsard – d'avec le rendez-vous avec la rose de Judditah Canaan : le rendez-vous avec la mort ! Mais le rendez-vous avec la rose le mieux approprié aux rendez-vous fixés par Yeats se passa à l'extrême bout du monde des stations desservies par « L'orgueil de Marsa Matrouh » (train rebaptisé « Le souvenir de la belle espionne »). Et c'est Hugo qui y eut droit :

« Alors que les alchimistes recherchent la *rosa alchemica*, j'ai fait l'expérience de la rose qui venait à ma rencontre. Pendant mon séjour en Argentine, j'étais allé pour quelques jours dans une petite station balnéaire au bord de l'Atlantique. C'était le mois de juin – et donc, pour l'hémisphère Sud, l'hiver. La ville, surpeuplée en été, était déserte. Les vitrines des boutiques étaient recouvertes de panneaux de bois, le sable envahissait les rues. J'aime me promener dans les villes désertes, et j'étais donc content de cette relation privilégiée. J'habitais seul dans une petite maison que j'avais louée. Un matin, en sortant, je trouve une rose accrochée dans le grillage autour de la maison. D'où pouvait venir cette rose ? Est-ce que quelqu'un l'avait mise là à mon intention ? Mais il n'y avait personne dans les environs… Cette rose reste pour moi un mystère[59]. »

Sans faire une fixation sur la fleur elle-même, on peut s'arrêter sur cette propension qu'ont les mystères à s'accomplir. C'est du Yeats tout craché ! (Ou plutôt, du Yeats tout écrit !…) C'est en cela que le poète irlandais a transmis à Hugo Pratt beaucoup de réponses à ses questions. C'est par la lecture des œuvres de Yeats qu'Hugo Pratt fut capable de dire : « Ma vie a commencé bien avant que je vienne au monde, et j'imagine qu'elle se poursuivra sans moi longtemps

58. Ça s'est passé le mardi 12 octobre 1965. *Cf. Le tour du grand bassin ancien*.
59. Hugo Pratt, *Le désir d'être inutile. Souvenirs et réflexions*, *op. cit.*, p. 191.

après[60]. » Les « ballades prattiennes » se combinent bien avec les « ballades irlandaises ». Ainsi, à nous deux l'Irlande, par Yeats, son chantre ! Avec ses ballades, nous formerons une cavalcade, avec d'autant plus de raison de forcer le galop que la critique a depuis longtemps souligné l'importance du mot « *rider* » (cavalier) dans la poésie de Yeats.

C'est à Dublin, le 13 juin 1865, que naît William Butler Yeats. Sa famille est protestante. Au sens noble de « protestation ». Ses membres – surtout masculins – lui donneront de quoi forcer son admiration. Un grand-père maternel armateur, à Sligo, où la baie de Donegal s'ouvre en direction de l'Amérique. Un père artiste peintre, issu d'une lignée de pasteurs, qui lui-même, plus tard, s'embarquera vers les États-Unis pour y peindre et y mourir. Les deux premières années de sa vie, Yeats les vécut dans le château familial de Sandymount. Le château est vendu, parce qu'une progéniture allait suivre ; il sera l'aîné de cinq enfants. La famille vit à Londres, avec de fréquents retours à Sligo. Ce n'est pas tant le château qui lui manquera que l'Irlande, avec laquelle l'identification sera totale. Pourtant, le pays, en tant que nation avec un drapeau, n'existe pas encore. Et si le sang irlandais coule dans les veines et bouillonne chez les Yeats, le sang des Irlandais n'a pas encore coulé à flots sur les terres douces et humides de la verte Eire. Il faudra attendre des années. En attendant, Yeats ne sera pas peintre comme son père, mais poète pour servir son pays. Avec un livre à la main, on fait plus de dégâts que les mains dans les poches pour sortir une arme ou pas. Surtout si on y ajoute la fureur, la passion et les racines ! Yeats ne sera jamais un terroriste, mais sa plume se mouillera au service de sa patrie. Une patrie irlandaise qui se veut, encore aujourd'hui, la patrie des écrivains. Ezra Pound, qui fut l'un de ses amis parmi les meilleurs du monde des lettres et qui eut sur lui une grande influence (notamment dans son initiation aux traditions théâtrales de l'Orient), a écrit : « La langue anglaise est maintenant entre les mains des Irlandais : Yeats et Joyce[61]. » Pour que cela pût être dit et accepté,

60. *Ibid.*, quatrième de couverture.
61. *Le nouveau dictionnaire des auteurs*, *op. cit.*, tome III, p. 3 455.

sans discussion, que s'était-il passé du côté de chez Yeats ? Dans *Autobiographies* – c'est le titre sans fioritures qu'il a choisi de donner à la série des six livres composant l'histoire de sa vie –, Yeats précise dans le premier livre – *Enfance et jeunesse resongées*[62] – que son livre « est moins une histoire objective qu'une rêverie ». La dimension autobiographique de son œuvre, formée de ses rêves, est donc bien plantée par lui-même, comme un auteur doit planter son décor : « J'ai mis ma vie dans mes poèmes. Pour les écrire, je l'ai brisée en morceaux dans un mortier[63]. »

La leçon à tirer du geste du mortier est qu'il ne nous reste plus qu'à ramasser quelques-uns de ces morceaux, voire de les recoller, pour que nous nous mettions sérieusement à lire Yeats dans le texte. Pas dans la brume ! Sauf, évidemment, si d'aventure le morceau choisi, extrait du mortier ou d'ailleurs, était lu en Irlande. Une promenade irlandaise doublée d'une ballade irlandaise, en passant par le Théâtre national, à Dublin, dont Yeats fut le directeur. Le grand dramaturge – qu'il fut aussi – n'avait-il pas conclu, peu de temps avant sa mort : « L'homme peut incarner la vérité, mais il ne peut la connaître[64]. » ?

Hugo Pratt se réclamait de Yeats avec tant de passion qu'il trouva même le moyen de placer son poète sur la couverture de la première version en noir et blanc des *Celtiques*, parue en France, en 1971, avec cette phrase qui figurait dessus, à côté d'une grande harpe dessinée :

« Avec la joyeuse participation de l'enchanteur Merlin, des fées Morgane et Viviane, du roi Arthur, d'Obéron, Puck et leurs amis : les *leprechauns* d'Irlande, les *pixies* de Cornouailles, les *bogies* d'Écosse, les korrigans de Bretagne, les "mineurs" du pays de Galles, les lutins de France, les *guinness*, les druides de la folle pensée, le "petit peuple" de la forêt de Brocéliande, les corbeaux royaux de Stonehenge...

62. Ouvrage paru en 1916. Les cinq autres livres qui suivront et qui composent, avec *Enfance et jeunesse resongées*, l'ensemble de ses *Autobiographies* (1916-1955) sont : *Le frémissement du voile*, *Dramatis personæ*, *Aliénation*, *La mort de Synge*, *La bonté de la Suède*.

63. *Le nouveau dictionnaire des œuvres*, *op. cit.*, tome I, p. 500.

64. William Butler Yeats (1865-1939), *in Dramatis personæ*, 1955, *op. cit.*

sans oublier W.B. Yeats et la harpe du vent quelque part vers le nord.

À tous, un grand merci.

Corto Maltese[65]. »

Cette histoire de complicité poétique forte, entre le monde féerique de Pratt et le monde littéraire de Yeats, date de l'enfance d'Hugo, à Venise :

« Yeats était ami de Joyce et de Pound, que je voyais sur le môle de la Giudecca et que j'observais, quand j'étais enfant, et une fois, il m'a regardé fixement, pendant longtemps, il s'est arrêté et puis il a fait un signe comme pour dire "On se connaît". Et alors, j'allais tous les jours le regarder et je ne lui parlais jamais et lui, tous les jours, il me saluait. Ça a été très beau, cette rencontre silencieuse avec Pound, l'ami de Yeats[66]. »

65. Hugo Pratt, *Les Celtiques*, *op. cit.*, couverture.

66. Mollica Vincenzo et Mauro Paganelli, *Pratt*, *op. cit.*, p. 28.

Immanquablement, un interlocuteur sur deux faisait remarquer à Pratt que la fréquentation d'Ezra Pound, mélangée au nationalisme irlandais de Yeats, était fasciste ! Il en riait : « Lorsqu'on est comme ça, on n'est pas fasciste, cela n'a plus rien à voir avec la politique[67]. »

*
* *

Dans *Les Celtiques*, l'histoire qui se passe en Ulster s'intitule *Concert en O mineur pour harpe et nitroglycérine*[68]. « O », comme commencent souvent les noms de famille des Irlandais. Pour le reste, la cohabitation de la harpe et de la nitroglycérine est un hommage à la révolution irlandaise et au passé des légendes celtes qui la justifie. C'est également une des rares fois où Corto Maltese prend fait et cause en faveur d'un camp en s'engageant aussi nettement :

« Que cherches-tu en Irlande ?

— La marmite en or du *leprechaun* !

— Comment la trouveras-tu ?

— Je la trouverai le jour où je rencontrerai une jeune fille pleurant au bord d'un fleuve... Sinn Fein... Nous seuls.

— Sinn Fein... Nous seuls. Bienvenue en Irlande, Corto Maltese[69]... »

Cette scène du mot de passe eut lieu en 1917, dans un cimetière, la nuit. Elle succédait à l'image de Corto venu se recueillir sur la tombe de Patrick Finnucan, victime de la dure répression de l'armée britannique contre les indépendantistes irlandais, après la grande insurrection nationaliste de 1916. Dans cette même histoire, après avoir été à l'origine d'un chargement d'armes destinées aux combattants du Sinn Fein, Corto Maltese fournissait une idée ingénieuse à ceux-ci pour faire sauter les camions militaires britanniques, recouverts de filets métalliques de protection, sur lesquels bombes et bâtons de dynamite rebondissaient fâcheusement. L'idée

67. *Ibid.*, p. 28.
68. Hugo Pratt, *Les Celtiques*, *ibid.*, chap. 3.
69. *Ibid.*, p. 61.

était très simple : « Regarde, Ogan, ici vous avez des hameçons pour requins... Si vous les attachez à vos bombes, celles-ci resteront accrochées aux camions[70]. »

À la suite de la parution de l'album, Hugo eut droit à un petit interrogatoire de la part des policiers antiterroristes italiens. À l'époque, les Brigades rouges commençaient à faire parler d'elles. « Ils m'ont demandé si je connaissais quelqu'un qui parlait de faire ce genre de choses. J'ai répondu que le type qui disait cela s'appelait Collins, mais qu'il était mort[71]. » Collins ! Le pseudonyme secret d'Hugo Pratt. Bob Collins, le double inventé, inspiré peut-être de William Wilkie Collins, ou encore d'un autre Collins en moins prosateur et en plus terroriste ; l'un et l'autre sans preuve. L'enquête est toujours en cours...

« Aujourd'hui je suis sanglier/Je suis roi fort et victorieux/Mon chant et mes paroles/étaient agréables autrefois dans les assemblées/Plaisant aux jeunes et jolies femmes/mon char était beau et majestueux/ma voix avait des sons graves et doux/j'étais rapide dans les combats/j'avais un visage charmant/Aujourd'hui je suis noir sanglier[72]. »

Ce poème, chanté dans *Les Celtiques*, par Banshee O'Danann, est un texte rédigé par Hugo Pratt. Rien ne nous interdit de penser que la lecture assidue de la poésie lyrique de Yeats, chez lui, ne fut pas étrangère à son écriture. Le créateur de Corto Maltese classait ses petits poèmes et paroles de chansons dans une catégorie bien à lui. Il l'avait intitulée *Chansons canailles de baisers et coups de feu*[73]. Banshee O'Danann est l'une des très rares femmes à qui Corto Maltese proposera de partir avec lui. Et, qui plus est, elle refusera son offre[74].

Dans « Songe d'un matin d'hiver » (quatrième et dernière histoire de l'album *Les Celtiques*), Corto se trouve en un lieu précis de la grande plaine de Salisbury, en Angleterre. Il dort

---

70. *Ibid.*, p. 65.
71. Hugo Pratt, *De l'autre côté de Corto*, *op. cit.*, p. 86.
72. Hugo Pratt, *Les Celtiques*, *op. cit.*, p. 63.
73. *Dedicated to Corto Maltese*, Kesselring, 1985, réf. Avesini, p. 10.
74. Hugo Pratt, *Les Celtiques*, *op. cit.*, p. 74.

dans le décor des pierres levées du monument mégalithique de Stonehenge. Le croassement continu des nombreux corbeaux, qui survolent le site préhistorique du sanctuaire solaire le plus visité de la planète, ne semble guère le gêner. Il songe les yeux ouverts. Et l'enchanteur Merlin, présent dans les ruines de Stonehenge, avec autour de lui son aréopage féerique, déclare :

« ... Ceux qui songent les yeux ouverts sont dangereux parce qu'ils ne savent pas quand leur songe prend fin[75]. »

Paroles prophétiques puisque nos deux auteurs suivants sont l'un et l'autre familiers des songes les yeux ouverts, et que les songes qu'ils racontent sont sortis de nos rêves, tout comme ils sont entrés dans nos mémoires.

---

75. *Ibid.*, chap. 4 « Songe d'un matin d'hiver », p. 81.

12

Quand deux classiques au-dessus s'en mêlent

Chrétien de Troyes et Shakespeare sont du monde féerique qui précède. Qu'ils s'en mêlent est normal : ils se mêlent de ce qui les regarde.

« Rowena était mariée à Vortigern, un chef breton du Ve siècle, qui luttait contre les Germains Hengest et Horsa. On trouve tout cela dans l'*Histoire des rois de Bretagne* écrite au XIIe siècle par Geoffroi de Monmouth[1]. Ce qui m'intéressait aussi dans "Songe d'un matin d'hiver", c'était de mettre en présence deux forces, deux mentalités, en confrontant les civilisations allemande et anglaise. L'idée de base de l'histoire – le lien entre la Première Guerre mondiale et les mythologies celtique et germanique – m'est venue en voyant par hasard, dans un cimetière militaire du nord de la France, la tombe d'un Canadien qui s'appelait Julius Cesar. Selon une version, Obéron, roi des elfes celtes, serait le fils de Jules César et de la fée Morgane, et la découverte fortuite de ce César, mort en 1918 en se battant contre l'Allemagne, m'a semblé être un message me réclamant cette histoire[2]. »

---

1. Geoffroi de Monmouth (1100-1154). Son *Histoire des rois de Bretagne* est considérée comme le livre fondateur du cycle de la légende arthurienne.
2. Hugo Pratt, *De l'autre côté de Corto*, *op. cit.*, p. 87.

Hugo Pratt, auteur de « Songe d'un matin d'hiver », nous fournit une aide précieuse pour revenir à William Shakespeare et à Chrétien de Troyes. Malgré les presque cinq siècles qui séparent les deux hommes, l'Empire romain, comme les mondes anglo-saxons et celtes des premiers âges, furent leurs inspirations fondatrices communes.

*
* *

« C'est par Chrétien de Troyes que je suis entré dans le monde des chevaliers de la Table ronde, que j'ai abordé Perceval, le mythe du Graal. Chrétien de Troyes est certainement l'un des écrivains qui m'a fait le plus rêver. J'ai aussi beaucoup rêvé à ce que pouvait être sa vie à la cour de Marie de Champagne, la fille d'Aliénor d'Aquitaine. Il devait y avoir dans ces milieux – je pense aussi à la cour de Henri II d'Angleterre et d'Aliénor d'Aquitaine, où vivait Marie de France – une vie intellectuelle aux centres d'intérêt tout à fait étonnants[3]. »

Chrétien de Troyes s'essayait à faire rêver les gens de qualité, invités à l'écouter réciter ses vers, à la fin du XIIe siècle. En ces temps-là, les romans étaient plus souvent entendus que lus. Par la puissance de son génie littéraire, par le succès que ses histoires rencontrèrent et par son talent de prosateur de passages inoubliables sur l'esprit chevaleresque, il n'est pas exagéré de considérer Chrétien de Troyes comme l'ancêtre de tous les romanciers français.

Sire Hugo, en évoquant combien il était redevable de ces rêves à Chrétien de Troyes, citait Marie de Champagne, Aliénor d'Aquitaine, Marie de France. Ainsi la galanterie exige-t-elle de faire passer ces trois belles dames avant les chevaux et les hommes ; parce que la galanterie que nous connaissons date de cette époque, et que c'est notre bon plaisir de nous y conformer.

Aliénor d'Aquitaine, tout d'abord : reine de France, puis reine d'Angleterre, puis femme de légende[4] :

---

3. Hugo Pratt, *Le désir d'être inutile. Souvenirs et réflexions*, *op. cit.*, p. 201.
4. Aliénor d'Aquitaine (v. 1122-1204). Hugo Pratt l'a dessinée en 1979.

« Sous la coupole centrale de l'église de Fontevraud – c'était, dans la France du XIIe siècle, l'une des plus vastes, des plus prestigieuses abbayes de femmes –, on voit aujourd'hui quatre gisants, vestiges d'anciens monuments funéraires. Trois de ces statues sont taillées dans le calcaire tendre, celle d'Henri Plantagenêt, comte d'Anjou et du Maine par ses ancêtres paternels, duc de Normandie et roi d'Angleterre par ses ancêtres maternels, celle de son fils et successeur Richard Cœur de Lion, celle d'Isabelle d'Angoulême, seconde femme de Jean sans Terre, le frère de Richard, qui devint roi à son tour en 1199. La quatrième effigie, en bois peint, représente Aliénor, héritière du duché d'Aquitaine, épouse d'Henri, mère de Richard et de Jean, qui le 31 mars 1204 mourut à Fontevraud où elle avait enfin pris le voile.

Le corps de cette femme est allongé sur la dalle, comme il avait été exposé sur le lit de parade durant la cérémonie des funérailles. Il est pris tout entier dans les plis de la robe. Une guimpe enserre le visage. Les traits en sont d'une pureté parfaite. Les yeux sont clos. Les mains tiennent un livre ouvert.

Devant ce corps, ce visage, l'imagination peut se donner libre cours[5]. »

La gisante émouvante, décrite par le grand historien Georges Duby, si elle garde dans ses mains un livre ouvert, avait définitivement tourné la page, alors qu'elle avait plus de 80 ans. Nul besoin pour elle de conserver son regard de belle morte fixé sur un livre, fût-il sculpté dans du bois, car ce que les livres racontent, Aliénor le vécut elle-même. Par son corps et son esprit ! Elle fut une fable de son vivant, pour avoir contribué à favoriser le monde de la poésie courtoise. Ce monde des troubadours, puis des trouvères au nord de la Loire, dont le représentant le plus célèbre, Chrétien de Troyes, a été certainement son protégé, ainsi que son obligé. En effet, *Lancelot ou le chevalier à la charrette*, l'un des cinq romans que l'on peut attribuer avec certitude à Chrétien de Troyes, fut rédigé à la demande de la propre fille d'Aliénor, Marie de Champagne, épouse d'Henri le Libéral, comte de Champagne. Marie était née du premier mariage royal de sa mère, Aliénor, avec Louis VII le Jeune, roi de France, qui régna quarante-trois ans, un mois et sept jours (de 1137 à 1180).

Marie de Champagne, fille d'un roi et d'une reine de France, fut même parfois désignée comme étant elle-même Marie de France, notre première en date des grandes poétesses françaises, et dernière dame citée par Hugo Pratt. Rien ne permet l'identification exacte de la poétesse délicate mais, selon les médiévistes, il s'agit d'une thèse peu convaincante que de vouloir faire des deux Marie une seule et même personne[6] ! Pourquoi son nom : Marie de France ? Parce que, dans un texte où elle parlait d'elle à la première personne – lorsqu'elle vivait à la cour du roi d'Angleterre Henri II Plantagenêt –, elle écrivit : « Je m'appelle Marie et je suis de France[7]. »

---

5. Georges Duby, *Dames du XIIe siècle*, Gallimard, coll. « Folio », 1995, tome I, p. 15-16.

6. La thèse de départ est que l'une et l'autre faisaient partie du cercle des trouvères autour des mêmes familles royales de France et d'Angleterre. (D'après E. Winkler, médiéviste allemand.)

7. Les *Lais* de Marie de France sont dédiés à Henry II, roi d'Angleterre.

Que le mystère sur la personne plane et reste entier ; les *Lais* dont elle est l'auteur, courts récits entre cent et mille vers, accompagnés traditionnellement à la harpe, sont douze petits chefs-d'œuvre d'aventures amoureuses passionnées[8] qui suffisent à nous laisser croire que la dame qui les composa était belle à la perfection. Du moins en son for intérieur.

La beauté de l'histoire veut qu'une pareille incertitude sur l'identité réelle de la personne touche aussi Chrétien de Troyes, alors que celui-ci écrivait ses romans durant les mêmes années (à peu près entre 1160 et 1195), tirés des mêmes thèmes : les légendes arthuriennes. Il reste que c'est lui et lui seul qui est à l'origine – celle-là est bien prouvée – de l'écriture romanesque à la française. Ses cinq romans sont des traités qui ne sont pas moins que la mise en forme littéraire parfaite d'une certaine mentalité française remarquable, où l'honneur se veut sauf, le péril sans importance, l'amour sans tache, la parole un don, la beauté un exemple et la bonté un devoir.

« Le Graal est au centre de la mythologie française la plus française. Allons plus loin : on peut dire que c'est le sommet de l'imagination mythique occidentale depuis l'Antiquité. Les textes sont parfois difficiles à établir, les versions différentes, mais ce qui importe seulement c'est l'existence du fonds commun. Ses éléments (les épreuves des chevaliers, le château mystérieux et la coupe de vie, le roi pêcheur ou méhaigné, le siège périlleux, etc.), plus ou moins diversement combinés, retracent évidemment les étapes d'une conquête initiatique[9]. »

Le paragraphe qui précède s'applique à relever l'une des manifestations de la vérité liturgique secrète et patriotique du Graal. Chrétien de Troyes la décoda pour lui donner une forme littéraire apparentée à l'occultisme.

On peut aussi mesurer l'influence de Chrétien de Troyes dans le strict cadre de l'histoire littéraire et de notre histoire de France. La plupart des spécialistes le font, en dégageant

8. Édités et traduits à Paris, Champion, 1965 et 1978.

9. Robert Amadou et Robert Kanters, *Anthologie littéraire de l'occultisme*, Seghers, 1975, p. 51.

certains aspects particuliers, comme dans « Un nouveau modèle de héros », préface de Philippe Walter pour *Yvain ou le chevalier au lion* :

« La littérature en français qui venait d'éclore vers le milieu du XIIe siècle avait inventé un modèle héroïque qui ne devait rien (ou si peu) à l'Antiquité. Il ne s'agissait plus vraiment de célébrer des fondateurs d'empires ou d'illustres et hiératiques souverains. Il fallait plutôt susciter des figures d'exception qui pouvaient renvoyer aux hommes et aux femmes du XIIe siècle une image dans laquelle ceux-ci pourraient se reconnaître idéalement. Ce nouveau héros s'exprimerait sur un terrain d'exploits qui ne serait plus nécessairement le traditionnel champ de bataille des chansons de geste. Bien au contraire, le chevalier serait désormais appelé à vivre dans un décor quotidien où surgirait parfois le poétique défi de la merveille. L'aventure, le merveilleux, l'exploit et surtout l'amour : tels sont les ingrédients du monde romanesque nouveau qui se construit sous la plume de Chrétien de Troyes et qui servit par la suite de référence à toute la littérature du Moyen Âge[10]. »

Et voilà que les rêves d'ambiance de cour, déclarés par Hugo Pratt, ajoutés aux souvenirs bien ordonnés du monde des livres de sa bibliothèque arthurienne, à Grandvaux, eux-mêmes enrichis d'allusions aux nombreuses exégèses triées et autres études lues sur Chrétien de Troyes, nous enjoignent de partir à sa découverte en entrant dans son œuvre comme on entre dans une forêt profonde. Avec moult précautions, parce que chaque boqueteau que contient cette forêt cache à chaque fois une autre forêt tout aussi profonde. Autant de prodiges dus à un auteur sur qui nous ne savons presque rien et à qui nous devons presque tout. Nous sommes bien dans un labyrinthe.

C'est évidemment sur *Le conte du Graal ou le roman de Perceval* que nous allons fixer notre attention ; c'est ce livre-là qu'il faut connaître particulièrement, car il est le grand pourvoyeur de notre moralité collective oubliée. Par ailleurs, la lecture des quatre autres grands romans que Chrétien de

10. Chrétien de Troyes, *Yvain ou Le Chevalier au lion*, édition de Philippe Walter, Gallimard, coll. « Folio », 2000, p. 8-9.

Troyes nous a transmis est recommandée à qui voudrait avoir accès à des rêveries perdues précises, à propos desquelles notre rôle n'est pas de pratiquer l'exercice périlleux de les résumer, mais de donner l'envie miraculeuse de les retrouver.

Qu'est-ce que le Graal ?

Il est acquis qu'il est préférable de le désigner comme étant le Saint-Graal. On a, d'emblée, un bout de réponse évitant le sacrilège. Dans les cent-vingt *Portraits souvenirs*[11], tirés des aventures de Corto Maltese – tous dessinés par Hugo Pratt –, le Saint-Graal y a sa place, avec quelques modèles connus de la mythologie celtique : Klingstor, Merlin, Morgane, Obéron, Puck. Sous le dessin du Saint-Graal tracé par la main de Pratt, il est mentionné : « Coupe dans laquelle Joseph d'Arimathie recueillit le sang du Christ et qu'il porta en terre occidentale. Selon certaines traditions, contient l'élixir de longue vie[12]. »

Voici comment Chrétien de Troyes fait apparaître l'objet sacré aux yeux de Perceval quand ce dernier est au château du Graal :

« Des flambeaux illuminaient la salle d'une telle clarté qu'on ne pourrait trouver au monde un hôtel éclairé plus brillamment. Tandis qu'ils causent à loisir, paraît un valet qui sort d'une chambre voisine, tenant par le milieu de la hampe une lance éclatante de blancheur. Entre le feu et le lit où siègent les causeurs il passe, et tous voient la lance et le fer dans leur blancheur. Une goutte de sang perlait à la pointe du fer de la lance et coulait jusqu'à la main du valet qui la portait. Le nouveau venu voit cette merveille et se raidit pour ne pas s'enquérir de ce qu'elle signifie. C'est qu'il lui souvient des enseignements de son maître en chevalerie : n'a-t-il pas appris de lui qu'il faut se garder de trop parler ? S'il pose une question, il craint qu'on ne le tienne à vilenie. Il reste muet.

Alors viennent deux autres valets, deux fort beaux hommes, chacun en sa main un lustre d'or niellé ; dans chaque lustre brûlaient dix cierges pour le moins. Puis apparaissait un Graal, que tenait entre ses deux mains une belle et gente demoiselle, noblement parée, qui suivait les valets. Quand

11. *Corto Maltese. Mémoires*, *op. cit.*, p. 10-15.

12. *Ibid.*, p. 11.

elle fut entrée avec le Graal, une si grande clarté s'épandit dans la salle que les cierges pâlirent, comme les étoiles ou la lune quand le soleil se lève. Après cette demoiselle en venait une autre, portant un tailloir d'argent. Le Graal qui allait devant était de l'or le plus pur ; des pierres précieuses y étaient serties, des plus riches et des plus variées qui soient en terre ou en mer ; nulle gemme ne pourrait se comparer à celles du Graal. Tout ainsi que passa la lance devant le lit, passèrent les demoiselles pour disparaître dans une autre chambre. Le valet vit leur cortège et, fidèle à la leçon du sage prud'homme, n'osa demander qui l'on servait de ce Graal. Je crains que les choses ne se gâtent, car j'ai ouï conter que parfois trop se taire ne vaut guère mieux que trop parler. Qu'il lui en vienne heur ou malheur, le valet garde le silence[13]. »

Déduction logique, le valet qui ne pipe mot est Perceval lui-même ! « Vallet », au XIIe siècle, désignait autant un domestique de confiance qu'un jeune homme de la noblesse (petite ou grande) durant son éducation chevaleresque chez un riche seigneur. Quant au Graal, on sent bien que derrière l'objet sacré se cache un symbole. En l'énonçant ainsi, nous avons, là encore, un semblant de réponse.

Le Saint-Graal est au cœur de l'œuvre d'Hugo Pratt. Notre homme se chargera bien, par lui-même, de nous intriguer à faire semblant de nous initier à sa propre quête du Graal. Il le fera ailleurs et autrement qu'en suivant nos chemins littéraires buissonniers.

Une phrase suffit pour donner au Graal l'attribution qu'il mérite et l'explication qu'on en attend : « S'il fallait choisir un nom chargé de mystère, nimbé de sacralité, au cœur du monde médiéval, ce serait bien celui de “Graal”, cœur lumineux de ce monde[14]. »

Une autre situation, dans *Le conte du Graal ou le roman de Perceval*, nous permet de mieux saisir tout l'esprit du merveilleux que le roman contient. Il s'agit de l'épisode des trois

---

13. *La légende arthurienne*, édition établie sous la direction de Danielle Régnier-Bohler, Robert Laffont, coll. « Bouquins », 1998, p. 44.

14. Paul-Georges Sansonetti, *Graal et alchimie*, Berg international, 1993, p. 13.

gouttes de sang dans la neige, quand l'aventure se précise. Quand les profils des héros arthuriens se dessinent : « Cette nuit-là il avait beaucoup neigé, car la contrée était particulièrement froide. Perceval s'était levé comme d'habitude de bon matin à la recherche d'aventure et chevalerie. Il vint tout droit à la prairie où l'armée du roi avait dressé son camp. Le pré était gelé et couvert de neige. Mais avant qu'il arrivât aux tentes, un vol d'oies sauvages que la neige avait engourdies, s'éleva dans l'air. Il les vit et les entendit fuir devant un faucon qui se précipita impétueusement à leur poursuite jusqu'à ce qu'il en eût atteint une qui s'était séparée des autres. Il la frappa si fortement qu'il l'abattit à terre. Mais arrivant trop tard pour la saisir, il repartit sans penser à la rejoindre. Perceval piqua des deux vers l'endroit où il avait vu la scène. L'oie avait été atteinte au cou et elle avait perdu trois gouttes de sang qui coulèrent sur la neige blanche, où elles semblaient des taches de couleur naturelle. L'oie n'avait eu ni mal ni douleur qui la retînt sur le sol et quand Perceval vint, elle s'était de nouveau envolée. Il vit la neige foulée là où l'oie avait été abattue, et le sang y était encore visible. Alors il s'appuya sur sa lance et se mit à contempler la vive couleur qui lui rappelait celle du visage de son amie. Et il y pense tant qu'il s'oublie. Le vermeil sur le blanc, les gouttes de sang sur la neige blanche, quand il les regardait, cela lui plaisait tant qu'il croyait voir dans sa fraîcheur le visage de sa belle amie[15]. »

La suite ? – ou bien elle s'imagine, ou l'on s'en rappelle. Trois preux chevaliers de la Table ronde s'en iront, l'un après l'autre, vers Perceval afin de convaincre celui-ci – toujours rêveur ! – de rejoindre le roi qui le réclame. Le premier, Sagremor, est tout de suite battu en combat singulier par Perceval. Le deuxième, le sénéchal Keu, pâtira à son tour de s'être moqué de notre impétueux valet tenant ferme sa lance sur son cheval. Avec le troisième ce sera différent, car c'est messire Gauvain, neveu d'Arthur, qui se présentera à lui pour qu'il consente enfin à rejoindre le camp du roi. Et Perceval, non seulement lui fera bon accueil, mais il accueillera Gauvain

15. Reto R. Bezzola *Le sens de l'aventure et de l'amour*, La Jeune Parque, 1947.

de façon fort amène, le jugeant le plus capable de trouver raison à sa quête ; tant et si bien que Chrétien de Troyes, dans la seconde partie de son roman, emploiera Gauvain pour en faire un héros à part entière. Y songeait-il déjà lorsqu'il rédigea le passage où il faisait se rencontrer les deux hommes – les deux « prud'hommes » ! – pour la toute première fois ?

Leur rencontre est une courtoise joute verbale, très spécifique des romans de chevalerie :

« Sire, que Dieu me sauve, le roi ne cherchait que vous. Sire, quel est votre nom ?

— Perceval, sire, et vous ?

— Sire, sachez certainement qu'au baptême, j'ai reçu nom Gauvain.

— Gauvain ?

— En vérité, beau sire.

Perceval est très joyeux et dit :

— Sire, j'ai bien ouï parler de vous en plusieurs lieux et je désirerais fort l'accointance de nous deux si cela devait vous plaire.

— Certes, fait messire Gauvain, mais cela ne me plaît pas moins qu'à vous, mais plus encore, je crois[16]. »

Avec Chrétien de Troyes, impossible de procéder à une clôture en bonne et due forme. Un parfum d'inachevé enivre quiconque met son nez dans les pages qu'il nous a léguées. Même les continuations qui ont directement succédé à ses livres, ainsi que les nombreuses reprises, adaptations, créations parallèles, écrites un peu partout en Europe de mains de maîtres[17] forment un ensemble semblablement inachevé. Comme l'œuvre de Chrétien de Troyes lui-même[18].

---

16. L'extrait choisi provient d'une autre édition du *Conte du Graal*. Transcrit en prose moderne, d'après le manuscrit français 12 576 de la Bibliothèque nationale, par S. Hannedouche, ce passage publié est tiré du supplément à la revue *Triades*, n° 10, 1960, p. 79.

17. Les continuateurs furent Robert de Boron, Wolfram von Eschenbach, Richard Wagner, Thomas Malory et bien d'autres auteurs chez les peuples du Nord et les peuples latins, en Vénétie, en Toscane, en Sicile, en Espagne, au Portugal, etc.

18. Paul-Georges Sansonetti, *Graal et alchimie, op. cit.*, p. 13-14 : « Comment ne pas être frappé par le fait que trois des œuvres maîtresses de notre littérature médiévale – trois quêtes spirituelles évidentes –, *La charrette*, *Le conte du Graal* et *Le roman de la rose* de Guillaume de Lorris, sont ainsi toutes trois inachevées ou

Ce parfum d'inachevé, Hugo Pratt l'avait senti, mais il l'avait surtout compris ; car l'inachèvement en la circonstance ne signifie en rien qu'il n'y ait pas aboutissement de l'œuvre, mais plutôt son contraire : un legs à transmettre, un message à recevoir et, pourquoi pas, une œuvre à parachever ? Il nous le dit à sa manière en nous montrant Corto Maltese, dans son rêve arthurien des *Helvétiques*, qui rencontre Ulrich von Zatzikhofen, auteur de la toute première version allemande de Lancelot, inspirée par le *Lancelot ou le chevalier à la charrette* de Chrétien de Troyes. Le poète allemand – que Pratt a dessiné dans un but précis dans son album – intitula son ouvrage *Lanzelet*. Il est prouvé qu'il le composa au moment de la disparition de notre grand écrivain clerc, poète et trouvère champenois[19]. Oui, l'œuvre de Pratt est une œuvre à clé !

Dans *Les Helvétiques*, le corps de l'histoire en rêve se passe comme dans une histoire vraiment vécue par Corto. Tel Perceval, il est confronté à une série d'épreuves dans une quête du Graal rectifiée à la Hugo Pratt. Nous avons d'ailleurs déjà assisté à certaines scènes de ce « rêve vécu ». Tout est donc possible, dès lors que notre lecture du Graal nous entraîne à vivre sans faillir les rêves qu'elle développe. Tel est le message que notre auteur de BD nous transmet, à la suite de Chrétien de Troyes, par l'intermédiaire du poète suisse allemand Ulrich von Zatzikhofen[20]. Pratt nous fait d'ailleurs comprendre avec humour – dans la préface de son album qu'il a écrite lui-même – que c'est en Suisse et pas ailleurs que l'histoire qu'il développe devait se dérouler : « La Suisse passe pour être un pays paisible, avec des vaches qui donnent tantôt du lait, tantôt du chocolat, selon la couleur de leur robe. C'est aussi la forteresse de la finance ; son armée est constituée de soldats qui restent à la maison ; il y a de belles jeunes filles sportives qui n'ont pas droit à certains droits, dans des

---

prétendues telles ? [...] peut-être les auteurs ont-ils dû se résoudre à se taire devant l'inexprimable. »

19. *Lanzelet*, d'Ulrich von Zatzikhofen, a paru en Allemagne, vers 1195, date supposée de la mort de Chrétien de Troyes.

20. Hugo Pratt, *Les Helvétiques*, *op. cit.*, p. 34-36.

parties reculées du pays ; et les parents mettent des pommes sur la tête de leurs fils ; c'est aussi le pays des saint-bernard qui se promènent avec un tonnelet d'eau-de-vie autour du cou ; la Suisse dispose aussi d'une sélection nationale de football qui brille par sa discrétion ; et elle est la pourvoyeuse d'une espèce de lansquenet pour la garde du pape. Et j'allais oublier qu'elle a inventé les pendules à coucou (Orson Welles). Il est étrange que nous autres Italiens, nous nous rappelions, avec une hilarité malicieuse, la boutade de ce cher Orson, plutôt que l'œuvre du cinéaste. À part ces images de carte postale, nous ne savons pour ainsi dire rien de l'histoire de la Suisse, de sa géographie – sauf l'existence de quelque centre médical ou touristique –, de sa littérature, de sa législation rigoureuse, de son univers mystique, magique, ésotérique. Paracelse, médecin et mage alchimiste, créateur d'une médecine basée sur la force vitale, de l'homuncule, de l'élixir de longue vie, vivait ici, avec d'autres savants non moins inquiétants. Parsifal, le Saint Graal et quelques rois burgondes se sont donné rendez-vous sur les rives du lac Léman ; Siegfried, à la recherche de l'or des Nibelungen, a remonté le Rhin jusqu'à sa source, en Helvétie. Les Nibelungen, qui ont donné une souche royale aux Burgondes, étaient un peuple qui vivait avec son roi Alberich dans les grottes souterraines de la Forêt-Noire, parmi les vapeurs et les brumes où demeurait le dragon Fafner de la *Völsunga*, le gardien de l'or du Rhin. Wagner, dans ses opéras, le décrit merveilleusement bien. Les Suisses sont les Nibelungen, gardiens de ce trésor, tout comme aujourd'hui, ils sont les gardiens des banques helvétiques qui contrôlent toujours cet or. Il s'agit de l'or du Rhin, bien sûr. C'est dans cette géographie magique et secrète que Corto Maltese promène sa curiosité[21]. »

Revenons à Ulrich von Zatzikhofen qui a même pris soin, dans la BD, de se détacher d'un mur pour convaincre Corto Maltese du bien-fondé de l'imagination suisse :

« Vous m'étonnez, Corto Maltese... Ne savez-vous pas qu'on peut entrer dans le monde de l'imaginaire ici aussi...

21. *Ibid.*, préface p. 4-5.

en Suisse ? Il suffit de lire un de nos recueils de légendes, étendu sur un lit, autour de minuit et de revenir à la même ligne jusqu'à n'en plus comprendre le sens.

— C'est vrai, il m'arrive souvent, en arrivant au dernier mot d'une ligne, d'en avoir oublié le premier. Le sommeil est un grand voleur.

— Très juste ! Un grand voleur vraiment ; mais c'est justement à cet instant précis qu'on peut avoir l'intuition de ce qui aurait pu s'écrire dans les espaces blancs que le poète a laissés entre les lignes... Et c'est alors, et alors seulement, qu'on peut entrer dans la légende pour se réveiller dans un Songe enchanté[22]. »

C'est à un poète français du XIIIe siècle portant le casque et l'épée, Huon de Méry, de nous fournir la phrase d'époque sur Chrétien de Troyes : « Il répandait le beau français à pleine main[23]. » En revanche, c'est au romancier et essayiste Jean Markale, spécialiste des légendes et traditions anciennes, et aussi préfacier des *Celtiques*[24], de nous offrir le résumé contemporain le mieux à même de le situer dans le contexte de la société médiévale qui était la sienne : « Selon toute probabilité, Chrétien de Troyes devait être un juif converti, d'où le prénom qu'on donnait alors à ceux qui abandonnaient le judaïsme pour se faire baptiser chrétiennement. Cela n'aurait rien d'étonnant car, au XIIe siècle, la ville de Troyes en Champagne était non seulement un des plus importants centres de l'industrie textile en Europe occidentale, à mi-chemin entre l'Italie du Nord et des Flandres, mais un creuset intellectuel et spirituel où se fondaient différentes idéologies, et où les écoles rabbiniques juives brillaient particulièrement. Il ne faut pas oublier non plus que les premiers cathares sont apparus dans la région avant d'émigrer vers l'Occitanie, et que c'est autour de Troyes, grâce à Hugues de Payns, que l'ordre des Templiers s'est d'abord manifesté. Que Chrétien

---

22. *Ibid.*, p. 34-35.

23. Huon de Méry est l'auteur du *Tournoiement de l'Antéchrist*, mais il est aussi le continuateur de *Songe d'enfer*, du trouvère picard Raoul de Houdenc (1170-1226), jeune rival de Chrétien de Troyes.

24. Hugo Pratt, *Les Celtiques*, album en couleurs, Casterman, 2003, préface de Jean Markale, p. 4-9.

de Troyes, fort savant en lettres latines et bon connaisseur de l'Antiquité classique, ait été auparavant un brillant disciple des cercles juifs où était enseignée et discutée la Kabbale traditionnelle, cela n'a rien d'impossible, et cela explique certainement les sous-entendus qui parsèment toute son œuvre. Quoi qu'il en soit, Chrétien de Troyes est certainement l'un des écrivains français les plus importants de tout le Moyen Âge, et c'est vraiment lui qui, le premier en date, a introduit le *graal* dans la tradition occidentale[25]. »

Le Graal et son univers chevaleresque passèrent tout naturellement de l'enluminure à la bande dessinée. Le meilleur exemple en est *Prince Valiant*, d'Hal Foster. Et c'est maintenant par la grâce d'un étonnant adoubement artistique, sous le pinceau de Howe[26], que Corto Maltese, la main sur le cœur, en chevalier dans un site crépusculaire de pierres levées, va nous permettre de relever le défi de passer de Chrétien de Troyes à William Shakespeare.

*
* *

— Shakespeare ?

On remplace le point d'interrogation par trois points d'exclamation. Cela se fait couramment dans les textes de BD.

— Shakespeare !!!

Au simple énoncé de son nom se forme le cercle autour d'un rêve d'estrade ; comme se formèrent les théâtres en rond autour du Théâtre élisabéthain, où ses pièces furent jouées. Les mêmes qui furent représentées, plus tard, partout sur la terre. « Le monde entier est une scène de théâtre, les hommes et les femmes n'en sont seulement que les acteurs[27]. »

Hugo Pratt, avec bon sens, déclara à propos de William Shakespeare : « Oui, mais que dire ? Que bien sûr c'est un

25. Jean Markale, *L'énigme du Saint-Graal*, éd. du Rocher, 2005, p. 34-35.

26. Howe, *in Dedicated to Corto Maltese*, *op. cit.*, p. 45.

27. *« All the world's a stage, and all the men and women merely players »*, William Shakespeare.

génie[28]. » Il dit encore : « Je suis très admiratif de son œuvre, en particulier de ses comédies poétiques. *Le songe d'une nuit d'été* est sans doute ma préférée, mais toutes ses pièces m'ont donné envie d'en savoir plus, d'aller à la rencontre des mondes qu'il met en scène, car lui aussi fait souvent dériver ses intrigues de situations historiques. Par exemple, son personnage de Falstaff dans *Henri IV* et dans *Les joyeuses commères de Windsor* m'a incité à faire des recherches sur cette période. Et Shakespeare lui-même vivait à une époque incroyablement brillante pour la littérature, celle de Camões au Portugal ou de Cervantès en Espagne, deux aventuriers qui ont parcouru le monde et deux très grands écrivains dont l'œuvre a compté dans ma vie. En fait, ce que je voudrais tout simplement dire sur Shakespeare, c'est qu'il faut le lire, jusque dans ses sonnets, que je trouve très délicats[29]. »

Est-il nécessaire de trop insister sur le fait que William Shakespeare est né au XVIe siècle, qu'il est mort au XVIIe, que son théâtre compte près d'une quarantaine de pièces, que toutes révèlent son époque ainsi que le caractère de son auteur – même si nombre d'entre elles se cachent derrière d'autres époques et d'autres caractères. En revanche, personne ne se cache derrière lui. Le débat concernant son identité est désormais clos. Shakespeare est bien Shakespeare. Il est bien l'auteur de ses pièces. Shakespeare est bel et bien un génie qui a existé, et qui a même fait des enfants de chair – mis à part les millions d'hommes et de femmes qu'il enfanta par son théâtre. Shakespeare nous a mis à genoux en nous imposant nos rires et nos pleurs, nos colères et nos douceurs, nos indignations et nos bénédictions. Nos étreintes et nos bagarres...

Stratford-sur-Avon : c'est là qu'il est mort, un 23 avril (1616), là où il était né, un 23 avril (1564) ; là où il était retourné pour finir ses jours avec précision.

À Stratford, il avait auparavant rédigé son testament, où aucune mention de ses œuvres ne figure. Ce qui ne veut rien dire, par ailleurs, et ne nous permet pas de conclure quoi que

28. Hugo Pratt, *Le désir d'être inutile. Souvenirs et réflexions*, *op. cit.*, p. 201.
29. *Ibid.*, p. 201.

ce soit à sa place. William Shakespeare avait besoin de planches pour écrire ; et dès lors qu'il savait qu'il lui fallait quitter le plancher des vaches pour la scène supérieure, plus rien d'autre ne devait compter que d'y préparer son entrée dans un silence respectueux. On peut lui accorder le droit d'avoir choisi de laisser loin derrière lui les clameurs tapageuses du public. Ce public dont il avait contribué, quelques années avant de mourir, par son théâtre, à améliorer le sort, voire à changer la vie, au même titre que ses textes avaient changé la langue parlée en Angleterre.

En ce même jour de la même année, le samedi 23 avril 1616, alors que Shakespeare s'éteignait, mourait Cervantès.

Quelle journée !

Depuis quand dit-on de l'anglais « la langue de Shakespeare » et de l'espagnol « la langue de Cervantès » ?

J'aurai un petit mot sur Camões (« le prince des poètes », selon Lope de Vega[30]), parce qu'il est cité avec Shakespeare et Cervantès par Hugo Pratt et qu'il vécut à peu près à la même époque qu'eux (1525-1580). Embarqué à bord d'un navire pris dans un cyclone dans le golfe du Siam, qui disparaît corps et biens, Luis de Camões regagne la terre à la nage. Dans sa main, hors de l'eau, il tient le manuscrit des *Lusiades*[31].

---

30. Lope de Vega (Félix Lope de Vega Carpio, dit) (1562-1635), contemporain de Shakespeare, était aussi de la même trempe. Le génie de l'écrivain espagnol égale celui de notre Anglais génial. Voltaire a fait remarquer à leur sujet : « Malheureusement, Lope de Vega et Shakespeare eurent du génie dans un temps où le goût n'était point du tout formé ; ils corrompirent celui de leurs compatriotes, qui, en général, étaient alors extrêmement ignorants. Plusieurs auteurs dramatiques, en Espagne et en Angleterre, tâchèrent d'imiter Lope et Shakespeare ; mais, n'ayant pas leurs talents, ils n'imitèrent que leurs fautes ; et par là ils servirent encore à établir la réputation de ceux qu'ils voulaient surpasser… » *in Le nouveau dictionnaire des auteurs*, *op. cit.*, tome II, p. 1 937-1 938.

31. Si apprécié par Lope de Vega et par Hugo Pratt, Camões fait dire au « spectre immense », terrible génie des Tempêtes, dans *Les Luisiades*, chant I : « Ô peuple le plus audacieux de tous les peuples ! Il n'est donc plus de barrière qui vous arrête ? Indomptables guerriers, navigateurs infatigables, vous osez pénétrer dans ces vastes mers dont je suis l'éternel gardien, dans ces mers sacrées qu'une nef étrangère ne profana jamais ! Vous arrachez à la nature des secrets que ni la science ni le génie n'avaient encore pu lui ravir ! » L'histoire de son naufrage est avérée ; c'était en 1561, alors qu'il se rendait à Goa. La vie de Camões est un véritable roman d'aventures.

Peut-on dire du portugais « la langue de Camões » ?

Quant à celui qui symbolise la langue anglaise, y en a-t-il un plus universel que lui ? Plus célèbre ? Plus fêté ? Plus joué ? Et surtout, plus étudié ! ? La petite phrase d'Hugo le concernant (« Oui, mais que dire ? ») se fait pressante. Un sonnet très délicat de Shakespeare me semble refléter la hantise tranquille de Pratt concernant celui qui l'a écrit : « Lorsque, devant les assises de la douce pensée silencieuse, je cite à comparaître les souvenirs des choses passées[32]... »

« Songe d'un matin d'hiver », d'Hugo Pratt, permit de transformer le songe théâtral shakespearien en scène rêvée pour Corto Maltese, mais qu'en est-il du jeu de l'imaginaire de la pièce de Shakespeare, *Le songe d'une nuit d'été*, quand celle-ci fut montée, en 1595 ? Bien que l'on ne sache à peu près rien de la vie de son auteur, avant l'année 1592, on a déjà dans cette pièce (une des premières du répertoire) de quoi être estomaqué par la richesse de ses sources d'inspiration. Elle laisse entendre une véritable érudition et toutes les lectures qui vont avec : Plutarque, Chaucer, Apulée, Ovide, les romans de chevalerie, les contes des bois et forêts des féeries celtiques, *Huon de Bordeaux*[33], la chanson de geste française, etc. Que l'action du *Songe d'une nuit d'été* se passe à Athènes est une indication de plus que Shakespeare a recours aux sources classiques prises un peu partout. C'est une des clés pour comprendre la magnificence de son écriture. L'intrigue est compliquée. Elle repose sur des aventures sentimentales disparates. Mais l'histoire du filtre qu'Obéron, roi des elfes, réclame au lutin Puck pour se réconcilier avec sa femme Titania endormie, provient du fonds commun légendaire européen qui servit aussi de base à *Tristan et Iseult.* Bref, dès qu'il commença à s'imposer, le théâtre de Shakespeare (pas encore devenu shakespearien)

32. Sonnet 30. Les *Sonnets* de Shakespeare sont au nombre de 154. Écrits entre 1593 et 1596, ils ne furent publiés qu'à partir de 1609, à moins qu'un recueil antérieur ne se soit perdu.

33. *Les aventures merveilleuses de Huon de Bordeaux*, œuvre d'un trouvère anonyme du début du XIIIe siècle, étaient en bonne place dans la bibliothèque shakespearienne d'Hugo Pratt. Une reproduction de la couverture figure en illustration dans *Le désir d'être inutile. Souvenirs et Réflexions*, *op. cit.*, p. 197.

plaqua l'imposant relief de ses sources sur l'immense variété de ses personnages campés sur scène.

Grâce à Shakespeare, ce n'était pas tant l'histoire et la légende de tous les temps et de tous les pays qui se mirent à faire soudainement grincer les planches ; c'était plutôt le grand chahut sans limites des rêves de l'homme qui se montrèrent à l'œuvre devant les spectateurs éblouis. On passait du piétinement sur terrain plat à une marche inexorable sur les crêtes. Avec dialogues à l'unisson et tous les sentiments qui les occasionnent.

En 1592 (l'année où William Shakespeare sort de l'ombre), le grand poète dramatique et romancier anglais Robert Greene s'en prend méchamment à lui. Cela prouve que notre auteur avait déjà acquis une notoriété qui n'enchantait pas tout le monde. Robert Greene, dans son récit en prose *Deux liards d'esprit au prix d'un million de repentir*, publié en 1592 (année de sa mort : l'un arrive, l'autre s'en va !), faisait allusion à Shakespeare en ces termes : « Corbeau qui se fait beau avec nos propres plumes. » Par ce jugement violent, Greene nous confirme que Shakespeare débuta en faisant des adaptations de ses prédécesseurs, ce qui est monnaie courante dans le théâtre depuis toujours[34].

*
* *

« Et d'autres Roméos et d'autres Juliettes » est le titre de la troisième partie des *Éthiopiques* relatant l'histoire d'amour entre le frère de Cush (musulman) et la fille du ras Yaqob (chrétienne). Pratt a raison, il y en a d'autres, des Roméos et

---

34. *In* Léon Thoorens, *Panorama des littératures*, Marabout Université, 1969, tome 4, p. 160, l'auteur ajoute, à la suite de l'anecdote sur la réaction de Greene : « D'autres jugements rendront un son différent, et on en ferait une anthologie particulièrement éclairante. » « C'est une quintessence de tout », dira Herder. « Shakespeare est au nombre des cinq ou six écrivains qui ont suffi au besoin et à l'aliment de la pensée », dira Chateaubriand. « Ce n'est pas de la littérature, on croit se trouver devant les livres formidables du Destin », dira Gœthe. « Shakespeare est élément », dira Victor Hugo. Et le reconsidérant dans la seule perspective anglaise, Stefan Zweig dira : « La véritable Angleterre, c'est Shakespeare et les shakespeariens : tout ce qui précède n'est que préparation, tout ce qui suit n'est qu'une contrefaçon boiteuse de cet élan original et hardi vers l'infini. »

des Juliettes. Les siens, son Rhomah et sa Fala Mariam, il nous les a collés main dans la main en plein soleil. C'est le jour de leur mariage. L'officiant est l'ange déchu, terrible sur son rocher ! Ils sont au milieu de farouches guerriers armés de lances qui forment une haie d'honneur[35].

Par la liberté qu'il a prise avec le sujet, Pratt s'est montré on ne peut mieux shakespearien. C'est aussi inattendu et fort, comme hommage à Shakespeare, que celui rendu par ce texte : « Je m'obstine à tenir le grand Will pour un Italien [...]. Nulle peur de la chair, nulle trace d'anglicanisme chez ce contemporain d'Elizabeth. Il ignore la loi comme l'ignorèrent les faunes. » C'est signé Charles Maurras qui, hormis ce par quoi on le connaît habituellement, a aussi écrit *Les amants de Venise :* l'histoire des amours et de la rupture d'Alfred de Musset et de George Sand[36].

C'est le moment de nous rendre là-bas. Où Hugo Pratt fit ses premiers pas. Où *Le marchand de Venise* et *Le Maure de Venise* ont élu domicile. Non, Hugo Pratt ne les traita pas dans son œuvre ! Ni Antonio, le riche marchand vénitien, ni Othello, l'intrépide Maure de Venise, n'apparaissent dans ses albums, même sous une forme contrariée.

Depuis le coup de poignard porté en sa poitrine par lui-même, après avoir tué sa pauvre femme innocente, Othello, notre Maure de Venise, grand capitaine, nous a laissé une mai-

35. Hugo Pratt, *Les Éthiopiques*, *op. cit.*, chap. 3, p. 79.
36. Charles Marie Photius Maurras (1868-1952), *Les amants de Venise*, 1902.

son à voir. Elle se trouve parmi les derniers palais du Grand Canal. C'est la maison de Desdémone. Quant au jugement rendu en faveur d'une bague au doigt et d'une livre de chair, dans *Le marchand de Venise*, la comédie nous donne à penser qu'entre un coffret d'or, un coffret d'argent et un coffret de plomb, pour y trouver le portrait de la fille à marier, nous aurions fait le bon choix. Les beaux yeux de Portia réclamaient que nous rejetions les deux coffrets qui brillaient le plus !...

Tout cela n'est-il qu'illusion ! ? Dans *La tempête*, sa pièce testamentaire, drame en cinq actes, écrit en 1611, dans lequel les forces du merveilleux sont confrontées à la force des éléments, Shakespeare nous démontre, avec une rigueur poétique implacable, que la tempête se déchaîne bien plus dans les crânes qu'elle n'est l'objet de la colère de Dieu. Quelle leçon que ces paroles admirables lancées au début de l'avant-dernier acte ! « Nous sommes faits de la même étoffe que les songes, et notre petite vie, un songe la parachève... »

Hugo Pratt fut de cette école-là ! Parmi les adeptes de l'intemporalité shakespearienne, il est l'un des plus convaincants. Il reste le disciple tardif de Shakespeare le plus inattendu. Dans *Fable de Venise*, l'histoire se termine comme au théâtre, avec tous les acteurs de sa bande dessinée regroupés pour le traditionnel dernier salut au public. Corto Maltese dit : « Et maintenant, chers partenaires, nous saluons tous ceux qui, avec tant de gentillesse et de courtoisie, nous ont écoutés et supportés. Et nous espérons que cette "extravagance" les aura divertis[37]. »

C'est à notre tour de quitter la scène shakespearienne. Pour ce faire, ne serait-il pas raisonnable de nous comporter comme Arthur Wing Pinero, dramaturge anglais (1855-1934) ? Obligé de travailler dès l'âge de 10 ans, celui-ci joua les utilités au théâtre ; et il prit la décision de quitter définitivement la scène juste après qu'un critique eut écrit à son propos qu'il n'avait jamais vu une aussi mauvaise interprétation du rôle du roi Claudius dans *Hamlet*[38].

37. Hugo Pratt, *Fable de Venise*, album noir et blanc, Casterman, 1981, chap. 4 « Les révélations de Saint-Marc », p. 74.

38. *Cf. Le nouveau dictionnaire des auteurs*, *op. cit.*, tome III, p. 2 516.

« *O, yet defend me, friends ; I am but hurt.* » C'est sur cette phrase que le roi du Danemark usurpateur meurt. Et c'est sur cette phrase – « Ô, défendez-moi encore mes amis ; je ne suis que blessé » – que nous tirons le rideau.

13

Sang d'encre aux frontières de la neige et de la prairie

Zane Grey, James Oliver Curwood et Kenneth Roberts. Qui les a lus ? Qui même les connaît ? Sur les trois, c'est de très loin Curwood qui est encore aujourd'hui le plus accessible à la mémoire. Ses livres sont encore trouvables, pour qui serait saisi d'une certaine nostalgie des grands romans d'aventures énormément lus jusqu'à la fin des années 1950[1].

Ces trois auteurs américains eurent chacun des millions de lecteurs passionnés, dont Hugo Pratt. C'est grâce à eux qu'il exécuta tant et tant de planches et d'aquarelles sur les guerres de frontières du XVIIIe siècle, en Amérique du Nord, et leurs prolongements, un siècle plus tard. Il est indéniable que la saga nord-américaine des frontières, racontée par Hugo Pratt, est le fruit des récits écrits par ces trois romanciers populaires. Il les lut avidement, encore enfant, en Italie, dans la fameuse collection « Romantica » de l'éditeur Sonzogno, spécialisé dans l'édition de romans d'aventures.

L'ensemble de sa production sur le sujet forme un tout extrêmement cohérent, bien que très diversifié par ailleurs. Il permet une vision historique et poétique précise des situations vécues à cette époque par ceux que l'on peut appeler :

---

1. La collection « Bouquins » (Robert Laffont) a récemment réédité Curwood, sous le titre *Bêtes et gens du Grand Nord*, une édition établie par Francis Lacassin, 1 160 pages.

les Français à l'ancienne, les Anglais pareils à eux-mêmes, les Indiens de la fin d'un monde, les Américains et Canadiens d'un nouveau monde en marche. Les uns et les autres passèrent leur temps à pactiser et à s'entretuer, pour que l'histoire ne leur échappât pas et qu'elle ne se fît pas sans eux. On sait vers qui le choix de l'histoire se porta : l'histoire en Amérique du Nord choisit les derniers nouveaux venus sur sa terre.

Les histoires dessinées par Hugo Pratt sur ces temps-là sont autant d'étapes de son œuvre issues de la lecture enthousiaste des livres de Zane Grey, James Oliver Curwood, Kenneth Roberts. « Je suis un fils de cette littérature populaire américaine que beaucoup refusent[2] », précisait-il, en insistant sur le rôle que jouèrent pour lui les trois auteurs cités.

Et en ces temps-là, aux frontières de ce qui est, aujourd'hui, le Canada et les États-Unis, se développèrent toute une série de destins individuels, dans un décor où il suffisait de s'aventurer là où le feu brûlait les constructions en bois, là où le vol des corbeaux noircissait le ciel. C'est ainsi qu'en ces temps-là retracés, la couleur rouge teintait l'herbe de la prairie et de la neige. Là où reposaient les corps ! Le rouge était la couleur des feuilles d'automne dans la forêt. Le rouge figurait sur les uniformes des soldats. Le rouge formait la plus visible des peintures de guerre des Indiens. Et le rouge fut la couleur la plus souvent employée par Hugo Pratt. Pour colorer ses aquarelles. Pour colorier ses dessins illustrant leur histoire. Lors de sa création, en 1873, la police montée canadienne choisit le rouge comme couleur pour l'uniforme spécifique que devait revêtir chacun de ses membres. La même couleur que celle des taches qui

2. *Pratt*, dossier de Vincenzo Mollica et Mauro Paganelli, SEDLI, Jacky Goupil éditeur, 1984, p. 25. D'autre part, dans *Hugo Pratt 60*, *op. cit.*, il dit, p. 13 : « La littérature française et russe alors à la mode ne m'intéressait pas, mais j'étais attiré par la littérature d'aventures américaine. Zane Grey, Curwood, De Vere, Stacpoole et Jack London édités par la romantique maison Sonzogno. En regardant aujourd'hui mon histoire, je peux dire que ces auteurs ont toujours été présents dans ma vie : je suis un fils de la culture populaire américaine que je considère comme belle et divertissante. »

avaient longtemps ensanglanté son immense territoire, devenu grand pays neuf à protéger[3].

Le plus gros livre qu'Hugo Pratt eut jamais signé (630 pages) a pour titre : *Le roman de Criss Kenton*[4]. La bande dessinée qu'il eut conçue sur la plus longue durée, *Fort Wheeling. Le sentier des amitiés perdues*[5] a paru en octobre 1995, deux mois après sa mort. Il y avait mis la touche finale au début de la même année fatidique. Sur les deux cent six planches que compte l'ensemble de la version complète, totale et définitive, il est à retenir que les cent sept planches constituant la première partie de *Fort Wheeling* parurent en 1962. Trente-trois ans en tout !

J'ai longtemps conservé, au fond de l'une de mes deux cantines Pratt et Mac Orlan, une brochure des éditions Casterman, diffusée pour le lancement du gros album en couleurs constituant l'intégrale de *Wheeling*[6]. Quand je l'avais reçu, je n'étais pas sorti du deuil de mon ami. J'avais trop pris l'habitude qu'il me donnât lui-même ses albums venant de paraître pour ne pas avoir un geste de refus devant le contenu d'un paquet arrivé par la poste. Bref, je n'avais jamais lu le petit fascicule qui accompagnait l'album expédié par le service de presse ! J'ai bien fait d'avoir attendu, car ce que j'ai lu avec dix ans de retard convient très bien pour offrir un petit résumé précis de la très longue histoire de l'album lui-même, ainsi qu'un bref aperçu du « rêve indien d'Hugo Pratt » :

« La publication de *Fort Wheeling* débute en 1962 dans une revue de bande dessinée de Buenos Aires, *Supermisterix*. Poursuivie jusqu'en 1964, cette série est l'une des plus signi-

3. « Les Tuniques rouges, malgré l'immensité du territoire et leur nombre restreint, surent vite gagner le respect des hors-la-loi, faisant ainsi en sorte que la devise du corps – "Maintiens le droit" – devienne une réalité acceptée de tous. En 1876, quand les Sioux demandèrent instamment aux Indiens pieds-noirs de s'allier à eux dans la guerre contre la cavalerie des États-Unis en leur promettant qu'ils allaient ensuite envahir le Canada en anéantissant les Tuniques Rouges, ceux-ci repoussèrent la proposition en affirmant être en très bonnes relations avec les Mounties et avec la "Grand-Mère Blanche", la reine Victoria. » Réf. Franco Fossati, *in Jesuit Joe*, album en couleurs, Casterman, 1990, p. 7 et 9.

4. Favre, 1989. Traduction et collaboration de Paolo Rota.

5. Hugo Pratt, *Wheeling. Le sentier des amitiés perdues*, album en couleurs, Casterman, 1995.

6. Réf. *idem*.

ficatives de la période argentine d'Hugo Pratt. Elle doit son titre à un fort pionnier du XVIIIe siècle (aujourd'hui une ville de Virginie-Occidentale), lieu mi-réel, mi-romanesque qui voit graviter autour de lui les héros d'une véritable chanson de geste, certains d'origine historique, d'autres issus de l'imagination de l'auteur.

En 1973, *Fort Wheeling* réapparaît en Italie dans *European Cartoonist*, puis en 1980/1981 dans les pages françaises de *Métal Hurlant*. Aujourd'hui, plus d'une génération plus tard, le temps est venu du couronnement de l'aventure. Avec cet album s'achève un récit en trois temps, trois styles graphiques, au service d'une seule et même inspiration, une variation sur un thème cher à l'auteur : la liberté d'agir et de penser hors des convictions confortables et des sentiers tracés par la famille, le groupe, l'ethnie ou la nation[7]. »

Le jeu qui consiste à repérer, du premier coup d'œil, où finit l'un des trois styles pour laisser place au suivant, est parfait pour s'initier à l'œuvre de Pratt. Cela dit, les trois styles ne font qu'un ! On constate qu'il ne fait que s'apurer au fur et à mesure de son évolution.

Le roman de Criss Kenton résulte du même « rêve indien d'Hugo Pratt » que celui dessiné dans *Wheeling*. Ainsi, sa BD et son roman se complètent en se répondant l'un l'autre. On retrouve certains personnages de la BD dans le livre et *vice versa* : Criss Kenton et son frère Simon, l'homme aux mille aventures, légende vivante de la frontière ; Daniel Boone, le grand pionnier ; Cornstalk, Logan et Pontiac, les trois chefs indiens valeureux et éloquents, chacun d'eux tout autant légendaires, etc. Il y a aussi Simon Girty, à qui Hugo Pratt prêta ses propres traits d'une façon si ressemblante dans l'album qu'il est difficile de ne pas y voir une identification voulue. Un dédoublement de personnalité pour se faire voyageur dans le temps. Une provocation déterminée de sa part. En effet, Hugo Pratt s'est dessiné lui-même à fond, trait pour trait, en reproduisant parfaitement son visage, pour camper un renégat blanc, élevé par les Indiens, devenu interprète de l'Indian Department. Il est donc dans le camp anglais, comme ses ancêtres.

---

7. Dossier de presse *Fort Wheeling*, Casterman, 1995, p. 2.

Quand on faisait remarquer à Hugo cette indiscutable ressemblance, il se crispait et répondait : « Tout le monde dit ça, mais je n'ai pas pensé à moi en le dessinant[8]. » Confronté à l'évidence, il la réfutait. Connaissant trop bien notre homme, j'y vois la confirmation d'un refus délibéré d'en parler. N'insistons pas et faisons semblant de croire qu'il avait la tête ailleurs ! Sa fresque indienne nous suffit pour le désigner tout entier ; elle nous le montre mieux qu'une photo d'identité.

Si réellement on désire une authentification vraisemblablement possible de la figure secrète d'Hugo Pratt, transposée en Amérique du Nord au XVIIIe siècle, il suffit de lire son *Roman de Kriss Kenton* et son *Wheeling. Le sentier des amitiés perdues*. On a ses deux profils : celui sur les traces de ses

8. Hugo Pratt, *De l'autre côté de Corto*, *op. cit.*, p. 53.

rêves lointains par là-bas, celui en quête de ses racines familiales sur place.

Voici ce qu'Hugo Pratt raconte sur son origine anglo-saxonne par rapport à *Wheeling* : « Il y avait dans ma famille des gens de Cornouailles – Boris Karloff s'appelait [Charles Edward] Pratt – et, dans des documents de ma famille, j'avais trouvé que des Pratt étaient allés en Amérique vers 1700 au moment où d'autres s'exilaient en France. [...] des membres de ma famille se sont trouvés dans la vallée de la Mohawk et ils ont combattu du côté des Anglais contre les Américains pendant la guerre d'Indépendance. Et regardez ce livre sur la ville de Wheeling : il y a eu Matthew Pratt, peintre et dessinateur[9] ! »

*
* *

« ... la guerre la mort
des conservateurs et des rebelles
on meurt en rouge ou en bleu,
mais bariolé aussi
tout le monde râle
tous vont et viennent
et la forêt fourmille de héros[10]. »

Hugo Pratt, dessinateur et écrivain – mais avant tout artiste et poète au long cours dans son *Wheeling* total en couleurs – termine ainsi le beau texte poétique signé de lui, comme s'il le récitait ! Morcelé à souhait, son texte sert de légendes aux aquarelles qu'il réalisa tout au long de ses « années *Wheeling* » et qui figurent dans l'album définitif comme autant d'introductions à une longue histoire.

Le début de la BD *Fort Wheeling* n'a jamais été modifié avec le temps : « Il y a un fleuve aux États-Unis qui sert de frontière à trois régions : West Virginia, Ohio et Kentucky. Les Iroquois l'appelaient *Ohio* ("le Beau Fleuve"). Sur les cartes françaises de cette époque, il portait comme nom "la Belle Rivière". La

9. *Ibid.*, p. 40.
10. Hugo Pratt, *Wheeling. Le sentier des amitiés perdues*, *op. cit.*, p. 34.

rive orientale se dénommait “Tomahawk Line” parce que chaque mile, un tomahawk (hache indienne) était planté dans les troncs des arbres, indiquant ainsi où commençaient les terres des Peaux-Rouges (traité de paix signé entre les Indiens et les Blancs : Easton, 1758, et Fort Stanwik, 1768). L'Ohio était interdit aux colons, mais pas aux commerçants français et anglais[11]. » S'ensuivent d'autres précisions dans les premières vignettes dessinées par Pratt, dont une carte et la description illustrée des Indiens Shawnees, Delawares et Mengwees. Ensuite, le texte de la BD précise : « À un certain endroit du fleuve, il y avait un épieu où était fichée une tête de mort. Elle avertissait les colons de passer au large. De là vient le nom indien de *Wheel* = “tête de mort”. *Ling* = “endroit”. Ainsi : *Wheeling* = “l'Endroit à la tête de mort”. » Pratt nous montre un crâne bien planté, puis on tourne la page pour découvrir le fort et lire les précisions suivantes : « Des renseignements sur cette tête de mort furent donnés en 1749 par un officier français, Celeron de Blainville. Il avait été chargé avec son commando d'enterrer quelques plaques de plomb portant la fleur de lys, pour affirmer l'appartenance du territoire à la France. En 1751, l'explorateur Christopher Gist apporta d'autres précisions : une île de la rivière avait été vendue par les Delawares à un explorateur, Ebenezer Zane, pour quelques couvertures et un baril de rhum. Plus tard, sur une colline en face de l'île, on construisit un fortin en troncs d'arbres qui fut appelé Fort Fincastle et ensuite Fort Henry, en l'honneur du gouverneur de la Virginie. Maintenant, sur cette colline il y a un hôtel et quelques magasins… Un trottoir porte une borne commémorative qui dit : “Souvenez-vous de la victoire de Fort Henry le 11 septembre 1782, dernière bataille de la Révolution américaine.” Chaque nuit, on dépose des ordures tout près de là[12]… »

*
* *

11. *Ibid.*, p. 37.
12. *Ibid.*, p. 38.

L'image que je vais donner de Zane Grey, je la dois à Hugo Pratt pour l'essentiel : « *Wheeling* démontre mon intérêt pour les guerres d'Amérique du Nord, qui a débuté quand j'étais enfant avec la trilogie de Zane Grey : *Betty Zane*, *The Spirit of the Border*, *The Last Trail*. Zane Grey parlait d'un village, qui est aujourd'hui la petite ville de Wheeling, dans l'État de Virginie-Occidentale (West Virginia), mais qui, au XVIIIe siècle, s'appelait Fort Zane ou Fort Henry – pas Fort William Henry, comme dans Fenimore Cooper, Fort Henry. J'ai trouvé des personnages dans des livres de Zane Grey, qui m'ont fasciné quand j'avais neuf ou dix ans. Dès sept-huit ans, je lisais beaucoup de livres et de bandes dessinées, j'allais souvent au cinéma. Ça a été ma formation. À Venise avec des amis, on se rencontrait quatre ou cinq fois par jour et on se racontait ce qu'on avait vu, ce qu'on avait lu. Il y a chez moi une recherche continue du monde de l'Amérique du XVIIIe siècle[13]. »

De Zane Grey (1875-1939), Hugo Pratt disait encore : « Zane Grey a le culte du *self-made man*, de celui qui non seulement ne doit rien aux autres, mais encore va contre les idées reçues. Il contribue au mythe américain, lui aussi est partisan de la devise "*Go west, young man !*". Ses personnages, généralement des ruraux, se mesurent à un environnement hostile. Il y a dans le roman américain cette tradition du héros solitaire, porté uniquement par son éthique personnelle. Chez Dashiell Hammett, par exemple, cela donne Sam Spade[14]. »

Cela a donné aussi les individualités qui se détachent des travaux historiques d'Hugo Pratt. En fait, toutes ses amitiés électives et ses créatures inventées présentent des affinités proches de ce qui forme ce trait de caractère-là. C'était d'ailleurs fondamentalement le sien ; et Hugo Pratt fit Corto Maltese à cette image. À son image.

En plus des quatre-vingt-cinq titres qu'il publia et des cent onze films que ses histoires inspirèrent[15], Zane Grey fut scénariste de bandes dessinées.

13. Hugo Pratt, *De l'autre côté de Corto*, *op. cit.*, p. 53.
14. Hugo Pratt, *Le désir d'être inutile, Souvenirs et réflexions*, *op. cit.*, p. 204.
15. *Bill Hillman's Zane Grey Tribune Site.*

King, le roi de la police montée est une BD tirée d'une série de ses livres publiés en 1936, 1937 et 1938, en plein « âge d'or de la bande dessinée » que l'on situe généralement entre les années 1934 et 1941[16]. La série BD coïncide d'ailleurs avec « l'âge d'or » des premières lectures déterminantes du jeune Hugo Pratt. Les aventures de King en BD se passent à l'époque de leur publication en livres. Elles font de ce sergent de la police montée canadienne un redresseur de torts, apte à résoudre n'importe quelle mystérieuse énigme et capable de régler n'importe quelle situation dangereuse.

Le cri du bourreau est l'une de ces histoires écrites par Zane Grey, dont King est le héros, que l'auteur adapta pour la bande dessinée :

À New-Matterhorn, petit village canadien isolé dans la montagne, sévit une malédiction venue d'une vieille légende du Tyrol dont les habitants sont originaires. Le bourgmestre avertit le sergent King qu'une série de meurtres est en cours et que chaque victime est tuée selon un rituel immuable. Tout d'abord parvient du haut de la montagne « le chant du bourreau tyrolien », annonciateur d'une mort prochaine, puis l'on retrouve immanquablement le corps d'un habitant du village, transpercé d'une flèche à pointe d'acier. Après quelques péripéties dignes d'un western moderne, avec intervention d'un hélicoptère, King déjoue le complot organisé par le frère jumeau du secrétaire de mairie, dont tous pensaient qu'il était mort depuis longtemps en Afrique du Sud. En réalité, ce dernier se cachait chez son frère qu'il maintenait sous hypnose, après que celui-ci lui eut révélé l'importance stratégique de la vallée de New-Matterhorn. Ainsi le jumeau diabolique terrorisait-il les fermiers, afin de racheter leurs terres à bas prix. Avec la complicité involontaire de son pauvre frère, paralysé de surcroît ! Quant à la belle Roxana, la fille du maire, un temps suspectée injustement par King, elle nous offre la conclusion suivante : « C'est horrible, mais grâce au ciel nous voilà enfin délivrés du bourreau tyrolien ! » Oui, Blackie Green – c'est le nom du « bourreau tyrolien » – portait le chapeau qui convient avec sa plume ! Oui, King, *roi de la police montée*, portait égale-

16. *Cf. Dictionnaire mondial de la bande dessinée*, Larousse, 1977, p. 543.

ment le sien, reconnaissable à son large bord bien plat à l'horizontale ! Oui c'est à cheval que notre célèbre « Tunique rouge » vint à New-Matterhorn ! « Dans notre prochain numéro, la suite des aventures de King et un nouvel épisode de Cisco Kid » précise *Au galop !!*, mensuel de bandes dessinées[17].

La présence de Zane Grey dans l'un de ces nombreux *comics* à la française, publiés avec succès jusque dans les années 1960 – l'histoire du bourreau tyrolien date de juillet 1957 –, prouve que l'auteur lu par Pratt dans les années 1930, en Italie, était encore largement diffusé sur le marché européen vingt ans après sa mort. D'autre part *King, le roi de la police montée* avait préalablement fait l'objet de nombreuses parutions, sous forme de bandes dessinées, en France durant « l'âge d'or », jusqu'à la période fatidique de rupture entre les éditeurs pour la jeunesse et le régime de Vichy. Détail à relever : dans *L'aventureux*, hebdomadaire paru entre le 8 mars 1936 et le 3 mai 1942, cohabita avec le King de Zane Grey une remarquable série intitulée *Les aventures de François*, qui n'était autre que la BD francisée la plus vénérée des connaisseurs – *Terry and the Pirates*, de Milton Caniff ! Le même Milton Caniff dont Hugo Pratt avait toujours dit qu'il était son maître ; le même qui, interrogé sur Pratt, dira : « Vous ne pouvez pas vous plaindre en Italie, vous avez Hugo Pratt, qui est un très bon dessinateur, il dit toujours que c'est moi qui l'ai influencé, mais je pense qu'il en aurait été de même s'il ne m'avait pas connu[18]. »

Zane Grey : cent millions de livres vendus dans le monde. Aujourd'hui, ils continuent de se vendre à raison de plusieurs centaines de milliers d'exemplaires chaque année, notamment ses ouvrages sur la chasse et la pêche[19].

Zane Grey est né le 31 janvier 1872, dans une petite ville de l'Ohio dont on peut parfaitement imaginer qu'elle était, à sa naissance, semblable à ces petites villes construites autour d'une rue centrale, que les westerns nous restituèrent comme un décor immuable. C'était juste après que la guerre

17. *Au galop !!*, n° 16, juillet 1957.
18. *L'univers de Hugo Pratt*, Dargaud, 1984, p. 20.
19. *Bill Hillman's Zane Grey Site*, *ibid.*

de Sécession eut conduit aux États de l'Union, alors que le général nordiste Ulysses Simpson Grant – lui-même originaire de l'Ohio – était président. Peu de temps avant la naissance de Zane Grey, les réserves indiennes avaient été officiellement créées. Elles succédaient à la jonction réussie des chemins de fer de l'Union Pacific et du Central Pacific, à Promontory Point, le 10 mai 1869. Zane Gray – avec un *a*, car c'était l'orthographe originale de son nom – est donc venu au monde quand le monde du western existait encore, avec sa devise : « *Go West.* » Quand le jeune Gray s'ouvrit à ce monde, les tribus indiennes étaient encore en guerre contre les troupes fédérales, et le général Custer n'avait pas encore été battu avec sa section de cavalerie par Sitting Bull, à Little Big Horn[20] ! Les décors et les situations de ses romans futurs étaient en marche, sous ses yeux.

Le père de Zane Gray était fermier, prédicateur et dentiste. On est bien dans le monde du western. Quant à son fils, il étudia à l'université de Pennsylvanie et à l'école de la nature. Il était aussi joueur de base-ball. On est bien en Amérique.

Zane, devenu Grey avec un *e*, publie très tôt des histoires de pêche dans les magazines, et son premier livre sera consacré à Buffalo Bill. À l'époque, il est un peu dentiste, un peu écrivain et déjà beaucoup lui-même. Il s'accroche. Les livres qu'Hugo Pratt a lus de lui font partie des tout premiers qu'il ait écrits. Ils devinrent des romans à succès après coup. C'est-à-dire après 1912 – *Betty Zane* date de 1903 –, à la suite de la parution de *Riders of the Purple Sage*[21], livre vendu cette année-là à deux millions d'exemplaires. Ses pages écrites se font liasses, il a trouvé le filon. Son « *Go West* » s'est transformé en « *Gold Way* ». Il deviendra très riche. Il le sera de plus en plus jusqu'à sa mort. Jusqu'à ses derniers livres. Tiens, l'un de ceux-ci annonce une histoire de chapeaux jumeaux (*Twin Sombreros*[22]) !

20. La bataille eut lieu le 25 juin 1876. La victoire des Indiens sera longtemps dénoncée comme un massacre. La provocation de l'armée américaine a été largement prouvée depuis, à la suite d'infractions répétées de la part des Blancs à l'égard des traités signés avec les tribus indiennes.

21. *Bill Hillman's Zane Grey Site*, *op. cit.*

22. *Ibid.*

Tiens, un autre est une dernière chevauchée de *King, roi de la police montée*[23] !... Ses recettes fonctionneront sans faillir jusqu'à son dernier souffle.

Il est temps d'insister sur l'importance que Zane Grey eut sur l'évolution du regard porté sur les mœurs indiennes. En effet, grâce aux élans généreux formant la trame essentielle du contenu de ses livres et par l'immense impact de leurs ventes, il contribua, à lui tout seul, à une bonne part de cette réhabilitation nécessaire du mode de vie des Indiens d'Amérique, aux yeux des émigrants anciens et nouveaux que l'on appelle, par habitude, « les Américains ».

On sait comment Zane Grey utilisa son talent, mais que fit-il de son argent ? Eh bien ! il alla à la pêche ! Et aussi à la chasse, mais il était surtout pêcheur, et cela depuis toujours. Ses premiers textes le prouvent ; ses premières grosses dépenses en témoignent. Il acquit cash le gros yacht du Kaiser et se paya plusieurs très belles goélettes de plaisance ; rien que pour satisfaire sa passion d'attraper du poisson et de battre des records dans des concours internationaux de pêche au gros, sur toutes les mers du monde. On dit qu'il est mort avec une canne à pêche à la main. Au bord du fleuve Delaware, se trouve le Zane Grey Museum, présenté comme « la maison du père des romans de western[24] ». Si j'ai l'occasion, un jour, je m'offrirai la visite, car tout ce qui concourt à mieux faire connaître l'auteur de *Betty Zane* nous aide à redécouvrir l'auteur de *Wheeling*.

23. *Ibid.*
24. *Ibid.*

*
* *

Un été indien, histoire dessinée par Milo Manara, dont Hugo Pratt est l'auteur[25], peut être vu comme la version prattienne de *La lettre écarlate* de Nathaniel Hawthorne, mélangée au thème de la pièce en quatre actes d'Arthur Miller *Les sorcières de Salem* ; elle est parfaitement adaptée au style érotico-académique de Manara. L'album Pratt-Manara, largement libéré de ses inspirations d'origine, obtint l'Alfred du meilleur album étranger au festival d'Angoulême : « Le père de Corto Maltese a imaginé une sombre histoire de fermiers et d'Indiens dans les Amériques du XVIIe siècle, sur laquelle souffle un vent sulfureux d'intolérance religieuse tout droit venu de Salem. Le dessinateur coquin du *Déclic* et des aventures amoureuses de *L'homme invisible* l'a somptueusement mise en images. Scénario, dessins, découpage, couleurs, tout est un enchantement dans cet album, premier véritable événement 1987 dans le monde de la BD. Un événement qui sera difficile à surpasser[26]. »

Pour recadrer cet *Été indien* brûlant, je préciserai que l'album débute par un vol de mouettes et qu'il s'achève par un vol de feuilles mortes brassées par le vent qui tourbillonnent au-dessus du vieux cimetière de Gallows Hill, à Salem. Hugo Pratt a puisé à de nombreuses sources littéraires et historiques pour engendrer et écrire son histoire. Ainsi figure, dans les quatre pages finales d'*Un été indien*, un astucieux mélange associant épilogue rédigé et bibliographie commentée. Ce mélange se pose en modèle particulièrement réussi. Pratt, qui s'est plongé dans de nombreux ouvrages, nous livre sa conclusion sur son travail d'archiviste : « Quant aux *Plaines d'Abraham*, de J.O. Curwood dans la collection romantique de l'éditeur Sonzogno, elles émergent dans leur couverture rouge, rouge de honte, en se retrouvant au beau milieu de tous ces livres savants. Ce livre me faisait rêver

25. Pratt-Manara, *Un été indien*, album en couleurs, Casterman, 1987.
26. Jean-Pierre Fueri, *in France Soir*, 3 février 1987.

lorsque j'avais neuf ans et j'y suis attaché plus qu'à tout autre... Si je n'avais pas lu Curwood ou Zane Grey à cette époque-là, qui sait si je me serais un jour penché sur l'histoire de la frontière américaine[27] ? »

Nos lectures de jeunesse non seulement orientent nos choix d'adulte, mais s'imposent comme souvenirs de vieillesse. Une reproduction photographique montre Zane Grey avec une canne à pêche dans une main et trois gros poissons tirés de sa pêche dans l'autre. Sur ce, en consultant un livre (*Sélection du Reader's Digest*[28]), je découvre la photo de James Oliver Curwood posant à son tour au bord d'une rivière avec une canne à pêche dans une main et un énorme poisson dans l'autre.

*
* *

James Oliver Curwood (1878-1927) est de la même génération que Zane Grey. Son aîné de six ans seulement. Mais sa vie sera nettement plus courte. Malgré tout, Curwood eut une vie bien remplie, qui lui permit d'écrire une trentaine de romans directement issus de celle-ci. Né à Ossowo, dans le Michigan, il se découvre très tôt un penchant naturel pour l'aventure. Il lit Jack London avec passion. Son territoire de naissance et de lecture le porte vers le Grand Nord. Après les petits boulots d'usage et les débuts classiques dans le journalisme – pour lui, ce sera au *Detroit News Tribune* –, dès 1909, il part pour des missions de six mois pour le compte du gouvernement canadien. Il vit en forêt avec les trappeurs et s'y trouve bien. Ce sera son sujet pour ses romans futurs. Très vite, son style se forge au contact de la nature, en proie à une somptuosité et à une sauvagerie qui le fascinent. Le végétal, le minéral, l'animal et l'humain sont confrontés au bien et au mal. Tous deviennent, par sa plume, des personnages de roman à part entière. C'est grâce à ses expériences et à ses capacités d'adaptation au milieu naturel du Grand Nord, où il

27. Pratt-Manara, *Un été indien*, *op. cit.*, p. 148.
28. *The Reader's Digest*, Sélection du livre, décembre 1993, p. 407.

a trouvé son bonheur, que James Oliver Curwood composa ses histoires. Celles-ci firent rêver les enfants et les adolescents, ainsi que les cœurs purs chez les adultes.

Les livres de Curwood furent traduits un peu partout, comme *Bari, chien-loup*, *Les cœurs les plus farouches* et *Le grizzly* – adapté au cinéma par Jean-Jacques Annaud, avec son film *L'ours*, sorti en 1988. Ses ouvrages composaient une sorte de comédie naturelle. Complément écologique, avant l'heure, des comédies humaines littéraires patentées. Ainsi, les livres de James Oliver Curwood cohabitèrent sur tous les rayonnages des bibliothèques familiales, entre les années 1920 et 1950, quand ils étaient publiés en France dans la fameuse « Bibliothèque verte » de chez Hachette, avec des couvertures illustrées qui sont toutes un appel à se chausser de raquettes pour une fuite plein nord, en direction des grands rêves septentrionaux.

À ce stade de notre affût, sur les traces laissées par Curwood dans la neige et dans le gel de nos souvenirs conservés intacts, redonnons la parole à Hugo Pratt : « James Oliver Curwood est évidemment à la fois le fils de Kipling et de London. Ses livres – *Kazan* est le plus connu – se passent souvent dans le Grand Nord. Ils sont faciles et peuvent se lire en une journée, ce que je faisais pendant la guerre. À cette époque, j'ai dû lire à peu près toute l'œuvre de Curwood, et il n'y a pas de doute qu'elle m'a influencé – il y a du Curwood dans mon *Jesuit Joe*. Le livre de lui qui me plaît le plus est *Les plaines d'Abraham*, que j'ai lu quand j'avais neuf ans dans la collection “Romantica” de l'éditeur Sonzogno. Pour un Européen, le titre n'est pas explicite, on peut penser qu'il s'agit d'une histoire biblique, alors que “les plaines d'Abraham” est un lieu-dit du Québec, qui tire son nom d'un pionnier du XVIIe siècle, Martin Abraham. C'est sur ce plateau dominant le Saint-Laurent qu'en 1759 le général anglais Wolfe et le général français Montcalm ont trouvé la mort. Voilà ce dont parle Curwood. Ce livre a fait partie de mes sources pour le scénario de la bande dessinée *Un été indien*, que j'ai écrite pour Manara, et je me suis occupé de sa réédition en Italie, dans le texte intégral, puis de celle de *Black Hunter*, autre titre introuvable. En effet, la plupart des livres de Curwood sont aujourd'hui ou épuisés ou abrégés pour les enfants : il y a quelques années, j'ai voulu me procurer l'œuvre complète et je ne l'ai trouvée qu'en espagnol[29]. »

Prenons *Bari, chien-loup*[30], l'un des livres de Curwood les plus lus. Bari a été enfanté par une louve aveugle et son père est un chien husky, Kazan, cité par Pratt. L'histoire de Bari s'offre à nous comme un hymne à la vie sauvage. Dès les premières pages, une introspection poétique de la vie animale nous fait tout de suite aimer Bari, dans le combat sanglant qu'il doit mener – dès son entrée dans la vie – en se servant de ses crocs et de sa fierté pour survivre. Un enseignement qui est une fatalité éprouvée par chacun de nous, tôt ou tard. James Oliver Curwood avait expérimenté ses livres avant de les écrire.

Bari, chien-loup est l'histoire d'une vengeance où le justicier est la bête elle-même. En effet, le héros de Curwood se posera en protecteur de Nepeese, sa jeune maîtresse aux longues tresses – fille de Pierrot, métis français coureur des bois, et de Wyola, Indienne cree de sang royal. Orpheline, la jeune fille a disparu dans la nature pour échapper à un homme qui la désire et la terrorise : Bush McTaggart. C'est l'agent de la Compagnie des peaux et fourrures, au comptoir de Lac Bain. Il est surnommé par les Indiens *Napao Wetikoo* – « l'homme-diable » –, parce qu'il abuse de son pouvoir de bureaucrate dans une cabane. Il n'hésite pas à violenter, violer et tuer, pour arriver à ses fins. Tout porte à croire que Nepeese est morte et que sa tendre chair a servi de pitance aux animaux de la forêt.

L'autre personnage féminin du livre est Maheegun, la jeune louve. Elle a refusé les avances de Bari : trop chien et pas assez loup à ses yeux. Bari lui avait fait les yeux doux, elle a les yeux durs ! Pourtant, entre chien et loup, il savait être le plus fort. Et en puissant brave chien qui aime sa maîtresse humaine, Bari sait d'instinct que Nepeese est toujours vivante. Il la retrouvera et la vengera. Malgré les embûches

29. Hugo Pratt, *Le désir d'être inutile. Souvenirs et réfexions*, *op. cit.*, p. 203.
30. Publié en 1914 sous le titre *Baree, the Story of a Wolf Dog*.

régentées par la dure loi de la nature et la haine immonde de McTaggart.

Laissons à James Oliver Curwood le soin de nous décrire la quête de Bari à la recherche de Nepeese, alors que notre chien-loup, plein d'« humanité », tire sa force de l'immense affection qu'il éprouve pour sa maîtresse, augmentée de l'indomptable désir qu'il a de la sauver des ombres de la forêt :

« L'hiver passa et le printemps revint. Bari continuait à hanter ses anciennes pistes. Les pièges de Pierrot étaient rouillés et se détendaient. Sous la neige fondue, leurs mâchoires ne livraient plus que des plumes et des os. Les ruisseaux gonflés chantaient dans les forêts et dans les canyons. Des taches de vert commençaient à couvrir le monticule calciné des restes de la cabane. Les plantes grimpantes qui recouvraient la tombe de la princesse s'étendaient vers celle de Pierrot.

Enfin, quelque chose se brisa en Bari. Son dernier rêve, peut-être. Un jour, il fit ses adieux à Gray Loon[31].

Personne ne peut dire ce qu'il lui en coûta de partir, ni de quelle façon il lutta contre ce qui le retenait au *tepee* : les sentes familières de la forêt et les deux sépultures sous le grand sapin. Peut-être existe-t-il un Maître dont la main guide l'animal, comme elle guide l'homme, et que nous appelons l'instinct. En s'en allant, Bari allait se mesurer à la Grande Aventure.

Elle était là, au nord. Elle l'attendait... et c'est vers le nord qu'il partit[32]. »

Les personnages que Curwood décrit sont pris parmi ses connaissances et ses amitiés du Grand Nord. Nepeese, la jeune Indienne, était bien la fille de Pierrot, le trappeur métis, et de Wyola, princesse cree. Ils sont, dans le roman, tels qu'ils les fréquenta et les aima. James Oliver Curwood, écrivain de terrain, était un chasseur repenti, après qu'un grizzly

---

31. Gray Loon est le nom du territoire de chasse où Pierrot et sa fille Nepeese vivent dans leur cabane.

32. *The Reader's Digest,* Sélection du livre, *op. cit.*, p. 387-388. J'ai écrit « Bari » plutôt que « Baree » pour me conformer à la traduction française classique (NDLA).

lui eut laissé la vie sauve. Ce fut d'ailleurs ce moment de confrontation avec l'ours, pendant lequel sa vie ne tint qu'à un fil, qui l'incita à offrir à Pierrot son meilleur fusil. En geste d'amitié et en échange d'une promesse : que son ami le trappeur s'abstienne de tuer des castors durant deux hivers de suite. Par ailleurs, Kazan, le père de Bari, fut le chien fidèle du romancier pendant son premier long séjour dans la forêt canadienne, en 1914.

Depuis 1979, il existe un prix littéraire James Oliver Curwood qui couronne, chaque année, une œuvre non romanesque contribuant à magnifier la nature sauvage. Sa maison natale, dans le Michigan, est aujourd'hui classée monument historique. Considéré, à tort ou à raison, comme un auteur pour la jeunesse, Curwood fut très illustré. Certains de ses livres ont même fait l'objet d'illustrations de la main de grands dessinateurs de BD. Par exemple, *Les cœurs les plus farouches*, par François Bourgeon, l'auteur de la série *Les passagers du vent*, et *Le grizzly* par Victor de la Fuente, l'un de ces grands dessinateurs espagnols qui ont beaucoup apporté au genre[33]. En outre, Hugo Pratt dessina les couvertures de deux romans de Curwood, en Italie[34]. Quant au scénario de *Jesuit Joe* – dont l'aventure a lieu vers 1920, et qui est tout le contraire d'une histoire destinée à devenir un modèle pour la jeunesse –, l'influence de Curwood sur Pratt est évidente.

Mais qui est vraiment Jesuit Joe ? Il apparaît comme un tueur exalté et cruel. Il tue sans compter jusqu'aux oiseaux qui chantent dans les bois et il va même jusqu'à exécuter à bout portant sa propre sœur. Et il plante son couteau dans la main du curé qui lui faisait le catéchisme quand il était enfant !

Explications d'Hugo Pratt : « C'est un type émotif, intemporel, moraliste. Il n'aime pas le bonheur. Pourquoi va-t-il voir ce curé ? Le curé lui a appris à souffrir, et maintenant Jesuit Joe veut savoir si ce curé a lui-même souffert. Là, on trouve une certaine explication au comportement de Jesuit Joe. On

---

33. *Les cœurs les plus farouches*, illustrations de François Bourgeon, Hachette, 1978 ; *Le grizzly*, illustrations de Victor de la Fuente, Hachette, 1996.

34. *Il Cacciature nero*, Del Grifo, 1990 ; *Le Pianure di Abramo*, *idem*, 1991.

lui a appris qu'il fallait souffrir pour aller au paradis. Lui n'a jamais réussi à souffrir, alors il fait souffrir les autres. Il est logique que, dans cette histoire, Jesuit Joe aille contre toute l'éthique que le curé symbolisait pour lui quand il était enfant. Par exemple, s'il laisse s'enfuir les prisonniers, ce n'est pas pour les aider, c'est pour aller contre le respect de la Loi qu'on lui avait inculqué dans son enfance. De plus, Jesuit Joe est le descendant de Louis Riel, le chef de la résistance des métis indiens, qui avait réussi à former un gouvernement indépendant et a été pendu en 1885. Jesuit Joe appartient donc à une race perdue et, en tant que métis, il est rejeté par tout le monde[35]. »

Les propos tenus par Hugo Pratt, sur le cas particulier que représente Jesuit Joe, métis franco-mohawk, me rappelle la présence en face de moi d'un métis canado-cree. Il avait les mains reliées par une chaîne à deux Tuniques rouges, alors que je voyageais dans l'un des trains les plus folkloriques du monde, le Polar Bear Express. Ce train qui assure la jonction entre Toronto, la capitale de la province de l'Ontario, et Mousonee, bourgade indienne, au bord de la baie James. Sa destination finale donne accès à l'immense baie d'Hudson, ouverte sur les mers froides de Beaufort, du Labrador et de Lincoln, centre géographique et historique de la police montée canadienne.

Dans le wagon, je n'étais pas très à l'aise devant le spectacle offert par ce prisonnier dont je ne saurai jamais s'il était là pour un vol ou pour un viol, pour un regard de travers ou un coup mortel... Il semblait entretenir une certaine connivence avec ses gardiens. Je n'avais nulle envie d'établir une complicité quelconque avec un tel trio, car elle se serait forcément révélée ambiguë. Complice de qui parmi les trois ? Chacun a sa vie. Nous étions sur le trajet du retour en direction de Toronto. Plutôt que d'entrer – par effraction ! – dans le regard du métis arrêté ou de m'improviser copain avec les deux serre-livres policiers, je profitai du paysage qui défilait par la fenêtre du wagon.

35. Hugo Pratt, *De l'autre côté de Corto*, *op. cit.*, p. 109.

Le Polar Bear Express est un train au fonctionnement incroyable. Il ne dispose que d'une seule voie pour rouler. Ainsi, à la station terminale de Mousonee, il attend plusieurs jours pour faire la manœuvre qui lui permettra de repartir dans l'autre sens, sur les mêmes rails. Tout au long du trajet, des types font régulièrement du stop. Le train s'arrête pour les laisser monter en leur calculant le prix du transport, en fonction de la distance parcourue. C'est de cette façon que se sont retrouvés en face de moi mes trois voisins reliés par leur chaîne...

J'avais raconté l'anecdote à Hugo bien des années plus tard. Cette situation, je l'avais vécue alors que nous ne nous connaissions pas encore. Nous en avions conclu que nous cherchions à peu près les mêmes choses séparément, aux mêmes endroits, aussi bien en Éthiopie qu'au Canada, durant à peu près les mêmes années !...

Sur ces années-là, Hugo Pratt raconte :

« J'étais souvent absent parce que c'est une période de ma vie pendant laquelle j'ai beaucoup voyagé. En 1973, je suis retourné en Éthiopie, pour revoir de vieilles connaissances. Ensemble, nous avons évoqué le temps passé, chanté d'anciennes chansons éthiopiennes ; les enfants de mes amis nous trouvaient complètement ringards. Puis, dans les années 1974-1979, il y a eu une série de voyages sur le continent américain, le dernier, le plus émouvant, étant mon retour en Argentine. [...] En 1976, je suis allé au Canada et j'y ai rencontré un dessinateur et peintre italien que j'aime bien, Vittorio Fiorucci. On m'avait invité au Canada à la fois pour jouer dans un film et faire des conférences sur les guerres de frontières entre Britanniques, Français et Peaux-Rouges au XVIIIe siècle. Le film s'appelait *La nuit de la marée haute*, il n'a pas mal marché au Canada et en Italie. L'interprète principal était Anthony Steel, un acteur britannique qui avait été marié avec Anita Ekberg. Comme il voulait toujours se montrer à la caméra sous un certain profil, les scènes n'étaient pas faciles à tourner ; par exemple, on ne pouvait marcher vers lui que dans un certain sens. Je me suis amusé à faire peur au metteur en scène en lui disant que moi aussi je ne voulais être filmé que d'un certain côté. Le premier rôle féminin était tenu par une vedette de films érotiques, Annie Belle, avec qui je me suis bien entendu. Tout le monde s'est bien amusé pendant le tournage. Les filles étaient jolies, le sirop d'érable délicieux. J'ai dessiné des blue-jeans sur les fesses des filles nues. C'était un film érotique à la sauce canadienne : à l'extérieur, la neige qui tombe sans arrêt ; à l'intérieur, des piscines d'eau tiède avec des jeunes gens nus. Je jouais le rôle d'un maquereau, et en quittant le tournage j'allais dans des universités faire des conférences. Les Canadiens étaient assez surpris d'entendre un Italien leur parler des Indiens mohawks[36]. »

Nul besoin de revenir sur l'influence exercée par Curwood sur le scénario de *Jesuit Joe*, dont les premières planches de l'album avaient toujours formé un appel en faveur d'une adaptation pour le cinéma.

Dans la réédition de *Jesuit Joe*, enrichi du story-board du film tiré de l'album, Hugo Pratt écrit : « L'écrivain américain James Oliver Curwood écrivit de bons romans d'aventures qui exaltaient le romantisme héroïque de la plus pittoresque des polices. C'était aux alentours de 1910 ; depuis, beaucoup d'eau a coulé sous les ponts et le romantisme de la Royal Canadian Mounted Police a quelque peu diminué. Lors de nombreux voyages au Canada, j'ai fait, à partir de quantité de documents sur cette force de police, des recherches et, au bout de plusieurs années de travail, j'ai rassemblé assez de matériau pour construire l'histoire de Jesuit Joe, le métis fou qui, en fait, n'était pas du tout fou mais simplement différent. Comme est différent de beaucoup de metteurs en scène Olivier Austen, qui se présenta un jour devant ma maison du lac Leman sur une puissante moto japonaise et acquit les droits de la courte histoire dessinée[37]. »

En novembre 1991, alors que nous sortions d'un repas bien arrosé, à Paris, avec Hugo et Amaretch, en compagnie d'amis et de l'équipe du film, nous passâmes devant le *Crazy Horse Saloon* où se tiennent en permanence, à l'entrée, deux videurs portant l'uniforme de la police montée canadienne. Notre chemin était tracé. Nous nous dirigions tous ensemble, à pied, pour assister à la projection de *Jesuit Joe*, sur les Champs-Élysées.

36. Hugo Pratt, *Le désir d'être inutile. Souvenirs et réflexions, op. cit.*, p. 141-142.

37. Hugo Pratt, *Jesuit Joe, op. cit.*, p. 4.

« De singulières histoires sont souvent rapportées dans les archives de la police royale du Northland. Celle du demi-fou Bram Johnson y est, comme les autres, soigneusement classée. Une grande enveloppe renferme toutes les pièces officielles qui y ont trait.

C'est d'abord la brève déposition du brave et loyal caporal Olaf Anderson, du Fort Churchill. Puis vient un témoignage plus circonstancié, signé de Mister et de Mistress Philip Brant, et du père de la Lady. À ces deux pièces est annexé un exemplaire de la décision officielle graciant Bram Johnson et, de criminel hors la loi, le faisant passer au rang de pupille du Dominion du Canada.

Les policiers traqueurs d'hommes en service sont invités à le laisser désormais en paix. Le texte est formel : *Laissez tranquille Bram Johnson.* Ainsi s'exprime l'arrêt, qui est sage et humain.

Le sauvage pays, où Bram est libre d'errer, est immense et, en compagnie de ses loups, il continue à chasser, sous la pâle lumière de la lune et le scintillement doré des étoiles. »

Ce texte est la fin du livre *Le piège d'or*, de James Oliver Curwood[38]. Son roman développe les errements de la sauvagerie, chez certains êtres. Quand le décor s'y prête et quand la violence se fait reine au royaume du Grand Nord. *Jesuit Joe* m'a toujours fait pensé à ce roman de Curwood.

*
* *

Sur le contenu des ouvrages de Kenneth Roberts (1885-1957), Hugo Pratt était très calé. C'est d'ailleurs lui qui m'a fait connaître ce dernier, car notre soif de lire, quand nous étions enfants, était puisée à des sources que nous n'avions pas forcément en commun. Bref, nos lectures de jeunesse n'étaient pas toujours les mêmes :

« Il y a toujours des différences de culture. Moi, je ne suis pas très calé sur Flaubert et *Madame Bovary*, mais je suis très calé sur *Northwest Passage* de Kenneth Robert. Et je suis plus calé sur la littérature anglo-saxonne que sur la littérature française, je connais bien Alexandre Dumas : *Les trois mousquetaires*, *Vingt ans après* et même *Le vicomte de Bragelonne*, que les Français ne connaissent pas toujours. [...] J'aime bien aussi Victor Hugo : *Les Orientales* et d'autres poèmes, et aussi

38. James Oliver Curwood, *Le piège d'or*, Librairie Hachette, 1930, p. 246-247.

ses dessins, mais ses romans m'intéressent moins, c'est trop français. Je m'intéresse à Villon, à Rimbaud, à des gens d'un intérêt plus universel. Les romans français sont trop souvent liés à des problèmes de province, à une certaine époque. Aux problèmes de madame Bovary, je préfère des histoires de nuits sur l'Ohio avec, dans la forêt, sous les étoiles, les Indiens qui observent[39]. »

Et si on en venait à la preuve par les livres ?

Prenons l'exemple de John Buchan, le romancier des *Trente-neuf marches*[40], dont il me vient à l'idée d'évoquer le cas parce qu'il avait demandé l'autorisation à son monarque, le roi d'Angleterre (dans les années 1930), de poursuivre une carrière littéraire, alors qu'il venait d'être nommé gouverneur général du Canada. George V lui répondit qu'il était libre d'écrire tout ce qu'il voulait, pourvu qu'il ne mît pas en péril l'action de la Couronne[41].

John Buchan était écossais. Oui, Hugo Pratt le connaissait ! Mais il ne le mentionne nulle part comme romancier qui aurait compté pour lui. Pourtant, Buchan a écrit des livres d'aventures, en quantité et en qualité, sous l'heureuse influence de Kipling, Conrad, Rider Haggard, Conan Doyle, tout en développant un style original. Par ailleurs, il était l'ami de Lawrence d'Arabie. L'auteur des *Sept piliers de la sagesse* venait, à moto, rendre régulièrement visite à la famille Buchan, dans son petit manoir, non loin d'Oxford, pour y prendre le *breakfast*. John Buchan dira de lui qu'il était la seule personne qui l'intimidait. John Buchan était pratiquement le même homme dans la vie que son héros, Richard Hannay, personnage principal d'un cycle de cinq romans d'espionnage et d'aventures, écrits entre 1916 et 1936[42]. Dans son autobiographie, le romancier

39. Hugo Pratt, *De l'autre côté de Corto*, *op. cit.*, p. 168.

40. Le célèbre film d'Alfred Hitchcock, *Les trente-neuf marches*, tourné en 1935, est tiré du livre de John Buchan.

41. John Buchan (1875-1940).

42. Les cinq romans avec Richard Hannay sont : *Les trente-neuf marches*, 1915 ; *Le prophète au manteau vert*, 1916 ; *La troisième aventure de monsieur Constance*, 1919 ; *Les trois otages*, 1924 ; *L'île aux moutons*, 1936. Présentation par François Rivière : *John Buchan ou les fantômes de lord Tweedsmuir*, Librairie des Champs-Élysées, 1995.

précise : « Mes premiers souvenirs ne sont pas de moi-même, mais de tout ce qui m'entourait. » Il termine ses souvenirs par la phrase suivante : « Un rideau de ténèbres semblait être tombé sur un monde jadis fécond. Mais dans ces ténèbres quelques feux brillaient encore[43]. »

Le Canada de John Buchan était-il trop tardif aux yeux d'Hugo Pratt ? C'est la seule justification que j'ai trouvée pour expliquer son manque d'intérêt pour un tel auteur. En revanche, la théorie des livres lus en fonction de notre culture d'origine reste valable avec l'exemple de Gustave Aimard, romancier français (1818-1883). Auteur des *Trappeurs de l'Arkansas*, contemporain de James Fenimore Cooper – *Le dernier des Mohicans* date de 1826 –, il eut une vie d'aventures mouvementée que son œuvre reflète abondamment[44]. Hugo ne le connaissait pas du tout. Gustave Aimard avait été pour lui ce que Kenneth Roberts avait été pour moi : un auteur inconnu. Vive les échanges ! Et vive les recherches ! Hugo Pratt parcourut plusieurs centaines de kilomètres à pied, uniquement parce qu'il avait lu et relu Kenneth Roberts :

« De tous les romanciers qui ont raconté les guerres de frontières, Kenneth Roberts est celui qui a fait le plus de recherches historiques. Il a même écrit un livre pour expliquer comment il avait écrit *Northwest Passage*. Kenneth Roberts connaît par cœur les études de Francis Parkman[45], et est le seul à recréer de façon convaincante toute la société de la Nouvelle-Angleterre du dix-huitième siècle. Il n'y a que lui pour faire vivre une marchande de poissons des docks de Boston. Comme il a écrit après les autres – *Northwest Passage* date de 1937 –, il a bénéficié de leurs travaux. Et moi, j'ai eu la chance de profiter aussi de lui pour ma bande dessinée *Wheeling* et mon livre, *Le roman de Criss Kenton*, qui racon-

43. *Ibid.*, *cf.* la présentation de François Rivière, p. 7-17.

44. La collection « Bouquins », Robert Laffont, a aussi réédité *Les trappeurs de l'Arkansas* et autres romans de l'Ouest, une édition établie par Matthieu Letourneux, 992 pages.

45. L'écrivain Francis Parkman a publié une étude sous la forme d'un très bel ouvrage en 21 volumes : *Indian place names of New England*, de Huden de la Heye Foundation de New York. Source : Hugo Pratt, *in Un été indien*, *op. cit.*, p. 148.

tent la même histoire selon deux codes différents, celui de la bande dessinée et celui du roman[46]. »

Le roman de Criss Kenton, tout comme *Wheeling*, on situe. Mais il y a aussi *Indian Lore*, *Indian River*, *Sergent Kirk*, *Ticonderoga*, *Lobo Conrad*... Autant d'histoires qui ont précédé ce que l'on a vu. Elles aussi ont contribué à la constitution de ce qu'il faut bien considérer comme la grande saga d'Hugo Pratt sur l'Amérique du Nord, en quête de ses frontières. Et en quête de deux sortes de frontières : celles du Nouveau Monde, qu'il dessinait, et celles que lui-même s'était fixées.

Les anecdotes qui se dégagent des derniers titres cités vont nous permettre de renforcer l'approche du travail de Pratt dans cette double direction.

*
* *

— *Indian Lore* (février 1947) est sa première BD personnelle. Tout est de lui : le scénario, les dessins avec leurs textes. Son histoire se passe au Québec, en 1793. Son style est déjà là tout entier : le noir et blanc, les perspectives et les gros plans, le trappeur et l'Indien ensemble, les oiseaux dans le ciel et les oiseaux sculptés dans le totem... Hugo Pratt a 20 ans et son don exceptionnel saute aux yeux dès la première planche. *Indian Lore* fut publié dans un journal, en Italie, qui n'eut qu'un seul numéro et dont le titre était... *Indian Lore*[47] ! À cette époque, il fait partie de ce que l'on appellera « le Groupe de Venise », une bande d'amis formés autour de Mario Faustinelli, Alberto Ongaro, Dino Battaglia et lui-même, avec d'autres encore qui tous collaboraient au magazine *L'as de pique*, créé par eux. La plupart des membres du Groupe de Venise deviendront célèbres chez eux. Ils contribueront, de façon notable, au renouveau de la bande dessinée italienne. Hugo était le plus fugueur d'entre tous. Il disparaissait régulièrement de Venise pour faire des escapades plus ou moins

46. Hugo Pratt, *Le désir d'être inutile. Souvenirs et réflexions*, *op. cit.*, p. 204.

47. Daté du 1er février 1947, *Indian Lore* a été republié dans *Sgt. Kirk* n° 13, juillet 1968.

longues. En 1947, tout un périple le conduisit successivement en Autriche, en Angleterre et en France :

« La première étape a été Linz, en Autriche, pour retrouver une fille qui ressemblait à Heidi. Pour ma plus grande confusion, elle m'a emmené dans un petit train qui circulait dans des grottes avec des statues qui représentaient les nains de Blanche-Neige ! Linz était dans la zone d'occupation soviétique, et il y a eu des problèmes au passage de la frontière parce que j'avais l'air d'un soldat américain : un trench-coat, la chemise de l'armée, une coupe de cheveux *crew cut*. Ensuite, sans repasser par Venise, j'ai traversé rapidement toute une partie de l'Europe pour aller à Londres. J'y ai beaucoup fréquenté les *pubs*. Je dormais à la gare Victoria, un *bobby* m'a réveillé à coups de bâton sur la plante des pieds. En France, je suis d'abord allé à Paris. En apprenant que j'étais italien, un Parisien m'a écrit sur un papier "10 juin 1940" – la date à laquelle l'Italie avait déclaré la guerre à la France. Un autre Français a vu cela, il a déchiré le papier et m'a dit : "Ne fais pas attention, c'est un con[48]." »

*

* *

— *Indian River* (1949) est une histoire restée inachevée, après la quinzième planche, sur un scénario commun Faustinelli-Pratt, et publiée dans *L'as de pique*[49]. Dans *Indian River*, Hugo Pratt commence à jouer avec lui-même et ses origines, car le héros s'appelle Hiram Pratt, explorateur de l'Amérique du Nord. Après quelques tentatives avortées pour traverser l'Atlantique, à destination des États-Unis sur divers bateaux à partir des côtes italiennes ou yougoslaves, c'est à la fin de cette même année 1949 que l'occasion de s'embarquer pour l'Argentine lui sera offerte :

« Les bandes dessinées qui paraissaient dans *Asso di Picche* avaient été repérées par un éditeur italien installé à Buenos

48. Hugo Pratt, *Le désir d'être inutile. Souvenirs et réflexions, op. cit.*, p. 80.

49. De décembre 1948 à mai 1949. Après quinze planches, l'histoire est restée inachevée.

Aires, Cesare Civita. Il a chargé son agent pour l'Europe, madame Finzi, de prendre contact avec nous. Elle nous a donné rendez-vous à la gare de Venise. C'était une femme d'une cinquantaine d'années, encore belle. Elle avait planté une rose dans son décolleté et moi, avec un peu d'impertinence, je lui ai demandé : "Comment l'arrosez-vous ?" Elle m'a regardé avec sympathie, et c'est peut-être à cette phrase plus qu'à mes crayonnés qu'a tenu mon contrat pour l'Argentine. Avec Faustinelli et deux fiancées – une chacun – et le père de Faustinelli, nous sommes allés en train à Gênes, où Mario et moi devions prendre le bateau. Les fiancées n'étaient pas trop tristes de nous voir partir car elles espéraient nous rejoindre plus tard. Évidemment, peu après notre arrivée en Argentine, nous avons changé de fiancées. "En novembre 1949, Mario Faustinelli et moi nous nous sommes donc embarqués pour une traversée de dix-huit jours. J'avais vingt-deux ans et je partais à l'aventure, pensant que depuis l'Argentine il me serait probablement plus facile de gagner les États-Unis que depuis l'Europe : je voguais vers l'Amérique du Sud tout en poursuivant mon rêve nord-américain. Je ne me doutais pas que j'allais passer en Argentine treize années de ma vie[50]." »

*
* *

— *Sergent Kirk* (1953) est la principale bande qu'Hugo Pratt a dessinée durant sa période argentine. Elle compte cinq mille planches petit format, ce qui correspond environ à deux mille planches format européen. Il s'agit donc d'une série. Elle résulte de la collaboration réussie entre un scénariste extraordinaire, Hector Oesterheld, et Pratt dont l'installation en Argentine est désormais acquise. L'idée de départ d'Hector German Oesterheld (avec l'approbation enthousiaste d'Hugo) est de créer un personnage venu du monde des Blancs qui, à la suite d'un massacre de Peaux-Rouges, passera de leur côté…

50. Hugo Pratt, *Le désir d'être inutile. Souvenirs et réflexions, op. cit.*, p. 85.

« Oesterheld n'était pas un Nord-Américain. C'était un homme de culture sud-américaine, où on aime avoir des ancêtres indiens. Et l'Argentine n'est pas comme les États-Unis le résultat d'une aventure colonialiste, d'où une façon différente de voir les choses. Avec Kirk, Oesterheld a voulu créer un personnage qui appartienne à la fois au monde des Blancs et au monde des Indiens. Cette double appartenance lui pose des problèmes, d'autant plus qu'il est aussi un renégat de l'armée américaine. Ce serait un personnage amer s'il ne trouvait pas dans l'amitié une sorte de salut. [...] Oesterheld était un véritable écrivain. Il avait beaucoup lu. Pour un homme intelligent et cultivé, c'est facile de voir le public auquel on s'adresse. Qui était l'acheteur de *Misterix*, où paraissait *Sgt. Kirk* ? C'était l'ouvrier, le type qui habitait dans la grande banlieue, qui arrivait au centre-ville après quarante minutes de transport. Ce n'étaient pas des Anglo-Saxons ou des Juifs, parfois, ils descendaient d'Indiens. On s'était dit : "Voici la cible[51]." »

Cette série fut d'autant plus importante qu'elle suscita la création, un quart de siècle plus tard (1967), du magazine *Sgt. Kirk*, lancé par l'éditeur génois Florenzo Ivaldi dans lequel figurait pour la première fois le personnage de Corto Maltese. Un Corto Maltese qui deviendra le personnage que nous savons, mais qui, avant d'être le héros de millions de lecteurs de par le monde, avait été présenté sous d'autres traits et d'autres cieux, en tant que fidèle compagnon d'aventures de Kirk, toujours à ses côtés sous le simple prénom de Corto, ancien bandit :

« Son vrai nom est Jimmy Lea. "Corto" vient de "Kurt", un nom allemand. Quand j'ai fait mon Corto, je me rappelais que Corto de *Sgt. Kirk* était aimé. Il me plaisait, je le dessinais bien. Je pensais aussi au mot espagnol "corto" qui peut vouloir dire "rapide" et au prénom Kurtz, que l'on trouve dans le récit de Conrad *Heart of Darkness*. J'ai ajouté "Maltese", et je me suis déjà plusieurs fois expliqué à ce sujet. "Maltese" rappelle bien sûr le roman de Dashiell Hammett *The Maltese Falcon*, adapté au cinéma par John Huston, mais il y a aussi le

51. Hugo Pratt, *De l'autre côté de Corto*, *op. cit.*, p. 42.

film *La maison du Maltais*, avec Viviane Romance, la fièvre maltaise, qui frappe les chèvres, et la sonorité des syllabes : COR-TO-MAL-TESE, ça sonne bien[52]. »

Le personnage et le magazine *Sgt. Kirk* bénéficièrent de nombreuses éditions et rééditions. On peut dire que toutes les frasques de la vie personnelle d'Hugo Pratt (très décousue durant cette longue période) étaient proportionnelles aux aventures vécues par Kirk et sa petite bande d'amis : Maha, fils de chef indien, le docteur Forbes, spécialiste des mœurs des Peaux-Rouges, et Corto première version, avant qu'il ne réapparaisse autrement en Corto Maltese.

Et si c'était Corto, l'ami de Kirk, qui nous apportait une conclusion pour une fin provisoire de ce feuilleton artistique qu'est l'histoire de *Sergent Kirk* ?

Ainsi « Corto » est dans un canoë entre deux Mandans, ennemis des Sioux, avec le docteur Forbes qui s'étonne de voir ramer les deux Indiens sans fatigue apparente :

« Je me demande ce qu'ils ont à la place des muscles ?

— C'est facile à imaginer ! Un long entraînement et surtout une grande peur de la mort[53] ! »

*

* *

— *Ticonderoga* (1957) est une longue histoire dessinée par Hugo Pratt avec toujours la collaboration d'Hector Oesterheld. Elle se passe pendant la période historique cruciale qu'il affectionnait : celle des guerres de conquête, entre Français et Anglais, pour la possession du Canada. Ticonderoga est un coureur des bois, plus proche des Peaux-Rouges que des colons blancs. Dans son entourage romanesque figurent un jeune Américain de bonne famille, Caleb Lee, ainsi qu'un Indien mystérieux et attachant, Numock. Le premier est immergé dans la nature et l'histoire en train de se faire autour de lui. Le second est celui dont le rôle est de savoir

52. *Ibid.*, p. 42.

53. *En route vers les montagnes*, *Sgt. Kirk 2*, Les Humanoïdes associés, 1984, p. 76.

les choses... Les références à James Fenimore Cooper (*Le dernier des Mohicans*) et à Kenneth Roberts (« notre source principale », *dixit* Pratt) sont frappantes. Mais *Ticonderoga* est aussi le nom d'une bataille durant la guerre de Sept Ans (1756-1763), où les colons français furent battus par les troupes anglaises. *Ticonderoga* est de surcroît le titre d'un poème de Stevenson. Pratt connaissait bien tous les détails de cette période, grâce à ses lectures. Il n'eut aucun mal à convaincre Hector Oesterfeld pour qu'il se lançât dans l'écriture d'une histoire sur le sujet. Oesterfeld a même dit : « Ticonderoga est autant à Hugo Pratt qu'à moi[54]. »

Dans *Panorama des littératures*, de Léon Thoorens, une allusion directe à cette période de l'histoire nous fournit la base d'une explication sur l'influence qu'elle exerça sur le roman d'aventures : « En renonçant, par le traité de Paris de 1763, à

54. Hugo Pratt, *De l'autre côté de Corto*, *op. cit.*, p. 43.

"quelques arpents de neige" – en réalité un espace grand comme l'Europe, où le seul Québec vaut trois fois l'hexagone français ! –, Louis XV abandonnait soixante ou soixante-cinq mille colons qui avaient entrepris, travaillé, combattu, pour créer et maintenir une Nouvelle-France. Paris s'efforça de n'y plus penser [...] ce repli fut pour quelque chose dans le tarissement d'une veine du roman au long cours, ouverte par Lesage[55]. »

Étrange mouvement que celui des littératures ! Et nous voilà bien attirés par l'envie de lire Alain-René Lesage (1668-1747), ou encore bien tentés par la relecture complète de son *Histoire de Gil Blas de Santillane*[56]. D'autre part, dans le petit volume que la collection « thèmes littéraires » consacre au thème de *L'aventure*, Roger Mathé, son auteur, écrit : « Ce thème a ses lettres de noblesse. Homère l'exploita et Chrétien de Troyes, et Lesage, et Hugo, et Balzac et Stendhal et Claudel et tant d'autres écrivains illustres[57]. » Lesage est donc régulièrement cité en compagnie des plus grands, là où l'aventure est présente. Le plus remarquable, c'est que les idées défendues par Léon Thoorens, dans son *Panorama des littératures*, et celles d'Hugo Pratt sur le choix de ses lectures dans ce même chapitre, ressortent dans *L'aventure* de Roger Mathé. Ainsi, quand ce dernier évoque la littérature française du XVIIIe siècle, il démontre que la défaveur du siècle pour l'aventure est due à la mission idéologique que se sont donnée les écrivains français, ainsi qu'à l'abandon par la France d'immenses territoires lointains, que les penseurs de la nation et les maîtres du pays n'ont jamais su apprécier à leur juste valeur : « Ce qui nous explique la défaveur du siècle pour l'aventure traditionnelle. Les écrivains sont des philosophes, ils répandent des remontrances et des lumières. L'œuvre littéraire leur sert de tribune, de pamphlet, d'arme qui bat en brèche le régime et les convictions. Leur tâche est

55. Léon Thoorens, *Panorama des littératures*, Marabout Université, 1970, tome 8, p. 300.

56. Le grand roman picaresque de Lesage, vaste tableau réaliste du monde, a été publié en plusieurs livres, de 1715 à 1735.

57. Roger Mathé, *L'aventure*, Bordas, coll. « thèmes littéraires », 1989, p. 9.

trop sérieuse pour qu'ils gaspillent leur talent à écrire des œuvres chargées de divertir sans instruire. D'autre part, rêvant d'une société harmonieuse où chaque citoyen aurait une place déterminée, ils n'ont guère de sympathie pour les songe-creux, trop imaginatifs, dont les violences ou les extravagances risqueraient de déranger anarchiquement l'ordre établi. Leurs aventuriers – presque tous involontaires – finissent par se stabiliser, une fois le cycle parcouru. Zadig épouse la belle Astarté, règne sur Babylone, Candide, cultivateur, est mari de Cunégonde. Il n'est point jusqu'à Jacques, vagabond incorrigible, qui n'accepte de se ranger, petitement. Donc l'aventure n'est pas narrée pour elle-même : elle se termine le jour où elle n'a plus de leçons à donner[58]. »

Si *Ticonderoga*, par le travail de Pratt et Oesterfeld, peut faire figure de réhabilitation artistique de la guerre de Sept Ans, le résumé de la leçon que l'on peut en tirer d'un point de vue littéraire revient à Léon Thoorens : « Après le traité de Paris (1763), qui sacrifiait le Canada, Louis XV, Voltaire, et même les lecteurs de romans populaires ne désiraient plus entendre parler d'une épopée avortée. Si un certain type de littérature de fiction s'étouffe dans une impasse, en France, alors qu'elle s'épanouit en Angleterre, à la même époque, c'est parce qu'au lieu de s'ouvrir au monde qui vient de s'offrir, la France se replie sur elle-même[59]. »

Ce repli sur soi est bien la cause du choix d'Hugo Pratt pour ces lectures. Comme il le disait lui-même : plutôt les écrivains anglais que les écrivains français. Et il ne parlait pas que du Canada !

*

* *

— *Lobo Conrad* (1958) est une histoire courte qui se déroule dans le Grand Nord, chez les trappeurs, avec de nombreux meurtres. Hugo Pratt la dessina d'après un scénario d'Hector Oesterheld. *Lobo Conrad* annonce *Jesuit Joe*. Mais la

58. *Ibid.*, p. 74-75.
59. Léon Thoorens, *op. cit.*, tome VII, p. 18.

bande est plutôt une péripétie dans la carrière de Pratt[60]. Tout de suite après, il passera aux choses sérieuses, car il sera de plus en plus maître de ses propres histoires.

Avec son émancipation interviendra la conception d'*Ann de la Jungle*. À cette époque, *Wheeling* n'était pas encore en chantier. Et ce sera après *Wheeling* que *Billy James* – une autre histoire des guerres franco-américaines du XVIIIe siècle – paraîtra, suivie des *Légendes indiennes* et de *L'attaque du fort*[61]. Nous sommes toujours en Amérique du Nord, mais Hugo Pratt était déjà reparti pour l'Europe : « À la fin de ma longue expérience argentine, j'avais perdu un style de vie fait d'emportements et de spontanéité, j'étais capable de relativiser, de mettre les choses en perspective, de voir clair dans mes propres sentiments. Le retour en Europe correspondait à la fin des rêves et des comportements liés à la jeunesse. L'Argentine avait fait de moi un adulte[62]. »

*
* *

En consultant une brève biographie de Kenneth Roberts, on y apprend qu'il fut correspondant du *Saturday Evening Post* dans les années 1925[63] ; une coïncidence à rapprocher de cette remarque d'Hugo Pratt : « C'est vrai que l'Amérique que j'avais découverte vers 1937 à travers les dessins de Norman Rockwell dans le *Saturday Evening Post* était plus belle que l'Amérique réelle, y compris celle de Wheeling, où, malgré des réunions de style "Country Club", j'ai surtout rencontré des gens assez vulgaires. La police en particulier était dépourvue de délicatesse. J'ai même connu des gens sordides, on jouait aux dés ensemble. Fina-

---

60. *Lobo Conrad* fut publié en Argentine dans l'hebdomadaire *Hora Cero* n° 22, 29 janvier 1958 et dans *Supermisterix* n° 739, en 1962.

61. Hugo Pratt, *Billy James*, précédé de *L'attaque du fort*, des *Légendes indiennes* et d'un dossier illustré, *Des pères pèlerins à l'indépendance*, Les Humanoïdes associés, 1980.

62. Hugo Pratt, *Le désir d'être inutile. Souvenirs et réflexions*, *op. cit.*, p. 111.

63. *Cf.* The Columbia Electronic Encyclopedia Copyright © 1994, 2000, Columbia University Press.

lement, je me demande si je n'étais pas un des Américains les plus raffinés de Wheeling. Mais après tout, il était logique qu'en 1960 je ne puisse pas retrouver le monde dessiné par Norman Rockwell un quart de siècle plus tôt. Toute l'iconographie du *Saturday Evening Post* avait été changée, jusqu'aux paquets de cigarettes : le paquet de Lucky Strike n'était plus vert et rouge, mais blanc. Je ne retrouvais pas l'univers publicitaire qui dans mon enfance m'avait fait rêver[64]. »

L'Amérique dessinée par Norman Rockwell dans le *Saturday Evening Post* avait succédé à l'Amérique racontée par Kenneth Roberts, ancien journaliste du *Saturday Evening Post* ! À quel moment le rêve d'Amérique d'Hugo Pratt s'était-il arrêté ? J'aime bien l'idée de croire que ce fut au moment où il commença à dessiner les histoires nord-américaines qu'il nous a laissées et que nous avons aimées.

Kenneth Roberts publia son autobiographie avec un titre bien révélateur : *I Wanted to Write* ; c'était en 1949, quand le jeune Hugo Pratt avait 22 ans et qu'il avait inscrit dans sa tête directement en anglais : *I Wanted to Draw*[65].

Le rêve d'Amérique d'Hugo Pratt était si ancré en lui qu'il était prêt à lever l'ancre par tous les moyens en direction du Nouveau Monde pour le découvrir enfin. Nous avons suivi ce cheminement – confinant à une fuite –, en sachant à quel point fut déterminante pour lui la lecture assidue des romans écrits par Zane Grey, par James Oliver Curwood et par Kenneth Roberts. Je ne sais pas s'il existe, quelque part, une photo de ce dernier le montrant comme les deux autres : debout, au bord d'une rivière, en bon pêcheur exhibant le produit de sa pêche, avec le sourire.

---

64. Hugo Pratt, *Le désir d'être inutile. Souvenirs et réflexions*, *op. cit.*, p. 109-110.

65. Du *Je voulais écrire*, de Kenneth Roberts, au *Je voulais dessiner*, d'Hugo Pratt, la preuve nous est aujourd'hui donnée que l'un et l'autre surent aller jusqu'au bout de leurs premières volontés.

14

Pour une bibliothèque de la pampa

Comment s'y prendre avec Jorge Luis Borges ? Il est celui que j'ai le plus lu parmi les « quatorze ». Et s'il succède, ici, à Kenneth Roberts – qui est celui que j'ai le moins lu –, c'est autant par souci de symétrie avec les contraires que par envie de jouer avec son œuvre.

J'ai choisi d'entrer dans le vif du sujet, par la grâce d'un bel article intitulé « Borges, l'écrivain qui dérangeait ». Publié dans *Le magazine littéraire*[1], ce texte a pour auteur Edgardo Cozarinsky, écrivain et cinéaste, né à Buenos Aires et fixé à Paris. Celui-ci a aimé Borges pour des raisons assez proches des miennes, bien qu'il l'ait lu avant moi (dans les années 1950) et directement en espagnol (sur place, en Argentine) :

« Adolescent fouineur de librairies, ensuite étudiant de lettres pour mieux justifier une oisiveté livresque, j'ai vécu la découverte de Borges comme plus importante que celle de Kafka, de James ou de Joyce, tout simplement parce qu'il écrivait *dans ma langue*, avec une liberté que je n'avais trouvée que chez des écrivains d'autres langues. Il me découvrait des mondes, en même temps qu'il me signalait la possibilité de jeter entre eux des passerelles purement imaginaires mais aux antipodes du bric-à-brac surréaliste. Enivré par ces perspectives qui s'ouvraient devant moi, je

1. N° 376, mai 1999. Il s'agit du troisième dossier que *Le magazine littéraire* consacrait à Jorge Luis Borges après ceux de 1979 et 1988.

réagissais violemment aux critiques qui, pour dénigrer Borges, construisaient des édifices idéologiques laborieux. Ils me semblaient prendre place – de façon plus sournoise parce que s'attaquant à la littérature – dans une cohorte d'autorités que depuis toujours j'ai essayé d'éluder : parents, instituteurs, psychanalystes, "responsables" politiques, stylistes, agents de police. J'étais encore trop jeune pour mettre à distance mon irritation et oser rire en lisant que la littérature de Borges représentait la classe des éleveurs de bétail, que sa cécité n'était qu'un *remake* du scénario œdipien. Une chose, en tout cas, était certaine : quand ils écrivaient sur Borges ces gens-là n'écrivaient pas sur l'écrivain que je lisais[2]. »

Ainsi, l'écrivain que lisait Edgardo Cozarinsky est bien le même que celui que je lisais et que je continue de lire. Quant à Hugo Pratt, il sut régler d'un trait ce qui le rattachait à lui : « Borges a enseigné une chose très importante : raconter des mensonges comme si c'était la vérité. De lui, j'ai appris à raconter la vérité comme si c'était un mensonge[3]. »

Jean Cocteau, dont les formules à l'emporte-pièce étaient souvent étincelantes, se présentait ainsi : « Je suis un mensonge qui dit toujours la vérité. » Sur le sujet, il y a une formule brève, signée de lui, qui explique en partie le plaisir de lire Borges : « La vérité est trop nue. Elle n'excite pas les hommes. » Ces phrases qui claquent, du genre de celles lancées par Cocteau, portent un nom : « Oxymore ou oxymoron, du grec *oxus*, aigu et *môros*, fou. Il s'agit en somme d'une folie acérée, d'un éclat coupant. Plus explicitement, l'oxymore marie deux mots aux sens incompatibles. Quoi de plus fou en effet que de parler de "douce violence" ou, comme Corneille, d'une "obscure clarté" ? Et pourtant ces expressions nous frappent par leur paradoxale vérité. »

Cette « paradoxale vérité », évoquée par Michel Tournier à propos de Cocteau, « le prince de l'oxymore[4] », est la base même des histoires – multiples et uniques – que sont celles

2. *Ibid.*, p. 42.
3. Citation *in Dedicated to Corto Maltese*, *op. cit.*, p. 3.
4. Article paru dans *Le Figaro*, 21 avril 1998.

de Borges. La « paradoxale vérité », ne se limite pas chez lui, comme chez Cocteau, à l'alliance réussie de deux mots en apparence contradictoires en vue d'une démonstration forte. Elle s'inscrit dans la composition de toute son œuvre, par ailleurs géniale illustration littéraire, pleine et entière, de sa pensée qui l'est tout autant[5]. Que cette « paradoxale vérité » à la Borges soit le propre d'Hugo Pratt n'a rien de surprenant : « On trouve chez Borges et moi le même procédé : un mélange inextricable de vérités et de mystifications, de personnages réels et de personnages fictifs. Nous avions probablement le même type de curiosité intellectuelle, d'où ces similitudes dans nos œuvres[6]. »

*
* *

« Demain, à Borges. Oui, à la station des trams, j'y serai. » Corto Maltese, dans *Tango*[7], vient d'obtenir un rendez-vous par téléphone à la station dont on a bien entendu le nom : « Borges » !

5. « Beatriz était grande, fragile, très légèrement voûtée ; il y avait dans sa démarche (si l'*oxymoron* est permis) une sorte de gracieuse gaucherie, un commencement d'extase... » Cette phrase de Borges prouve, s'il en était besoin, que celui-ci connaissait le bon usage de l'oxymoron : une *gracieuse gaucherie* l'illustre tout autant qu'un *silence éloquent. Cf.* Jorge Luis Borges, *L'Aleph*, Gallimard, coll. « l'Imaginaire », 1982, p. 191.

6. Hugo Pratt, *Le désir d'être inutile, Souvenirs et réflexions, op. cit.*, p. 202.

7. Hugo Pratt, *Tango*, album en couleurs, Casterman, 1987, p. 41.

Dans l'album de Pratt, nous sommes à Buenos Aires, en 1923. Corto est rattrapé par ses souvenirs d'Argentine des années 1905-1906, quand il était en Patagonie du côté de Cholila, avec Raspoutine, et que tous les deux connaissaient Butch Cassidy, Sundance Kid et Etta Place. Corto retrouvera d'ailleurs Butch Cassidy dans l'album. Juste avant le dénouement final de l'histoire, le personnage de Habban, puissant grand-père représentant les intérêts des grands familles anglo-américaines, propriétaires de latifundia, se souviendra que lui aussi avait connu dans le passé Corto et Raspoutine, dans le sud éloigné de l'Argentine : « Je crois l'avoir déjà vu dans l'estancia des Newbery en Patagonie, en 1906. C'était un petit jeune plein de ressources qui s'était lié d'amitié avec trois hors-la-loi américains. Puis il s'en alla avec un autre de ses amis, un Russe complètement cinglé… Et le voici qui revient. Pour retrouver cette petite fille peut-être… Peut-être[8] ! ? ! »

Le titre original de l'album *Tango* est *Y todo a media luz* : *Et tout dans une demi-lumière* ; le refrain d'un vieux tango égrené sur fond de prostitution quand Buenos Aires abritait le siège de la première société mondiale de bordels, la Warsavia, tenue par un réseau de Juifs polonais. C'est avec une pudeur nonchalante – on l'imagine ! – que Corto se fait justicier et vengeur, dans cette histoire policière où le destin d'une petite fille est en jeu.

Ainsi Corto Maltese cumule-t-il les rendez-vous : avec ses souvenirs en Argentine, avec un informateur de confiance à la station Borges et aussi avec deux lunes, phénomène de réverbération bien connu, sorte de mirage nocturne parfaitement visible du côté du rio de la Plata. Les deux lunes – qui, cette nuit-là, ont la forme du croissant – s'adressent à lui, qui est assis sur un banc de la station Borges, les yeux fermés, en attendant la venue de son ami Fosforito :

« Tu crois qu'il dort ?

— Non !

— Hé ! Corto Maltese, que fais-tu ici à Borges ?

— J'ai rendez-vous avec Fosforito.

8. *Ibid.*, p. 123.

— Fosforito ? Tu es bizarre.

— Toi aussi, tu es bizarre : ascendant et double, tu passes devant les nuages. En plus, cela fait trois nuits que tu ne changes pas.

— Comment peux-tu comprendre ce que nous sommes ou ce que je suis ? Ici à Borges, je suis double[9] !... »

Pratique, cette double lune qui nous renvoie tout autant à Pratt qu'à Borges ! Dans un de ses poèmes intitulé *La Lune*, ce dernier écrit :

> « Je suis sûr que la lune, ou que ce mot : *la lune*,
> Est un signe, une lettre imaginée exprès
> Pour la complexe écriture de cette très
> Étrange chose : nous – innombrable mais une[10]. »

Dans *Tango*, Corto lit *El Pagador*, de Lugones. Le *Pagador*, c'est le chanteur populaire. Celui qui s'accompagne à la guitare, comme Hugo savait le faire. Que dit Borges sur Leopoldo Lugones (1874-1938), poète argentin ayant contribué au développement idéologique d'une politique propre à son pays ? Avec Borges, ce qui est attirant (pour nous) et déconcertant (pour d'autres) tient dans sa façon de raconter (quelqu'un ou quelque chose) en effectuant de nombreuses fausses sorties sur le sujet, afin de mieux nous ramener à lui après nous avoir entraîné dans un dédale de fascinants détours. Ainsi, dans *La mort de Leopoldo Lugones* (1963)[11], Borges commence à nous indiquer, entre parenthèses, que Lugones se suicida dans un hôtel, situé sur une des îles du delta du Tigre, près de Buenos Aires, en juin 1938, et que le texte qu'il lui consacre est un hommage rendu par la revue *Cuadernos* pour le vingt-cinquième anniversaire de sa mort. Une fois ces précisions données – Borges a donc écrit son texte en 1963 –, voici que, presque aussitôt, il nous prend dans les mailles de son filet : « Comme Kipling, avec qui il a

9. *Ibid.*, p. 100.

10. Jorge Luis Borges, *Œuvre poétique : 1925-1965*, mise en vers français par Nestor Ibarra, Gallimard, coll. « Poésie », 2004, p. 134.

11. Jorge Luis Borges, *Livre de préfaces*, Gallimard, coll. « Folio », 1992, p. 164-169.

tant d'affinités, mais qui nous apparaît, les années passant, comme un homme plus difficile à cerner et plus malheureux, Lugones est du nombre des premiers auteurs qu'il me fut donné de lire ; le juger c'est juger ma génération et peut-être toute la littérature argentine. » Que se passe-t-il ensuite sous la plume de Borges ? Eh bien ! il l'écrit lui-même : « Lugones est un fait historique ; avant de l'étudier il nous faut étudier les causes qui l'ont produit. Mon point de départ sera Flaubert. » Puis, de Flaubert, Borges passe à une citation d'Alfred North Whitehead, puis à une autre de Chesterton datant de 1904[12] pour en revenir à Flaubert. Tout cela pour évoquer « le culte du mot, l'anxiété du mot », en ne citant pas moins de six auteurs dans le même paragraphe (parmi lesquels Mallarmé) et ainsi en revenir à Lugones dans le paragraphe suivant pour y aborder une théorie de la différence entre le *mot juste* et le *mot surprenant*[13].

Quels sont les autres auteurs cités par Borges dans son texte, de six pages, écrit en hommage à Leopoldo Lugones ? Je ne ferai que les énumérer, en insistant sur le miracle du style Borges : jamais l'on ne se perd en le lisant. Le dernier des six auteurs du groupe, où figurait Mallarmé, était Voltaire. Ceux qui suivent s'appellent : Moore, Shakespeare, Kipling de nouveau, Lugones (à propos de ses livres *Les montagnes de l'or* et *La guerre gauchesque*), Wordsworth, Goethe… Et il nous reste encore presque la moitié du texte (c'est-à-dire moins de trois pages) pour en apprendre de belles sur la littérature argentine. Mais comme le sujet est Lugones lui-même, Borges finit son article ainsi : « Peut-être est-il permis d'aller plus loin. Peut-être peut-on deviner, entrevoir ou simplement imaginer l'histoire, l'histoire d'un homme qui, à son insu, étranger à tout sentiment passionné, construisit

12. Gilbert Keith Chesterton (1874-1936). *Ibid.*, p. 165 : « L'homme sait qu'il y a dans l'âme des teintes plus déconcertantes, plus innombrables et plus anonymes que les couleurs d'une forêt à l'automne… Il croit, cependant, que ces teintes, dans toutes leurs fusions et mélanges, peuvent être traduites avec précision par un mécanisme arbitraire de grognements et de cris. Il croit que de l'intérieur d'un agent de change sortent réellement des bruits qui signifient tous les mystères de la mémoire et toutes les agonies du désir. »

13. En français dans le texte. *Ibid.*, p. 166.

laborieusement d'importants et célèbres édifices littéraires jusqu'au moment d'être atteint par le froid et par la solitude. Cet homme, alors, seigneur des mots et de toutes leurs pompes, sentit au fond de son être que la réalité n'est pas verbale, qu'elle est peut-être incommunicable et terrible, et il s'en fut, silencieux et solitaire, dans le crépuscule d'une île, chercher la mort[14]. »

Dans *Tango*, voici comment Pratt termine son texte, à son tour (signé H.P.) : « La nuit du 20 ou 21 juin, sur le rio de la Plata on vit deux lunes décroissantes. Un fait curieux. Tout le monde sait que l'on peut voir deux lunes ascendantes la nuit du 13 juin, mais la nuit du 20 juin... Le fait est que cette année-là, on put voir de nombreuses lunes[15]. »

Le 13 juin est le jour anniversaire de la naissance de Leopoldo Lugones, dans la région de Cordoba. Quand Corto Maltese faisait le détective, à Buenos Aires, en 1923, celui dont Borges a écrit qu'il « a été et continue d'être le plus grand écrivain argentin[16] » illuminait les nuits de *Tango*. À la lumière des deux lunes qui l'avaient vu naître, Lugones servait de lecture à notre héros, par deux fois dans la BD[17], comme pour répondre à une sollicitation directe de la lune double.

Quand Corto Maltese lisait Leopoldo Lugones, ce dernier n'avait pas encore été poussé au désespoir sans retour. Il vivra encore quatorze ans et laissera derrière lui de beaux livres, en prose et en vers, dont un recueil de poèmes : *Le lunaire sentimental.*

Le livre le plus souvent cité de Lugones est *La Guerra gaucha* (*La guerre gauchesque*). Dans ce livre, paru en 1906, sont brossés les récits des gauchos légendaires. La langue est inventive. Elle forme la grande épopée littéraire de l'indépendance argentine naissante, aux prises avec les armées espagnoles, dans les années 1814-1818. Sur le gaucho, Borges a beaucoup écrit. Dans *Le gaucho*, qu'il rédigea en 1968, il nous fait du Borges sur le sujet : « Samuel Johnson dit que le

---

14. *Ibid.*, p. 169.
15. Hugo Pratt, *Tango*, *op. cit.*, p. 136.
16. Jorge Luis Borges, *Livre de préfaces*, *op. cit.*, p. 167.
17. Hugo Pratt, *Tango*, *op. cit.*, p. 98 et 125.

métier du marin et celui du soldat ont la dignité que leur confère le danger. Notre gaucho l'affronta aussi, lui qui dans la pampa et sur les collines eut à lutter contre les intempéries, contre une géographie inconnue et les troupeaux sauvages. Il serait vain de chercher à le définir ethniquement ; fils occasionnel de conquistadores et de colonisateurs oubliés, c'était un métis d'Indien ou parfois de Noir, ou c'était un Blanc. Être gaucho a été un destin[18]. »

Comme pour *La mort de Leopoldo Lugones*, *Le gaucho* tient en six pages où tout est dit. Le dernier morceau sur le gaucho, façon Borges, a été finement coupé au couteau sans trembler : « Sa pauvreté s'offrit un luxe : le courage. Il créa ou

18. Jorge Luis Borges, *Livre de préfaces*, *op. cit.*, p. 93.

hérita – César connaissait déjà cela – une escrime à l'arme courte ; le bras gauche enroulé dans le poncho formant bouclier, le couteau prêt pour l'estocade de bas en haut, il se battait en combat singulier avec l'homme ou, s'il était péon *tigrero*[19] dans quelque *estancia* du Nord, avec le jaguar. Il pratiqua le courage désintéressé ; à Chilvilcoy, on me parla d'un gaucho qui avait traversé la moitié d'une province pour provoquer en bonne et due forme un autre gaucho, dont il savait seulement qu'il était courageux[20]. »

Et si ce comportement magnifié n'avait de sens, chez Borges, que pour nous prouver à quel point le sang du gaucho bouillonnait en lui ? Une colère rapportée du vieil écrivain – tirée d'un texte sur Borges et le tango, par Eduardo Berti[21] – le prouve : « Dans sa biographie, Maria Esther Vázquez raconte une anecdote révélatrice. Borges faisait une causerie à l'Université de Columbia, quand un étudiant le traita de "réactionnaire" et "lui parla de sa mère en termes peu flatteurs". Avec ses 72 ans, Borges se leva, furieux, et "frappant de la poignée de sa canne sur la table, il lui dit, en le traitant de petite terreur, de sortir avec lui dans la rue s'il en avait le cran[22]". »

Ce tango, ce « serpent de lupanar » – l'expression est de Leopoldo Lugones –, donne plus de relief à la nature argentine de Borges, par ailleurs aussi auteur de paroles de tango[23]. « Ce tango borgésien a de quoi surprendre un Français. Un Argentin aussi », précise une note en bas de page de son poème « Le tango[24] », composé en quinze strophes et qui commence ainsi :

« Où sont-ils maintenant ? questionne le triste,
Pensant à ses aînés, pleurant le temps enfui.
Croit-il que quelque part une contrée existe
Où le passé devient l'Encore et l'Aujourd'hui ?

---

19. Homme qui se consacre à la chasse au tigre ou au jaguar. (Note du traducteur). *Ibid.*, p. 96.

20. *Ibid.*

21. Écrivain argentin, scénariste et réalisateur de documentaires pour la télévision.

22. *Le magazine littéraire*, *ibid.*, p. 57.

23. *Ibid.*, p. 56-57.

24. Jorge Luis Borges, *Œuvre poétique : 1925-1965*, *op. cit.*, p. 117-119.

Où donc – demanderai-je à mon tour – est la pègre
Qui parmi la poussière et l'aride poteau
Fondait au fond perdu des bourgades l'allègre
Et dure secte du courage et du couteau[25] ? »

Dans un texte intitulé *Le monde de Jorge Luis Borges* – transcription directe d'une interview réalisée par Maria Esther Vázquez à la Bibliothèque nationale en Argentine[26], l'extrait qui suit nous offre la réponse de Borges que l'on attend :

« Et la secte du couteau et du courage, qu'est-ce que tout cela implique ?

— Moi, j'en décèlerais deux racines : l'une dans le fait que bon nombre de mes ancêtres ont été des soldats, que certains sont morts au combat, qu'un semblable destin m'a été refusé. L'autre tient du fait que l'on rencontre cette disposition au courage chez les pauvres gens, chez ces voyous des faubourgs qui, à supposer qu'ils eussent une religion, avaient la suivante : un homme ne doit pas être une chiffe. De plus, dans le cas de la gouape ce courage était désintéressé parce que, contrairement à ce qui arrive avec les gangsters et les criminels, les gens sont violents par avidité, ou parce qu'ils sont poussés par des raisons politiques. Par la suite, j'ai trouvé dans une saga scandinave une phrase qui correspond exactement à cette idée-là. Il s'agit de Vikings qui en rencontrent d'autres et leur demandent s'ils croient en Odin ou au Christ blanc, à quoi l'un d'eux répond : "Nous croyons en notre courage." Ceci est en accord avec l'éthique des chevaliers du couteau[27]. »

Affirmer que la nature argentine de Borges est plus littéraire, chez lui, que celle de son sang ou de son sol n'est pas lui faire injure. C'est le faire « gaucho d'honneur », comme il y

---

25. *Ibid.*, p. 117.

26. Interview réalisée spécialement (en date des 3, 11 et 16 avril 1973) en vue de l'édition de luxe du texte de Borges, *Le congrès*. Réédition intitulée *Le congrès du monde*, texte de Jorge Luis Borges, illustré par des miniatures de la cosmologie tantrique, présentation par Alain Daniélou, Franco Maria Ricci éditeur, 1979.

27. *Ibid.*, p. 123.

a des « légionnaires honoraires » et des « docteurs *honoris causa* ». N'a-t-il pas répété très souvent, à la fin de sa vie : « Je ne sais pas dans quelle langue je vais mourir[28] » ?

Borges est mort dans le silence, en bon polyglotte, en Suisse francophone, tout comme Pratt qui était comme lui et qui a fait pareil.

*

* *

Jean-Pierre Bernès, ami et confident de Borges, a établi l'édition de ses œuvres complètes pour la Pléiade[29]. Il révèle un bien beau trait de caractère chez notre grand écrivain argentin, gaucho d'honneur, et porteur de bien d'autres rarissimes qualités. Cela se produisit au cours de leur ultime séance de travail, alors que Borges – conformément à une habitude établie entre eux – s'apprêtait à lui dédicacer les livres des premières éditions que Jean-Pierre Bernès avait apportés avec lui et sur lesquels les deux hommes avaient travaillé toute la journée : « Ce jour-là, je n'avais qu'un stylo à bille rouge : "Ça n'a pas d'importance, me dit-il, ce sera une signature de sang[30]." »

Une mauvaise vue affectait Borges depuis son enfance. Dès le milieu des années 1950, il fut pratiquement aveugle. Il lui en a fallu du courage, à l'écrivain, pour tenir sans voir et poursuivre, à tâtons, ce qui formait – avec l'amour et l'amitié – l'essentiel de sa vie : la lecture et l'écriture !

« Borges a dit souvent qu'il avait su depuis toujours que son destin serait la littérature ; par pudeur, par horreur du pathétique, il n'avoua jamais qu'il avait deviné dès le début qu'il serait un écrivain aveugle. Mais nous savons qu'il le savait. Et ceci, cette énormité – cette vie dont l'avenir n'avait pu lui échapper un seul instant – n'aura pas été suffisamment *la vie* pour empêcher que certains ne lui en dénient l'expérience… »

---

28. *Le magazine littéraire*, *ibid.*, p. 36.

29. Jorge Luis Borges, *Œuvres complètes*, Gallimard, coll. « Bibliothèque de la Pléiade », tome I et tome II indisponibles provisoirement.

30. *Le magazine littéraire*, *ibid.*, propos recueillis par Gérard de Cortanze, p. 35.

Ce texte d'Hector Bianciotti – extrait de sa préface du livre de Borges *Neuf essais sur Dante*[31] – est une réponse à certaines critiques, très vives, formulées à l'endroit du vieil écrivain quand sa mort fut annoncée – il est mort le 14 juin 1986, à 7 h 47. Celles-ci lui reprochaient de n'avoir été qu'un pur intellectuel, à qui il aurait manqué l'expérience de la vie !... Hector Bianciotti était près de lui ce jour-là, « alors que le monde perdait l'un des justes qui le sauvent[32] », avec Maria Kodama, que Borges avait épousée peu avant sa mort. « Il l'avait connue quand elle avait douze ans. Ils avaient appris ensemble l'anglo-saxon, l'islandais, ils avaient parcouru ensemble la planète, ils avaient traduit et publié l'*Edda* de Snorri Sturluson[33]... Il l'aimait. Elle l'aimait[34]. »

Ce besoin d'apprendre l'islandais et de traduire ensemble Snorri Sturluson fut inspiré par l'amour qu'ils éprouvaient l'un pour l'autre et par la vieille passion que Borges avait pour les sagas scandinaves.

Dans *Histoire de l'éternité*, il se pencha sur le rôle des *kenningar*, ces métaphores poétiques qui remplacent les mots[35]. Il dira qu'en les collectionnant il connut un plaisir presque philatélique. Par exemple, le mot « épée » devient : Glace de la bataille/Toise de la colère/Feu des casques/Dragon de l'épée/Rongeur des casques/Repine de la bataille/Poisson de la bataille/Rame du sang/Loup des blessures/Rameau des blessures[36]. Et le mot « sang » donne : Ruisseau des loups/Marée du massacre/Rosée de la mort/Sueur de la guerre/Bière des corbeaux/Eau de l'épée/Vague de l'épée[37]. En revanche,

31. Jorge Luis Borges, *Neuf essais sur Dante*, préface d'Hector Bianciotti « Borges et la dimension du cœur », Gallimard, coll. « Arcades », 1987, p. 12.

32. *Ibid.*, p. 9.

33. Snorri Sturluson (1178-1241). Écrivain islandais, auteur des *Sagas* les plus illustres de la tradition scandinave, ces « monuments de premier ordre dans la littérature du Moyen Âge nordique, aboutissement splendide d'une tradition et d'une civilisation littéraire ». Réf. *Le nouveau dictionnaire des auteurs*, *op. cit.*, tome III, p. 3 001.

34. *Ibid.*, p. 18.

35. Jorge Luis Borges, *Histoire universelle de l'infamie/Histoire de l'éternité*, 10/18, 1994, *Les kenningar*, p. 143-162.

36. *Ibid.*, p. 151.

37. *Ibid.*, p. 153.

« paix » et « armes » n'ont qu'un seul *kenning* (on dit un *kenning*, des *kenningar*) : Repas des lances et Rosée du chagrin[38].

Borges classa, tria, sélectionna, ordonnança les *kenningar* dans la mouvance de son travail général sur la littérature. Nous mettions en avant son courage face à la cécité ; quel combat dut-il mener toute sa vie pour ne pas faire de moulinets dans le vide en empoignant sa « toise de la colère » ou encore en brandissant son « loup des blessures » !

D'un *kenning* traduit par Borges à une vignette dessinée par Pratt, il y a la distance d'un coup de couteau, pas plus ! Bien que ce dernier ait visé comme il faut – en frappant au ventre de bas en haut – quand il a dessiné le geste du couteau, en gros plan, dans *Tango*[39], nous délaisserons la lame, afin d'évoquer une bagarre efficace à coups de poing qu'Hugo provoqua. J'en ai une dans un bar avec lui. Mais elle me plaît moins que celle racontée par Walter Fahrer. Dessinateur de BD talentueux et très éclectique à la production richement fournie, il fut l'élève de Pratt en Argentine et le suivit dans ses pérégrinations pendant près de vingt ans : « Un jour, il a envoyé trois dockers à l'hôpital à Londres pour défendre un dessinateur français de Buenos Aires qu'on avait insulté. C'est l'intéressé qui me l'a raconté. Il pouvait rentrer dans des colères noires ! D'ailleurs, au début, il me fichait un peu la trouille, il jetait des dessins par terre en me disant que c'était de la merde, j'en pleurais. J'ai un frère psychiatre à Buenos Aires qui m'avait prévenu et conseillé de le prendre avec des pincettes[40]. »

C'est aussi ce Pratt-là (en moins énervé, l'âge aidant) que j'ai connu des années plus tard. Lorsque nous nous confrontions, plutôt que de nous accommoder d'un nœud à l'estomac, notre part de violence se retranchait derrière celle de l'autre pour se fondre en elle et ainsi assurer la protection de chacun. Combien de fois ai-je pensé qu'il était ma sécurité, de même qu'il savait qu'il pouvait compter sur moi. De Borges, il va être

---

38. *Ibid.*, p. 153 et 152.
39. Hugo Pratt, *Tango*, *op. cit.*, planche de la p. 131.
40. Walter Fahrer, *BoDoï*, hors série n°5, septembre-octobre-novembre 2002, p. 20-21.

question entre nous deux, par le biais d'une nouvelle du maître argentin, avec des illustrations de Pierre Clayette, « le Piranèse français », et dont le titre dans sa traduction retenue est *La ville qui vivait dans un monde*. Un « texte ressorti » en 1991, quand nous décidâmes avec Hugo de relancer le magazine mensuel *Corto Maltese*, en langue française, qui avait stoppé sa publication alors que l'édition italienne et l'édition espagnole continuaient de prospérer. Nous travaillâmes sur un nouveau concept qui devait donner libre cours à l'imagination. C'est ainsi que nous inventâmes purement et simplement cette nouvelle de Borges : *La ville qui vivait dans un monde*. Nous la mîmes allégrement en pages, avec des reproductions de peintures de Pierre Clayette, tirées de la documentation que le peintre m'avait donnée des années auparavant pour l'écriture d'un livre. Elles étaient censées illustrer le texte, miraculeusement retrouvé dans une cachette secrète en Argentine. La contribution involontaire de Clayette à cette falsification littéraire – dont nous avions le sentiment qu'elle était bien dans l'esprit de Borges – m'avait semblé légitime ; d'autant que son art m'avait toujours subjugué et qu'il illustra vraiment le fameux conte de Borges, *La bibliothèque de Babel*[41].

41. Jean-Claude Guilbert, *Le réalisme fantastique*, Opta, 1973, p. 180.

Et le faux texte, qui l'a écrit ? Si je disais que je n'ai qu'une version en latin à proposer, je pense que l'on ne me croirait pas. Mais l'aventure rocambolesque du magazine *Corto Maltese* sera développée plus en détail dans un autre chapitre. La tradition du feuilleton que nous voulions réhabiliter avec Hugo Pratt sera donc respectée !

Qu'est-ce que nous avons pu entendre de la part de ceux qui eurent la maquette sous les yeux, dès lors qu'ils tombaient sur les pages Borges-Clayette ! Face à la situation, nous en rajoutions à l'envi en laissant entendre que nous possédions d'autres textes de Borges, telle une nouvelle, *Le chevalier à l'encrier*, ou encore un essai intitulé *Du sang dans le sablier*... Un seul de nos interlocuteurs s'offusqua. Il nous injuria en prétextant que nous n'avions pas le droit. Réponse d'Hugo Pratt : « On voit que vous n'avez pas bien lu Jorge Luis Borges ! »

Dans *Histoire de l'éternité* figure l'anecdote suivante : « Au cours d'une discussion littéraire ou théologique, quelqu'un lança un verre de vin à la tête d'un gentilhomme. L'offensé ne se troubla point et dit à son agresseur : "Ceci, Monsieur, est une digression ; j'attends votre argument[42]." »

C'est dans son *Livre de préfaces*, où fourmillent tant d'idées, que Borges nous ramène à Pratt en traitant du cas de Wilkie Collins. En effet, il se référera à deux troublants romans de celui-là même qui reste la meilleure explication possible du choix du pseudonyme secret d'Hugo Pratt. Les deux livres de William Wilkie Collins examinés par Borges sont *La femme en blanc* et *La pierre de lune*. Ce qu'il en dit peut-il nous aider dans notre enquête ? Voyons ce qu'il en est par la lecture attentive de ce morceau truffé d'indices cachés :

« Ces deux derniers romans méritent beaucoup plus que d'être simplement mentionnés au passage ; Chesterton les a jugés supérieurs aux productions les plus réussies de l'école contemporaine. Swinburne, qui allait renouveler avec passion la musique de la langue anglaise, affirma que *La pierre de lune* était un chef-d'œuvre ; Fitzgerald, insigne traducteur (et presque l'inventeur) d'Omar Khayyam, préféra *La femme en blanc* aux œuvres de Fielding et de Jane Austen.

42. Jorge Luis Borges, *Histoire Universelle de l'infamie/Histoire de l'éternité*, *op. cit.*, p. 234-235.

Wilkie Collins, maître des rebondissements de l'intrigue, du suspense pathétique et des dénouements inattendus, laisse aux divers protagonistes le soin de narrer les épisodes successifs de l'histoire. Ce procédé, qui permet la confrontation dramatique et souvent satirique des divers points de vue, est sans doute inspiré des romans par lettres du XVIIIe siècle et il a été repris par Browning dans son fameux poème *L'anneau et le livre*, où dix personnages racontent l'un après l'autre la même histoire, qui varie non pas dans les faits mais dans leur interprétation. Rappelons également certaines expériences de Faulkner et du lointain Akutagawa, qui fut, d'ailleurs, le traducteur de Browning[43]. »

Borges, comme à son habitude (une habitude désormais acquise, partagée par ses lecteurs réguliers), nous fait entrer dans une spirale d'auteurs, dont il faut être convaincu qu'ils ne sont jamais cités par lui pour justifier son érudition. Il se contente de nous mettre sur une voie. Sa technique est celle des voies multiples pour une voie unique. Bien qu'il y ait un lien logique (littéraire ou d'existence) entre les auteurs que Borges désigne – Chesterton a publié *La vie de Robert Browning*, Edward Fitzgerald doit sa notoriété d'orientaliste à Swinburne, etc. –, nous ne retiendrons, comme éléments formant des indices autour de Collins, que deux d'entre eux : Robert Browning et Akutagawa Ryûnosuke. D'autre part, nous ne nous pencherons que sur un seul des deux romans de Collins mis en avant par Borges : *La pierre de lune*. Signalons en passant qu'Hugo Pratt se référait parfois à la poésie d'Omar Khayam, aux quatrains traduits et recomposés en anglais par Fitzgerald[44].

43. Jorge Luis Borges, *Livre de préfaces*, *op. cit.*, p. 71-72.

44. Hugo Pratt, *De l'autre côté de Corto*, *op. cit.*, p. 191 : « Le savant et poète persan Omar Khayam a dit que les sages ont laissé une chose et puis sont partis. Pour lui, le plus important était les yeux d'une femme et une coupe de vin. C'était un poète formidable, un quatrain d'Omar Khayam me fait rêver. L'Iran d'aujourd'hui a donné Khomeiny, mais il ne faut pas oublier qu'au XIe siècle il a donné Omar Khayam, dont je préfère bien sûr la compagnie à celle des intégristes. J'espère me retrouver un jour avec Omar Khayam et regarder les beaux yeux d'une Orientale. Mais je vais inviter Omar Khayam dans un de mes rêves ! Je le chercherai, et j'apprendrai qu'il est déjà dans un autre rêve, un rêve de Raspoutine ! »

Quel est le trait commun unissant William Wilkie Collins, Robert Browning et Akutagawa Ryûnosuke ? Que ce dernier traduisit Browning et comme l'écrit Borges, et que Collins et Browning soient morts la même année (1889) ne suffit pas à leur attribuer une complicité digne d'interprétation pour le choix d'un pseudonyme derrière lequel Hugo Pratt, grand lecteur de Borges, se serait réfugié. Pour avancer un peu plus sérieusement, il faut poser autrement la question : quelle est la communauté d'idées contenue dans *La pierre de lune* (1868), *L'anneau et le livre* (1868-69) et *Rashômon* (1915) ?

Cette communauté d'idées est simple : les trois livres racontent une histoire policière dans laquelle chaque protagoniste a la charge de nous présenter sa propre version des faits pour aboutir à un jeu double entre rêve et réalité. En fait, c'est le thème de la subjectivité livrée à la destinée – enquête à la clé – qui est traité, à chaque fois, dans chacun des livres.

— *La pierre de lune* est « le premier et le plus grand roman policier anglais », d'après T.S. Eliot[45]. Dans ce livre de Wilkie Collins, c'est l'opium qui sert le rêve, l'auteur étant lui-même opiomane. Ce « détail » nous éloigne de Pratt. En revanche, le fait que la pierre de lune, objet d'un vol qui déclenche toute l'histoire, provienne du front d'une statue de la lune, lointaine, dérobée, avec la présence dans l'ombre de saltimbanques indiens, brahmanes justiciers, vengeurs de la pierre sacrée, ce fait nous rapproche de lui. Le détective du livre – le sergent Cuff, déjà présent dans *La dame en blanc* – annonce l'humour anglais de Sherlock Holmes. La passion qu'éprouve le sergent Cuff pour les roses serait-il un indice ? On peut lire dans *La pierre de lune* : « Le sergent regardait par la fenêtre, les mains dans les poches, sifflant tout bas “La dernière rose de l'été”. » Je devais bientôt découvrir qu'il ne se mettait à siffler que lorsqu'il était plongé dans ses réflexions, cherchant à élucider un point particulièrement important de son enquête. Dans ces moments-là, de toute évidence, “La dernière rose de l'été” l'aidait et l'encourageait. Cet air lui rappelait sans doute les fleurs qu'il aimait tant, mais à la manière

45. *In Le nouveau dictionnaire des œuvres*, *op. cit.*, tome V, p. 5 591.

dont il le sifflait c'était l'air le plus triste qu'on n'eût jamais entendu[46]. »

— *L'anneau et le livre* est un « polar poétique » de quelque vingt mille vers, en douze livres. C'est une œuvre immense. C'est l'œuvre principale de Robert Browning. Il s'y est donné tout entier . Il est courant d'affirmer qu'elle est l'une des plus grandes réussites du XIXe siècle. Son histoire est tirée d'un procès pour assassinat qui eut lieu, à Rome, presque deux siècles plus tôt (en 1698). Pour en savoir davantage sur cette œuvre, prière de se comporter comme son auteur : en faisant les bouquinistes. Robert Browning se procura, place San Lorenzo, à Florence, ce qu'il appelle « le Vieux Livre jaune », dans lequel il découvrit le récit du crime lui servant de point de départ pour *L'anneau et le livre*. La composition de son œuvre l'occupa pendant plus de trois ans. « Le "livre" auquel fait allusion le titre est celui qui servit de base au poème. Tel l'orfèvre qui, pour faire un anneau d'or, doit mêler un alliage au métal précieux, puis donner une forme à l'anneau et le décorer, l'auteur doit mêler à l'or pur du vieux livre qui suit trop crûment les faits l'alliage de son imagination ; d'où l'"anneau" mentionné dans le titre[47]. »

– *Rashômon* est une histoire connue, puisque le grand cinéaste japonais Akira Kurosawa adapta le livre de son compatriote Akutagawa Ryûnosuke, pour en faire un grand film, devenu un classique du cinéma, au même titre que *Les sept samouraïs* et *Dersou Ouzala*, films du même Kurosawa. Comme pour *L'anneau et le livre*, le sujet de *Rashômon* est inspiré par une chronique historique. En fait, il s'agit de deux anecdotes qui figurent dans des récits de la tradition japonaise de la fin du XIIe siècle : *Histoire d'un voleur qui monta dans la galerie de la Porte Rashômon et vit des cadavres* et *Histoire d'une femme qui vendait du poisson au quartier des officiers*. Pour qui se souvient du film tiré du livre, ces deux titres du *Konjaku monogatari*[48] devraient évoquer certaines images. Le sujet de *Rashômon*

46. William Wilkie Collins, *La Pierre de lune*, Phébus, coll. « Libretto », 1995, p. 125-126.

47. *Le nouveau dictionnaire des œuvres*, *op. cit.*, tome I, p. 266.

48. *Ibid.*, tome V, p. 6 183.

est extraordinaire. Un crime a été commis et chacun des personnages du livre (et du film !) en a été le témoin. Mais tous ont observé la scène fatale en la racontant différemment. Et c'est avec beaucoup d'honnêteté et de spontanéité que chaque personnage affirme : « C'est la vérité, je l'ai vue ! » « À chacun sa vérité », disait Pirandello.

Et si la quête du pseudonyme était la recherche de la vérité ? Les rares fois où je notais, à la diable, les confidences que me faisait Hugo Pratt, c'était pour recueillir des indices concernant ce besoin irrépressible que nous avons de chercher l'autre : notre double ! Un thème cher autant à Borges qu'à Pratt, thème dont leurs œuvres regorgent. Pendant le tournage de *La ballade plus loin*, je conversais avec ce dernier à la proue de la goélette *Katouchka*, en voguant dans le golfe de Tadjoura, pour gagner le petit port d'Obock, le vendredi 20 mars 1981. Ce jour-là, il me dit : « J'ai voyagé beaucoup, et quand tu voyages d'une certaine façon, à certains endroits, tu trouves des individus qui ont la même nécessité que toi. Les rencontres sont comme ça. Il y a des gens qui bougent pour trouver quelqu'un qui est le double de quelqu'un qu'ils ont laissé ailleurs. Moi, je vais à la recherche de quelqu'un que j'ai déjà rencontré. »

Le jeu de constructions mentales auquel je me prête, sur Bob Collins, ne repose au fond que sur des indices littéraires complètement interprétés, sur des sensations poussées par un franc besoin de merveilleux, ainsi que sur la réelle influence exercée par Borges sur moi-même. On ne m'ôtera pas de la tête que le pseudonyme révélé par Hugo Pratt a son explication. Le nom de Collins doit avoir un sens, une origine ! Il a forcément un point de départ. Un lieu comme Buenos Aires, par exemple. Ville de promenades, sous les deux lunes, autant pour Borges que pour Pratt. Comment savoir ?

Dans le *Dictionnaire mondial de la bande dessinée*, j'ai relevé que le dessinateur-scénariste Arturo Pérez del Castillo (1925-1992) – qui avait longtemps travaillé en Argentine dans les mêmes circuits professionnels que Pratt – avait signé les BD *Garret le Sauvage* et *El Cobra*, en association avec un certain Ray Collins (de son vrai nom Eugenio

Zappietto)[49]. Décidément, le nom de Collins a vocation à être détourné pour servir de pseudonyme.

Pour mémoire, Borges et Adolfo Bioy Casares ont signé certains textes faits ensemble du nom d'un romancier imaginaire, baptisé par eux : Honorio Bustos Domecq – *Deux fantaisies mémorables*, par exemple. Par ailleurs, ils publièrent *Un modèle pour la mort* et un essai hors commerce, *Nouvelle réfutation du temps*, sous le pseudonyme de B. Suárez Lynch[50].

Jean-Pierre Bernes travailla une toute dernière fois avec Borges, le 4 juin 1986, à Genève, dans sa chambre de l'« hôtel de l'Arbalète ». Ce dernier mourra dix jours plus tard, dans un appartement du Vieux Genève, qu'il n'aura habité, avec Maria Kodama, que trois jours durant, alité et mourant. Jean-Pierre Bernes rapporte avec émotion qu'au cours de cette dernière journée de travail, Borges « arrêta son tour du monde des littératures sur une phrase dont je ne compris pas immédiatement le sens : "Maintenant, c'est terminé – oui, c'est terminé." Je ne savais pas qu'il répétait une phrase prononcée plus de douze siècles auparavant par Bède le Vénérable à son scribe, alors qu'il finissait de lui dicter sa traduction en saxon de l'Évangile de saint Jean. Borges relate cet épisode dans son *Essai sur les littératures médiévales germaniques*. En me répétant mot pour

---

49. Patrick Gaumer et Claude Moliterni, *Dictionnaire mondial de la bande dessinée*, Larousse, 1994, p. 182 a, p. 456 c. Les autres Collins mentionnés ne m'ont pas semblé fournir une piste quelconque sur les traces de Bob Collins (NDLA)...

50. Le début de leur collaboration date des années 1942-1943. Dans une préface du livre – J'ai lu, 1985 –, son traducteur, Eduardo Jiménez, pose la question suivante, p. 7 : « Quelle est la part de l'un et de l'autre ? Comment deux auteurs peuvent-ils collaborer ? Quelle est la méthode de travail utilisée ? » Borges s'en est expliqué à maintes reprises, notamment lors de ses conversations avec Ronald Christ (cité par Emir Rodriguez Monegal *in* Jorge Luis Borges, *Biographie littéraire*, Gallimard, 1983, p. 427) : « Quand notre travail est réussi, alors ce qui en sort est quelque chose de fondamentalement différent des textes de Bioy Casares et des miens [...] d'une certaine manière, nous avons engendré une troisième personne qui ne nous ressemble pas du tout. » Par ailleurs, Borges précise dans son *Essai d'autobiographie* figurant dans le *Livre de préfaces*, *op. cit.*, p. 322 : « Je crois que la collaboration requiert un abandon simultané de tout ego, de toute vanité et peut-être même de la politesse courante. Les collaborateurs doivent oublier leur personnalité et ne plus penser qu'en fonction de l'ouvrage. En fait, quand quelqu'un désire savoir si telle ou telle plaisanterie, si telle épithète vient de moi ou de Bioy, je suis incapable honnêtement de le lui dire. »

mot ce que le célèbre moine dit à son scribe juste avant de mourir, Borges préparait sa propre mort. Lorsque rétrospectivement je mis bout à bout tous les titres des œuvres qu'il m'avait demandé de lui lire durant ces derniers mois, je m'aperçus qu'elles rapportaient toutes des morts littéraires[51]. »

Le vieil écrivain n'avait-t-il pas confié un jour à son ami et exégète : « Jean-Pierre Bernes, je vous condamne à être la mémoire de Borges[52]. » ? Lors de la sortie du premier tome des *Œuvres complètes*, Hector Bianciotti précisa pour sa part : « Jean-Pierre Bernes est à Borges ce que James Boswell est à Samuel Johnson : quelqu'un sans qui Borges n'existerait pas dans sa totalité[53]. »

Dans sa préface de *Neuf essais sur Dante*, Hector Bianciotti a aussi écrit : « Lorsque, avec Jean-Pierre Bernes, il revoyait, encore quelques jours avant sa mort, ses textes pour l'édition de son œuvre dans "la Pléiade", il s'insurgeait soudain contre certaines assertions de jadis impliquant quelque malheur inéluctable... Désormais, il savait que le bonheur – qu'il avait conçu toujours comme un devoir auquel il s'était dérobé sa vie durant – était possible, et qu'il lui était accordé de le vivre. Dans son dernier recueil de poèmes, *Los Conjurados*, il dit qu'il ne se passe pas de jour sans que nous soyons, un instant, au Paradis[54]. »

Sur un thème on ne peut plus borgésien, celui de la bibliothèque, je cite Borges et je cite Pratt :

Borges : « Je laisse derrière moi les rumeurs de la place. J'entre dans la bibliothèque. D'une manière presque physique, je sens le poids des livres, l'ambiance calme d'un ordre, le temps par magie disséqué et conservé[55]. »

Pratt : « J'habite dans une bibliothèque, c'est la réalisation d'un des rêves de Borges. Mais il ne m'a pas été nécessaire pour cela de devenir bibliothécaire : je suis arrivé au même

51. *Le magazine littéraire*, *op. cit.*, p. 36.

52. *Ibid.*, *in* « Propos recueillis par Gérard de Constance », p. 34.

53. *Ibid.*

54. Jorge Luis Borges, *Neuf essais sur Dante*, *op. cit.*, préface « Borges ou la dimension du cœur », p. 19.

55. Jorge Luis Borges, *L'Auteur et autres textes*, Gallimard, coll. « l'Imaginaire », 2004, *in* « Dédicace à Leopoldo Lugones », p. 13.

résultat en faisant l'inverse, en créant une bibliothèque autour de moi[56]. »

L'ai-je entendu ? L'ai-je lu ? L'ai-je rêvé, ou bien imaginé ? Hugo Pratt aurait eu, un jour, en Argentine, rendez-vous avec Jorge Luis Borges et voilà qu'ils se seraient loupés, en pleine pampa, après avoir longuement chevauché l'un à la rencontre de l'autre, sans jamais descendre de leur monture, parce que trop absorbé, chacun, à galoper le nez dans un livre – leur arme et leur nourriture ! – ou plus vraisemblablement trop acharné à cravacher leur cheval, la tête dans les étoiles d'un ciel qui était leur lumière et qui leur désignait leur chemin...

Qu'il vienne à nous, ou que nous venions à lui, Borges sera sur nos parcours futurs, lui qui se définissait comme un « labyrinthe paisible[57] ».

Roger Caillois, qui fit connaître Borges aux Français, déclara à son retour d'Argentine : « Borges vaut le voyage[58]. » Je me permettrai d'ajouter que Pratt vaut le détour.

---

56. Hugo Pratt, *Le désir d'être inutile. Souvenirs et réflexions, op. cit.*, p. 279-280.

57. *Le magazine littéraire, op. cit.*, p. 56.

58. *Cf. Libération*, 2 novembre 1989, article de Jean-Didier Wagneur à propos du livre *Borges ou l'Hypothèse*, par Raphaël Lelouche, Balland, 1989. Dans son article, l'auteur nous offre un bon résumé en plein dans notre sujet et propre à susciter notre curiosité sur l'ouvrage dont il traite : « S'il est un écrivain qui, en France, a été étiqueté jusqu'à devenir un personnage mythique, voire de fiction, c'est bien Borges. L'antienne est toujours la même, qui fait de cet Homère argentin un catalogue de labyrinthes, de tigres, de bibliothèques, de fausses références et de faux écrivains. Comprendre les raisons de cette renommée singulière et trouver l'*Aleph* à partir duquel cet univers prendrait sa cohérence, tel est le but visé par Raphaël Lelouche. »

III

Le parcours des arcanes

15
Le rendez-vous de Samarkand

« Arcane » est mot masculin apparenté au secret. Un arcane définit la transmission de rites, croyances et connaissances. Les arcanes sont pratiques courantes dans les sociétés secrètes. Ils donnent accès à des choses innombrables – choses innommables ! – qui relèvent de la culture ésotérique. Hugo Pratt se passionnait pour toutes les formes – toutes les forces ! – que l'arcane symbolise, qu'elles fussent chuchotées ou stylisées : « La culture ésotérique a été au moins aussi importante dans ma formation que les autres types de culture. Quelqu'un à l'esprit cartésien, rationnel, ne verra dans l'ésotérisme que des croyances farfelues, mais derrière cette apparence se trouvent des positions poétiques et philosophiques. J'ai beaucoup vécu dans et grâce à ce monde, dont je donne un aperçu dans certaines histoires[1]. »

*
* *

Il était une fois le premier vizir du calife du pays des Ouzbeks qui supplia son maître de le laisser partir, toutes affaires cessantes, jusqu'à Samarkand, la grande ville voisine, protégée par de hautes murailles. Le calife avait remarqué une vive

1. Hugo Pratt, *Le désir d'être inutile. Souvenirs et réflexions*, *op. cit.*, p. 211.

agitation chez son premier vizir. Il l'aimait bien. Il lui faisait entièrement confiance. Il s'étonna :

— Mais pourquoi ?

— Parce que je dois fuir la mort…

— La mort ?

— Oui, je viens de la rencontrer en traversant la grande place du marché, alors que je me rendais au palais.

— Tu en es sûr ?

— Je l'ai tout de suite reconnue.

— Qu'est-ce qui te fait croire qu'elle te cherchait, toi, au milieu de la foule ?

— Elle m'a heurté à l'épaule par-derrière, et dès que je me suis retourné, elle m'a regardé fixement, comme pour m'indiquer qu'elle était là pour moi.

— Décris-la-moi, lui demanda le calife.

— Mais c'était bien elle : la mort ! Elle est toute drapée de noir. Elle porte son écharpe rouge du sang des mortels.

— Tu l'as bien vue ?

— Comme je te vois, oh ! mon bon maître !… Je t'en prie, laisse-moi partir ! Il faut que je lui échappe. En sautant sur mon meilleur cheval, je peux être ce soir à Samarkand.

Le calife comprit que son premier vizir – pour qui il avait tant d'estime et d'affection – lui réclamait une faveur qu'il ne pouvait refuser.

Il lui ordonna :

— Sors immédiatement du palais, saute sur ton coursier infatigable ; et rends-toi au plus tôt à Samarkand.

Dès qu'il eut la confirmation que son premier vizir avait bien quitté la ville pour partir en toute hâte vers Samarkand, le calife s'empressa de se déguiser pour sortir de son palais. Incognito, il se dirigea vers la place du grand marché. Il marchait d'un bon pas. Il désirait s'entretenir avec la mort, au sujet de son vizir. L'affaire l'intriguait.

Le calife était maintenant au cœur des bruits et des mouvements du grand marché. Il jouait des coudes pour avancer. Personne ne l'avait remarqué. Tout à coup, il la reconnut. Elle est tellement identifiable, la mort ! Son vizir avait raison.

Grande et maigre, la mort se taillait son chemin dans la foule. Vêtue de noir, le visage dissimulé par une cotonnade rouge, elle passait d'un groupe à l'autre. De temps en temps, à son rythme, elle effleurait d'un geste léger celui, ou celle, dont l'heure était venue.

Le calife s'approcha d'elle par-derrière. Il savait que son pouvoir lui donnait le droit d'inverser un instant les rôles. Il savait aussi que ce jour-là n'était pas le dernier pour lui-même. Dès qu'il eut la mort à sa portée, il lui toucha l'épaule. La mort sursauta. À peine avait-elle fait volte-face que le calife lui offrit son visage.

La mort le reconnut immédiatement.

Elle s'inclina :

— Puissant seigneur, que puis-je pour toi ?

— Je suis venu à ta rencontre pour te parler de mon premier vizir.

— Nous nous sommes vus ce matin même.

— Je sais. Il me l'a dit. Mais pourquoi l'as-tu menacé ?

— Je ne l'ai pas menacé. Nous nous sommes heurtés par hasard. C'est ma réaction qui l'a frappé. Je n'ai fait que marquer ma surprise de le voir ici, car j'ai rendez-vous avec lui, ce soir, à Samarkand.

*
* *

Cette histoire n'est pas d'Hugo Pratt. Elle prend sa source dans le fonds universel des contes et légendes. Elle nous appartient donc à tous. En revanche, cette même histoire est à l'origine d'un acte prémédité, sciemment accompli par Hugo Pratt lui-même, avant sa mort, pour que l'acte prît tout son sens après…

Revenions-nous du cimetière ? Nous apprêtions-nous à nous y rendre ? Toujours est-il que nous étions à Grandvaux, dans la maison d'Hugo. Depuis son enterrement et la soirée passée à nous soûler chez lui avec ses proches, c'était la première fois que nous y retournions, Livio et moi. Nous nous trouvions, de nouveau, en situation d'investir les lieux.

Par superstition, nous laissâmes passer un peu de temps avant de nous décider à descendre dans son grand atelier du bas, dont nous connaissions chaque recoin, chaque contenu de tiroir.

Une fois en bas, nous nous installâmes autour de sa grande table de travail, où tout semblait être resté à la même place. Mon regard balayait tristement l'endroit. Chaque objet m'était familier. Soudain, parmi les quelques livres et dossiers posés dans l'attente d'être rangés, un gros ouvrage ancien, relié par une épaisse couverture rouge, m'attira l'œil. Moi qui était censé connaître tous les livres de la bibliothèque d'Hugo – du moins de vue ! –, celui-là ne me disait rien. Je regardai Livio. Il avait la tête ailleurs. Je me déplaçai pour voir de plus près l'ouvrage qui m'intriguait.

C'était un dictionnaire historique et géographique. Une édition italienne, datant vraisemblablement de la fin du XIXe siècle. Un signet, en forme de simple morceau de papier à dessin vierge, dépassait du livre fermé. Je sentis le regard de Livio tourné vers moi, tandis que j'ouvrais l'ouvrage. La double page que j'avais sous les yeux comportait un texte et une illustration. Le titre du texte et la légende de l'illustration mentionnaient Samarkand.

Livio me rejoignit. À son tour, il avait le nez dans le livre. Nous étions fascinés. Avant de partir pour son dernier voyage, Hugo avait laissé son message.

*

* *

Pourquoi à Samarkand et pas ailleurs ?

Celui qui désigna le lieu, dans ce conte parmi les plus célèbres sur le rendez-vous avec la mort, serait le poète mystique persan Farīd al-Dīn'Attār. C'est Jean-Claude Carrière, dans son recueil de « contes philosophiques du monde entier », intitulé *Le cercle des menteurs*[2], qui le précise. Ce dernier mit plus de vingt-cinq ans à composer un tel ouvrage, nourri par une curiosité permanente sur le sujet, ainsi que par la lecture de plus de deux mille livres s'y rapportant[3]. Dans l'introduction de son ouvrage, Jean-Claude Carrière dit :

« La seule ambition du conteur est d'apparaître nécessaire. Comme un paysan ou un boulanger. Ni plus ni moins. Car les histoires qu'il raconte dévoilent certains aspects de l'esprit qui ne sont pas autrement perceptibles. De très puissantes civilisations l'ont placé au centre des carrefours, parfois au centre même du palais, et leur sainte patronne est évidemment une femme, la très illustre Schéhérazade, qui jouait une tête dans chaque récit, qui enchantait soigneusement la nuit et se taisait, rêveuse, à la vue de l'aurore.

C'est dire l'importance d'une narration bien menée. Elle joue avec la vie, avec la mort. Peut-être même – revenons-y – ne sommes-nous qu'une histoire, avec un début et une fin. Mais dans ce cas, qui la raconte[4] ? »

Attachons-nous à celui dont le nom, en la circonstance, serait le symbole désigné de cette longue chaîne de conteurs formée par tous ceux, au-delà des siècles et des pays, qui auraient répété – et réinventé – cette histoire.

2. Jean-Claude Carrière, *Le cercle des menteurs*, Plon, 1992, Pocket, 1999, p. 125-126.

3. À la fin de son livre, dans *Quelques pistes pour une bibliographie impossible*, Jean-Claude Carrière écrit : « Par définition, dans le domaine de la littérature orale, aucune bibliographie n'est possible. Près d'un tiers des histoires que renferme ce livre m'ont été racontées de vive voix. J'en remercie les transmetteurs. » *Ibid.*, p. 433.

4. *Ibid.*, p. 19.

Notre conteur (personnifiant tous les conteurs), Farīd al-Dīn'Attār, est né et mort avec deux points d'interrogation : 1142 ?-1220 ? Par cette légère incertitude, aurait-il fait là un petit geste en direction de tous ses rivaux conteurs anonymes dont on ne sait rien ? En revanche, contrairement aux dates balisant son destin, l'endroit où Farīd al-Dīn'Attār s'ouvrit et se referma à la vie, à quelques années près, « avec un début et une fin », est précis. Il s'agit de la ville de Nichapour, en Iran.

Attār est un auteur dont les œuvres ont une portée universelle. Son nom (son surnom !) signifie l'« apothicaire », ou encore le « parfumeur ». Son père était médecin, tout comme il le sera lui-même. Mais son véritable métier fut « d'analyser et de distribuer des élixirs, des contrepoisons pour le réconfort des âmes amoureuses[5] ».

Remèdes littéraires ?

Le livre d'Attār le plus célébré est son *Colloque des oiseaux* (parfois traduit par *Le langage des oiseaux)*. Borges nous en offre un résumé parfait, dans une note en bas de page publiée dans *Histoire de l'éternité* : « L'ancien roi des oiseaux, le Simurg, laisse tomber au centre de la Chine une plume splendide ; les oiseaux, las de leur éternelle anarchie, décident de partir à la recherche de ce roi. Ils savent que son nom signifie "trente oiseaux" ; ils savent que son alcazar est sur le Kaf, la montagne circulaire qui entoure la terre. Ils entreprennent cette aventure presque infinie ; ils franchissent sept vallées ou sept mers : le nom de l'avant-dernière est *Vertige*, la dernière s'appelle : *Anéantissement.* Beaucoup de pèlerins désertent, d'autres périssent. Trente d'entre eux, que ces épreuves ont purifiés, se posent sur la montagne du Simurg. Enfin, ils le contemplent et ils s'aperçoivent que le Simurg, c'est eux-mêmes, que le Simurg est chacun d'eux et eux tous à la fois[6]. »

Dans *Histoire universelle des sectes et des sociétés secrètes*, Jean-Charles Pichon écrit :

---

5. Louis Massignon, dans sa préface à la traduction française du *Livre divin*, par Farīd al-Dīn'Attār, Albin Michel, 1990.

6. Jorge Luis Borges, *Histoire universelle de l'infamie/Histoire de l'éternité*, *op. cit.*, p. 226.

« Aboutissement d'une mystique plusieurs fois séculaire, Farīd al-Dīn'Attār, l'un des derniers soufis, en avait cependant été l'un des plus grands. Son *Colloque des oiseaux* oppose à la *Queste du Graal*, une autre quête du dieu futur, dont les attributs ne seraient pas la liberté et le bon gré, mais l'égalité des Frères. [...] Au contraire, élevé dans les mêmes doctrines, Rūmī (1207-1273) s'en évadait, vers la fin de sa vie, pour aboutir à un pessimisme absolu. J'ai été pierre, oiseau, homme, ange, dit-il (reprenant à son compte les "mémoires" d'Empédocle[7]), je ne désire plus qu'être rien. Par *ce rien*, il entend exprimer à la fois le choix de l'inconscience et la soumission illimitée à l'Être, qu'enseignait également en Chine le *zen* renaissant. S'il ne fait appel à la drogue comme le Vieux de la Montagne, il admet l'initiation d'un asservissement volontaire : on lui prête la réforme des derviches iraniens et l'institution des *derviches tourneurs*, dont la danse éternelle ne tendrait à rien d'autre qu'à ce Rien précisément envié[8]. »

Tout comme Attār, Rūmī, poète mystique persan, qui culmine comme lui au firmament des lettres, n'ira jamais à Samarkand. Corto Maltese, dans *La maison dorée de Samarkand*, ne s'y rendra pas non plus. En revanche, il rencontrera, sur son chemin, en Turquie, des membres de la confrérie Mawlawiya, fondée, à Konya, par Rūmī, dans la mouvance de l'institution des derviches tourneurs[9]. À l'origine le mot « derviche » viendrait du persan et signifierait « chercheur de portes ». Rūmī, de passage à Nichapour, connut Attār à la fin de sa vie. Et c'était à Nichapour que ce dernier avait rendez-

7. Empédocle d'Agrigente (v. 430-v. 435 avant J.-C.) Philanthrope, thaumaturge et mage, théoricien de l'« homme-dieu », c'est de lui que Nietzsche a dit : « Médecin ou mage, poète ou rhéteur, dieu ou homme, savant ou artiste, homme d'État ou prêtre, Pythagore ou Démocrite, il flotte entre deux. Il est la figure la plus bariolée de la philosophie ancienne ; il met fin à l'âge du mythe, de la tragédie, de l'orgiasme, mais en même temps surgit en lui l'image du Grec plus moderne, démocrate, orateur, rationaliste, créateur d'allégories, homme de science. Deux siècles s'affrontent en lui ; il est de pied en cap l'homme agonal. » *Cf. Le nouveau dictionnaire des auteurs*, *op. cit.*, tome I, p. 1 003.

8. Jean-Charles Pichon, *Histoire universelle des sectes et des sociétés secrètes*, Lucien Souny, 1994, tome II, *Du Moyen Âge à nos jours*, p. 44.

9. Hugo Pratt, *La maison dorée de Samarkand*, *op. cit.*, p. 100.

vous avec la mort. Dans son *Colloque des oiseaux*, il écrit : « Tant que tu es dans l'existence ou dans le néant, comment pourrais-tu mettre le pied en ce lieu ? Mais lorsque, ô ignorant ! tu n'es plus arrêté dans ta route par l'existence ou par le néant, tu entres comme dans un songe et tu vois ce qui a eu lieu au commencement et à la fin ; et, en connaissant la fin, vois-en l'avantage[10]. »

Entre le « *Tawhid* », l'unicité divine, prônée par 'Attār, et la « réalité unique » – ce Rien transcendé aux multiples formes de métempsycose – défendue par Rūmī, il est tentant de placer « le désir d'être inutile ». Une formule si conforme à ce qu'était Pratt lui-même. Avec ce désir profond de joindre l'inutile à l'essentiel, comme d'autres cherchent à joindre l'utile à l'agréable.

Pour éloigner Samarkand de notre horizon, je confirmerai que la ville, derrière ses hautes murailles, est l'une des plus anciennes cités de l'histoire, que d'autres conteurs s'y rendirent, que d'autres encore y moururent.

Alors qu'ils viennent d'assister à la mort d'Enver Bey, chargeant seul, à cheval, sabre au clair, le bataillon arménien de l'Armée rouge qui voulait sa peau[11], Corto et Raspoutine, bien

10. Farīd al-Dīn 'Attār, *Le langage des oiseaux*, Albin Michel, coll. « Spiritualités vivantes », 1996, p. 298.

11. Hugo Pratt, *La maison dorée de Samarkand*, *op. cit.*, p. 178-179.

que sachant qu'il est préférable pour eux de déguerpir, se mettent à rire et à danser. C'est le trésor de Samarkand qu'ils verront. Pas la ville. Et la mort sera pour Timur Chevket le double de Corto Maltese, avec Raspoutine faisant office de bourreau[12].

*

* *

Quand Hugo avait 7 ans, à Venise, un incident fulgurant se produisit en lui. Bien qu'il ne m'ait jamais fait de confidence particulière sur le sujet, mon sentiment est que cet incident très singulier contribua à développer chez lui une réelle aptitude à la médiumnité, et qu'il amplifia sa détermination à pénétrer les mystères de l'ésotérisme et à en suivre les voies qui lui seraient forcément offertes. Mais venons-en à l'incident en question, quand Hugo Pratt était à l'école primaire. Un incident qu'il a toujours qualifié lui-même, avec pertinence, d'« incident étrange » :

« ... quand j'avais sept ans, il m'est arrivé un incident étrange. À la suite d'une insolation, j'ai perdu la mémoire. Je suis resté pendant six mois en état de choc, ne me souvenant plus que d'une grande lumière, puis je suis brusquement redevenu normal. Pendant toute cette période, on m'avait mis dans une section spéciale de mon école, réservée aux élèves déficients mentaux. Nous étions huit, et devions porter un uniforme noir, alors que les élèves normaux étaient habillés en blanc. Quand je me suis comme réveillé, on m'a redonné l'uniforme blanc, et les élèves considérés comme débiles m'ont demandé : “Mais qu'est-ce que tu fais là, habillé en blanc comme tous ces cons ?” J'ai finalement préféré rester avec ces sept élèves, j'avais plus d'amitié pour eux que pour les autres. Je me demande si certains ne faisaient pas semblant d'être déficients mentaux, car on était moins exigeants pour les élèves de cette section. Ce qui m'intrigue aussi, c'est que ces sept élèves s'en sont bien tirés plus tard.

12. Hugo Pratt, *ibid.*, p. 190.

L'un d'eux vend des souvenirs aux touristes, place Saint-Marc, à Venise. À chaque fois qu'il me voit, il s'exclame : "Hugo, tu te rappelles quand nous étions dans notre école de débiles ?" Quand je me promène avec, par exemple, un éditeur, c'est une phrase qui fait sensation. Après l'école primaire, je suis allé au lycée Marco Foscarini, à Venise, mais seulement pour l'année de sixième, puisqu'en 1937 ce fut mon départ pour l'Éthiopie[13]. »

Pour le moment, nous sommes en Asie Mineure, en 1922. C'est l'été. Corto Maltese ne sait pas encore qu'il n'ira jamais à Samarkand :

« Je dois passer la frontière, traverser l'Azerbaïdjan, la Perse et rejoindre Samarkand, annonce-t-il au jeune prêtre chargé de l'aider, chez les Yezidis.

— Je vois... Demandons de l'aide au cercle et au jeune paon... Pardonne-moi si je t'appelle par ton nom, mais nous avions besoin de ton aide, ô Sheitan [Il s'adresse au diable en se coulant dans la peau de l'ange déchu, Shamaël.] Ô Sheitan... Ô Sheitan... Sheitan ! Nous ne pouvons prononcer son nom qu'une fois par an... Tu as de la chance, marin. Toi, tu connais déjà Sheitan. Tu l'as connu en Afrique sous le nom de Samaël, tu le croiseras encore sur ton chemin... Là où se trouve un arbre aux fruits étranges que tu ne pourras pas manger, là où tu perdras ton ombre en rencontrant celui qui doit mourir pour vivre. Ce sera un triste voyage, où l'Orient veut devenir l'Occident... Et *vice versa*... Et plus, sur ce livre, il est écrit que tu cherches ce que tu as déjà eu... Il dit que tu n'es jamais content, mais c'est ton problème...

— Vous me fatiguez avec ces histoires !

— Bon, eh bien ! va-t'en sans te retourner. Ici, il est toujours dangereux de rechercher le passé[14]. »

C'est Hugo Pratt, à l'approche du crépuscule de sa vie (en juin 1991), qui réagit à l'injonction du jeune prêtre anatolien. Il le fait à la place de Corto Maltese, déjà reparti du côté de la frontière :

---

13. Hugo Pratt, *Le désir d'être inutile. Souvenirs et réflexions*, *op. cit.*, p. 19.
14. Hugo Pratt, *La maison dorée de Samarkand*, *op. cit.*, p. 125.

« Mon grand projet s'appelle demain, ma grande curiosité, c'est de connaître demain. Je me couche le plus tard possible et je me lève le plus tôt possible pour ne pas perdre de temps. La lune veille sur moi. Ma préférée, c'est la lune turque, le croissant. Sur la lagune de Venise ou à Samarkand, elle veille aussi sur Corto... Elle me dit que la vie est un songe et qu'il faudra se réveiller au moment du grand oubli. Pour quelqu'un comme moi qui vis dans le monde de l'imaginaire, comment voulez-vous que je distingue le songe de la réalité ? Je sais seulement que j'aimerais bien me réveiller un jour dans la peau d'un bibliothécaire. J'adore les vieux livres. J'en achète beaucoup. Parfois, j'y trouve une fleur séchée et je me dis : "Mais qui a mis cette fleur entre ces pages ? Est-ce un message qui m'est destiné ?" Alors, imaginez que j'ouvre un livre un jour et que je me trouve dedans : aplati ! Ça, ce serait formidable[15] ! »

*

* *

Dans la discipline de l'arcane, la question des occultations est manifeste. Elle l'est tellement qu'elle forme la base de sa rhétorique. La somme que représentent les deux tomes de *L'ésotérisme*, par Pierre A. Riffard[16], l'aborde clairement :

« Lorsque l'occultation a trait aux idées, on obtient un ensemble de récits qui, à première vue, n'ont rien que de très commun. Ils renferment cependant des mystères, des idées, des arcanes, des archétypes. Chacun est une lampe d'Aladin. Il ne s'agit pas de dire que tous les récits sont ésotériques, ce serait absurde, même si un spécialiste d'hermétisme se fait

---

15. Richard Poisson, *L'homme qui rêva Corto Maltese, in Ça m'intéresse*, juin 1991. Dans *Inferno*, récit autobiographique de l'écrivain suédois August Strindberg, paru en 1897 quand il habitait à Paris, on peut lire la phrase suivante : « Ou en admettant le caprice, comme existant, reconnaissons-le aussi dans ce cas, c'est un caprice, mais ce n'est pas un miracle qu'un insecte accommode son extérieur au milieu ambiant, lorsque le papillon appelé Feuille-Morte a pris l'apparence d'une feuille sèche afin de se cacher » (NDLA).

16. Pierre A. Riffard, *L'Ésotérisme*, tome I, et *Ésotérisme d'ailleurs*, tome II, Robert Laffont, coll. « Bouquins », 1990 et 1997.

fort de trouver initiatiques tous les contes pour enfants, ou de voir dans une épopée l'imitation d'un Mystère[17]. »

Parmi les codes des occultations préconisés par les tenants des méthodes occultes, nous retiendrons ceux qu'Hugo Pratt utilisait spontanément : les dits.

« Les récits d'intention ésotérique, on les appelle "dits". Chez les Germains, le mot *saga* vient de l'islandais *segja*, "dire". Chez les Celtes, on a *scel* (pluriel *scéla*), en irlandais "dit", littérature récitée ou chantée. Mahomet a laissé des paroles appelées *hadîth* (pluriel *ahâdith*), "dict traditionnel, tradition venue de Muhammad". À Jésus, on attribue des *logia* (singulier *logion*), "paroles, dits."[18] »

Avec tout ça, comment Hugo Pratt s'en arrangea-t-il lui-même, sans faire de concessions – des occultations ! – à l'encontre de ses troublantes positions libertaires et agnostiques ? ! Franchement, je n'ai pas trouvé de réponse ! Ni dans ma mémoire, ni dans ses mémoires. Devrais-je me retrancher une fois de plus derrière Borges – comme le faisait aussi Pratt – pour préserver une réponse qui, peut-être, un jour, nous parviendra. Ainsi citerai-je l'écrivain argentin, au détour d'un passage écrit sur un roman policier qu'il inventa : *L'approche d'Almotasim*[19]. Il alla même jusqu'à reproduire une citation extérieure imaginaire qui dénonçait « la double et invraisemblable caution de Wilkie Collins et de l'illustre Persan du XIIe siècle, Farīd al-Dīn'Attār[20] », au sujet de ce livre qui n'exista jamais.

Au problème posé par la divulgation du monde ésotérique à des lecteurs non initiés, Hugo Pratt savait apporter une réponse :

« Le monde ésotérique est tellement vaste… Je n'en montre qu'une petite partie, et en la simplifiant. Je voudrais juste éveiller la curiosité, pour que ceux que ces questions intéressent puissent aller plus loin, jusque dans ce monde poétique

17. *Ibid.*, tome I, p. 266.
18. *Ibid.*
19. Jorge Luis Borges, *Histoire universelle de l'infamie/Histoire de l'éternité*, *op. cit.*, p. 219.
20. *Ibid.*

et philosophique où parfois l'on rejoint – où même l'on précède – les recherches de la science reconnue. Les scientifiques ne veulent pas entendre parler d'ésotérisme, de magie, alors ils utilisent des mots en apparence plus sérieux, comme "parapsychologie", pour prendre en compte toutes sortes de phénomènes inexplicables et irrationnels. L'ésotérisme a parfois plusieurs milliers d'années d'avance sur des déclarations qui se veulent officielles. Il est amusant que Paul VI, rejoignant certaines croyances ésotériques, se soit prononcé positivement sur l'existence du diable, qui avait été niée par des Pères de l'Église. En ce qui me concerne, j'ai toujours pensé qu'à coté du monde directement déchiffrable existait un monde caché[21]. »

21. Hugo Pratt, *Le désir d'être inutile. Souvenirs et réflexions*, *op. cit.*, p. 212.

16
Promenade dans les ruelles du vieux Paris alchimique

Au féminin, une « arcanne » (avec deux *n*) est le nom de la craie rouge utilisée traditionnellement par les charpentiers et menuisiers. Ça nous vient du latin médiéval. L'arcanne sert donc à marquer les limites d'un ouvrage en bois. L'ensemble des charpentes, des boiseries ouvragées et certains objets de culte des cathédrales peuvent être ainsi regardés sous le double signe de l'arcane mâle et de l'arcanne femelle. « *Alchanna* » (« arcanne ») dérive de « *al-hanna* », le « henné », cette plante cultivée en Orient, rapportées par les croisés francs et dont les feuilles, pulvérisées et séchées, servent à teindre cheveux et ongles, pour mieux paraître ou mieux séduire.

On m'a raconté, il y a bien longtemps, à Lyon, que si on traçait un cercle à la craie noire à un endroit précis dans le vieux quartier Saint-Jean, il suffisait de se placer à l'intérieur du cercle ainsi formé pour se retrouver directement dans le vieux quartier des alchimistes, à Prague. Je suis allé à Prague, des années plus tard. Bien que le trajet dans l'autre sens me fut confirmé par des Pragois saints d'esprit, lecteurs de Gustav Meyrink, nul ne sut me montrer l'endroit où dessiner le cercle à la craie noire pour que je puisse m'y mettre[1].

1. Gustav Meyrink (1868-1932) est l'auteur du *Golem*, roman à succès paru en 1915 racontant à travers le personnage d'un automate d'argile les mystères du ghetto de Prague et la puissance des Kabbalistes. Hugo Pratt s'intéressait

« Je tournais et retournais dans le cercle. Lyon aurait pu être une ville pour de longues amours secrètes, avec des femmes prisonnières du temps, ne trouvant pas dans le réel l'illusion qui porte à l'oubli, contraintes d'envisager le vide qui peut-être les détruira. Je suis, aujourd'hui encore, frappé par le choix que fit Philip Kaufman, lorsqu'il adapta au cinéma *L'insoutenable légèreté de l'être*, de tourner à Lyon les scènes pragoises du livre de Kundera[2]... »

Cet extrait est tiré de *Lyon-sur-Seine*, par Marc Lambron[3]. Étrangeté des similitudes d'itinéraires. Son texte a été publié dans le même numéro de *Senso* où j'avais signé un article sur Hugo Pratt. D'autre part, je connais Lyon pour avoir passé des années de grandes vacances, pendant mon enfance, à Feyzin, juste à côté. Le titre générique de ce numéro de *Senso* était *De port en port.* J'y ai repéré des points d'ancrage avec mes propres souvenirs de Lyon, par ailleurs ville où Joseph Pratt, grand-père d'Hugo, est né, au XIXe siècle :

« Ce grand-père, qui à l'origine était dessinateur en architecture militaire, trouva un poste de professeur de français à l'institut Ravà de Venise. C'était une école juive, et comme mon grand-père n'était pas juif, il est probable qu'il bénéficia de certaines complicités, peut-être franc-maçonniques. Mon père fut élevé dans cet institut alors que mon grand-père y était encore enseignant. Il avait reçu le prénom de Rolando,

---

fort au sujet : « Les kabbalistes sentaient le soufre et l'ésotérisme, ceux qui étudiaient le Zohar étaient considérés comme des poètes. Le message de la Kabbale, qui à Venise était refusé par les juifs traditionnaires, était cependant accepté dans d'autres régions, comme à Safed, en Palestine, où serait mort Siméon bar Yohai, à qui l'on attribuait la rédaction du Zohar, alors qu'il a probablement été écrit plus tard, au XIIIe siècle, par Moïse de León. J'ai ainsi rêvé très tôt aux récits kabbalistiques, comme ceux sur le golem, cette sorte d'automate à forme humaine que l'on peut animer. C'est un thème qui a ensuite été souvent repris par des auteurs anglo-saxons, comme par Mary Shelley dans *Frankenstein*, ce qui n'a guère été signalé, ou par Gustav Meyrink, cet occultiste autrichien du début du siècle qui a écrit *Le Golem* en s'inspirant des histoires mystérieuses du ghetto de Prague ; je lui ai rendu hommage en intitulant un récit de l'album *Les Celtiques* "L'ange à la fenêtre d'Orient", ce qui fait pendant à son livre *L'ange à la fenêtre d'Occident.* » Hugo Pratt, *Le désir d'être inutile. Souvenirs et réflexions*, *op. cit.*, p. 214-216.

2. Milan Kundera, *L'insoutenable légèreté de l'être*, Gallimard, 1984.

3. *Senso* n° 5, juillet-août 2002, p. 132.

témoignage de l'admiration de mon grand-père pour la *Chanson de Roland*, mon grand-père était très attaché au monde littéraire français. Mon père avait une sœur, qui s'appelait Églantine, un beau prénom, rare aujourd'hui. Joseph Pratt est mort en 1917 de la grippe espagnole. La légende familiale veut qu'il soit mort sur un brancard, en buvant une bonne bouteille. Ses enfants étaient encore adolescents. Mon père me racontait volontiers l'histoire des Pratt. Il devait broder, car il remontait à Guillaume le Conquérant. La branche dont je suis originaire, celle qui avait émigré en France, aurait brûlé ses titres de noblesse place de la Bastille au moment de la Révolution, et aurait par souci de sécurité quitté Paris pour Lyon[4]. »

Marc Lambron – qui passa par Tadjoura, lui aussi – écrit encore dans son *Lyon-sur-Seine* : « Fils d'une ville double, j'allais vivre sous la loi de deux villes. Paris était l'acte, le visible, le signe, le palimpseste. Lyon restait le sens, l'invisible, le mystère, le Livre[5]. »

*
* *

— Non, Hugo ! Je n'ai pas dit “le tour de Paris”. J'ai dit “les tours de Paris” ! Comme la tour Saint-Jacques ou les tours de Notre-Dame !...

— Si c'est ça, il s'agit aussi bien des tours à l'intérieur de la muraille, qui n'existe plus, que des donjons de forme ronde qui lui servaient de protection ! On fera donc le tour des tours de Paris. Du moins ce qu'il en reste !...

Sur l'architecture parisienne, Hugo Pratt en savait plus que moi ! Il adorait se perdre dans ses propres souvenirs parisiens, tout en s'y retrouvant parfaitement dans les dédales de l'histoire de Paris : « Quatorze années en France : un peu plus qu'en Argentine, mais en réalité beaucoup moins, car outre tous mes voyages je faisais de longs séjours à Milan et à Venise. Je dirai qu'à travers mon œuvre j'ai alors concrétisé une partie de mon monde intérieur. En repensant à ces

4. Hugo Pratt, *Le désir d'être inutile. Souvenirs et réflexions*, *op. cit.*, p. 10.
5. *Senso*, *op. cit.*, p. 133.

années parisiennes, la France m'apparaît comme un labyrinthe : un labyrinthe d'amour, comme celui qu'Aliénor d'Aquitaine avait à l'Île-aux-Vaches, aujourd'hui l'île Saint-Louis, où précisément j'avais fini par habiter, et aussi un labyrinthe où il m'arrivait de me perdre. La France a été une tentative pour organiser l'Hypothèse[6] ! »

Entendons-nous bien, l'hypothèse dont Hugo parlait concernait surtout son « labyrinthe d'amour ». Et c'est dans le « labyrinthe alchimique » de Paris que nous nous proposions, ce jour-là, d'organiser nos flâneries auxquelles personne n'était convié. Avec lui, passer d'un labyrinthe à l'autre doit se faire charnellement, comme il abordait la culture. Ses rapports à l'histoire, tout comme ses approches de l'ésotérisme, n'étaient pas tristes ! Il y a souvent un sourire et des caresses en jeu dans une quête. Quelle qu'elle soit... Lorsque je lui sortis la formule d'usage, « ces livres de pierre », au sujet des cathédrales, il me fit remarquer que ce n'était pas en tournant de lourdes pages que l'on suivait l'histoire, mais en levant la tête ! Il y a d'ailleurs des motifs érotiques sculptés qui apparaissent dans les pierres des cathédrales.

Cette idée de partir sur les traces du vieux Paris alchimique, aux beaux jours du printemps 1989, nous était venue à la suite de la parution d'un supplément à *L'Express* intitulé *Promenades italiennes dans Paris*, « avec Hugo Pratt, Alberto Moravia, Pier Luigi Pizzi et *tutti quanti*[7] ». La couverture de *L'Express Paris* représentait Corto Maltese devant la tour Eiffel, les mains dans les poches.

Au début, Hugo ne voulait pas faire cette couverture. À la rédaction de *L'Express*, certains journalistes savaient qu'en passant par moi, il y avait quelque chance d'obtenir de lui qu'il changeât d'avis. L'un d'eux s'adressa à moi pour que j'intervienne dans ce sens. Je réussis à convaincre Hugo, d'autant mieux qu'il eut une illumination lorsque nous en parlâmes. Tout d'un coup s'imposait une autre « hypothèse ». Cette demande était un signe pour qu'il s'attache à imaginer une aventure future de Corto Maltese. Au fur et à mesure

---

6. Hugo Pratt, *Le désir d'être inutile. Souvenirs et réflexions*, *op. cit.*, p. 153.
7. *L'Express Paris*, supplément à *L'Express* n° 1977, du 26 mai au 1er juin 1989.

qu'il développait l'idée, il s'excitait de plus en plus. Corto déambulant dans les rues de Paris, dans les années 1930, l'enchantait. À l'exception des *Scorpions du désert*, de notre film tourné à Djibouti et du projet de relance du mensuel *Corto Maltese*, ce fut l'une des rares fois où je me sentis réellement impliqué avec lui dans une conversation qui ressemblait fort à l'ébauche d'un scénario.

Je ne résume pas l'idée de départ, puisque Hugo Pratt la confia lui-même à Alain Keramoal, chargé de recueillir ses propos (et le dessin de la couverture !), au cours d'une entrevue qui eut finalement lieu pour *L'Express* :

« Après mer, désert, Afrique, Océanie, la géographie sentimentale, mentale, d'Hugo Pratt va conquérir Paris à coups de crayon fulgurants. "J'ai une telle avidité de raconter que je dépouille de plus en plus chaque plan." Après les nomades des grands espaces, l'ethnologue étend sa métaphysique aux mondains de la grande cité. Son premier dessin de Maltese à Paris, il l'a réalisé en exclusivité pour *L'Express Paris* : Corto devant la tour Eiffel. "Opérateur de l'imaginaire", Hugo, dans son prochain livre, projettera son double au milieu de la cour des Miracles ; on verra le marin sans bateau – qui souffre du mal de mer en avion – sur la Seine en péniche. Le soldat à l'idéal perdu, Corto, le dernier héros des guerres romantiques – avant Realpolitik et électronique – citera Baudelaire, Rimbaud et François Villon, alors que, d'un trait baroque, il parcourra les catacombes jusqu'aux limites de l'onirisme, séduira les femmes du monde, du grand et du demi, jusqu'aux frontières de l'abstraction[8]. »

En fait, ce qui accéléra notre soudaine frénésie d'inventorier le vieux Paris alchimique n'est pas tant l'hypothèse *Corto Maltese à Paris* qu'un sentiment commun qu'il était grand temps de satisfaire notre curiosité dans ce domaine. « La tour Saint-Jacques aurait été préférable ! » lui avais-je fait remarquer. Hugo m'avait demandé des explications poussées quand je lui avais raconté que je donnais de préférence mes rendez-vous en bas de celle-ci – au pied de la statue de Blaise Pascal tournée vers la rue Nicolas Flamel –, plutôt que sur les pelouses de l'autre – « dame Eiffel dans sa dentelle de fer », comme le dit, en plusieurs langues, un enregistrement pour les touristes des bateaux-mouches ! Ce choix « hermétique », entre deux tours symboliques qui n'ont rien à voir entre elles, m'avait été indiqué, il y a des années, par René Alleau, philosophe et historien des sciences, spécialiste des traditions hermétiques et auteur d'une *Encyclopédie de la divination*[9]. C'était à l'occasion du

8. *Ibid.*, p. 28.
9. Tchou, 1965.

tournage d'un documentaire *Nicolas Flamel ou le pèlerinage alchimique*[10].

Avec Hugo, nous organisâmes notre promenade dans le vieux Paris alchimique (en réalité plusieurs promenades) en nous limitant à la géographie secrète de la capitale, aux XIIe et XIIIe siècles. Pour peu qu'il fût souhaitable de désigner des limites à ce Paris-là ! Notre itinéraire passait donc par le tracé de Philippe Auguste. Nous désirions nous perdre derrière la muraille disparue, aux portes protégées par des tours de guet et de défense devenues invisibles. Notre intention calculée était de ne jamais perdre de vue que « Tout ce qui est en haut est comme ce qui est en bas ! », comme le veut la formule ésotérique transmise à tout être désireux d'être initié, corps et âme, depuis les temps les plus reculés[11].

Dans un ouvrage intitulé *Géographie sidérale*, son auteur, Guy-René Doumayrou, indique que Tolède est le centre du système zodiacal hispanique et que Lutèce (la cité des *Parisii*) pourrait bien être son relais symbolique avec pour indice que Lyon est « dans la direction du degré de Lion par rapport à Paris ». Démonstration que l'on peut trouver alambiquée, mais qui mérite d'être considérée comme recevable, parce qu'elle est tirée d'un livre publié dans une collection d'un niveau très exceptionnel – *Série « 7 »*, dirigée par l'ethnologue Robert Jaulin[12]. Le texte de présentation de *Géographie sidérale* le démontre :

« Le monde, si longtemps traité en domestique par l'homme d'Occident attentif seulement à ses seuls mouvements d'humeur, entre maintenant en force dans la conscience, et la Géographie s'impose au centre de préoccupations nouvelles dont les combats écologiques ne seraient que l'aspect acci-

10. Film de 52 minutes, réalisé par Jean-Noël Roy, production *L'invité de l'autre monde*, émission de Jean-Claude Guilbert et Louis Pauwels, Antenne 2, 1975.

11. Cette phrase, tirée du *Corpus hermeticum*, est attribuée à Hermès Trismégiste, auteur fictif des livres de la tradition hermétique dont le dieu égyptien Thot aurait été l'inspirateur, voire le révélateur. À ce sujet, le révérend père Fustigière nous a donné une étude magistrale : *La révélation d'Hermès Trismégiste*, 4 vol., 1944-1949, texte établi par A. D. Nock, Les Belles Lettres, 1981.

12. Guy-René Doumayrou, *Géographie sidérale*, 10-18, coll. « Série "7" », 1976, p. 64.

dentel et panique. Pourtant les rapports d'amour qui unissaient jadis les peuples à leur environnement furent entretenus passionnément par toutes les sociétés traditionnelles jusqu'au Moyen Âge. La Géographie sidérale célébrait la noce continue du Ciel et de la Terre dans le lit des établissements humains, villes, temples, châteaux, organisés comme un vaste piège à esprit, d'usage quotidien. Bien des vestiges de cette construction, palpables, mesurables, incontestables, attendent d'être à nouveau reconnus, ce qui peut se faire, au compas lucide du symbolisme traditionnel : de très singulières couleurs sont surprises alors, souriant sur les horizons désembrumés[13]. »

Je m'autorise à reproduire une autre phrase de l'auteur de *Géographie sidérale*, pour le bonheur de sa lecture : « Tandis que les malins se font légers pour demeurer sur le dessus, d'autres jouent les importants à dresser les doctrines, planter les professions de foi, brandir les purismes, avec le touchant dévouement des abeilles ventileuses, poussière dorée d'une société sans âme où chacun ne rêve plus que d'une chose : s'asseoir, puis s'étendre[14]. »

*
* *

La muraille dépassait rarement les huit mètres de hauteur. Plus de soixante-dix tours (toutes rondes) en assuraient sa défense. Elle entourait le Paris de l'époque (Philippe Auguste : 1165-1223). Le cœur de la cité protégée était l'île de la Cité, la bien nommée, et sa voisine, baptisée plus tard « île Saint-Louis ». En face d'elles, de part et d'autre des rives de la Seine, se présentaient sept quartiers. Sur la rive gauche, les quartiers Maubert et Saint-André-des-Arts. Sur la rive droite, les quartiers Saint-Jacques de la Boucherie, la Verrerie, la Grève, Sainte-Opportune et Saint-Germain-l'Auxerrois.

Hugo et moi passions d'une rive à l'autre, à pied, en empruntant les ponts qui traversaient les deux îles. Tels deux

13. *Ibid.*, quatrième de couverture.
14. *Ibid.*, p. 14.

touristes discrets, nous bavardions et visitions cette belle ville de Paris dont l'histoire guidait nos pas rive gauche ; les tours du passage Dauphine et de la rue Mazarine (aux fondations dans un parking !) nous plaisaient bien. Quelques pans de mur subsistent, çà et là, et quelques mètres de chemin de ronde sont accessibles (rue Descartes). Le vieux puits de la rue du Cardinal-Lemoine nous donnait soif. De temps en temps, nous nous asseyions sur un banc ou dans un bistrot.

La rive droite nous attirait particulièrement. Les vestiges y sont plus nombreux, notamment rue des Jardins-Saint-Paul, rue des Rosiers, ou rue des Francs-Bourgeois. Nous avions, dans ces coins-là, l'un et l'autre des souvenirs personnels. Les marques des tâcherons, laissés sur les pierres depuis des siècles, nous fascinaient. J'en ai dessiné quelques-unes. Pas Hugo. Il les gardait en tête. Ces promenades parisiennes avec lui étaient pour moi un enchantement. Nous n'en parlions pas aux autres. Voyager dans le temps demande de la discrétion.

Les portes étaient toutes construites à l'identique. Six portes gardaient la rive droite. Autant pour la rive gauche. « Elles étaient constituées de deux tours rondes d'une certaine importance (environ 15 mètres de haut et 8 mètres de diamètre) enserrant une ouverture ogivale fermée par deux vantaux en bois encastrés. Elles ne comportaient pas à l'origine de pont-levis, l'enceinte de Philippe Auguste n'ayant jamais été entourée de fossés avant les transformations apportées par Charles V, rive gauche[15]. »

De quoi parlions-nous quand nous nous promenions dans ce Paris qui n'existe plus en apparence ?

Nous conversions sur les personnages qui avaient hanté les lieux et laissé de fortes traces susceptibles d'éclairer nos recherches. Parmi ceux-ci, qui vécurent à Paris ou y passèrent pour améliorer la compréhension de leurs disciplines et enrichir leurs travaux, il y avait : Roger Bacon et Albert le Grand, contemporains de la muraille ; Nicolas Flamel (*Le livre des figures hiéroglyphiques*), Giordano Bruno (*Le banquet des*

15. Michel Bastien et Alexandre Gady, *À la découverte de l'enceinte de Philippe Auguste*, Association pour la sauvegarde et la mise en valeur du Paris historique, 1996.

cendres), Jacques-Paul Migne (sa *Patrologie latine* compte deux cent dix-sept volumes), sans oublier Paracelse au sujet de qui Hugo était intarissable[16] et un inconnu notoire génial, Philéas Lebesgue, familier de la revue *Atlantis*, fondée en 1926 par Paul Le Cour, dont les membres de la rédaction se réunissaient le premier et le troisième jeudi de chaque mois, dans un petit restaurant de la rue de l'École-de-Médecine. L'un d'eux, le docteur Robert Hollier, raconte :

« C'est donc là qu'un soir je fis connaissance avec ce Philéas Lebesgue dont Paul Le Cour m'avait à plusieurs reprises parlé.

Je vis entrer dans la pièce un homme de taille moyenne, un peu épais, aux mains calleuses, au visage buriné comme celui d'un vieux marin, avec une forte moustache et une barbe grise assez abondante.

Le visage surtout frappait. Sous le trou noir de profondes arcades sourcilières, brillait le regard pénétrant, mais empli de douceur, de deux yeux bleu-vert.

— Je reviens du *Mercure de France*, nous dit-il, où je suis allé porter ma copie sur les lettres portugaises.

J'appris ainsi qu'il rédigeait pour cette revue la rubrique des lettres portugaises.

J'appris ensuite que sous le nom de Démétrius Asteroitis, il traitait des "lettres grecques" et que, sous le nom de Liouba

16. Le dossier présenté dans *Corto* n° 14 de septembre 1987 est assez complet sur les figures de l'ésotérisme du monde de Pratt. Le magazine contenait *Les Helvétiques* avant leur parution en album, avec une série d'études diverses dont un texte de l'alchimiste André Malby, ami d'Hugo, intitulé *La Suisse venue du fond des temps*. Pour en revenir aux quelques personnages qui nous servirent de guides au cours de nos promenades parisiennes, plutôt que de conseiller la lecture de tel texte ou de tel autre, je préfère livrer cette phrase de Pierre A. Riffard à la réflexion du lecteur : « Ces textes ésotériques immobilisent. On se trouve pris dans un tourbillon intérieur qui creuse l'esprit. C'est le combat avec l'ange. On réapprend à lire et à se lire. La notion traditionnelle de texte s'effondre. Au lieu que les mots suivent d'autres mots afin de donner une signification, au lieu de cela, un silence ou un vide laisse à entendre, et il y a de la signification dans ce silence, dans ce vide. Le premier secret est là ; l'initiation commence alors que le lecteur estime que la connaissance a été évacuée. » *In L'ésotérisme*, tome I, Robert Laffont, coll. « Bouquins », 1990, chap. « L'anthologie impossible », p. 933-934.

Sakolovitch, il mettait les lecteurs du *Mercure* au courant du "mouvement littéraire serbe".

J'appris aussi qu'il parlait non seulement le portugais, le grec et le serbe, mais qu'il possédait l'allemand, l'anglais, l'italien, l'hébreu, le sanscrit, et que les idiomes bretons, gallois, irlandais lui étaient familiers...

J'étais étonné, sidéré, mais aussi ébloui...

Et je le fus bien plus encore quand je sus que, pour des raisons de santé, il n'avait pu passer son baccalauréat, s'était enrichi l'esprit seul, tout en cultivant lui-même son petit domaine de La Neuville-Vault, qu'il était loisible de l'interroger non seulement sur Virgile et Homère, mais qu'il était "incollable", si je puis dire, sur Shakespeare et sur Goethe, sur Camoens et sur l'Alighieri[17]. »

Quand Hugo Pratt se rendit aux Amériques, sur les lieux de *Ticonderoga*, à Fort Carillon, en 1972, il était en compagnie de Joël Laroche, son premier éditeur en France. L'histoire racontée à son sujet par Hugo nous permet de rester dans le vieux Paris alchimique (hors les murs) :

« Yeats a écrit un livre, *Rose alchimie*[18], une histoire avec un personnage qui entre dans un magasin d'une rue de Paris pour acheter des alambics à un vieil alchimiste, un des derniers qui vivent à Paris. Quand il a écrit *Rose alchimie*, ça devait être en 1897 et, chose curieuse, dans la rue Le-Peletier, au même endroit où vivait l'alchimiste juif, il y a aujourd'hui une imprimerie, et un type qui s'appelle Joël Laroche, un Juif aussi, qui vit dans son monde mystérieux et imprime pour la première fois en France un livre intitulé *Corto Maltese*, au même endroit, au même numéro où habitait l'alchimiste de Yeats, soixante ans plus tard. [...] Devant être rationaliste, je veux croire que ce sont des coïncidences, assez poétiques et étranges pour sembler presque magiques ; peut-être sont-elles magiques, sans le "presque"[19]. »

17. Dr Robert Hollier, *Philéas Lebesgue et la crise du monde moderne*, *Atlantis*, n° 250, janvier-février 1969, p. 168-169.

18. Il s'agit du livre *La Rose secrète*, recueil de contes et de légendes, paru en 1897.

19. *Pratt*, dossier de Vincenzo Mollica et Mauro Paganelli, SEDLI, Jacky Goupil éditeur, 1984, p. 27-28.

Cet endroit, où se trouvaient les Éditions Publicness, j'y suis allé avec Jacques Bergier (coauteur, avec Louis Pauwels, du *Matin des magiciens*[20]). Nous rendions visite à Michel Caen, un ami à lui, qui travaillait avec Joël Laroche. C'était avant de connaître Hugo.

*

* *

« Enfant, j'ignorais que mon grand-père maternel n'était pas vraiment un Genero. Je ne l'ai appris que bien plus tard, grâce à une clé. Ce grand-père avait donc été abandonné par sa mère à la naissance, mais, je ne sais pas pourquoi, on avait remis à l'enfant une clé qui était celle de la maison de ses ancêtres, à Tolède, la maison qu'il avait fallu fuir au moment de l'Inquisition. Dans mon enfance, cette clé était exposée chez nous, et je ne comprenais pas pourquoi on semblait y attacher une certaine importance. J'étais déjà adulte quand ma mère m'en a enfin donné la signification. Elle n'avait pas osé m'en parler plus tôt, pour ne pas avoir à me révéler que mon grand-père était un enfant illégitime. Mon grand-père n'est jamais allé à Tolède, et c'est finalement moi qui, dans le *barrio* Santa Maria la Blanca, le vieux quartier juif de la ville, ai cherché la serrure qui correspondait à la clé. Je ne l'ai pas trouvée, mais le plus curieux est que cette clé ouvrait le portail d'une maison où j'habitais, à Paris. Il est difficile de ne pas voir là quelque chose de magique : la serrure qui est venue d'elle-même à la rencontre de la clé[21] ! »

Hugo possédait bel et bien une clé qu'il avait toujours avec lui, dans sa trousse de voyage. Était-ce la vraie ?

Alberto Ongaro, auteur d'un best-seller exclusivement inspiré par sa fraternité avec Pratt (déjà cité), raconta après la mort de son ami de jeunesse : « Quand on a commencé à s'enthousiasmer pour Hugo en Italie, j'ai proposé à mon journal[22] cette interview que j'ai réalisée avec lui dans son

---

20. Gallimard, 1960.
21. Hugo Pratt, *Le désir d'être inutile. Souvenirs et réflexions*, *op. cit.*, p. 11.
22. Le quotidien *Europeo*.

appartement parisien, et qui a duré deux ou trois jours. Une interview d'autant plus riche et drôle qu'elle était littéralement truffée de mensonges volontaires. On avait par exemple monté de toutes pièces une histoire de clé que conservait sa famille depuis des siècles et qui était censée ouvrir la maison de ses ancêtres juifs espagnols à Grenade. Il n'y a jamais eu de clé, ni de vieille maison en Espagne ni le moindre ancêtre là-bas. Il a bien cherché à un moment à en louer une, mais sans plus. Je lui ai fait dire que cette clé ouvrait miraculeusement la porte de l'immeuble où il habitait à Paris, une invention complète qu'il avait d'ailleurs hésité à me laisser écrire, il se demandait si ce n'était pas un peu gros ! J'avais insisté. J'en avais même rajouté en écrivant qu'il portait toujours cette clé autour du cou. Dans l'interview, je décrivais même le bruit de la clé ! Il a par la suite intégré cette histoire dans sa biographie et l'a racontée à tout le monde[23] [...] »

Et si cette clé ne provenait ni de Tolède (version Pratt) ni de Grenade (version Ongaro), mais qu'elle était plutôt le fruit d'une illusion et la trace patente d'un rêve devenu réalité par la grâce de Corto Maltese ? En effet, celui-ci aurait reçu la clé des mains de Raspoutine, à Adana, en Turquie, après que ce dernier – incarné en marionnette du théâtre Karagos – lui eut expliqué : « J'ai la clé du paradis. Les portes arabes sont en forme de serrure et c'est la clé du paradis qui les ouvre[24]. »

Comme à la pointe du bonnet de magicien que portait ce jour-là Raspoutine était accroché un cadenas, comment savoir[25] ?

Pour ma part, j'ai acheté, en mémoire d'Hugo Pratt, en 1996, dans le vieux quartier ottoman de Sarajevo (encore à moitié fermé à cause de la guerre), un trousseau de clés. L'une d'elles ferait-elle aussi l'affaire ?

---

23. Alberto Ongaro, *In BoDoï*, hors série, n° 5, septembre-octobre-novembre 2002, « Mesquineries », p. 65.

24. Hugo Pratt, *La maison dorée de Samarkand*, *op. cit.*, p. 117-121.

25. *Ibid.*

« Abarbanel, Vivas, Farias, qu'une offense
Détestable exila, gardent encore en main
La clef d'une maison au fond d'un vieux jardin –
La maison de Tolède où coula leur enfance.

Libérés aujourd'hui de crainte et d'espérance,
Ils regardent la clef dans le soir incertain ;
Et le bronze leur dit l'autrefois, le lointain,
Une lumière lasse, une calme souffrance.

Maintenant que sa porte est poussière, l'outil
Devient chiffre du vent et rose de l'exil ;
Ainsi cette autre clef, la clef du sanctuaire

> Que quelqu'un vers l'azur lança, car le Romain
> Portait vers les autels sa flamme téméraire,
> Et qu'aux cieux entrouverts recueillit une main. »

Ce poème s'intitule *Une clef à Salonique.* Son auteur est Jorge Luis Borges[26].

26. Jorge Luis Borges, *Œuvre poétique : 1925-1965*, *op. cit.*, p. 105.

17
Les fumerolles du lac Abbé

« Elle craque. Elle vibre. De brusques mouvements l'agitent.

Elle explose pour l'oiseau ; et le mouille avec les eaux qu'elle projette en l'air.

Elle implose pour le poisson ; et l'assomme avec les pierres qu'elle lance au fond de l'eau.

Elle se lézarde. Oui, on peut le dire, car le reptilien est là ! Il l'est depuis longtemps et, jusqu'à nous, il lézardera. Il est le père de l'oiseau, l'enfant du poisson.

Depuis qu'elle bouge, tout ce qui se passe en elle est l'exception. Elle-même l'est. Quant à l'expliquer, la fable et les légendes s'en chargent ; la raison et les sciences également. Toutes convergent pour que nous la comprenions et l'aimions. Et dès lors que homme s'ajouta à elle, y aurait-il une règle pour les faire vivre et revivre, toujours et encore, irrémédiablement liés ?...

Mais à quoi bon se soucier de la façon de retracer leur destin commun, alors que le reptile à pattes a bien autre chose à faire que de tenter vainement de se mordre la queue ? Le débat du possible et de son contraire est déjà là, car les hominiens qui côtoient le grand lézard sont en train d'éprouver comme une volonté de s'organiser. La panique qui les a gagnés n'est pas la même que celle de la bête. Elle vient des peurs d'êtres qui ont l'instinct d'une autre présence : celle de l'ange ! »

Hugo me fixait depuis un bon moment, tandis que je lui lisais le texte qui précède.

— Continue ! dit-il.

— C'est juste pour planter le décor, répondis-je, mal à l'aise.

— Oui, le décor de ce coin de terre étrange où nous sommes aujourd'hui, mais il y a trois millions d'années de cela !

— Plus ! On peut même aller jusqu'à quatre millions d'années, quand notre arrière-arrière-grand-mère, puissance mille et mille et plus, était déjà et pas encore vraiment la femme !

— Notre déesse inachevée, reprit Hugo, toujours très inspiré dès qu'il s'agissait de parler d'elle – la femme !

— Nous sommes sur ses traces, non ?

— Continue ! répéta-t-il.

Je me tus. Le temps de respirer un bon coup pour ma lecture.

— Vas-y ! insista-t-il.

— Je reprends en revenant au grand lézard, précisai-je, tout en repérant une ligne bien visible, écrite à la main sur mon manuscrit :

“... Ce qui lui faut, c'est s'en sortir. Il hésite entre la fuite et un abri, mais c'est de toutes parts qu'elle mène son attaque. C'est du moins ainsi que le grand lézard ressent les secousses qu'elle provoque.

“Celui qui a l'apparence d'un crocodile la voit telle qu'elle est.

“Elle, c'est la Terre !...”

— On avait compris ! m'interrompit Hugo.

— Dans mon texte, c'est à ce moment que je le précise, pas avant ! »

Sentant une pointe d'agacement chez moi, il me sourit et marmonna : « C'est bien ! »

Encouragé, je repris :

« ... Elle est la préfiguration de ce que sera la nôtre, car elle est en voie d'être achevée. Et c'est sur ce lopin de terre, auquel tente de s'arracher le crocodile, qu'une créature – qu'il croque parfois mais qui lui échappe le plus souvent – est de son côté en voie d'aboutir.

Ici, sur le site d'Hadar, en Éthiopie, la Terre, tout en peaufinant la mise en forme de son relief, est en train de faire en sorte que l'Homme se donnât naissance à lui-même en parachevant la mise en place de son évolution. »

J'arrêtai là ma lecture à voix haute.

Hugo me lança :

— Il te reste encore combien de pages à écrire ?

— Pas tout à fait quatre millions !... »

Nous étions au bord du lac Abbé. Coupé en deux, il sert de frontière entre la République de Djibouti et l'Éthiopie. Cette fois-là, nous étions du côté djiboutien. Les crocodiles sont du côté éthiopien.

Notre séance de lecture se passait au milieu d'immenses concrétions basaltiques dressées, telles des sentinelles géantes gardiennes des lieux. Hugo Pratt affirmait que l'endroit cachait l'une des portes conduisant à l'enfer, voire même au paradis ! En fait, l'accès au paradis ou à l'enfer ne dépend pas du chemin à prendre, mais de l'âme du passager qui franchit la porte.

Une réelle odeur de soufre se dégage des cheminées du lac Abbé. Parfum de l'enfer ? Parfum de l'histoire ? Ou plus simplement : parfum de la terre. Avec Hugo, nous nous y sommes rendus plusieurs fois. Nous étions toujours accompagnés d'une escorte, comme si les autorités du pays craignaient que nous tentions le passage...

« Il nous faudrait nous chausser de sandales miraculeuses, aux semelles cousues de fil d'or ! » me disait-il dès qu'il s'agissait pour nous de retourner au lac Abbé. Bien ou mal chaussés, nous y sommes encore, et je poursuis ma lecture :

« Ce relief tourmenté de la terre contribuera à exagérer les tourments de l'homme et, par là même, il accentuera son intelligence.

Exagération ?

Oui, c'est en sachant mieux que tout autre créature exagérer qu'il s'est fait homme sur terre. Il a su "placer sa curiosité", comme on dit d'un comédien qu'il place sa voix.

À défaut de pouvoir affirmer "ce jour-là", c'est pourtant bien "cette fois-ci", alors que le crocodile semble avoir trouvé une issue au chaos et que l'homme paraît mal parti, que notre histoire prend sa source.

Et coule l'eau de la rivière Awash d'où jaillira le plus grand de tous les débordements...

Cette eau, ces eaux, charriant quantité de corps, déferlent sur elles. Elles qui sont deux : elle, la Terre ! Mais aussi cette jeune femme dont il faut se résigner à admettre qu'on ne saura jamais si elle fut capable d'une quelconque intuition lui laissant deviner qu'un jour l'Homme chanterait pour lui donner son nom. Le sien. Ainsi "Lucy" fut-elle baptisée par ses descendants – ces chercheurs qui la trouvèrent – en 1974[1] ! Ils fouillaient le terrain en écoutant une chanson des Beatles, *Lucy in the sky with diamonds.*

Lucy est-elle morte noyée, ou d'un autre déferlement ? Est-elle morte de vieillesse, à 25 ans ? Ou encore de peur ? Dans une confrontation avec le crocodile, par exemple ! Mais, lui, on se doute qu'il va s'en tirer en faisant l'arbre mort, l'arbre mou, plus proche du roseau que du chêne. Chez ce reptile à la vie aquatique rappelant celle des dinosauriens, la branche ne rompt pas. Entraîné par le courant, le crocodile tint le rythme infernal des eaux déchaînées.

Portée sur les fonts baptismaux de la préhistoire, dans un flot de décibels, "Lucy dans le ciel" redescendait sur terre

1. En effet, les restes de Lucy, « le premier homme » (3 600 000 ans), furent découverts dans la vallée de l'Omo, au bord de la rivière Awash, en Éthiopie, par la fameuse mission franco-américaine, avec ses trois célèbres membres : les professeurs Yves Coppens, Donald Johanson et Maurice Taieb. Leurs ouvrages, à la suite de cette découverte, ont contribué à la divulgation d'une science extraordinaire : la paléontologie, de même qu'ils ont provoqué une immense curiosité pour tout ce qui touche à la préhistoire et aux origines de l'homme.

pour se faire symbole de l'ancêtre de l'homme. De ce fait, Lucy-l'homme éclipsera vite Lucy-la chanson pour servir de point de départ à notre roman géographique de l'histoire des hommes dans la région.

Lucy, la star, mise au jour, mise à nu, gardera son secret concernant son dernier soupir.

Et si Lucy était morte de mélancolie, trop prise déjà par un rêve inassouvi ? Le rêve de l'homme ! »

Après un silence entre nous, s'ensuivirent des propos sur mon texte lu. Nous les tînmes debout, entre deux sentinelles de basalte du lac Abbé, où Hugo avait tenu que nous nous rendîmes pour parler du livre.

De quel livre ?

De ce livre qui commençait comme on vient de l'entendre !

Il se voulait la saga totale de l'histoire de l'humanité, avec pour unité de lieu la corne de l'Afrique et comme artère vive la mer Rouge.

Pourquoi ?

Parce que cette région du monde – dont l'Éthiopie formerait l'épicentre – serait le berceau et le linceul du monde[2]. On mesure l'ambition ! D'autre part, se posait le problème du narrateur de l'histoire. Quel personnage pourrait avoir vécu quarante mille siècles pour se poser en conteur total, à l'identité crédible, intermédiaire efficace entre l'auteur et ses lecteurs ?

Je crus résoudre le problème en attribuant cette tâche au diable. Je pris donc l'initiative de l'« humaniser » pour la circonstance. L'influence d'Hugo fut grande, puisque lui-même n'hésitait pas à utiliser le diable dans ses BD. Nous avions cependant un désaccord à son sujet. Le diable, selon Pratt, était le personnage principal de l'immense registre culturel du genre humain. Selon moi, il figurait la représentation pleine et entière du mal auquel seules les armes de la morale – chrétienne ou pas – devaient s'opposer.

2. L'écartement de la faille du lac Assal, en République de Djibouti, augmente de plusieurs centimètres par an, phénomène géologique perceptible qui devrait faire craquer la terre et donner naissance au futur océan Érythréen qui nous engloutira tous dans 200 millions d'années.

Mais le diable, comme récitant, ou ménestrel – Corto Maltese traite Shamaël de « ménestrel », dans *Les Éthiopiques*[3] –, ne suffisait pas. Il lui fallait des scribes en quantité ; chacun témoin de son époque, symbole commémoratif d'un maillon de la chaîne sans fin de l'histoire. Cependant, une difficulté supplémentaire d'ordre narratif intervenait : les nombreux scribes se succédant dans le livre devaient-ils être anonymes ou connus comme hommes de plume ? De plus, il s'avérait fondamental – moralement ! – qu'aucun d'eux n'ait passé de pacte avec le diable, mais seulement qu'il ait passé – par mémoires interposées ! – un arrangement avec l'auteur.

Il ne me restait plus qu'à composer, par fragments, un long texte apocryphe servant de fil conducteur à la mémoire des hommes dans l'ordre de sa chronologie. Ce texte apocryphe, sans cesse retranscrit et réinterprété, constitué d'innombrables morceaux épars, je l'intitulai *L'Autre Livre*, puisqu'il était « Le Troisième Livre », l'ouvrage secret en perpétuel recommencement, celui qui depuis toujours se cacherait derrière la Bible et le Coran, et dont l'écriture initiale des premiers fragments serait antérieure de plusieurs siècles aux plus vieux textes de l'Ancien Testament. Bref, il existerait bel et bien, de toute éternité, un « Autre Livre », un relais écrit de transmission des connaissances, avec des remises à jour perpétuelles, perdurant jusqu'à nos jours grâce au mystère qui l'entourait. Mais, au contraire des histoires figurant dans les deux grands livres sacrés, celles de *L'Autre Livre* ne seraient pas dues à des prophètes ayant tiré leur inspiration d'un message divin indéniable, mais dépendraient d'initiés ayant puisé leur savoir sur terre. Je m'appuyais sur le paradoxe de rédiger un livre, révélé par d'autres, pour le brandir comme un objet unique, formé de nombreux livres inventés.

L'Autre Livre, cet ouvrage que je voulais à la fois inspiré et concret, porteur de l'indicible et du vraisemblable, avant même d'exister, se heurtait à des forces autres, bien supérieures aux miennes. J'avais voulu ignorer que ma « composition » impliquait de composer avec le diable : Chaïtane ! Une fois de

3. Hugo Pratt, *Les Éthiopiques*, *op. cit.*, chap. 3 « Et d'autres Roméos et d'autres Juliettes », p. 63.

plus, j'aurais mieux fait de me référer à Borges ; à ce passage du *Jardin aux sentiers qui bifurquent*, conseillé par Hugo :

« Je n'avais pas conjecturé d'autre procédé que celui d'un volume cyclique, circulaire. Un volume dont la dernière page fût identique à la première, avec la possibilité de continuer indéfiniment. Je me rappelai aussi cette nuit qui se trouve au milieu des *Mille et une nuits*, quand la reine Schéhérazade (par une distraction magique du copiste) se met à raconter textuellement l'histoire des *Mille et une nuits*, au risque d'arriver de nouveau à la nuit pendant laquelle elle la raconte, et ainsi à l'infini. J'avais aussi imaginé un ouvrage platonique, héréditaire, transmis de père en fils, dans lequel chaque individu nouveau eût ajouté un chapitre ou corrigé avec un soin pieux la page de ses aînés[4]. »

Les amis autour de nous qui ont suivi cette affaire ont bien ri.

Chaïtane en rit encore !

Et le crocodile du début de l'histoire du monde ?

Il a versé ses larmes !

Corto Maltese a poignardé son descendant, le Grand Caïman, dans le labyrinthe du monde perdu, gardé par les hommes-jaguars. “Je t'ai vengé !” me dira Hugo en me montrant la scène pas encore sèche qu'il venait de dessiner dans *Mû*[5]. »

4. Jorge Luis Borges, *Fictions*, Gallimard, coll. « Folio », 2000, p. 100.
5. Hugo Pratt, *Mû*, *op. cit.*, p. 172.

« Dans la version maya de la genèse, le grand crocodile originel porte la terre sur son dos [...]. L'association, dans la glyptique maya, du crocodile et d'une mâchoire ouverte souligne encore sa parenté avec le jaguar, mâchoire de la terre dévorant le soleil. L'association crocodile-mâchoire est universellement associée à son rôle initiatique. »

Cette explication donnée par le *Dictionnaire des symboles*[6] nous prouve, une fois encore, que les BD d'Hugo Pratt s'appuyaient sur des recherches historiques et symboliques extrêmement fouillées. Dans ce même dictionnaire, la thématique du crocodile commence par :

« Cosmophore ou porteur du monde, divinité nocturne et lunaire, maître des eaux primordiales, le crocodile, dont la voracité est celle de la nuit dévorant chaque soir le soleil, présente, d'une civilisation ou d'une époque à une autre, quantité des innombrables facettes de cette chaîne symbolique fondamentale qui est celle des forces maîtresses de la mort et de la renaissance. S'il est redoutable, c'est, à l'instar de toute fatalité, parce que la force qu'il exprime est inéluctable, comme la nuit pour que revienne le jour, comme la mort pour que revienne la vie[7]. »

*

* *

Le 10 janvier 1985, le journal *La Nation*, de Djibouti, écrivait :

« Toute son œuvre est imprégnée de magie et c'est pourquoi Pratt est fasciné par les lieux mystérieux et mystiques comme le désert, la mer où la même magie se dégage. Le lac Abbé, par exemple, est parmi ces repères. [...] En voyage, à Djibouti, avec son ami Jean-Claude Guilbert, il prépare de nouveaux albums. [...] Faisons confiance à sa plume habile qui sait si bien retranscrire le secret de nos régions et la personnalité de ses populations. Le personnage de Kouch, guerrier afar, dans l'album *Les Éthiopiques*, en est témoin. À

6. Jean Chevalier et Alain Gheerbrant, *Dictionnaire des symboles*, Robert Laffont/Jupiter, coll. « Bouquins », 1982, p. 316.

7. *Ibid.*, p. 135.

bientôt donc, monsieur Pratt : les nomades se croisent toujours quelque part. Une ballade plus loin... »

Ce n'est pas à ce moment-là que nous vécûmes la « scène du livre », au lac Abbé. C'est un an plus tard. En revanche, en mars 1981, au cours du tournage de *La ballade plus loin*, voici ce qu'il disait, au même endroit, tandis que Cush dédaignait la caméra :

« C'est dans des endroits comme ici – où je me retrouve dans les voyages que je fais – que j'ai véritablement la sensation de me sentir solitaire. Une sorte d'angoisse me prend. Ici, c'est le territoire de l'un des êtres les plus terribles de l'histoire. Il s'agit de Shamaël, le poison de Dieu, le premier ange à s'être rebellé contre le divin !... Dans le ciel d'ici, quand passe une étoile filante, c'est un ange rebelle qui tombe [...] Si tu veux trouver la porte du paradis, il faut te promener avec un poète qui a une clé d'or sous la langue. [...] C'est difficile de parler de toutes ces choses qui échappent à notre compréhension. Ça peut faire sourire ! Mais quand tu arrives jusqu'ici, ça fait sourire un peu moins[8] ! »

Le commentaire du film, lançant ces paroles d'Hugo Pratt, au lac Abbé, disait : « ... Il est une autre source d'inspiration qui, avec le temps, ne se dévalue jamais : l'ésotérisme !... Ce que l'on appelle encore, avec quelques tremblements réfrénés et quelques peurs dissimulées dans la voix : la magie ! Toute grande aventure est marquée du sceau de la superstition. Il n'y a que ceux qui ne prennent jamais de risques qui se gaussent d'une telle évocation[9]. »

Ces paroles étaient les miennes ; et ma voix le disait. C'est ce que croyait Hugo Pratt et un peu moins Corto Maltese.

Bien que ce dernier ait pris plus de risques que nous deux réunis, il peut se permettre de se moquer du diable, car Corto est un personnage imaginaire ! Quant à son ami Raspoutine, en sa qualité de héros diabolique, il peut injurier Chaïtane à notre place, en songeant, par exemple, au trésor

8. *La ballade plus loin*, film de Jean-Claude Guilbert et Michèle Tournier. Diffusé sur TF1 le 5 septembre 1981.

9. *Ibid.*

qu'il aurait peut-être vu dans les ténèbres de la terre, avec Corto Maltese comme témoin :

« Finalement, ce trésor, on l'a vu ou pas ?

— Nous avons voulu le voir, même s'il n'y était pas... Mais le trésor existe sûrement, caché par des démons taquins et il reste introuvable parmi les labyrinthes de nos questions et de nos réponses[10]... »

10. Hugo Pratt, *La maison dorée de Samarkand*, *op. cit.*, p. 199.

18

Cendres d'une histoire

En début d'année 1986, nous sommes de nouveau à Djibouti. « Dans la corne de l'Afrique, je me sens chez moi. J'ai beaucoup d'amis là-bas, nous vieillissons ensemble », disait Hugo Pratt.

Il raconte :

« Avec les militaires djiboutiens des groupements Commandos des Frontières, nous avons parcouru en camion les pistes de la zone frontière entre Djibouti, la Somalie et l'Éthiopie, une région pleine de forts qui auraient été parfaits pour le tournage du film *Le désert des Tartares*, d'après le roman de Dino Buzzatti. Nous sommes allés au fort d'Assamo, d'où l'on peut surveiller le territoire éthiopien, au fort de Guistir, point de contact entre les trois États. [...] Mes séjours sont pleins de rencontres étonnantes. Un jour, à Moulhoulé, un chamelier danakil que je n'avais jamais vu vient vers moi et me dit : "Vous êtes Hugo Pratt." Il m'explique qu'il a travaillé à Milan comme mannequin, mais qu'il en a eu assez de vivre dans le froid, la pluie, la pollution, en ne mangeant que trois oranges par jour pour garder la ligne, et qu'il a préféré retourner au silence et à la paix du désert[1]... »

1. Hugo Pratt, *Le désir d'être inutile. Souvenirs et réflexions*, *op. cit.*, 1999, p. 162.

*
* *

Le sergent Ali Hassan referma la trappe dont chaque angle était vermoulu. Le bois était rare, ici, au fort. Pourtant, jamais notion de « planche de salut » ne fut plus proche de la réalité que cette trappe dont il venait de lâcher la poignée faite d'un simple bout de grosse ficelle. Seul un homme tombé à la mer aurait pu voir dans cette trappe, fabriquée à la hâte comme on colmate une brèche, son propre salut de manière aussi évidente que tous ceux qui, au cours des années passées, l'avaient refermée de la même façon que le sergent : avec une sorte de délicatesse, de respect.

Ali Hassan était le chef de poste de ce fort perdu dominant la région frontalière d'avec l'Éthiopie. Nous l'appellerons le fort Bastiani, bien que cela ne soit pas son nom. Allégeance littéraire[2] ! Le poste que le sergent commandait était tenu par une section à l'effectif rabougri : une douzaine d'hommes ; de quoi constituer une patrouille unique pour chaque sortie, avec un contingent on ne peut plus réduit pour tenir ce qu'ils continuaient, tous, à appeler « notre place forte » ! Ces soldats faisaient partie d'un des corps militaires les plus célèbres du monde : « les Scorpions du désert » – Groupements Commandos des Frontières : les GCF, tel était leur nom véritable ! Tous les membres de ces sections spéciales connaissaient Hugo Pratt, l'auteur des albums *Les Scorpions du désert* et *Les Éthiopiques*, car il leur rendait parfois visite, armé de ses pinceaux et crayons, de ses souvenirs de jeunesse et de ses lectures.

Chaque matin, comme ce jour après d'autres – la durée de garnison était de quatre ans –, Ali Hassan s'enfermait dans la tour de guet. On y accédait par une échelle, puis on tirait celle-ci vers soi et on fermait la trappe, à l'abri d'une intrusion. Cela évitait de se faire égorger, au temps où des rebelles parvenaient à se glisser dans le fort. Bientôt, les escarmou-

2. Le fort Bastiani est le nom du fort du roman de Dino Buzzati, *Le désert des Tartares*, publié en 1940.

ches reprendraient, mais le chef de poste les croyant révolues, c'était plus par routine que par sécurité qu'il avait tiré l'échelle et fermé la trappe.

Il scruta l'horizon et fixa son attention sur un tas de cailloux rendu minuscule par la distance. C'était le point de convergence de la frontière. Ali Hassan tourna le dos aux cailloux amoncelés formant la borne qui la marquait pour surveiller la piste menant au fort par l'est. Et il le vit.

C'était un homme à pied.

Il attendit un peu que l'autre s'approchât. Pas de doute, c'était un étranger. Un Français, certainement. Ça se voyait à sa démarche, à son sac à dos, à son teint clair. Il est vrai que le marcheur solitaire était encore loin. Assez loin pour que sa couleur fût de moindre importance que son allure.

Intrigué, Ali Hassan rouvrit la trappe et fit glisser l'échelle avec une précipitation inhabituelle.

L'agitation qui régnait dans la cour intérieure du fort lui fit comprendre que l'autre avait été repéré et que ses hommes s'étaient passé le mot. C'était bien la première fois qu'ils se trouvaient confrontés à l'arrivée d'un type tout seul, comme ça, un étranger, sans qu'il fût annoncé. L'événement était suffisamment insolite pour que les langues se déliassent autour du thème central de l'étonnement. Ce qui, toujours, provoquait les palabres, ici où il fallait surveiller la frontière d'avec l'Éthiopie et aussi celle de la Somalie proche, mais où il fallait également contrecarrer les nombreuses frontières invisibles : celles de l'ennui. Plus éloigné paraît l'horizon, plus présente se veut leur imagination.

« Le pas d'un cheval remonte la vallée solitaire et fait naître, dans le silence des gorges, de vastes échos ; au sommet des rochers, les broussailles sont immobiles, immobiles aussi les petites herbes jaunes, et les nuages eux-mêmes avancent dans le ciel avec une lenteur particulière. Le pas du cheval s'élève tout doucement le long de la route blanche, c'est Giovanni Drogo qui retourne au fort Bastiani[3]. »

Les soldats-scorpions avaient la réputation d'être les yeux et les oreilles du pays, poissons dans l'eau à la sauce terrestre ;

3. *In Le désert des Tartares.*

habitants d'un autre monde du silence, en dur et en plus bavard. L'état-major de l'armée nationale leur faisait régulièrement parvenir ordres, consignes et nouvelles de Djibouti, ou encore d'Ali Sabeih où résidait le commissaire de la République de district. Mais pour « les yeux et les oreilles du pays », les informations véritables, ils les tenaient des nomades, principalement Somalis et Afars, par le bouche à oreille. Les soldats, eux aussi, étaient de la famille ; de la grande famille des nomades : broussards dans l'âme, caravaniers et pasteurs, puisatiers aux étapes, passeurs ou contrebandiers à l'occasion, voire maquisards en fuite. C'est dire que la plus discrète des caravanes, que le moindre chameau bâté bizarrement, que le plus petit écart d'un chamelier franchissant la frontière leur étaient connus. Ils savaient tout d'un parcours, d'un chargement, d'une intention... Pour eux, un seul homme marchant silencieusement, ses sandales attachées au bout d'un bâton, était comme une clameur. Ils étaient capables d'entendre des bruits au fond d'un puits sans ronds dans l'eau. Quant aux coopérants français (nombreux), aux touristes (rares), aux pontes nationaux et aux fonctionnaires internationaux chargés des réfugiés ou de l'application de programmes divers, ils s'annonçaient, sans exception, en soulevant un nuage de poussière avec leurs véhicules tout-terrains, précédés la veille par un message émanant des autorités centrales. Et voilà qu'aucun message, qu'aucune rumeur, qu'aucun avertissement ne leur étaient parvenus concernant celui qui se dirigeait vers eux, en leur zone, qui plus est, en empruntant la piste longeant la frontière somalienne jusqu'à la mer Rouge, à des heures et des heures de marche derrière lui.

L'homme avançait d'un pas dont on ne distinguait pas très bien s'il était tranquille ou alerte, ou autre chose encore ?

— Ce doit être un Français, dit un soldat.

— Un *yaouled* ! précisa un autre. (Ce qui signifiait « un jeune, un pied tendre, un nouveau ».)

Les Scorpions du désert, comme partout en République de Djibouti, se parlaient soit en afar, soit en somali. Selon leur origine. Parfois ils mélangeaient les deux langues. Beaucoup savaient aussi le français. Leur pays n'était-il pas, il y a encore peu, Territoire français des Afars et des Issas ? L'Indépendance datait pour eux du 27 juin 1977. Quelques années plus tard, les hommes du fort, gardien de la jeune et petite république africaine – elle avait la superficie de la Belgique – avaient entendu les soldats des deux camps d'à côté, leurs voisins éthiopiens et somaliens, fraterniser, après avoir appris par radio les accords paraphant l'arrêt des hostilités entre eux, en Ogaden. Les « ennemis héréditaires » firent grand tapage ce jour-là. Du fort, on entendait les applaudissements : claques sourdes portées par le vent, par la joie de l'annonce de la fin des combats.

Les producteurs du film mettant en scène le chef-d'œuvre de Buzzati avaient cherché longtemps une construction censée représenter le fort Bastiani, alors qu'elle était ici même et qu'il y avait le choix tout au long de la frontière, parce que chaque fort – une bonne vingtaine, du nord au sud – aurait pu servir de décor à l'intrigue d'une suprême chimère : celle-là même que le romancier italien raconte dans son livre. Celle qui hante le lieutenant Giovanni Drogo : chimère de l'ennemi invisible, faisant du personnage le frère littéraire de sœur

Anne qui ne voit jamais rien venir, comme dans le conte de Perrault, *Barbe-bleue*.

Derrière tout paysage, derrière toute rêverie, derrière toute histoire, il y a la littérature ; mais un tel agencement de l'imaginaire impliquait que le sergent du fort eut connaissance du livre. Ali Hassan ne savait pas qu'il se trouvait, au quotidien, dans la situation idéale que de nombreux lecteurs italiens et français – ces Européens qu'il connaissait le mieux – avaient imaginé depuis la sortie après guerre du roman de Dino Buzzati, *Le désert des Tartares* :

« On ne le maintenait que pour ne pas laisser dégarnir ce coin de frontière. On n'admettait pas l'éventualité d'une menace venue de la plaine du nord, tout au plus une caravane de nomades pouvait-t-elle apparaître sur le col[4]. »

— Tout ça, c'est Chaïtane ! suggéra, sans plus de précision, le caporal Houmed Farah, qui dominait tous les occupants du poste par sa haute taille, en s'adressant en priorité au sergent qui les avait rejoints en triturant sa moustache.

— Chaïtane ? releva ce dernier à la cantonade, alors que les Scorpions du désert présents au fort se regroupaient autour de lui.

Son interrogation avait l'ampleur d'une question posée à lui-même et à la terre entière, à ses propres hommes et à tous les hommes.

Ali Hassan tira un poil qui jurait sous une narine, dans la broussaille de sa moustache. Il le fit comme on se débarrasse d'un signe pour brouiller une trace. Il annonça : « J'y vais. »

Le sergent s'écarta du petit groupe réuni dans la cour et sortit du fort pour s'en aller à la rencontre de l'arrivant sous le soleil. Ici, l'astre majeur chauffait les pierres et élevait sa température comme en peu d'endroits sur la planète, jusqu'à plus de 50 °C à l'ombre.

Le chef de poste s'engagea à pied sur la piste.

L'homme était à plus d'une centaine de mètres de lui, à quelques bonnes longueurs encore d'une rencontre qui permet de se saluer, de se regarder dans les yeux.

4. *Ibid.*

Machinalement, le sergent porta sa main à l'amulette qu'il portait autour du cou. Un toucher bénéfique pour lui. Il l'avait vérifié plusieurs fois dans sa vie.

Un aigle le survola. Il piqua, plus loin, devant l'étranger. Ce dernier suivit du regard le cercle que fit le rapace sans pour autant ralentir son avancée régulière. Encore quelques pas de la part de l'un et de l'autre et les deux hommes se rencontreraient.

L'oiseau de proie avait repris de la hauteur. Son vol l'entraînait en direction de la frontière.

Le cri de l'aigle se fit entendre.

Comme une ponctuation.

Mais déjà, la terre – pour notre histoire – reprenait le pas sur le ciel.

Montrez-leur des ombres : le processus s'accélère. Ils s'emballent ; voilà qu'ils en sont à chercher, pour moitié un esprit, pour moitié une histoire, derrière chacune d'elles, dedans elles. Dans l'ombre même. Frappe encore et toujours leur imagination, pour peu que l'ambiance les y aidât.

Les hommes sont ainsi faits depuis toujours. Oui, tous les hommes ou presque ! Et parmi eux, il y a ceux de cette région du monde et chacun de ces autres qui, venus de loin, les visitèrent.

J'étais de ceux-là.

À l'instar des coutumes des proscrits de ces territoires lointains jonchés de cailloux, j'avais tranché en faveur de l'errance pédestre et individuelle pour me documenter.

Celui qui se rendait à pied au fort Bastiani en portant un sac sur le dos, c'était moi.

Que l'on me pardonne la solennité de l'évocation.

Le sergent Ali Hassan venait de me reconnaître : j'étais venu au fort en 4x4 avec Hugo quelques jours plus tôt, juste après notre passage au lac Abbé. Un peu plus tard, il s'en retournera en Suisse, chez lui, alors que je poursuivrai mon enquête.

Je passai le reste de la journée au fort et y dormis. Ali Hassan m'y avait conduit, méfiant d'abord (sous le coup de la surprise), bienveillant ensuite (sous le choc des retrouvailles).

Les Scorpions du désert formaient cercle autour de moi. Je leur racontai l'histoire des « hommes aux semelles de vent » ayant choisi de pénétrer, de sillonner, d'inventorier leur région – cette région même qu'ils avaient en charge de surveiller et qu'Hugo Pratt avait dessinée.

Je les intriguais. En échange, ils m'offrirent le thé et leur verve. Plusieurs soldats me donnèrent des informations qui me conduiraient à modifier mes vues. L'un d'eux, jeune soldat jovial, éclata de rire en évoquant la mémoire de son arrière-grand-père, tirailleur sénégalais dans le bataillon somali. Le grand caporal Houmed Farah s'exprima sur les effets pervers du colonialisme. Ali Hassan se montra exceptionnellement disert à propos d'un certain aventurier français auquel je consacrerai quelques pages. Chaque fois que je le pourrai, je ferai halte désormais chez les Scorpions du désert, pour l'accueil et la tambouille.

Chacune de nos nombreuses conversations, qui s'étaleront sur plusieurs années, m'apporteront un complément d'informations, un ajustement d'impressions, un supplément d'âme. Ce sont ces petits rajouts accumulés – concrétisée par une pratique assidue du terrain – qui me permettront de tirer salutaire profit en faveur de ma quête. Mais quelle quête ? Est-il bien nécessaire de chercher à y répondre : j'avançais sur la piste des ombres...

Je me mêlai ainsi à des caravanes, à des convois, à des foulées, à des sorties, à des incartades, à des maquis.

Je devins un peu bédouin. Je me faisais le discret passeur, ou l'hésitant porteur de torche de l'histoire invisible. Je cumulais les anecdotes de voyage. Celles qui vous marquent. Comme celle de ce cheval fou qui me suivit durant des jours et des jours sans jamais se laisser approcher et que je voyais soit noir, soit rouge selon l'heure de la journée ; comme celle de ces singes herbivores, transformés en monstres carnivores par la famine, qui m'attaquèrent, et qu'il me fallut repousser à coups de cailloux. Comme celles, nombreuses, que je me retiens d'énumérer.

Les hommes ne furent pas en reste pour me donner des frissons mauvais. Heureusement, leurs accolades s'avérèrent bien plus coutumières que leurs menaces. Quelques bandits me dépouillèrent. Beaucoup plus nombreux furent ceux qui m'intégrèrent en partageant tout avec moi, en frères. Plusieurs fois, ces hommes, qui n'avaient rien, pour lesquels je n'étais rien, me sauvèrent.

Je redécouvrais la prière. En harmonie avec les Éthiopiens chrétiens ; en cousinage avec les autres – musulmans du désert, des terres des confins et de la côte ; en bonhomie avec les animistes des coins les plus reculés. Mes points de repère étaient des pitons rocheux, des croix, des minarets, des totems, des tombes, des fumées. Des bruits aussi : ceux de la guerre.

C'est au détour d'un chemin, sous le signe de la croix, que je rencontrai celle qui devint ma femme sans hésitation, et la mère de nos enfants. Mais ça, c'est ma vie, pas ce livre, bien que ma belle-famille y contribua en m'aidant à franchir les portes cachées de son pays, l'Éthiopie, où, dit-on, les dieux de l'antiquité allaient passer leurs vacances !

Mon carnet de route, peu à peu, se transformait en journal intime. Je le brûlai.

Souvent, mes compagnons de voyage, qu'ils fussent ceux d'une nuit de bivouac ou qu'ils fussent ceux d'un long périple, rompaient leur silence et ponctuaient leur bavardage d'un même mot proféré entre les dents ou encore lâché d'une interjection tonitruante : « Chaïtane ! »

Ce terme de « Chaïtane », je finis par en débroussailler le sens et la portée, conscient qu'il recouvrait bien des sortilèges et que sa consonance, qui le reliait au mot « Satan » et, dans une moindre mesure, au mot « chaman », ne suffisait pas à le reléguer au rôle de second couteau d'un banal juron.

19

Chaïtane, par tous les diables !

Au commencement, Chaïtane était là. Il a vu le monde se faire. La terre a craqué, a chahuté ses blocs ; les continents se sont formés, sous son regard. Pourtant, Chaïtane n'a pas de visage. Il ne connaît pas les rides, les effets du temps, le poids des ans. Il est le sort, le maître de toutes les inquiétudes, l'imprécateur des incertitudes. Il porte malheur, mais il peut être porteur de bonheur aussi. Chaïtane fait peur, car il est partout. Il se fait gardien penché sur une frêle épaule, ou sur une autre plus forte, marquée par la charge d'un fardeau ; bourreau de l'indicible, éliminant comme à plaisir une vie prometteuse à peine entamée. Il fait valser la chance. Il la fait danser, comme dansent les flammes.

Chaïtane est tapi dans l'ombre et, lorsque celle-ci n'a aucune prise pour s'élancer et s'étaler afin de donner un peu de fraîcheur aux nomades qui cherchent à éviter la torpeur, Chaïtane éclate ; il devient chaleur, lumière.

Jamais les hommes ne le voient. Seules les hyènes peuvent l'apercevoir. C'est pour cela qu'elles hurlent : pour prévenir les hommes.

Chaïtane est le mystérieux relais de la saga des hommes, de là où ils naquirent à là où ils devraient disparaître, c'est-à-dire au même endroit, ici, en terre africaine d'Orient.

Chaïtane plane sur le berceau et le linceul du monde, son territoire originel, en cette Éthiopie magnifiée et mythique, dont on a longtemps cru qu'elle abritait le paradis terrestre, d'une rive à l'autre de la mer Rouge, là où les eaux mêlées de l'Afrique et de l'Asie viennent lécher un pourtour se voulant alternativement fuite ou ruée, ou encore simple traversée.

Les routes maritimes, les pistes de caravanes, mais aussi, et peut-être plus encore, les errements de l'imaginaire qui depuis toujours relièrent cette région au reste du monde, nous mènent bien au-delà de ce vers quoi on aurait pu se douter pour identifier Chaïtane, sorte de synthèse du diable-sorcier, sans l'être expressément.

Chaïtane est indéfinissable. D'après ceux qui en parlent, il peut se montrer terrible, mais jamais stupide. C'est lui qui contribue à unifier l'homme blanc à l'homme noir en leur attribuant les mêmes songes. Il rend vaine leur idiote querelle de couleur de peau. Il est l'un ou l'autre, au choix. Tour à tour maître présomptueux ou talentueux, odieux ou somptueux, puissant ou impuissant, Chaïtane peut être aussi bête, plante, rocher, mauvaise fée ou bonne déesse, tout ou partie d'un feu, d'une eau ou d'un souffle, d'un dieu indigne ou d'un distrait démon… Que ne m'a-t-on pas dit encore !

Chaïtane a-t-il de l'humour ? Bien sûr, puisqu'il a les dons et les talents de l'intelligence. Il sait forcément rire de lui-même ; mais son rire, on ne l'entend jamais. L'humour de Chaïtane répondrait plus aux histoires graves qu'aux histoires drôles.

Qui pourrait croire que, même retiré dans son permanent mystère, Chaïtane, par sa fréquentation assidue des sentiments humains, ne serait pas à même de se sentir amoureux, ou haineux, ou encore aventureux ? D'ailleurs, lui, à qui on enjoint de passer son chemin, sous le coup d'une terreur diffuse, passe par tous les chemins.

*

* *

Ce portrait de lui, le diable n'en a pas voulu. Il l'a conjuré. Le monde à l'envers ! Contraint et forcé, j'ai anticipé un autodafé pour une fois justifié : j'ai brûlé *L'Autre Livre*, alors qu'il n'était pas encore écrit !

— Je n'aurais jamais dû projeter de l'écrire à sa place, dis-je à Hugo, bien loin du lac Abbé, où Chaïtane nous envoya son souffle.

— Tu n'aurais surtout jamais dû lui faire savoir ! me lança-t-il, au bord du lac Léman, où nous étions.

*
* *

« Qui est ce Shamaël ? demande Corto à Cush.

— C'est un grand sorcier abyssin… Il existe depuis toujours.

— Plutôt vieux, hein ? ! Le choix de l'endroit n'est pas mauvais… On se croirait dans un cimetière.

— Attention, Corto, ici les morts ont des oreilles. »

Des crânes, plantés sur des piquets, forment le comité d'accueil ! Cush appelle Shamaël.

« Je viens… Je viens… Mais je la connais, cette voix… La dernière fois que je l'ai entendue, elle appartenait à un jeune garçon vaniteux qui disait de grands mots… Maintenant, elle appartient à un adulte grand et fort. Espérons que ses paroles sont devenues plus modestes… Qu'est-ce que tu veux, Cush ?… Non… Ne me le dis pas !… Je suis sorcier, non ? Tu es venu pour connaître l'avenir d'une certaine personne… Mais ceci peut attendre… Et toi, le Blanc… Que cherches-tu ici ?

— Je ne cherche rien, ménestrel, j'accompagne seulement un ami !

— Un ami ?… Tu parles de Cush ?… Attention, Blanc, c'est un ami dangereux… Mais pas pour le moment… Et pourtant, une voix me dit que vous ferez une guerre ensemble… Tu m'as appelé “ménestrel”, n'est-ce pas ?… Et c'est bien une histoire que je vais te raconter, parce que dans le fond tu es curieux… Même si les pensées des Blancs sont difficiles à lire, car elles sont cachées comme celles de la fourmi. Voyons… Je prends deux petites pierres : une blanche pour toi et une noire pour Cush. Je les lance dans le feu… Et ne parlez pas… Sinon vous allez troubler les conversations des morts !

— Hé !… Il s'est endormi ?

— Non, Shamaël écoute les voix des morts… ou celles des diables. »

Cette scène tirée des *Éthiopiques*[1] illustre la toute première fois où Corto Maltese rencontre Shamaël, grâce à Cush qui a guidé le héros de Pratt jusqu'à lui. La vallée des diables montrée dans l'album est très loin du lac Abbé. Elle serait plutôt du côté de l'Érythrée ou du Soudan.

Shamaël, Samaël, Chamaël ou Chaïtane, Satan, Belial, Lucifer ou Belzébuth ? ! Sans voir la main du diable partout, ni collectionner ses multiples cartes de visite à prendre avec des gants, nous pouvons envisager l'idée que de nombreuses incarnations du malin passent par l'enrobement minéral ou encore la forme végétale. Ange déchu, tiré des mythes hébraïques et assyriens, Shamaël est très présent dans les histoires africaines de Pratt, même s'il ne se laisse pas forcément voir !… Le capitaine Koïnsky, héros des *Scorpions du désert*, finit par se laisser prendre au jeu, dans « Brise de mer[2] », quand il est sur son chemin – « le chemin de Samaël » –, bordé de pierres et de cactus.

Koïnsky vient de connaître Ghula, belle et dangereuse prêtresse d'une secte formée d'adoratrices de la lune noire, grandes castratrices devant l'éternel :

« Je ne croix pas aux diables ni aux morts vivants, pas même aux anges ! » annonce-t-il d'emblée à Ghula.

1. Hugo Pratt, *Les Éthiopiques*, *op. cit.*, chap. 3 « Et d'autres Roméos et d'autres Juliettes », p. 62-63.

2. Hugo Pratt, *Les scorpions du désert*, *op. cit.*, « Brise de mer », p. 48.

— Il se peut que les diables et les anges se soient lassés de ton pays et aient préféré venir ici, avec nous.

— Le chef m'a dit que tu étais dangereuse la nuit...

— Le jour aussi...

— Tu es disciple du prophète ou chrétienne copte ?

— Je ne suis disciple de personne. Je suis d'une ancienne lignée et porte en moi la semence de Lilith, la première Ève. Je vis depuis des millénaires ici, sur les plages de la mer Rouge. Royaume du diable "Sheitan".

— Tu te portes bien, pour tant d'années !... Eh ! Ghula... Qu'est-ce que tu fais ?

— Je salue la lune noire, l'obscure, la mienne. Celle que tu ne vois pas... Tu ignores que je peux te faire perdre la tête en pénétrant dans tes rêves.

— On en a une aussi comme toi, dans le nord, en Pologne. Elle s'appelle Baba Yaga. Lorsque j'étais petit garçon, on me racontait des histoires terribles sur Lilith, la première femme d'Adam... Elle étranglait tous les nouveau-nés mâles, et se promenait avec Shamaël, le démon...

— Tout cela est vrai, en plus elle connaissait le nom secret de Dieu et cela lui donnait un pouvoir immense.

— ... C'était une sorte de vampire devenue experte dans les jeux de l'amour...

— Oh ! pour cela, les jeunes filles d'ici n'ont vraiment pas besoin d'être des descendantes directes de Lilith.

— Nous nous reverrons demain. Bonne nuit, Ghula.

— Bonne nuit, et prie pour que Lilith ne vienne pas hanter tes songes !

— Ils commencent à m'inquiéter, tous ces gens... Je vais finir par croire aussi à toutes ces fables[3]... »

Ces fables, que le capitaine Koïnsky, du corps des Scorpions du désert, prend plus au sérieux quand elles lui sont racontées en situation, ont servi de base à une autre histoire : *À l'ouest de l'Éden*[4]. Dans celle-ci, la parabole confine à la folie, mais les sources utilisées par son auteur sont bien précises. Elles provien-

3. *Ibid.*, p. 46-47.

4. Hugo Pratt, *À l'ouest de l'Éden (L'homme de Somalie)*, album en couleurs, Vertige Graphic, 1998.

nent des traditions ésotériques, égyptiennes et grecques, ainsi que des textes apocryphes bibliques de l'Ancien Testament qui en sont eux-mêmes le reflet. Hugo Pratt m'en parla souvent. Il en rendit compte dans sa préface de *Fable de Venise* :

« En Éthiopie, à Addis-Abeba, je retrouvai tout à fait l'ambiance vénitienne dans la communauté gréco-arméno-judéo-égyptienne. Dans les bibliothèques de Debra Markos, Debra Ghiorghis, Debra Mariam, dans les livres et les représentations coptes de la reine de Saba et du roi Salomon, je découvris que, dans la vie des hommes qui veulent savoir, il y a toujours les sept portes secrètes. Je vis que les formules magiques sont toujours au nombre de sept, que les diables sont les mêmes, les livres cachés se ressemblent beaucoup et les anges déchus sont un peu plus nombreux. Dans la littérature copte, on trouve des histoires anciennes avec des additifs apocryphes. Mes nouveaux amis d'Afrique orientale, un peu plus vieux, me racontaient des histoires merveilleuses sur les voyages d'Hénoch et les jardins de l'Éden[5]. »

C'est sur le conseil d'Hugo que je me procurai le Livre d'Hénoch[6]. De son côté, Dominique Petitfaux se montrait fort curieux de comprendre comment les nombreux lecteurs de Pratt pouvaient s'y retrouver dans cet écheveau de références mis en place par l'auteur dans *À l'ouest de l'Éden* :

« Dominique Petitfaux – Presque tous les personnages de cette histoire renvoient à un personnage de la Bible ou à des textes apocryphes. Cette œuvre ne serait pas compréhensible à quelqu'un qui n'aurait aucune culture judéo-chrétienne.

Hugo Pratt – Cette histoire a été faite pour donner une certaine curiosité au lecteur.

D.P. – Vous a-t-on déjà reproché d'être parfois trop ésotérique ?

H.P. – Oui, mais je m'en fiche. Je rends le lecteur curieux et, s'il veut, il peut se renseigner, il y a pour cela des textes à la portée de tout le monde. Dans *À l'ouest de l'Éden*, je dis des choses peut-être incompréhensibles pour certains, mais

---

5. Hugo Pratt, *Fable de Venise*, *op. cit.*, préface « Une grand-mère vénitienne », p. 11.

6. Traduit sur le texte éthiopien, Arché, 1975.

ceux-là peuvent aussi se contenter de l'explication [selon laquelle] tout cela n'était qu'un délire. C'est une histoire que l'on peut lire à différents niveaux, que l'on peut envisager sous divers angles. La folie des personnages est une façon de rationaliser l'ensemble[7]. »

Sur l'histoire elle-même, nous voici confrontés une fois de plus à l'obligation de ne pas la raconter, mais d'en conseiller la lecture. En 1998, je préfaçai la réédition de *À l'ouest de l'Éden*, album initialement intitulé *L'homme de Somalie*[8]. Je ne m'étais jamais replongé dans mon texte depuis. En le relisant, comme s'il avait été écrit par un autre, j'ai pensé que sa conclusion était propice, puisqu'en hommage à mon ami disparu, je m'adressais à un lecteur imaginaire comme à un ami qui aurait pu être le sien :

« Puisse Hugo Pratt, là où il est, connaître le fin mot de l'histoire qu'il a laissée entre nos mains et que je te recommande de lire doublement : entre les lignes et au-delà des ombres. Aucune, parmi toutes les histoires quasi innombrables qu'il a créées et racontées, n'est capable de te le faire aimer et comprendre autant que celle-ci ; par ce qu'elle sous-entend sur lui-même ; pour son salut, le mien, celui de nos proches et également le tien, lecteur, que je salue fraternellement de sa part, car c'est mon droit coutumier légitimé par mes souvenirs en sa compagnie. Ce qui m'autorise aussi à te passer le relais afin que tu sois ton propre juge. Enfin, je ne sais pas si ce serait à ton bel avantage, ainsi que favorable à ta bonne quiétude, que je formulasse le souhait que cette bande dessinée ne te quittât plus jamais en s'inscrivant dans ton imagerie personnelle, tant et tant elle dégage de puissance à te pousser à forcer ta destinée. Que tu sois craintif ou intrépide, un tant soit peu l'un ou l'autre en alternance, cet album d'Hugo Pratt est pour toi une arme. À toi, lecteur surpris, de la brandir dans ce que tu croiras être la bonne direction. Bonne lecture fatale[9] ! »

---

7. Hugo Pratt, *De l'autre côté de Corto*, *op. cit.*, p. 106.
8. Première parution : 1978.
9. Hugo Pratt, *À l'ouest de l'Éden (L'homme de Somalie)*, *op. cit.*, préface « Hugo Pratt ou l'amitié mystérieuse », p. 9.

QUI EST DONC CE FOU SOLITAIRE?
MOI JE LE CONNAIS; C'EST L'ANGE DÉCHU. IL S'APPELLE SAMAËL, LE POISON DE DIEU

ROBINSON... CE N'EST PAS MOI LE FOU SOLITAIRE DE CETTE HISTOIRE... MAIS QUELQU'UN D'AUTRE.

*
* *

Je suis dans une buvette, à Harar. Soudain apparaît une femme. C'est le portrait craché de Shamaël, dessiné par Hugo Pratt. Elle est un officiant féminin du *zar*, sorte de vaudou, en Éthiopie, dont il reste encore des traces en Égypte et en Arabie.

Le *zar* est une pratique divinatoire qui attire aussi bien les chrétiens que les musulmans. Culte des génies, culte magique de la possession, le *zar* s'exprime principalement par la transe. De nombreuses histoires de guérisons miraculeuses circulent dans les cercles extrêmement fermés des adeptes du *zar*. Il semblerait que certains rituels soient proches de coutumes anciennes relevant de la sorcellerie traditionnelle. Le *zar* donnerait accès à certaines portes que Shamaël contribue à ouvrir ou à fermer. Je n'en crois pas mes yeux. Je sors et me perds dans les ruelles étroites de la vieille cité sainte, d'où des cris et des rires s'échappent de derrière ses hauts murs.

Dans la buvette d'Harar, le *zar* avait table ouverte.

Bien loin de là, j'avance sur un sentier de montagne. Un homme entièrement nu débouche de derrière un massif. Il se tient droit, une pierre sur la tête. Il passe sans un regard. Mon compagnon de randonnée m'explique : « C'est un mendiant qui doit se faire pardonner un mauvais acte ! Quand le mal sera entré dans la pierre, il la jettera et se vêtira. »

Les *debteras*, lettrés religieux de l'Église éthiopienne, enseignent aux plus jeunes les traditions légendaires sur lesquelles s'appuient la croyance et la liturgie de leur chrétienté originale. Des livres racontent celles-ci. Des peintures les composent. Elles figurent sur de nombreux rouleaux magiques, car l'art des talismans est très ancien en Éthiopie. Dans le livre ésotérique des *Mystères du Ciel et de la Terre*, il est dit que les anges ont huit ailes : « Avec deux ailes, ils couvrent leur visage ; avec deux autres, ils couvrent leurs pieds ; avec deux autres, ils cachent leurs mains ; et avec deux autres, ils cachent leur pénis[10]. »

---

10. *Cf.* Jacques Mercier, *Rouleaux magiques éthiopiens*, éd. du Seuil, 1979, planche XIX.

Ces mêmes *debteras*, qui assurent la pérennité de la tradition religieuse de leur pays à travers une catéchèse fortement imprégnée de connaissances ésotériques remontant à bien avant les premiers âges judéo-chrétiens, parlent volontiers des quatre points cardinaux en se référant à la *Prière de la Vierge au pays de Bartos* : « Venez, vous les quatre anges qui portez les quatre coins du monde et dont les noms sont Fertiyal, Ferfay, Fumael et Fänanyal[11]. »

Jacques Mercier, chercheur au CNRS, spécialiste de la peinture magique éthiopienne, auteur du livre illustré *Rouleaux magiques éthiopiens*[12], conclut : « Les faces ailées sont les anges des quatre directions. Qui gardent-ils ? La face divine cachée ? Le destinataire du rouleau ? Satan dans sa prison ? »

J'opterai de préférence pour la garde de Satan dans sa prison. Mais à qui voudrait-on faire croire que le diable ne peut s'échapper ?...

11. *Ibid.*, planche XX.
12. *Ibid.*

20

À la croisée des chemins de l'initiation

Dès lors qu'Hugo Pratt accepta de se prêter aux questions de Dominique Petitfaux, sur sa vie et son œuvre, il choisit délibérément d'instaurer le récit de ses mémoires sous le signe du nombre sept[1]. Ainsi, dès le départ, affirmait-il que son destin dépendait d'une croyance et d'une culture appropriées qu'il revendiquait sans complexe :

« Je connais treize façons de raconter ma vie. Aujourd'hui, je choisis la septième, par amour du nombre sept, qui est aussi celui du chat : le chat a sept vies, et pour connaître la septième il doit donc mourir six fois. Certains disent que les chats ont neuf vies, mais la version selon laquelle ils en ont sept me paraît supérieure, car sept est un nombre cabalistique : celui des sept portes, des sept clés, dont la dernière ouvre le paradis terrestre. Et si nous abordons l'histoire de ma vie par le biais de l'ésotérisme, il me faut commencer par préciser que je suis du signe des Gémeaux. Cinq mille ans se sont écoulés depuis le baptême des constellations zodiacales, et la configuration du ciel a changé, mais il me semble préférable de parler comme si nous étions encore au temps des Chaldéens. J'ai treize façons de raconter ma vie et je ne

1. Hugo Pratt, *Le désir d'être inutile, Souvenirs et réflexions*, *op. cit.*, p. 9.

sais pas s'il y en a une de vraie, ou même si l'une est plus vraie que l'autre. Pessoa disait que nous avons deux vies, celle que nous prenons pour la réalité et celle de nos rêves, qui est la vie où nous voulons vivre, et qui est peut-être la plus authentique[2]. »

À peine Hugo Pratt avait-il commencé à nous offrir en cadeau l'étonnant spectacle de sa vie qu'il faisait référence à Pessoa. Cela n'a rien de surprenant, bien au contraire ! Fernando Antonio Nogueira Pessoa (13 juin 1888 – 30 novembre 1935[3]), l'homme à la quinzaine d'hétéronymes, ne déclara-t-il pas un jour : « Je me sentais plus les êtres que j'avais créés que moi-même » ? Pessoa, à la gloire internationale posthume, avait obtenu de son vivant une seule petite récompense académique (attribuée par le Secrétariat de la propagande nationale de Lisbonne, en 1934) pour l'unique titre de lui qu'il vit publié avant sa mort : un recueil de poésies intitulé *Message*, avec des images initiatiques de la tradition rosicrucienne qui passèrent inaperçues : « Pessoa ne survécut pas longtemps à ce demi-succès qui était aussi un demi-échec : usé par l'excès de sa vie intérieure, par des grippes chroniques, des crises de neurasthénie et aussi l'alcool des derniers mois, il s'éteignit le 30 novembre 1935 à l'hôpital français de Lisbonne. Sa véritable vie commençait alors. La grande malle rustique où il avait rangé ses manuscrits n'a cessé de dégorger ses trésors[4]... »

Hugo Pratt put s'engager, tôt et d'un pas alerte, sur le chemin des initiés, parce qu'il avait compris qu'il n'était pas seul à se voir autrement que dans un miroir.

En travaillant sur Borges, j'avais entouré le paragraphe qui clôt sa nouvelle *L'immortel* : « Quand s'approche la fin, il ne reste plus d'images du souvenir ; il ne reste plus que des mots. Il n'est pas étrange que le temps ait confondu ceux qui une fois me désignèrent avec ceux qui furent symboles du sort de l'homme qui m'accompagna tant de siècles. J'ai été

---

2. *Ibid.*
3. *Le nouveau dictionnaire des auteurs*, *op. cit.*, tome III, p. 2 485-2 486.
4. Armand Guibert, *ibid.*

Homère ; bientôt, je serai Personne, comme Ulysse ; bientôt, je serai tout le monde : je serai mort[5]. »

Ce même passage final de *L'immortel* servit de conclusion à un article de l'écrivain portugais Urbano Tavares Rodrigues, auteur de romans, essais, livres de critique et chroniques de voyage. Dans son article, il associe les dédoublements de Pessoa à ceux de Borges[6]. Ce dernier, pour lui, « ne peut être surpassé dans son goût ludique du labyrinthe et dans sa virtuosité à mêler des noms et des faits historiques à des situations et des personnages totalement inventés, auxquels, comme Pessoa, il donne souvent une biographie très détaillée – dates supposées rigoureuses, position sociale, qualités vraisemblables – qui déroutent totalement le lecteur. [...] Borges, ou plutôt le moi qui énonce, l'auteur implicite du conte, à l'instar de Pessoa, sème les paradoxes, ouvre plusieurs perspectives et propose plusieurs choix dans le domaine des idées et des croyances – religion, éthique, exploration de l'absurde même – et, par la multiplication et la discussion de ces points de vue, montre sa capacité à assumer dialectiquement des positions non seulement éloignées mais aussi opposées, un souffle d'ironie parcourant tout son discours[7]. »

Quand Pessoa annonça l'avènement d'un « super-Camoens[8] » en faisant allusion à lui-même, il s'appliquait à brouiller les pistes. Il fut Alberto Caeiro, apôtre d'un paganisme total, retourné à la nature. Il fut Ricardo Reis, humaniste païen, penseur épicurien. Il fut Alvaro de Campos, ingénieur, fou de vitesse et contemplatif sceptique. Il fut le

5. Jorge Luis Borges, *L'Aleph*, *op. cit.*, p. 36. Ce thème est récurrent chez Borges ; dans *L'auteur et autres textes* (même collection, même éditeur, 1982), celui-ci termine son texte *Everything and Nothing* par : « L'histoire ajoute que, avant ou après sa mort, il se sut en face de Dieu et lui dit : "Moi qui ai été tellement d'hommes en vain, je désire en être un seul, qui soit moi." D'un tourbillon, la voix de Dieu lui répondit : "Moi non plus, je ne suis pas ; j'ai rêvé le monde comme tu as rêvé ton œuvre, William Shakespeare, et parmi les apparences de mon rêve, il y a toi qui, comme moi, es multiple et, comme moi, personne." Une note de Roger Caillois en fait d'ailleurs la remarque, en bas de page, en citant encore un exemple, *ibid.*, p. 93.

6. *In Le magazine littéraire*, n° 376, mai 1999, « Borges et l'immortalité ».

7. *Ibid.*, extraits du même article, p. 45-46.

8. Armand Guibert, *Le nouveau dictionnaire des auteurs*, *ibid.*, p. 2 485.

Protée d'Homère[9] et plus encore ; tout comme Borges. Tout comme Pratt. Et Bob Collins, dans tout ça ? Il faudra que je demande à Dominique Grandvrai, son biographe – il est facile de trouver qui je désigne par ce pseudonyme affectueux ! –, ce qu'il en pense ; car Robert-le-Fictif n'est pas une fiction.

*
* *

Hugo me tendit un livre. Il m'en offrait un de temps en temps sans prévenir. Comme moi, quand je me rendais chez lui[10].

La Lune, mythes et rites[11], tel est le livre qu'il vient de me donner. Il l'avait acheté pour sa documentation concernant un cahier spécial sur le sujet : une commande du quotidien italien *Il Messaggero*[12] :

« Mais qui est le dieu-lune ? Est-il la lune elle-même ? ou bien la Lune est-elle une autre divinité, la Grande Dame son épouse ? Chaque habitant d'Ur, chaque Mésopotamien devait avoir là-dessus ses idées personnelles ; les rechercher serait se perdre dans la mer. Ce qui est certain, c'est que la Grande Dame, *nin-gal*, presque totalement ignorée des hymnes qui chantent la grandeur d'Ur, est à l'opposé le personnage central – une figure maternelle, presque humaine – des Lamentations qui se sont récitées sur les décombres de la ville après le passage des Élamites. C'est là, en partie, un réflexe éternel de l'homme qui hurle de joie derrière son dieu guerrier aussi longtemps qu'il a l'empire, mais qui revient se plaindre et gémir dans les bras de sa mère quand il est mortellement blessé ; mais en partie seulement, car il faut que la déesse s'y prête, et la Grande Dame, pure forme féminine du dieu-lune, s'y est admirablement prêtée[13]. »

9. *Ibid.*, p. 2 485-2 486.

10. « Quand il vient me voir, c'est toujours par surprise : je sors de chez moi et je le vois assis sur le bord de la route, en train de lire un livre. » Hugo Pratt, *Le désir d'être inutile. Souvenirs et réflexions*, *op. cit.*, p. 146.

11. Collection « Sources orientales », tome V, éd. du Seuil, 1962.

12. *La Luna*, avec des aquarelles inédites, en collaboration avec Patrizia Zanotti, 21 juillet 1989.

13. Maurice Lambert, *La Lune, mythes et rites*, *ibid.*, « La lune chez les Sumériens », p. 86-87.

Voilà de quelle lecture il savait se nourrir. Pour son travail, mais aussi pour son savoir. À chaque fois qu'Hugo Pratt trempait son pinceau ou sa plume dans l'encre, le dessin qu'il formait ou la phrase qu'il écrivait portait la charge d'une connaissance acquise.

Subjugué par le résultat, *Il Messaggero* lui demandera de traiter du thème des horoscopes pour la fin de l'année 1989[14].

Il se pencha avec application sur le sujet, en optant pour l'astrologie arabe. Il réalisa à cette occasion des aquarelles du zodiaque arabe perse, tirées de sérieuses recherches qu'il fit sur les travaux menés au IXe siècle par Galfar Ibn Muhammad Abu Mascar Al Falaki, grand savant de l'époque. Ce dernier codifia la tradition astrale en reprenant toutes les données d'avant et d'après l'Hégire.

14. *L'Oroscopo*, avec des aquarelles inédites, en collaboration avec Patrizia Zanotti, 31 décembre 1989.

Jusqu'au XVIe siècle, les astrologues et astronomes du monde islamique travaillèrent ensemble afin que leurs travaux respectifs enrichissent la culture générale des astres. Astrologie et sciences divinatoires, d'un côté ; astronomie, mathématiques et géographie de l'autre. Il y a quatre siècles, sous l'influence d'un courant hostile, professé par les docteurs de la loi, les savants de l'islam furent tenus de baisser la tête. Ils se contentèrent de prier en direction de La Mecque et non plus en direction du ciel !

Un jour, une discussion entre nous sur ce thème des études astrales nous conduisit à nous pencher sur le zodiaque chrétien alchimique datant de la même époque (XIe siècle) que le zodiaque arabo-musulman. Après la mort d'Hugo, toujours attiré par le zodiaque chrétien alchimique, je fis l'acquisition d'un moulage de l'un des « curieux » de la frise de l'abbatiale Sainte-Foy, à Conques ; mais c'est surtout le zodiaque antique qui fascinait Pratt. Les études de Paracelse, médecin, alchimiste suisse d'expression latine (1493-1541) établissant une relation entre les parties du corps et les astres d'après les textes des anciens – études sur lesquelles Hugo Pratt s'était longuement penché – l'avaient conduit à revenir aux sources zodiacales égyptiennes et grecques[15].

Quand, en juillet 1999, je tombai sur un article titré « Homère et les étoiles », je pensai immédiatement à Hugo[16].

Que raconte cet article ?

---

15. « De l'Antiquité au XVIIe siècle, l'astrologie a effectivement été considérée comme une science. Elle ne se différenciait pas de l'astronomie. Tout savant digne de ce nom menait des recherches à la fois en philosophie, mathématiques, astronomie, physique et astrologie. Ainsi, Pythagore et Thalès (VIe siècle avant notre ère), mathématiciens grecs, étaient aussi d'éminents astrologues. Le philosophe grec Thalès fut initié, en Égypte, par les prêtres de Thot, le « trois fois grand », patron de la science des astres, dont les Grecs firent Hermès Trismégiste. Aristote lui-même cautionna la chiromancie, l'étude des lignes de la main. Il la considérait comme la signature des astres, inscrite dans la paume de l'individu. Quant à Ptolémée, l'un des pères de l'astronomie, il travaillait à la fois sur la loi astronomique dite de « la précession des équinoxes » et sur un traité d'astrologie. L'ensemble de ces travaux a été réuni dans un énorme ouvrage, la "Tétrabible", qui servit de base aux savants des siècles suivants. » *In Géo*, n° 270, août 2001, « Astrologies : de l'Égypte antique à l'Inde d'aujourd'hui », p. 66.

16. « Homère et les étoiles », *in Courrier international* – repris du *Financial Times* –, n° 453, du 8 au 14 juillet 1999.

En substance, il rapporte qu'un couple de chercheurs à la retraite, Florence et Kenneth Wood, venaient de publier un livre défendant la thèse de la mère de Florence (aujourd'hui décédée), qui prouvait que l'*Iliade*, en plus d'être la riche épopée guerrière que l'on connaît, proposait une immense carte détaillée des corps célestes.

Extrait :

« Née dans une ferme dans les prairies du Kansas, où brillent les étoiles, Edna Johnson partit ensuite enseigner en Grande-Bretagne. Des années durant, elle s'interrogea sur les bizarreries de l'épopée d'Homère. Progressivement, elle se convainquit que l'*Iliade* était un aide-mémoire, une sorte de gigantesque système mnémotechnique pour se souvenir des mouvements des étoiles, des constellations et des planètes visibles depuis le monde égéen antique. C'était en fait la somme codée des connaissances d'une époque pré-littéraire, élément essentiel pour les déplacements terrestres, la navigation et l'agriculture. Si cette théorie est juste, elle méritera une place d'honneur parmi les grandes découvertes archéologiques de ce siècle. »

Le manuscrit des Wood s'appuie sur une masse de documents légués par Edna à sa mort, amplifiée par leurs propres recherches informatiques. Parallèlement au livre lui-même, ils ont dressé un catalogue des 650 étoiles et des 45 constellations identifiées, selon eux, par l'auteur de l'*Iliade* et l'*Odyssée*.

L'auteur de l'article « Homère et les étoiles », Christian Tyler, souligne les deux évidentes questions qui viennent à l'esprit : « Si l'*Iliade* est vraiment un ouvrage d'astronomie, pourquoi Homère ne nous en parle-t-il pas ? Et pourquoi les auteurs antiques ne nous l'ont-ils pas dit ? À en croire les Wood, la réponse à la première question est qu'Homère n'avait pas besoin d'expliquer ce qu'il faisait parce que ses contemporains le savaient. Quant à la seconde question, les auteurs antiques nous l'auraient bel et bien dit. Au premier siècle de notre ère, Strabon défendit Homère comme étant le père de la géographie, science pour laquelle, déclarait-il, l'astronomie était indispensable[17]. »

17. *Ibid.*

Oui, j'aurais aimé offrir ce livre, *L'Iliade secrète d'Homère*, à Hugo Pratt ! Ce dernier pensait : « Homère invente des genres, et en même temps les exploite à fond. Dans l'*Odyssée*, il nous présente comme un kaléidoscope de toutes les situations fondamentales du roman d'aventures, après nous avoir dans l'*Iliade* montré les relations possibles entre les dieux et les hommes, et aussi la guerre et la condition humaine. De plus, il écrit toujours de façon poétique. Dans l'*Iliade*, j'aime surtout les passages pendant lesquels Homère oublie les dieux : quand, par exemple, il décrit la rencontre entre Hector et sa femme Andromaque sur les murs de Troie, quand leur fils Astyanax a peur de son père parce qu'il ne l'a pas reconnu sous le casque de son grand uniforme, ou quand Hector recommande son fils aux dieux ; ce sont des situations qui m'émeuvent [...] La mythologie grecque tient dans ma formation une place énorme, et je continue à me passionner pour les origines de ces dieux et pour les problèmes sémantiques en rapport avec leurs noms : par exemple, derrière le mot "araignée" se trouve le mot grec *"arakhnê"*, et donc Arachné, cette jeune fille qui osa surpasser Athéna dans l'art de la tapisserie et fut pour cela métamorphosée en araignée. Quand je vois une toile d'araignée, je n'ose pas l'enlever, de peur que ce soit le travail d'Arachné[18]. »

Dans *Mû*, Hugo Pratt fait dire à Corto Maltese : « Les dieux de l'antiquité nous surveillent[19]. »

*

* *

C'est par la fréquentation d'un rabbin, Ezra Toledano, que la tradition ésotérique juive marqua à jamais Corto Maltese. Lorsqu'il atteignit sa douzième année, il entra à l'école juive de La Valette. Héritier d'un grand mystique juif des temps anciens, le rabbin, amant de sa mère, l'initia aux secrets de la Kabbale : « Ezra Tolenado me faisait étudier le Talmud, le Zohar, la Kabbale. J'en ai gardé ce goût des signes,

18. Hugo Pratt, *Le désir d'être inutile. Souvenirs et réflexions*, *op. cit.*, p. 274-275.
19. Hugo Pratt, *Mû*, *op. cit.*, p. 162.

des symboles, des jeux du réel et de l'imaginaire. Et ma mère, me regardant travailler, esquissait parfois un sourire ironique[20]. »

20. *Corto Maltese. Mémoires*, *op. cit.*, p. 23.

Cette jeunesse de Corto, sous le regard de sa mère, et masqué par l'absence du père, date des années 1887 à 1900 : « Mon père s'en allait et revenait sans cesse... Peut-être qu'il serait plus juste de dire qu'il revenait un peu moins à chaque fois... Il racontait qu'il était le neveu d'une sorcière de l'île de Man qui avait un chat roux et rieur du nom de Garroll... Mais mon père disait beaucoup de choses quand il se perdait dans les bouteilles[21]... »

L'épisode de la ligne de chance que le jeune Corto se fit lui-même au rasoir, parce qu'une gitane amie de sa mère avait lâché sa main gauche, en se signant trois fois, après avoir constaté que la paume ouverte de l'enfant n'en avait pas, est la trace la plus marquante de sa jeunesse : « Cette découverte me causa un terrible choc, avoua plus tard Corto Maltese. Cela me parut inimaginable, inadmissible, d'autant que ma mère ne m'avait rien dit. Or, elle connaissait sûrement cette anomalie, elle qui était la meilleure diseuse de bonne aventure de Ceuta jusqu'au Danube. » « Je me suis précipité à la maison. Profitant qu'il n'y avait personne, je suis entré dans sa chambre. J'ai fouillé dans les affaires qu'elle gardait précieusement et j'y ai trouvé ce que je cherchais : l'un des rasoirs de mon père. Je l'ai ouvert, j'ai appuyé le tranchant de la lame sur ma main gauche, puis j'ai tiré un coup sec. Le sang a giclé très fort de cette longue ligne, droite et profonde. Malgré cela et malgré le temps que la blessure a pris à cicatriser, je ne suis pas certain d'avoir eu beaucoup de chance dans ma vie, mais sait-on jamais[22] ?... »

La tradition du feuilleton populaire a imposé l'idée que l'une des marques les plus symboliques pour reconnaître un extraterrestre parmi nous est de repérer l'auriculaire de sa main de la chance pour voir s'il est bizarrement atrophié. Si c'est le cas, c'en est un ! Plus sérieusement, il paraît que le rabbin Isaac Louria, fondateur de la Kabbale lourianique, au XVIe siècle, était capable de tout savoir sur un homme rien qu'en regardant son front[23].

21. *Ibid.*, p. 21.
22. *Ibid.*, p. 20 et 22.
23. *Ibid.*, p. 22.

C'est par la grâce du monde dessiné de Corto que s'éclaire le monde caché d'Hugo. C'est pourquoi l'enfance maltaise de Corto mérite la comparaison avec l'enfance vénitienne d'Hugo :

« J'avais quatre ou cinq ans, peut-être six, à l'époque où ma grand-mère me demandait de l'accompagner jusqu'au vieux ghetto de Venise. Nous allions rendre visite à l'une de ses amies, Mme Bora Levi, qui habitait une vieille maison. On y accédait par un escalier extérieur en bois, appelé "l'escalier fou", "l'escalier des rats d'égouts" ou encore "l'escalier turc". Mme Bora Levi me donnait une dragée, une tasse de chocolat épais et bouillant et deux biscuits sans sel que je n'aimais pas du tout. Puis grand-mère et elle, régulièrement, s'asseyaient et jouaient aux cartes, souriantes, murmurant des phrases qui m'était incompréhensibles.

Il ne me restait plus qu'à passer minutieusement en revue chacun des cent médaillons, suspendus au mur de velours rouge sombre, qui m'observaient derrière leur ovale de verre. Je dis qu'ils m'observaient parce que ces médaillons renfermaient de vieux portraits de messieurs sévères, en uniforme des Habsbourg, ou des portraits de rabbins à fines tresses noires et feutres à larges bords. Tous semblaient me fixer avec une insistance proche de l'indiscrétion. [...] Un jour, Mme Bora Levi me prit par la main et me conduisit dans la Cour secrète, éclairant notre chemin avec un *menorah*, le candélabre à sept branches. Chaque fois qu'elle ouvrait une porte, elle soufflait une bougie. Cette cour était pleine de sculptures et de graffitis : un roi armé d'un arc et de flèches enfourchant un dieu ; un nouveau-né ; une chasseresse avec flèches et arc elle aussi ; une vache à un seul œil ; une étoile à six pointes ; un cercle tracé sur le sol pour y faire danser une jeune fille nue ; les noms des anges déchus, fiel de Dieu : Samaël, Sataël, Amabiel. La dame juive me parlait de toutes ces choses et répondait à mes questions. Elle ouvrait ensuite une porte au fond de la cour et me faisait passer par une ruelle aux herbes hautes, qui menait à une autre petite place merveilleuse. Je la revis beaucoup plus tard, pleine de fleurs, dans une maison de la Juderia de Cordoue[24]. »

---

24. Hugo Pratt, *Fable de Venise*, *op. cit.*, « Une grand-mère vénitienne », p. 7.

Oui, l'enfance d'Hugo Pratt et sa vie ensuite correspondent à celles de Corto Maltese ! Dans les limites imparties par le déplacement dans l'espace qui séparent les deux hommes ; dans les normes requises par les besoins d'exagération et d'extravagance qu'exige la différence entre existence et littérature. Que les sentiments, impressions et témoignages de ceux qui ont bien connu Hugo Pratt permettent de mieux comprendre Corto Maltese (et inversement) est un fait révélé. Quand le magazine *Géo* décida la préparation de son *Géo hors-série* : *Le monde extraordinaire de Corto Maltese*[25], tous les membres de sa rédaction s'adaptèrent spontanément à une demande qui allait dans ce sens. Les admirateurs de Pratt étaient des adorateurs de Corto et *vice versa* ! Cela sous-entendait une connaissance et une compréhension, à la fois mélangées et séparées, des deux. Lorsqu'il y avait confusion entre Hugo et Corto, plutôt que de déplaire, la superposition renforçait les traits de l'un et de l'autre. Ainsi en fut-il de l'ésotérisme qui, dès les premières pages, s'imposa comme le regard essentiel qui devait être posé sur « le monde extraordinaire de Corto Maltese » et de par là même sur le regard que l'on pouvait avoir sur les expériences multiples d'Hugo Pratt dans ce domaine[26].

Sa grande expérience ésotérique d'Amérique du Sud n'est pas liée à l'Argentine, mais à son séjour au Brésil, en 1964, où il vécut avec une prêtresse de candomblé, variété de *macumba* dérivant du culte vaudou de la région de Bahia. Là-bas, en s'initiant à ces pratiques, Hugo Pratt, au sein de la famille Dos Santos, put vivre ces phénomènes de l'intérieur :

« La maison du culte était baignée d'une étrange lumière, différente de celle du dehors. Pour arriver à cet endroit, qui était une sorte de bungalow au bord de la mer, il fallait emprunter un chemin bordé de plusieurs dizaines de bougies. Les tamtams créaient un rythme envoûtant. Et au fur et à mesure que l'on se rapprochait du lieu de la cérémonie, on voyait de plus en plus de gens perdus dans une extase, dans des danses hyp-

25. *Géo hors-série Corto Maltese*, novembre 2001.

26. Dans *L'album Géo*, Casterman, 2002, tiré du *Géo hors-série*, le chapitre 2, « Mystères », aborde directement le sujet, p. 45-63.

notiques. Ce sont des images que je n'oublierai jamais. J'ai été confronté à des événements inexplicables, à des phénomènes de télékinésie : sous la force de la pensée, des lampes se cassaient, des objets se déplaçaient, des fleurs, des grenouilles venaient dans les mains. Je suis sûr que cela ne relevait pas de l'hallucination collective. [...] Ces manifestations irrationnelles peuvent avoir un aspect inquiétant, mais une fois que l'on y entre, que l'on se laisse aller, que l'on s'intègre à l'assemblée des fidèles, on vit ce monde, on ne se pose plus des questions, on le trouve normal. De plus, la belle fille prêtresse de candomblé qui m'avait initié me fixait des yeux d'un regard hypnotique, et aux mystères de ces cérémonies se mêlait pour moi une relation puissamment érotique. [...] On se dit que la science occidentale a encore beaucoup à découvrir. Ces phénomènes restent inexplicables, et sont donc toujours du domaine de la connaissance ésotérique[27]. »

Patrice Serres, ancien dessinateur de *Tanguy et Laverdure*, qui travailla aux États-Unis avec Franck Robbins sur la série *Johnny Hazard*[28], est féru d'occultisme et d'arts divinatoires. Il collabora à *La macumba du gringo*, l'un des albums de Pratt où certaines pratiques ésotériques considérées comme folkloriques (vaudou, tarots, astrologie, magie noire et réincarnation) se succèdent au service de l'une de ses plus belles histoires[29] :

« Quand on avait une discussion, on allait au fond des choses, pour essayer de savoir ce que l'un et l'autre savait, sans se dissimuler. Ce qu'il avait compris et que je n'avais pas perçu à l'époque, c'est qu'il y a un noyau dur de concepts éparpillés parmi toutes les religions, et donc toutes les cultures. Le bouddhisme ou l'animisme, par exemple, sont comme des carrosseries différentes disposées sur un même moteur. Surtout, il s'était passionné pour ce qu'il appelait la *macumba*. Il s'était rendu compte que, du Dahomey [actuel Bénin] jusqu'aux Antilles et au Brésil, existait une espèce de religion souterraine qu'illustrent des images magiques, ce qu'on nomme les *vévés*.

27. Hugo Pratt, *Le désir d'être inutile. Souvenirs et réflexions*, *op. cit.*, p. 221.

28. Patrick Gaumer et Claude Moliterni, *Dictionnaire mondial de la bande dessinée*, *op. cit.*, p. 571 b.

29. Hugo Pratt, *La macumba du gringo*, Vertige Graphic, 1998.

Ce sont les lois des dieux vaudous. Lorsqu'elles sont en transe dans l'obscurité, les prêtresses vaudoues prennent de la farine de maïs dans leur main et exécutent une danse en projetant autour d'elles cette farine, qui trace alors des dessins géométriques extrêmement complexes et tout à fait particuliers. Et qui pourtant se répètent d'une danse à une autre : une autre prêtresse peut prendre la suite, ça donnera rigoureusement le même dessin, quel que soit le lieu ou le moment de la danse. Étonnant ! Ces dessins représentent telle ou telle "loi", comme on appelle les dieux qui se manifestent ainsi concrètement. Pratt était assez fasciné par le baron Samedi, la plus moche de toutes ces "lois", un personnage représenté avec un chapeau haut-de-forme, qui vient chercher les morts. Il avait toute une collection de ces dessins magiques[30]. »

Hugo Pratt ne se contentait pas de collectionner des images de dessins magiques ou de collecter d'autres images propres à composer avec les diversités – voire les éclatements – du monde ésotérique et ses secrets. De telles images, il savait tirer parti. Il les recomposait, les redistribuait, les masquait. Il en confectionnait aussi. Aucune des aventures de Corto Maltese, ni aucune des histoires d'Hugo Pratt ne saurait s'en passer. À chacun de nous de les repérer même si, parfois, ces images-là ne se dévoilent pas *a priori*.

30. Patrice Serres, *BoDoï*, hors série n° 5, « Le vrai Hugo Pratt », septembre-octobre-novembre 2002, « Ésotérique », p. 69-70.

Dans *La macumba du gringo*, l'héroïne vengeresse, Satãnhia, meurt en se faisant papillon. C'est la fin de l'histoire[31]. Le dialogue entre deux *cangaceiros* maudits reflète le style inimitable de Pratt où l'ironie perce sous la tragédie et où ce n'est plus leur vie qui tient à un fil, mais leur mort elle-même qui tisse son fil :

« Je t'ai vengé, capitaine Corisco. Tu serais en paix, maintenant.

— Allons, Gringo.

— Mais tu parles, capitaine... Comment peux-tu ? Tu es mort. Tu dois partir, désormais tu es vengé, Corisco...

— Partons, Gringo... Toi aussi tu es mort...

— Comment, mort ?

— Oui, Gringo, tu es mort quelques minutes avant moi. Seulement, l'amour de Satãnhia a pu être plus fort que la mort même et te faire croire que tu étais encore vivant. Maintenant qu'elle aussi est morte, nous la retrouverons au bout du chemin. Elle nous attend avec son frère Sabino et Mae Sabina, Lampião et les autres *cangaceiros*, avec les amis et les ennemis morts. Nous avons tous fini notre aventure humaine et nous trouverons la paix. Viens, Gringo.

— J'obéis, capitaine Corisco... Mais je proteste. »

Et les deux hommes deviennent papillons[32] !

*

* *

La porte d'Or, à Kiev, en Ukraine, fut sauvée par un Samson slave : le chevalier Makaïlo. Il transporta la porte d'Or jusqu'au sommet d'une montagne. Cette porte symbolise le vieux Kiev de l'ancienne Petite Russie. Non loin d'elle se dresse la Grande Wladimirskaïa, la rivale de Sainte-Sophie de

31. À propos de cette histoire, Hugo Pratt a raconté l'anecdote suivante : « Alors que Sabino est fragile, Satãnhia possède une grande force, elle est le personnage central. Bonelli voulait une histoire pour sa collection "Un homme, une aventure" et moi, pour l'embêter, pour casser la conception machiste de la série, je lui ai donné quelque chose qui était plutôt "Une femme, une aventure". » *In* Hugo Pratt, *De l'autre côté de Corto*, *op. cit.*, p. 101.

32. Hugo Pratt, *La macumba du Gringo*, *op. cit.*, p. 76.

Constantinople, qui fut construite « à peu près à la même époque où les Vénitiens en faisaient aussi une copie réduite, qu'ils appelèrent la basilique de Saint-Marc[33] ».

Cette anecdote, propre à alimenter les histoires dont nous sommes friands, est racontée par Victor Tissot, qui fut le rédacteur en chef de la *Gazette de Lausanne*. Il précéda Corto Maltese dans ses pérégrinations et vécut dans les mêmes endroits qu'Hugo Pratt, un siècle avant.

33. Victor Tissot, *L'Ukraine*, Bibliothèque illustrée des voyages autour du monde, Librairie Plon, 1897.

21

Déchargement de fables précieuses sur les quais de Venise

Où croyez-vous donc que commence l'album *Corto Maltese en Sibérie* ?

À Venise, bien sûr ! Avec un Corto bien étonné d'y trouver Bouche dorée :

« Mais, dis-moi, Bouche dorée, depuis quand habites-tu Venise ?

— Je suis venue en 1300 avec le cabaliste Mancello Giudeo. Eh oui ! Nous étions alors des amis de Dante... Mais il suffit d'ouvrir cette porte du fond pour partir ou revenir... Dans le temps. Comme dans une fable[1]... »

Ce dernier échange de paroles entre Bouche dorée et Corto Maltese nous poursuit. Sans doute est-il particulièrement révélateur de l'univers d'Hugo Pratt.

Sur ce, Corto s'endort pour se réveiller à Hong Kong. Il n'a pas pris la porte au fond de la cour, puisqu'il est passé par la porte des rêves. C'est pourquoi, en bonne logique prattienne, la version italienne de cette histoire s'appelle *Corte sconda detta arcana*. Le titre du long métrage d'animation, adaptation de ces mêmes aventures de *Corto Maltese en Sibérie*, sera d'ailleurs *La cour secrète des arcanes*.

1. Hugo Pratt, *Corto Maltese en Sibérie*, *op. cit.*, chap. I « Les Lanternes rouges », p. 17.

Quant à la version livre, elle porte un titre approchant en français[2].

Ce ne sont plus les cartes de Bouche dorée qui guideront Corto dans son long voyage, de la Chine à la Sibérie, mais les traits, longs et courts, du *Yi Jing, Le Livre des mutations*[3], que lui commente le vieux Chinois Longue vie, honorable membre de la Triade :

« Eh ! Corto Maltese ! Tu dors ?

— Non, je pensais à Venise et à Bouche dorée... Je te prie de m'excuser. Tu disais que la jeune fille à marier porte malheur ? D'accord. Ça veut dire que je ne me marierai pas.

— Tu as toujours envie de blaguer. Mais *Le Livre des mutations* n'est pas une blague. Il fut une source d'inspiration pour Confucius et Lao-Tseu qui en savaient certainement plus que toi sur le jeu de la vie et de la mort.

— Ça va, Longue vie. Je ferai attention.

— Nous vivons une époque difficile. Les Russes se battent au nord... Les Japonais à l'est. Dans la confusion et la révolte, les sectes religieuses aussi font des projets ambitieux... Selon les circonstances, une secte religieuse peut devenir une association politique et *vice versa*. Les sociétés secrètes s'allient contre les étrangers : le Lotus blanc avec les Trois bâtonnets d'encens, la Société des trois frères avec les 15 Petits tas de riz...

— Et toi, que fais-tu, Longue vie ?

— Le Triangle rouge attendra la parole du Losange noir et il la transmettra au Carré rose qui le dira au Rectangle blanc et au Cercle vert.

— On se croirait à un cours de géométrie. Bon !... Je m'en vais, Longue vie. Et merci... Comment me trouves-tu ?

— Splendide ! Les jeunes filles de Hong Kong seront folles de toi[4]. »

Et ce sera Changhaï Li, des Lanternes rouges, qui sera sa camarade d'aventure dans *Corto Maltese en Sibérie*. Elle char-

2. Hugo Pratt, *Cour des mystères*, roman, Denoël, 1997.

3. Ou encore *Le Livre des changements*. Réf. Cyrille J.-D. Javary et Pierre Faure *Yi King*, Albin Michel, 2002.

4. Hugo Pratt, *Corto Maltese en Sibérie*, *op. cit.*, p. 18-19.

mera Corto. La fin de l'album montre une belle scène d'adieux entre eux : « Toutes les femmes aiment cette scène dans les rizières, avec Ling, le mari de Changhaï Li qui a la délicatesse de s'en aller pour les laisser seuls et se dire adieu... » disait Hugo[5]. Une belle scène finale qui se termine, elle aussi, par un vol de papillons !...

Pour le personnage de Changhaï Li, Hugo Pratt s'était inspiré d'une jeune Chinoise qu'il connaissait très bien : Roy Song, la nièce de Tchang Kaï-Chek, surnommée par Hugo « Welcome bye-bye ».

« Je l'ai rencontrée dans un avion qui venait de New York, elle m'a été présentée par Joël Laroche, qui dirigeait Publicness, éditeur de mes premiers albums de *Corto Maltese*. Puis j'ai retrouvé cette fille sur les Champs-Élysées et nous avons commencé à nous voir. J'ai appris que sa mère était la compagne de Lin Biao, qu'elle était de la famille des Song, et donc de la famille de Tchang Kaï-Chek, de Sun Yat-sen. Ils sont aussi très mêlés à la secte de la Triade, aux banquiers de Hong Kong et des États-Unis. Cette fille avait peur d'être la cible d'une faction révolutionnaire et elle n'a rien trouvé de mieux que de se cacher chez moi pendant plusieurs mois à Paris et à Venise. Elle m'a raconté toute l'histoire de la famille Song. Plus tard, elle m'a envoyé une invitation pour son mariage à Formose. Elle m'appelait "mon oncle". Des Chinois sont venus me voir à Venise pour me remercier et me dire que, si j'avais besoin de n'importe quoi, ils m'aideraient[6]. »

J'ai connu plusieurs membres de cette grande famille chinoise nationaliste, à Taiwan, dans les années 1970. Dans le monde secret de l'espionnage – qui est au monde politique ce que le monde secret de l'ésotérisme est au monde religieux –, quand on dit de quelqu'un qu'« il a un papillon sur l'épaule », cela signifie qu'il détient un secret qu'il devra laisser s'envoler plutôt que de le confier.

---

5. Hugo Pratt, *De l'autre côté de Corto*, *op. cit.*, p. 97.
6. *Ibid.*

Dans *Mû*, c'est au milieu de papillons jaunes que Corto Maltese combattra son ombre[7]. Le jeune Tristan Bantam, de son côté, dans *Sous le signe du Capricorne*, dialoguera avec son double, dans un rêve, pour apprendre de la bouche même de Quetzalcóatl, le dieu du Mexique précolombien, le serpent à plumes[8], que *Mû* disparaîtra dans une mer de feu. Ainsi, dans l'une des toutes premières histoires de Corto Maltese, Hugo Pratt lance ce qui sera le sujet du tout dernier album de la série, paru dix-huit ans plus tard.

Dans *Sous le signe du Capricorne*, l'histoire commencait ainsi : « Corto Maltese se reposait paresseusement sur l'unique véranda de la pension Java à Paramaribo (Guyane-Hollandaise [actuel Surinam]). On voyait tout de suite que c'était "un homme du destin". Il alluma un de ces minces cigares que l'on fume seulement au Brésil ou à la Nouvelle-Orléans, d'un geste mesuré. Il était en train de jouer pour un public invisible[9]. »

*

* *

En réponse à la question : « Pourquoi dites-vous que Venise est une ville ésotérique ? », Hugo Pratt répondit à son interlocuteur de *Muséart* (un mensuel très original avec lequel nous étions en pourparlers, en 1991-92, pour la relance du magazine *Corto Maltese*) : « J'ai dit ça, moi ? Mais c'est la ville elle-même qui se raconte de cette façon[10]. » Nous devions visiter Venise avec lui, Amaretch et moi. Nous reportâmes à jamais la visite !... Dans leur *Guide de Venise*[11], Guido Fuga et Lele Vianello, au hasard d'une page – celle qui introduit *La Porte de l'or*, à l'arrêt Saint Zaccaria, en descendant du *vaporetto* de la ligne n° 1 –, nous rappellent que la description de

---

7. Hugo Pratt, *Mû*, *op. cit.*, p. 193-195.

8. Hugo Pratt, *Sous le signe du Capricorne*, album noir et blanc, Casterman, 1979, chap. 2 « Rendez-vous à Bahia », p. 45.

9. *Ibid.*, chap. 1 « Le secret de Tristan Bantam », p. 11.

10. *Muséart*, décembre 1992.

11. Fuga Guido/Vianello Lele, *Les balades de Corto Maltese*, Le Guide de Venise, Casterman, 1999.

REGARDE, TRISTAN, VOILÀ QUETZALCOATL !
QUI ?
TRISTAN !... BIENTÔT LA MÈRE TERRE "MU" DISPARAÎTRA DANS UNE MER DE FEU.
MAIS... MOI JE NE COMPRENDS RIEN DU TOUT !

Venise, c'est montrer par où passèrent Hugo Pratt et Corto Maltese :

« Nous descendons du bateau devant le vieil hôtel Danieli où ont séjourné Dickens, George Sand, Balzac et Marcel Proust, entre autres. Pratt, lui aussi, aimait se réfugier dans le bar au charme élégant du somptueux hall d'entrée. [...] Reprenons notre cheminement vers les bâtiments les plus anciens de Venise. Après la *rugheta* S. Apollonia, tournons à gauche sur la Fondamenta du même nom. Passons le porche qui nous fait face : nous voici plongés au cœur d'un charmant cloître bénédictin du XIIe siècle, unique exemple de style roman dans cette ville. Des fragments d'architecture en marbre s'échelonnent le long des murs. Corto aimait retrouver ce lieu où ne parviennent que de lointaines rumeurs[12]. »

Dans *Fable de Venise*, Corto Maltese rencontre Hipatia réincarnée :

« Vous me rappelez quelqu'un.

— Qui ?

— Une jeune fille âgée de plusieurs siècles... Hipatia, philosophe néoplatonicienne, directrice de l'école d'Alexandrie d'Égypte. D'une beauté rare et d'un caractère pur, sans défauts.

— Je vous remercie, dit la jeune fille à Corto.

— Un moment... Je voudrais vous préciser que c'est votre nom qui me rappelle la véritable Hipatia. Celle qui fut une ennemie sans pitié du christianisme et qui, pour cette raison fut tuée dans une église. »

La jeune fille insiste :

« Cette Hipatia, c'est moi. C'est-à-dire que je suis sa réincarnation. Qu'est-ce que vous avez ? Vous ne me croyez pas ?

— Honnêtement, je suis toujours un peu sceptique devant les réincarnations[13]. »

Ce n'est pas tant par la grâce de la réincarnation d'Hipatia que Corto avancera dans son enquête policière ésotérique, mais ce sera plutôt grâce à l'aide de Melchisedech, savant juif

12. *Ibid.*, p. 102-103.

13. Hugo Pratt, *Fable de Venise*, *op. cit.*, chap. 3 « L'escalier des rencontres », p. 59.

du ghetto de Venise, à la bibliothèque richement pourvue en ouvrages très rares sur les secrets de la Kabbale et du Zohar.

« Melchisedech… Sais-tu quelque chose au sujet d'une émeraude magique appelée aussi "clavicule de Salomon"… et qui appartenait au mage Simon ?

— C'est une émeraude, le Bareket de la tribu Ruben Satanas. Ce dernier la donna à Lilith qui fut la première femme d'Adam avant de devenir celle de Caïn. Caïn lui prit quand il voulut reconquérir le paradis perdu par ses parents. C'est une pierre dangereuse. Ce fut une des pierres précieuses du pectoral de Salomon, "le Urim et Thummin". Le mage Simon le perdit contre l'apôtre Simon Pierre qui le donna à saint Marc l'évangéliste, patron de Venise. Tu me suis ?

— Et comment !

— Marc l'évangéliste ignorait que cette émeraude avait été donnée par Salomon à son architecte Iram, en récompense de la construction du Temple de Dieu. C'est pour cette raison que l'émeraude était magique et qu'il y avait des caractères mystérieux gravés dessus. Un message secret pour les initiés. Attention Corto, ceci n'est qu'une légende !

— Moi, j'aime les légendes.

— Hmmm... Bien... Ces caractères gravés comme des formules magiques donnaient en réalité les indications pour retrouver l'un des trésors de Salomon et de la reine de Saba. Ignorant tout cela, Marc partit en Égypte pour fonder l'Église d'Alexandrie. Mais il fut étranglé par deux tueurs d'une secte gnostique, liée au mage Simon, qui rapportèrent l'émeraude à Antioche. Plus tard, lorsque Basilide fut en possession de cette émeraude, il la transforma en gemme gnostique du genre Abraxas...

— Melchisedech, tu savais qu'il y a à Venise deux sculptures, représentant le dieu Abraxas ?

— Oui, il y en a une sur la maison d'Hipazia et une sur la R.-L... Hermès Trismégiste de la grande loge d'Italie. Mais comment sais-tu ça[14] ? »

La franc-maçonnerie est au cœur de l'intrigue. Dans la version en couleurs de *Fable de Venise* sont reproduites les figures héraldiques de loges bleues, vertes et rouges, du premier au trente-troisième degré[15]. L'emblème qui représente le dernier degré – le plus haut grade dans la hiérarchie maçonnique – comporte un bâton servant de perchoir à l'aigle à deux têtes du Souverain Grand Inspecteur Général du Suprême Conseil. D'autre part, Pratt se paie discrètement le luxe de placer les trois points de la symbolique maçonnique dans certaines des bulles de l'album, où figurent des petites phrases bien choisies. Lui-même constatait : « Évidemment, à première vue, la franc-maçonnerie et la *macumba* procèdent de mentalités opposées, mais derrière ces démarches en apparence antagonistes se cache d'abord l'inquiétude. Quand l'homme a peur, il cherche à remonter vers le passé, vers des valeurs anciennes, liées aux grands mythes. Voyez les contes des frères Grimm, pleins d'ogres et de sorcières – mes propres fables sont plutôt dorées ! Il y a ensuite la recherche d'une communauté de pensée ; en parcourant le monde, je me suis découvert des frères en ésotérisme. Quant aux rites, ils ont tous des points communs : on y trouve la même quête

14. *Ibid.*, chap. 2 « L'énigme du baron Corvo », p. 39-40.

15. Hugo Pratt, *Fable de Venise*, *op. cit.*, p. 18-25.

d'une transcendance, le même type de hiérarchie, des novices aux grands initiés, le même respect du cérémonial[16]. »

Dans le livre *La porte oubliée*, son auteur, Marc de Smedt, écrit : « Nous sommes tous faits de mélanges et si on pouvait avoir une vision du parcours de nos ancêtres en ligne directe sur quelques millénaires, on serait surpris du voyage effectué par notre famille depuis ses lointains ascendants préhistoriques. Y pensons-nous ? Il faut savoir écouter le langage des autres traditions. À cet égard, on peut se poser des questions aujourd'hui sur la vraie portée de l'influence orientale en Occident[17]. »

Dans son livre, Marc de Smedt faisait essentiellement allusion à ce qu'il nomme « nos racines spirituelles[18] ». Pour ma part, en m'attachant à recomposer le monde d'Hugo Pratt, j'y ajouterai « nos racines légendaires » ; son fameux monde des fables, dont il se réclamait sans cesse :

« "Résume-moi le monde", dit un jour un maître fortuné et obstiné à son meilleur esclave qu'il savait excellent rhéteur.

Celui-ci lui répondit :

— Le monde mérite mieux qu'un résumé, sauf à le diminuer.

— Tu es d'habitude plus parfait orateur, lorsque je te lance sur un sujet qui vaille pour notre pensée qu'on le traitât avec cérémonie.

— C'est si vrai, Maître, que mon refus de te résumer le monde – tu m'accorderas qu'il s'agit d'un refus philosophique ! – n'est pas dû à mon manque d'aptitude à faire pour toi le grand et continuel orateur, mais il est dû à l'estime en laquelle je te tiens, entre autres bonnes et nombreuses choses, pour ne m'avoir jamais battu.

— Éclaire-moi, veux-tu bien ! sinon je ferai une exception à cette règle que je m'étais fixée de ne point user de violence sur ta personne, craignant jusqu'ici que les coups ne te fassent perdre ta langue.

À ces paroles l'esclave se garda bien de répliquer.

— Mais parle, enfin ! toi qui as réponse à tout !

16. Hugo Pratt, *Le désir d'être inutile. Souvenirs et réflexions*, *op. cit.*, p. 225.
17. Marc de Smedt, *La porte oubliée*, Albin Michel, 1993, p. 67.
18. *Ibid.*

— Tu viens de trouver la réponse par toi-même, Maître : le monde ne peut être résumé parce qu'il n'y a pas de réponse à tout.

Le maître hésita, mais devant le mutisme dans lequel paraissait se complaire son esclave, il se saisit d'un bâton et, pour la première fois, le frappa.

— Tu viens de changer de sujet, signifia l'esclave au maître. C'est l'homme que tu veux résumer. C'est lui que tu réduis. Crois-tu que le monde est au bout de ton bâton ? »

Le fin mot de cette histoire du maître questionneur et de l'esclave rhéteur voulut que le bâton se rompit sec aussitôt. Était-ce sur le dos de l'esclave ? Était-ce entre les mains du maître somme toute honteux de son acte ? Était-ce à la suite d'un mouvement de colère de la part de l'esclave qui se serait rebellé à ce moment-là ?

Cette fable du bâton, Hugo la connaissait. Sa version était, je crois, plus ironique. Son monde à lui pouvait-il être résumé ? Pas plus que le monde en général, qu'il tenait d'ailleurs plutôt au bout de son pinceau qu'au bout d'un bâton.

La fable du bâton est-elle une fable de Venise ? Bien sûr, puisqu'elle vient d'ailleurs !

Dans la présentation de *La macumba du gringo*[19], l'une des gravures anciennes qui replacent la BD de Pratt dans son contexte historique, représente Antônio Conselheiro. Celui-ci fut une sorte de saint thaumaturge dont la renommée fut immense, au Brésil, chez les *cangaceiros* du Sertão. Ceux-ci se battirent, avec une rare violence, contre les soldats du pouvoir central et les potentats de la province du Nordeste, devenue terre de révolte et de furie, entre 1889 et 1940. La gravure représentant Conselheiro le montre s'appuyant sur un bâton[20].

Dans le livre de l'Exode, il est dit : « Quand un homme frappe son esclave ou sa servante avec un bâton et qu'il ou elle meurt sous sa main, on les vengera[21]. »

---

19. Hugo Pratt, *La macumba du gringo*, *op. cit.*
20. *Ibid.*, p. 13.
21. Exode 21, 20.

Dans un texte signé Valzania, *Corto Maltese c'est mon frère aîné*, il est écrit : « Il suffit de se promener dans Venise, dans une cour cachée, pour partir dans certains coins du monde. Corto y arrive, si nous n'y parvenons pas c'est de notre faute ; les voies et les rues sont les mêmes, combien de fois sommes-nous passés par là, à quelques mètres de la porte magique dont nous n'avons pas la clé[22] ? »

22. *Dedicated to Corto Maltese*, Kesselring, 1985, p. 51.

IV

Le parcours des anges

22
Le geste sans un mot

Au théâtre de la vie, le dernier souffle peut-il se souffler ?

Imaginons Hugo Pratt, acteur de sa propre pièce, tendant l'oreille vers le trou du souffleur pour une dernière tirade muette écrite par lui depuis longtemps.

Ce silence-là – texte nu proféré autrement que par sa voix –, il a su nous l'offrir en nous quittant.

Nous nous parlâmes au téléphone deux semaines avant sa mort. Hugo riait. Il savait qu'il allait mourir. Hugo me mentait. Hugo m'attendait, mais pas pour tout de suite, pour un peu plus tard. Il me suggérait même de penser à la prochaine fête qu'il organiserait dès qu'il irait mieux ! Livio était à mes côtés ce jour-là. Il était venu me voir pour me dire qu'Hugo allait mal, alors qu'Hugo me disait le contraire et que Livio l'entendait me le dire en tendant l'oreille.

Et Livio qui m'appuyait sur l'épaule à m'en faire mal ! Et nous deux qui entendions son rire !...

Livio repartit de Paris pour Chambéry, le jour même, après un repas partagé du côté de chez moi la tête dans notre assiette et Hugo dans notre tête.

Quelques jours plus tard, Livio m'appela pour me dire de venir parce que c'était définitivement foutu pour Hugo. Hospitalisé, il ne bougeait plus. Il respirait encore, mais il était dans le coma et il n'y avait plus d'espoir.

Le samedi 19 août, j'étais chez Livio. Nous étions de nouveau réunis l'un chez l'autre pour rendre visite une énième fois à Hugo. Mais cette fois-ci, c'était pour être dès le lendemain au chevet de notre ami en train de mourir, dans une clinique d'un village suisse, à côté du sien, à Pully, entre Lausanne et Grandvaux.

J'avais pris avec moi une croix éthiopienne qu'Amaretch avait rapportée de son pays. Cette croix faisait partie de la large gamme des croix de bénédiction que l'on trouve partout en Éthiopie et dont certaines sont des chefs-d'œuvre. Plus ou moins bien ouvragées, ces croix en métal ou en bois longues de 30 à 35 centimètres sont de véritables armes de poing des âmes. Les ancêtres de ma femme en avaient brandi de semblables lors de la conquête finale du Harargué par les troupes de Ménélik II, en 1887. Hugo Pratt, bon connaisseur de la région et de son histoire, avait longuement soupesé cette même croix, un soir à la maison, avant de passer à table pour un dîner éthiopien qui, pour lui, était toujours une occasion d'évoquer ses souvenirs de jeunesse en Éthiopie. Il se sentait en famille avec nous, nous disait-il.

Faite en argent martelé, la croix en provenance du legs familial était plus proche de la hache d'armes que de la médaille pieuse. Je désirais symboliquement la lui remettre alors qu'il était encore vivant, car non seulement Hugo l'avait déjà eue dans la main, mais j'étais convaincu qu'elle l'aiderait à passer de vie à trépas lorsque le moment serait venu, dans quelques jours ou dans quelques heures…

*
* *

Dimanche 20 août 1995, dans l'après-midi : un grand chalet, un petit pré en pente, un grand chalet, un petit pré en pente, chalet, pré, chalet, pré, encore et encore… Tel se présente à mes yeux Pully, village voisin de Grandvaux, avec une belle vue sur le lac Léman en contrebas. Les gens sont chez eux. On les voit par les fenêtres et les baies vitrées ouvertes. Le coin est cossu, propret et plein de vignes sur les coteaux ensoleillés. De là où nous sommes, la chambre d'Hugo est visible. Sa fenêtre donne sur le lac. Elle est largement entrouverte. C'est Livio qui vient de me la désigner. Il est un habitué du lieu : il avait déjà rendu visite à Hugo, hospitalisé plusieurs fois, ici, à la clinique La Rosiaz, durant ces derniers mois. Pour moi, c'est la première fois. Hugo ne voulait pas que je le voie malade. J'avais insisté. Lui encore plus. Il s'entêtait. Notre amitié s'était instaurée sous le signe de la forme. Il ne voulait pas en démordre. Que dire ? Bien sûr que j'étais capable de le voir couché, soigné, aidé, avec son cancer de l'intestin qui le bouffait tout cru, comme si cette saloperie de maladie voulait lui prouver qu'elle avait le droit de bien manger à son tour ! Rien à faire. Dans le clan réduit des intimes, j'étais le seul devant qui il refusait de se montrer diminué, comme si je n'étais pas à même de l'imaginer malade ! Mais je n'insiste plus. Qui peut comprendre qu'entre nous un certain jeu continuait ?

Dans chaque pré des vaches broutent et de chaque maison des rires fusent.

J'ai envie de tout casser.

Je sais que ce n'est pas bien.

Les rideaux de la chambre d'Hugo volettent sous l'emprise d'un vent léger.

« Viens ! » me propose Livio.

Nous nous dirigeons vers la clinique en marchant côte à côte sur une petite route montante. À mi-chemin, nous tombons sur Patrizia Zanotti, « la jeune femme de confiance d'Hugo Pratt ». Elle est là avec Gianluigi, son mari. Ils sont sortis de la clinique pour faire quelques pas. Entre eux et nous, c'est la fraternité. Une fraternité produite par l'amitié partagée avec Hugo depuis des années.

C'est maintenant avec Patrizia à mon bras que je marche sur la route en pente, direction la clinique. Livio et Gianluigi ont décidé de nous attendre près des voitures garées le long d'une barrière. Il est un peu moins de 17 heures. Je parle de la croix à Patrizia tandis que je la lui montre discrètement. Nous arrivons à la clinique. Elle me guide jusqu'à la chambre d'Hugo. Trois de ses enfants sont là, adultes depuis longtemps. Leur père est inconscient et il respire fortement. Ses cheveux fournis sont coupés court. Ses traits amaigris ressortent nettement pour lui dessiner un beau visage marqué. Il est magnifique. Je lui place la croix dans la main. Je crois lui avoir dit : « Prends-la. Elle est pour toi. C'est pour l'abordage. »

Je sors.

Il a serré la croix et il est mort.

Jonas Pratt, le seul des enfants Pratt que je connaisse à peu près bien pour l'avoir vu assez souvent avec Hugo, a raconté cette histoire sur la mort de son père à l'issue d'un dialogue avec Jean-Pierre Fueri, du magazine *BoDoï*[1].

Aujourd'hui, Jonas a la quarantaine.

Honneur au fils et à son père :

« C'est un peu fou, cette histoire. On a eu l'impression que Hugo, qui était dans le coma, attendait Jean-Claude. Il lui a glissé la croix dans la main en disant : "Tiens, prends ça." Hugo a serré ses doigts sur le manche. Quelques minutes plus tard, il nous quittait[2]. »

Alors qu'avec Livio nous nous apprêtions à reprendre la route, nous aperçûmes Jonas qui venait vers nous. Nous nous doutions bien de ce qu'il allait nous apprendre. Je l'observai s'avancer dans notre direction en fixant mon attention sur sa silhouette. D'une plus grande taille que son père, comme c'est le cas de la plupart des enfants de cette génération, Jonas ressemblait plus que jamais à Hugo.

Quand Jonas Pratt nous annonça la mort de son père, je m'accrochai à une barrière. Je ne réussis pas à retenir mes larmes. J'éprouvai le besoin de porter mon regard vers la fenêtre de sa chambre. Je ne sais plus si je l'ai vue encore ouverte ou si les rideaux étaient déjà tirés.

---

1. *BoDoï*, n° 22, août-septembre 1999.
2. *Ibid.*, p. 41.

23

Signaux de fumée en direction des nuées

Hugo Pratt était si peu prosélyte, si discret sur ses vagues à l'âme pour trouver ses repères sur les chemins célestes, que je ne me risquerai pas à parler à sa place de cette notion tant débattue de croyance. Son scepticisme éclairé en faveur de l'Homme au détriment de Dieu, confronté à ma foi de charbonnier et à mes poings serrés de spadassin fréquentant l'Église, fut le seul débat qui nous opposa lui et moi, à chaque fois que nous abordâmes le sujet.

Le parcours des anges est semé d'embûches ; les moissons nous viennent du ciel et les fléaux nous arrivent de partout. Mais si la route est longue, elle est – nous le savons – pavée de bonnes intentions dont nous devons nous méfier. Qu'on le croie ou non, ce débat classique de collégiens sur l'existence ou non de Dieu entre nous deux était sans cesse ponctué de rires – les nôtres, pas ceux du diable ! La nature si peu sectaire d'Hugo avait pris l'ascendant sur la mienne. Il savait si bien s'y prendre avec moi que son rire me clouait le bec ; mais sans pour autant que son choix exprimé dans la joie ne me fasse renoncer, ne serait-ce qu'un instant, au mien défendu en silence. Il savait que son choix sans foi ne serait jamais une loi pour moi. Très étrangement, cette vision de la destinée mâtinée d'éternité qui nous opposait sans rémission ne provoqua jamais d'incompréhension entre nous. Nous nous rattrapions sur une totale entente dans la pratique d'une revue de détail des mythes fondateurs. Lui, le mécréant, était capable de m'en apprendre grandement sur la Bible et les textes sacrés d'un peu partout. De mon côté, je m'efforçais de lui en remontrer sur mes capacités à douter de tout, sauf de son talent et de ma foi. Dans *Histoire de l'éternité*, Borges imagina un conte fantastique, à la manière de Léon Bloy[1], dans lequel « un théologien consacre toute sa vie à réfuter les arguments d'un hérésiarque ; il le vainc en de confuses polémiques, le dénonce, l'envoie au bûcher. Au ciel, il découvre que, pour Dieu, l'hérésiarque et lui ne sont qu'une seule et même personne[2]. »

Nos conversations sur la question, nous les commençâmes à Djibouti au début des années 1980. J'ai retrouvé des notes en vrac datant de cette époque, qui sentent le soufre pour les odeurs et pour les idées. C'est bien en effet entre les fumerolles du lac Abbé et les bouillonnements des eaux chaudes des vasques naturelles du lac Assal[3] que nous avions pris l'habitude de prendre nos quartiers pour nos échanges personnels de souvenirs, de projets et de pensées. Et c'est là-bas que je rédigeai ces notes, à peu près à la même époque que l'expérience déclamatoire du livre rendu au diable sur place[4]. Dans *Le désir d'être inutile* – dans la partie du livre intitulée « Quatrième porte ou mythe et métaphysique[5] » –, on retrouve, pratiquement mot pour mot, le contenu de mes notes prises du côté de nos deux lacs sulfureux et écrites des années avant les enregistrements de Dominique Petitfaux. Cela dénote bien chez Hugo Pratt une constance dans ses idées sur l'au-delà. Il le disait lui-même : « Je ne suis pas croyant, sauf si par "Dieu" on désigne le principe évolutif de l'univers, la force vitale. » Il me fallait donc admettre que les bondieuseries n'étaient pas pour lui. Dans son esprit, l'universalité – avec toutes ses

1. Jorge Luis Borges, *Histoire universelle de l'infamie/Histoire de l'éternité*, *op. cit.*, « Le Temps circulaire », p. 187.

2. *Ibid.*

3. De formations volcaniques, le lac Assal – proche du Ghoubet al-Kharab – et le lac Abbé – frontalier d'avec l'Éthiopie – sont des vastes chaudrons de sel et de soufre, étranges coulées de lave et de basalte, sur le territoire de la République de Djibouti. Le lac Assal et le lac Abbé forment une des grandes curiosités géologiques à ciel ouvert du pays.

4. *Cf.* chap. 17 du présent livre : « Les fumerolles du lac Abbé ».

5. Hugo Pratt, *Le désir d'être inutile. Souvenirs et réflexions*, *op. cit.*, p. 230 -243.

variations et ses belles créations humaines, ajoutées à l'attrait de l'inexplicable et aux pouvoirs des mythes – formait une puissance suffisante pour rivaliser avec Dieu.

Le dialogue soutenu qu'Hugo Pratt entretint avec Dominique Petitfaux sur cette question-là, à Grandvaux, même s'il ne s'articulait pas selon le même schéma, et encore moins dans le même décor que celui qui était le nôtre à Djibouti, donna donc bien lieu aux mêmes réponses[6].

« Je ne m'interroge pas sur Dieu, mais sur les hommes. D'où mon intérêt pour les mythes, à travers lesquels les hommes essaient de comprendre, de donner un sens à leur situation dans l'univers. Ma passion pour les mythes sur nos origines traduit sans doute une préoccupation métaphysique, mais qui s'exprime à partir de l'homme. Je ne me pose pas le problème de Dieu, mais de l'homme, et je crois en l'Homme[7]. »

Ainsi, cette interrogation sur le choix religieux chez Pratt s'appuie sur un autre paradoxe que celui de la foi. À la foi qui ne demande absolument pas de voir pour croire, il oppose la vérité tout en ayant conscience lui-même que celle-ci n'existe pas vraiment :

« Je suis à la recherche de la vérité, mais je sais que je ne l'atteindrai jamais complètement. Si un jour je pensais y être parvenu, je devrais me dire que ce n'est pas possible, que quelque chose a dû m'échapper et que je dois partir à sa poursuite. Toute personne qui croit détenir la vérité est potentiellement dangereuse – et c'est la raison principale pour laquelle je me méfie de tous ceux qui professent une religion. En ce qui me concerne, je ne croirai jamais avoir atteint la vérité, ni même ma vérité. La vérité est insaisissable, on ne peut qu'espérer s'en approcher. Tel est mon propre dogme. Si j'ai une religion, c'est celle de la recherche, de la recherche qui tend vers la Vérité[8]. »

6. Cette remarque reste valable pour l'ensemble des réponses formulées par Hugo Pratt sur les sujets qu'il avait à cœur de rapporter quels qu'aient été ses interlocuteurs ; je me suis déjà exprimé sur ce point dans l'avertissement, p. 7.

7. Hugo Pratt, *Le désir d'être inutile. Souvenirs et réflexions*, *op. cit.*, p. 242.

8. *Ibid.*, p. 243.

L'intérêt d'Hugo Pratt pour les mythes bibliques hérétiques provient de son enfance. Ses leçons de mère-grand à lui ! Caïn, meurtrier de son frère Abel, avait été bon fils malgré tout, d'après sa grand-mère. Cela vous marque une jeune conscience :

« Selon la version officielle de l'Ancien Testament, Caïn est un personnage entièrement négatif, mais assez rapidement certains verront en lui un rebelle. Dans cette nouvelle tradition, Caïn se révolte contre Dieu qui a chassé l'Homme du Paradis, il veut se battre pour rendre le Paradis à sa mère. Dès les premiers siècles de notre ère se formeront des sectes de "caïnites", et plus tard des écrivains s'inspireront de cette hypothèse : Milton dans son *Paradis perdu*, des auteurs de romans gothiques et bien sûr les poètes romantiques, en particulier Byron. Cette idée séduisait aussi ma grand-mère, et enfant je voyais Caïn comme un rebelle, comme le type qui refuse d'obéir à son patron. Je faisais allusion à ce mythe dans *Un été indien* et je l'utilise dans *Les Éthiopiques* et surtout dans *À l'ouest de l'Éden – L'homme de Somalie*. J'ai en tête l'image de Caïn devenu dresseur d'ânes, errant dans un désert de pierres, à la recherche du Paradis perdu. Il rencontre des anges déchus, aux épées flamboyantes. Aujourd'hui, quand je vois dans le désert les torches des puits de pétrole ou certains phénomènes d'autocombustion, je pense à ces épées de feu. »

« J'aime les mythes parce qu'ils abordent des aspects de la condition humaine dans ce qu'elle a d'essentiel – plus on les étudie, plus on perçoit leur vérité. Et si Caïn m'intéresse particulièrement, c'est qu'à travers lui nous touchons à notre origine même. Le mythe de Caïn est relatif au début de l'humanité, puisqu'il s'agit du fils d'Adam, le premier homme. Et comme Adam avait été créé par Dieu, on peut voir en Caïn le premier homme qui soit né, le premier à avoir eu un nombril. Mais sur les parents de Caïn il y a aussi diverses interprétations. Pour qu'Adam ne reste pas seul à la saison des amours, Dieu lui donne une compagne, et dans la littérature juive mystique, ce n'est pas Ève, mais Lilith, un personnage qui m'intrigue aussi beaucoup. »

Ces explications de Pratt, tirées tout à la fois de mes notes et figurant dans *Le désir d'être inutile*[9], forment bien de quoi comprendre son refus d'une quelconque orthodoxie.

Lilith, la première femme d'Adam, née de la même argile que lui, qui choisit de claquer la porte du paradis pour montrer sa colère de ne pas être son égale, s'en alla se réfugier dans cette région de la mer Rouge qui fut le théâtre de nos discussions. Sur l'Homme et les dieux pour lui ; sur Dieu et les hommes pour moi.

Hugo Pratt affirmait à qui voulait l'entendre que Lilith devrait être la patronne des féministes. Il la dessina dans *À l'ouest de l'Éden* ; et le pauvre petit lieutenant anglais devenu fou – tragique héros de l'histoire – d'en tomber à genoux : « Bon Dieu... Je ne comprends plus rien... Elle est très belle... Elle est très belle... Vous êtes la plus belle femme du monde... Madame... » Cette dame est Ève, sa mère[10]. Et l'histoire est

9. *Ibid.*, p. 231-232.

10. En hébreu Hawwa, ou Hewan en amharique, ou encore Ewa comme orthographié selon le syllabaire éthiopien, dessiné par Hugo Pratt sur le front d'Ève (p. 67 de l'album référencé dans la note suivante). Dans André-Marie Gérard, *Dictionnaire de la Bible*, Robert Laffont, coll. « Bouquins », 1996, p. 364-365, il est écrit : « L'Ève biblique n'est cependant évoquée qu'avec une extrême discrétion dans les deux Testaments. La Genèse la dit mère de Caïn, d'Abel et de Seth. Mais en un passage assurément moins ancien, qui évoque toute une autre descendance du "premier homme", aucune mention n'est faite de la génitrice de ses "fils et filles" anonymes, ainsi offerts aux spéculations des imaginatifs sans rapport avec l'histoire du Salut. Le nom d'Ève ne réapparaît ultérieurement

tellement liée à l'approche métaphysique de son auteur que c'est par lui – et, aussi, par la Bible classique et les textes apocryphes juifs – qu'il faut passer pour l'appréhender dans sa totale dimension. Ainsi, Hugo Pratt imagine une autre scène, dans un labyrinthe, qui est la rencontre du lieutenant en question – le lieutenant Abel Robinson du bataillon de Frontière du Somaliland Camel Corps, avec son capitaine, squelette qui parle :

« Capitaine Adams... que faites-vous dans ce labyrinthe ?

— Mais Robinson, cet endroit s'appelle Al-Jannah Al-Adn, ce qui veut dire « jardin d'Éden », un endroit important. Nous sommes à l'entrée du jardin, mais ce n'est pas facile d'y entrer. Je fais de grands efforts pour me rappeler les paroles qui ouvrent les portes de l'Éden. Et d'autre part à Berbera aussi ils ont jugé mon fils Kayin et ma femme Ewa indignes de faire partie du Country Garden Club colonial. Toujours des paradis interdits, mon cher ami...

— Si vous voulez, je peux vous prêter mon étoile filante... Je peux céder mon droit d'exprimer un vœu à qui bon me semble. De toute façon, cette histoire n'existe pas... Ni moi, ni eux, rien[11]... »

Le capitaine qui, à la fin de l'histoire, signe le rapport rendant compte de la mort du lieutenant Abel Robinson est le capitaine Caïn Tree. Date du rapport : 25 décembre 1931. Il y a des Noëls dans le désert qui donnent froid dans le dos.

En hommage à Lilith, Ève et leurs descendantes, Hugo Pratt fit de très belles aquarelles. Elles illustrent « le serpent et l'arbre de la connaissance », « l'arbre cosmique » et « le serpent autour de la création ».

Hugo n'hésitait pas à dire de Jésus qu'il était « l'exalté de Jérusalem ». C'était plutôt Judas qui l'intéressait :

---

qu'en Tobie : avec celui d'Adam, dans une prière placée sur les lèvres du jeune héros de ce livre édifiant ; la séquence souligne le double rôle d'épouse et de mère dévolu à la femme dans le couple voulu par Dieu. Et la seule allusion claire à l'Ève pécheresse qu'ait risqué un auteur de l'ère ancienne est celle du Siracide : “La femme est à l'origine du péché ; c'est à cause d'elle que nous mourons tous.” »

11. Hugo Pratt, *À l'ouest de l'Éden*, *op. cit.*, p. 59-60.

« Sa culpabilité dans la mort de Jésus est très discutée, car si le Christ devait mourir pour racheter l'humanité, il fallait bien que quelqu'un lui en donne la possibilité. Certains se sont donc demandé si Judas ne s'était pas en réalité sacrifié pour que Jésus puisse accomplir son destin. Le baiser que Judas donne à Jésus pour le désigner à ses ennemis peut aussi être interprété comme un accord entre eux : chacun sait que l'autre savait ce qui allait arriver, et Jésus laisse Judas agir. Judas m'attire, car dans l'histoire de Jésus et des apôtres, c'est un marginal, quelqu'un qui joue un rôle bien à part. [...] La relation entre Jésus et Judas pose le problème de la prédestination. Personnellement, je crois que rien n'est écrit. La théorie de la prédestination ne me séduit pas, sauf dans l'image de cet arbre tibétain dont chaque feuille serait le destin d'un homme. Je serais plutôt comme Corto Maltese, qui croit pouvoir en se tailladant la main se fabriquer une ligne de chance – je ne sais d'ailleurs pas exactement ce qu'il avait en tête à ce moment. En fait, le mysticisme est pour moi un sujet de réflexion, mais je ne suis pas un mystique, je serais plutôt pragmatique. Les interprétations scientifiques m'intéressent aussi, mais quand la science reste muette, je ne vois pas pourquoi l'on n'irait pas chercher les explications ailleurs, du côté de la philosophie, de la poésie, de l'intuition[12]. »

12. Hugo Pratt, *Le désir d'être inutile. Souvenirs et réflexions*, *op. cit.*, p. 238.

Face à la hardiesse des positions d'Hugo Pratt, renforcées par une logique terrible, plutôt que de s'en affliger, ou de s'en indigner, laissons-le poursuivre :

« De ma famille, j'ai hérité de cultures religieuses, mais pas de croyances. J'ai néanmoins reçu le baptême catholique à l'église Santo Colomba de Rimini. Saint Colomba était un religieux irlandais du XIe siècle, et ce baptême me rattache donc au monde celte. Si j'ai été baptisé, c'est surtout parce que mon père voulait que j'aie un parrain. J'ai reçu le prénom de Hugo pour faire plaisir à un ami fasciste de mon père, Ugo de Leonardis. De plus, le catholicisme était religion d'État, c'était plus pratique d'être baptisé. J'ai suivi les cours du catéchisme, sans ressentir les contradictions entre cet enseignement et la culture juive d'une partie de ma famille. Je ne crois d'ailleurs pas que le catholicisme et le judaïsme s'excluent totalement. La patristique est pleine des problèmes posés par le nestorianisme, l'arianisme : même pour de nombreux chrétiens, la divinité du Christ n'allait pas de soi. Enfant, j'ai eu l'impression que les juifs avaient des prises de position plus dures que les catholiques. Théoriquement, les catholiques aussi sont très stricts, mais ceux que j'ai fréquentés étaient assez hypocrites. Péchez aujourd'hui, vous ne paierez que demain, et en plus il y a la solution de la confession : voilà comment ils raisonnaient. Alors, mon credo a toujours été un credo profane, laïque : la foi en mon travail, en certaines personnes[13]... »

*
* *

« Là, en bas, dans la vallée des diables, se trouve Shamaël, le plus grand de tous nos sorciers. Nous devons le prévenir de notre arrivée avec la fumée... Prête-moi ta veste, Corto !

— Ma veste ?

— Oui... Pour séparer la fumée en petits nuages... Qui sont autant de phrases. Nous sommes très forts avec la fumée.

— HMMMM !

— Voilà... maintenant, attendons la réponse.

13. Hugo Pratt, *ibid.*, p. 240-241.

— Ma veste est tout enfumée, Cush… Un de ces jours, tu vas me faire perdre patience[14] ! »

« Je sais qu'il veut dire quelque chose… C'est une belle phrase.

— J'en ai entendu de meilleures ! Ce qui est clair, c'est qu'il se moque de nous[15]. »

La suite de ce passage des *Éthiopiques*, nous la connaissons : Corto, en caillou blanc et Cush en caillou noir, dans le feu, confrontés à Shamaël.

Quand nous parlions du diable, coauteur malgré lui de *L'Autre Livre* à jamais parti en fumée[16], Hugo me parla de Chaïtane en ces termes : « C'est mieux qu'il ait réfuté ton texte plutôt qu'il ait revendiqué ton âme ! » Alors que je lui faisais remarquer que ce qu'il venait de dire sur l'âme n'était pas très probant puisqu'il n'y croyait pas, il me répondit : « Ce n'est pas parce que je ne l'appelle pas comme ça que c'est la preuve que je n'y crois pas ! L'âme, je la désigne autrement. »

Ce que je préfère par-dessus tout dans les BD d'Hugo Pratt, ce sont ses petites phrases.

Et si elles formaient son bréviaire ?

En les lisant dans le ciel, j'entends encore comme son rire.

---

14. Hugo Pratt, *Les Éthiopiques*, *op. cit.*, chap. 3 : « Et d'autres Roméos et d'autres Juliettes », p. 61.

15. *Ibid.*, p. 62.

16. *Cf.* chap. 17 de ce livre « Chaïtane, par tous les diables ! ».

24

Grand cerf blanc

Arrêtons-nous sur la toute première vignette de *La maison dorée de Samarkand*, où la statue d'un grand cerf blanc se dresse en haut d'une colonne de pierre. En arrière-plan, on voit une seconde colonne de pierre qui porte en son sommet la femelle du cerf.

Les deux colonnes marquent l'entrée du port de Rhodes.

C'est là que se dressait le colosse de Rhodes, l'une des sept merveilles du monde antique. Les navires gagnaient le port et le quittaient en passant entre ses jambes.

Dans les ruelles de Rhodes, un saint homme, peint sur un mur, tend largement ses bras ouverts en croix, alors que derrière lui passe Corto Maltese, préoccupé par l'enquête qu'il a entreprise sous le signe du croissant[1]. Mais c'est du grand cerf blanc que viendra la lumière ; elle est logée entre ses bois, sculptés dans la pierre, et l'histoire qui l'éclaire commence par ce texte lu dans un train :

« Non, c'est une "aventure" en apparence innocente et sans danger, mais en réalité funeste par ses suites : c'est la chasse au cerf blanc. En entendant nommer la coutume du cerf blanc, l'auditeur doit s'attendre pourtant à quelque chose d'extraordinaire, non seulement à cause de la couleur insolite de l'animal, mais aussi à cause des souvenirs que celui-ci doit évoquer dans un public nourri de contes aux créatures surnaturelles[2]. »

Le train entre en gare. Je marque la page et je ferme le livre. Nous sommes fin août 2004. Dix ans qu'Hugo est mort. Première décennie sans lui. Pour moi, y en aura-t-il encore une autre ? Deux ? Trois ? Plus on compte, moins c'est probable. Quoi qu'il arrive, la décision ne m'appartient en rien, et c'est très bien comme ça. Je peux même me risquer à dire, comme je le crois, que c'est écrit depuis toujours, alors qu'Hugo pensait le contraire.

Me voici à Rome. Je suis venu de Chambéry par le train transalpin. J'ai quitté Livio pour rejoindre Patrizia et Gianluigi. Les mêmes qu'il y a dix ans. Normal, nous nous épaulons. Il le faut. La carrure de l'absent l'exige. Son absence a pris du poids, lui qui, anticipant cette même absence, avait désigné Patrizia Zanotti comme son unique exécutrice testamentaire, par le biais de la société Cong qu'il avait créée, dès 1983, à Lausanne, près de la gare. J'ai toujours aimé leur radieuse complicité :

Ainsi, en allant à Rome, je me rendais au domicile familial de Patrizia, où se trouve également Lizard, maison d'édition spécialisée dans la BD qu'Hugo contribua à lancer de son vivant et qui publie ses albums, bien sûr, mais aussi ceux d'Hergé, Giordino, Bourgeon, Toppi et pas mal d'autres. J'étais donc à Rome pour alterner séances d'amitié et séances de travail.

Tôt, le lendemain matin de mon arrivée, nous nous promenons à pied, Gianluigi et moi, dans la Ville éternelle. Il est

1. Hugo Pratt, *La maison dorée de Samarkand*, *op. cit.*, p. 61.
2. Reto R. Bezzola, *Le sens de l'aventure et de l'amour (Chrétien de Troyes)*, La Jeune Parque, Paris, 1947, p. 94.

chez lui ici. Il me montre et commente chaque moment. Il a le don de faire vivre le décor. À Rome, on est servi.

Alors que nous attendions l'ouverture d'une cafétéria réputée pour la variété de ses importations de grains de café, située pas loin de l'église Saint-Louis-des-Français, jaillit soudain d'un toit un rai de lumière. Nous levons la tête. Entre les bois d'une tête de cerf, figurée sur la façade d'un des bâtiments dominant la place où nous sommes, il y a une croix. Celle-ci, par le jeu de la réverbération, nous renvoie un rayon de soleil matinal bien marqué, comme un trait dessiné d'une main sans trembler.

Gianluigi, intrigué tout comme moi par l'effet produit, commence à me raconter la version romaine de l'histoire du cerf et de la croix. Cerf que je vis blanc, immaculé, poussé en cela par mon imagination, ma lecture de la veille, la foi datant de mon enfance et la forte luminosité estivale du jour déjà bien levé.

C'est en buvant un bon café juste torréfié que Gianluigi m'apprit l'histoire de la conversion de Placidius, général romain, devenu saint Eustache. Le général Placidius bénéficie de la meilleure réputation qui soit. Il est bon stratège, courageux, efficace. Il est très estimé. L'empereur Trajan l'apprécie. Placidius a contribué aux victoires de l'Empire. Et elles sont nombreuses sous le règne de Trajan, en ce début du IIe siècle de notre ère, alors que le christianisme est réprimé par Rome. À Rome justement, où une colonne triomphale en marbre de quatre mètres de diamètre se dresse à la gloire de l'empereur, sur le forum qui porte son nom tout comme la colonne baptisée « colonne Trajane », érigée en l'an 113. Une colonne qui se veut monumentale, surtout si on la compare à celle du grand cerf blanc, à Rhodes. La comparaison n'est pas fortuite, comme nous allons le voir :

Placidius est parti à la chasse. Il avance sur son cheval dans une forêt profonde. Comme lui semblent vaines et lointaines les vanités du pouvoir ! Autour de lui, la nature est belle, noble. De grands arbres l'environnent. Il préfère cette avancée solitaire qui est sienne en ce moment, sur sa monture dans le silence, aux vivats de la foule l'acclamant sur son char. Soudain, un grand cerf surgit devant lui. Entre ses bois, une vive lumière forme une croix. La croix lumineuse du christ ! Stupéfié par la vision, Placidius plante sa lance dans le sol, descend de cheval et s'agenouille. Le cerf lui fait face, la croix entre les bois. Le général Placidius se signe. C'est apparemment ce que l'animal espérait. Il s'enfuit dans une trace de lumière.

Voici Placidius chrétien. Il lui faut changer son nom. Désormais, il se fera appeler Eustache. Les sanctions contre lui ne tardent pas. Il est déchu de son commandement. Mais la guerre en Asie reprend. Eustache est réintégré et il conduit l'armée impériale à la victoire. Trajan meurt à Sélinonte, sur le long chemin du retour vers Rome. Hadrien lui succède. Aussitôt proclamé empereur, il négocie la paix aux frontières orientales en évacuant la Mésopotamie et la Syrie. D'un empereur à l'autre, on passe d'une colonne de marbre à Rome à un mur de défense en Angleterre achevé dix ans plus tard. Entre-temps, la famille entière du général Placidius, nouvellement devenu Eustache, s'est convertie à la foi chrétienne. Femme et enfants forment bloc autour du chef de famille et glorieux chef de l'armée en refusant tous sans exception de sacrifier aux idoles. Eustache et les siens sont condamnés au bûcher. Mis dans un tonneau brûlant en forme de taureau, ils rejoignent les nombreux martyrs chrétiens des premiers siècles.

Avec Gianluigi, nous déambulons dans ce quartier de Rome placé sous la protection de saint Eustache au destin légendaire qui nous fut montré du doigt par un rai de lumière. Ma joie dans cette histoire est l'incertitude qui touche à sa désignation : doigt de Dieu, clin d'œil d'Hugo, rayon de soleil matinal normalement à l'œuvre ? Ou encore, contrainte de rêver autour d'une histoire à transmettre à autrui, plutôt que besoin de marmonner que rien n'est jamais aussi vrai que chair de soi-même !...

Comme je le fais toujours en pareil cas, je m'exerçai à la méthode prattienne patentée qui consiste à recueillir un maximum de renseignements sur un nouveau sujet venant de se présenter. Celui-ci m'étant, pour ainsi dire, tombé du ciel, je planchai dessus avec d'autant plus d'ardeur. À mon grand étonnement, ma chasse au cerf blanc me fournira matière à puissantes imageries sur l'art et la manière d'être pèlerin de la foi, car les signes qui y répondent ne manquent pas, pour qui se réclamerait de cette croyance ou pour qui revendiquerait le droit de se vouloir son contraire. Tiré du livre que je lisais dans le train pour Rome, un passage d'*Erec et Enide*, premier roman de Chrétien de Troyes, vaut pour l'un comme pour l'autre. De plus, le passage retenu nous autorise la folle idée d'imaginer le chevalier Hugo, présent à la riche cour que le roi Arthur tient :

> *« un jour de Pâques, au temps nouveau,*
> *à Caradigan, son château. »*

Tout ce qu'il y avait de hardis et courageux chevaliers, de riches et belles dames et pucelles y était réuni. C'est à cette splendide Cour, rassemblée autour de lui, que le roi annonça

> *« qu'il voulait le cerf blanc chasser*
> *pour la coutume rehausser. »*

Messire Gauvain, le neveu du roi, s'y oppose. Il connaît « la coutume du cerf blanc ». Celui qui réussit à tuer l'animal doit embrasser la plus belle pucelle de la Cour. Or, il y a autour du roi cinq cents demoiselles de haut parage ; pas une qui n'ait « son ami, chevalier vaillant et hardi ». Chacun soutiendra, les armes à la main, que sa dame est la plus belle. Voilà bien des querelles et des malheurs en perspective ! Mais le roi a parlé, il ne se dédira pas. Le lendemain, on ira chasser le cerf blanc

« dans la forêt aventureuse.
Cette chasse sera délicieuse[3]. »

Toutes les églises Saint-Eustache de par le monde portent-elles sur leur frontispice, ou à défaut à l'intérieur de leur édifice, une tête de cerf avec une croix entre les bois, comme à Rome ou à Paris ? Normalement, oui ! Il y a aussi, sculpté sur le chapiteau de la nef sud de la basilique Sainte-Marie-Madeleine de Vézelay, un cerf qui porte un crucifix entre ses bois poursuivis par un chasseur à cheval tenant son chien en laisse. Le cavalier est saint Eustache, mais il pourrait être Hubert, saint patron des chasseurs à qui l'on prête la même révélation. À ce sujet, je citerai Bruno Lagrange, parce qu'il a contribué à la conception du *Désir d'être inutile*[4] et qu'il est l'auteur du *Dictionnaire historique des saints*[5] : son dictionnaire nous replace dans le contexte d'une littérature hagiographique dont les embellissements sont la loi du genre. Une loi qui, nous l'avons dit, n'empêche pas la foi et encore moins de conférer à la sainteté sa véracité prouvée :

« La légende le présente comme rude gaillard, païen, qui s'adonnait à la chasse. Un jour, il vit apparaître une croix entre les bois d'un cerf, il se convertit, distribua ses biens et se fit ermite. Au cours d'un voyage à Rome, le pape le nomma successeur de saint Lambert, évêque de Liège, mort assas-

3. *Ibid.*, p. 93.
4. Hugo Pratt, *Le désir d'être inutile. Souvenirs et réflexions*, *op. cit.*
5. Bruno Lagrange, *Dictionnaire historique des saints*, éd. EDL, 2002.

siné en 705. La réalité historique est quelque peu différente. Hubert, né vers 665, fut d'abord fonctionnaire, il était marié puisqu'un texte nomme son fils Forbert. Disciple de saint Lambert, il lui succéda tout naturellement. Il était de la famille du maire du Palais, Pépin de Herstal, et ce prince contribua sans doute à l'élévation de son parent. Hubert organisa la translation des reliques de saint Lambert à Maastricht au cours de grandes cérémonies. Il ne pratiquait sans doute pas la chasse, mais, et le fait est avéré… la pêche[6]. »

À y regarder d'un peu plus près qu'en levant le nez à l'aube – que ce soit à Rome, à Paris ou ailleurs –, alors que le grand cerf blanc se désaltère de l'eau d'une fontaine miraculeuse, dans « la forêt aventureuse » (modèle d'un décor propre aux romans du Graal), les repères les plus nombreux sont ceux de la tradition celte si chère à Hugo Pratt. J'ai même repéré que Dominique Petitfaux se référait au même auteur que celui que je lisais dans le train – le médiéviste Reto R. Bezzola – en interrogeant Hugo Pratt sur « Songe d'un matin d'hiver », dans *Les Celtiques* :

« D.P. – J'ai trouvé un jugement d'un critique italien, Reto Bezzola, sur Chrétien de Troyes : "Dans le mélange du réel et du surréel réside toute la magie de ce grand poète." Est-ce que ce n'est pas la même chose pour Hugo Pratt, en particulier dans cette histoire ?

H.P. – Je suis d'accord pour Chrétien de Troyes.

D.P. – Est-ce que le charme de Corto Maltese ne serait pas également là ? Ne seriez-vous pas le Chrétien de Troyes de la bande dessinée ?

H.P. – J'ai trop de respect pour Chrétien de Troyes[7]. »

De notre côté, le respect que nous devons à Hugo Pratt, s'il se veut total, passe aussi par les images qu'il nous légua. L'une d'elles est une aquarelle montrant un « homme pur », Indien d'Amérique du Nord chassant le cerf à la course. Ainsi, il m'a plu de faire cohabiter cette aquarelle avec une enluminure de la conversion de saint Eustache[8] et un écus-

6. *Ibid.*, p. 133-134.
7. Hugo Pratt, *De l'autre côté de Corto*, *op. cit.*, p. 86.
8. *In Dictionnaire historique des saints*, *op. cit.*, p. 95.

son représentant le *nyala* des montagnes éthiopiennes, antilope endémique tachetée de blanc, classée dans le même ordre de la nature que le cerf, avec la lumière céleste qui brille entre ses cornes.

Entendons-nous, la blancheur n'est pas que la couleur, elle est aussi le symbole de la pureté. Et si le blanc est « le degré zéro de la couleur[9] », puisqu'il est le résultat de la synthèse de toutes les couleurs du spectre solaire, « plutôt qu'une absence de couleur, c'est la somme de toutes les autres[10] ». D'autre part, le cerf n'est pas l'unique animal porteur de la vision immaculée. Reprenons notre lecture du livre de Bezzola :

« En effet, le cerf blanc, la biche blanche, le sanglier blanc apparaissent souvent dans le folklore. La société courtoise du XIIe siècle connaissait ces contes de fées. Plusieurs lais en font foi. Dans le lai de *Guigemar* de Marie de France, le héros qui n'a jamais aimé est puni de son insensibilité par une biche blanche qui porte les cornes d'un cerf (!). Guigemar l'atteint d'une flèche à un des sabots de devant, mais la flèche rebondit, blesse le chasseur à la cuisse et la bête lui prédit que sa plaie ne pourra être guérie que par une femme qui souffrira pour l'amour de lui des peines et de grandes douleurs. En effet, Guigemar, sorti de la forêt, trouvera au bord de la mer un bateau enchanté qui le mène auprès de l'inconnue. Déjà chez Marie de France il s'agissait d'une mortelle qui était le prix de l'aventure ; ce sera aussi le cas dans le lai anonyme de *Tyolet* – où la belle princesse de Logres vient elle-même à la cour d'Arthur inviter les chevaliers à chercher pour elle le pied blanc du cerf gardé par les *sept* lions [...][11] »

L'art d'Hugo Pratt partait du noir et blanc. C'était sa force. Une évidence qui nous arrange, de même que l'extrait qui va suivre – pris dans un autre livre – renforce notre préoccupation :

« Un converti, le roi Galafres, construit un château pour les gardiens du Graal au milieu d'une forêt. Un cerf blanc court, accompagné de quatre lions. En termes allégoriques, ils représentent le Christ et les quatre évangélistes, ce qui est un mélange intéressant de tradition chrétienne apocryphe dans un cadre celtique légendaire[12]. »

---

9. *In* Michel Pastoureau, *Dictionnaire des couleurs de notre temps*, Bonneton, 1992.

10. Colette Guillemard, *Le dico des mots de la couleur*, éd. du Seuil, 1998, p. 49.

11. Reto R. Bezzola, *op. cit.*, p. 94-95.

12. Gareth Knight, *La tradition secrète dans la légende arthurienne*, Ediru, 1996, p. 263.

25
De l'oncle Paul à saint Paul

« Ah ! non, pas de curés ! » me dit Hugo.

J'avançai un argument de poids :

« Ceux-là étaient capables de voyager à dos d'éléphant.

— Des prêtres, on en a déjà qui grimpent comme des chèvres, dans le sujet du mont Athos !

— Ils sont orthodoxes, pas catholiques !

— Je reconnais bien là ton esprit de précision !... »

Et nous voici partis pour une bonne tranche de rigolade à la suite de cet échange de paroles sur le choix de certains sujets pour notre projet de relance du magazine *Corto Maltese*. En fait, nous étions en plein bouclage de la maquette, avec au final trop de sujets déjà mis en pages. C'était plutôt à Hugo de trancher dans la désignation des sujets qui passeraient ou pas à la trappe ; d'où notre discussion ayant l'air d'un gag.

Le parcours des anges sera bien celui qui, sur les cinq parcours, nous demandera le plus de vigilance dans le marquage de nos différences entre faveur et ferveur. Le résultat pour le choix final du sommaire de la maquette fut la suppression du sujet *En quête de la communauté chrétienne du Sri Lanka*[1].

1. Archives personnelles, Maquette Pratt-Guilbert, 1991. D'autre part, les prêtres du mont Athos – dont Hugo Pratt parle dans notre dialogue – figuraient dans les pages intitulées « Double regard », p. 20-30, où des extraits d'*Épisodes d'un voyage en Orient* remontant aux années 1900, par Pierre Didon (texte) et Louise Jousset (dessins), étaient présentés en contrepoint d'un *Carnet de route*, signé Manara, 1991.

Mais les curés à dos d'éléphant, sur l'île de Ceylan, ne seront pas les seuls à rejoindre le marbre de la pierre tombale de notre projet. Nous avions même sacrifié deux figures magnifiques dont les titres des sujets qui leur étaient consacrés ravivent encore aujourd'hui en moi des remords : *Paul-Émile Victor : la retraite des pôles sous les cocotiers* et *Conrad Kilian : le Lawrence d'Arabie français*[2]. Que l'on soit rassuré, les sujets conservés méritaient largement de l'être. Je ne les énumérerai pas ici, je me contenterai de reproduire de façon compacte les grandes lignes de notre formule en partant du sommaire de présentation destinée à nos interlocuteurs financiers du moment, fin 1991-début 1992 :

« Télescopage de l'aventure et de la culture/Réhabilitation du voyage et de l'érudition/Cohabitation du passé et du présent/Association de l'écriture et du dessin/"Éditorialisation" de l'iconographie/Revalorisation du texte de tempérament. »

Ces quelques traits n'étaient pas qu'un simple alignement de formules à l'emporte-pièce, mais ils sont les éléments de base autour desquels le magazine avait fait le choix de s'inscrire et de s'articuler. Tronc commun de toutes les aventures et de toutes les cultures, *Corto Maltese* se voulait le reflet de nos desiderata par le traitement magnifié de tout ce qui touche à l'honneur, à la fantaisie et au pittoresque. Ainsi entendions-nous redonner aux reportages, aux articles de fond et aux simples notules d'information, une vigueur proche de celle d'autrefois, mais dans une confrontation permanente de l'ancien et du moderne. Autrement dit, notre logique éditoriale et rédactionnelle nous poussait à envisager d'envoyer au bout du monde, ou au bout de leurs idées, plutôt un écrivain et un dessinateur que le banal duo du journaliste pressé et de son acolyte photo-reporter. Pour nous, mieux valait un texte délirant, où perce le talent, qu'un papier sans personnalité où sévit le truisme. Même chose pour les illustrations, mais la maquette était là pour déclencher le bel émoi que nous souhaitions susciter par notre modèle d'imageries composées. Tant par affinités que par références, *Corto Maltese* se situait à contre-courant. Entre le combat opposant l'homme

2. Archives personnelles, *idem*.

éternel à l'homme nouveau, nous options, sans tergiverser, pour le premier. Les aspects journalistiques courants de la modernité et autres fadaises, nous les rejetions d'emblée au profit d'une singularité qui avait fait ses preuves, autant pour le personnage de Corto Maltese que pour ce qui concernait Hugo et moi par ailleurs. Bien que nous ne l'ayons aucunement calculée, nous nous situions dans une nouvelle mouvance radicale qui depuis a fleuri entre « l'écologisme culturel » et « l'œcuménisme relationnel[3] ».

Pourquoi notre projet n'a-t-il jamais abouti ?

La réponse m'appartient puisque Hugo n'est plus là pour la donner. Je dirai qu'ils étaient trop nombreux à vouloir le faire, et que nous étions trop orgueilleux face à eux ! À cela s'était ajoutée la crise pétrolière de 1992. De plus, une certaine dispersion de mon côté et les premiers signes de la maladie d'Hugo formèrent une addition de choses néfastes que le destin nous fit payer. Telle est la raison de l'abandon de notre projet, mais c'est le recul qui me permet aujourd'hui de le penser, car nous n'en étions pas conscients. Notre projet était merveilleux et nous étions joyeux...

Il était une fois par Corto Maltese formait l'une des idées majeures du projet. C'était la déclinaison des *Belles histoires de l'oncle Paul* associée à des textes et illustrations où Corto jouait à l'oncle Paul (comme l'original autrefois dans *Spirou*[4]) mais sur des bases plutôt conçues pour des lecteurs adultes[5]. Hugo, à qui on avait plusieurs fois demandé qu'il s'expliquât

---

3. Archives personnelles, Argumentaire Pratt-Guilbert, 1991, p. 5.

4. « L'idée des *Belles histoires de l'oncle Paul* revient à la World Press, qui fournissait alors une grande partie des planches publiées dans *Spirou*. Ces récits fonctionnent sur un concept simple. L'oncle Paul, un homme à la figure joviale, vêtu d'un costume de bonne coupe, une éternelle pipe à la bouche, s'adresse à ses deux neveux, Arthur et Fred. Sur un ton édifiant et didactique, il leur parle des grands thèmes et personnages de l'histoire, mais aussi de simples faits divers. Ces anecdotes enchantent des générations de lecteurs, les initiant à la grande et à la petite histoire. Dès 1951, Jean-Michel Charlier en écrit les premiers textes. Accaparé par ses multiples activités, il cède rapidement la place à Octave Joly, qui assure, durant une trentaine d'années, la quasi-intégralité des scénarios. » *In* Patrick Gaumer et Claude Moliterni, *Dictionnaire mondial de la bande dessinée*, *op. cit.*, p. 472.

5. Archives personnelles, Argumentaire, *op. cit.*, p. 7.

sur la relation entre l'oncle Paul et Corto Maltese, me proposa de partager les rôles : « Je me charge de les faire rêver avec Corto, à toi de leur expliquer l'importance de l'oncle Paul. »

Mes explications sur l'oncle Paul, Hugo Pratt m'entendit plusieurs fois les débiter en présence de nos interlocuteurs divers sans pour autant qu'il ait jamais eu sous les yeux le texte qui les inspira. C'est des années plus tard, bien après sa mort, que je le mis au propre :

« L'oncle Paul fait partie de ma famille. Celle du rêve assouvi ! Il s'agit de ce raconteur d'histoires symboliques qui présentait, en tirant sur sa pipe, des récits complets, dessinés et scénarisés par des auteurs différents : ceux du journal *Spirou* d'après guerre. Les histoires racontées étaient essentiellement des vies de saints, de soldats, d'explorateurs, de héros, d'aventuriers. Des histoires complètes à chaque fois, où l'exégèse du bureaucrate perclus et l'hymne à la vie quotidienne geignarde n'avaient pas leur place. Dans ces planches tracées, colorées, mises en bulles, il me semblait trouver de quoi m'élever, m'évader. Bref, les *Belles histoires de l'oncle Paul* me tiraient vers le haut et, fatalement, m'entraînaient vers ailleurs. [...] Ma mémoire m'a laissé des souvenirs de profils et de paysages, d'actions et de passions, plus qu'elle ne m'autorise aujourd'hui à citer les auteurs sans erreur aucune[6]. Grâces soient rendues à de telles lectures enfantines, car elles ont assurément influencé mon comportement futur ! Pardon si je me trompe, je dois à Jijé, concernant Baden-Powell et Charles de Foucault, à Victor Hubinon, dessinant Surcouf et Mermoz, à Édith Papp, retraçant l'existence de Winston Churchill et de tant d'autres hommes indomptables, le besoin de voyages et, aussi, le culte de l'effort (notion considérée comme ringarde aujourd'hui). [...] Ainsi, c'est ce cher oncle Paul, racontant au coin du feu des destins héroïques jalonnés de sueur, de sang, d'espace, de prières et de coups d'épée, bouffarde en bouche, qui a causé en moi le désir de porter une torche jusqu'aux enfers. Ce père tranquille, causeur de bandes dessinées, a contribué à provoquer mon intrépidité. Il m'a fourni mon ticket, non pas de retour,

6. *Cf.* Patrick Gaumer et Claude Moliterni, *op. cit.*

mais de départ. J'avais entre sept et douze ans. Ça fait plus de cinq décennies. Bien sûr, depuis, je suis passé à d'autres lectures, j'ai concrétisé de nombreux voyages – de l'Antarctique à l'Arctique, du Levant au Couchant – sans jamais m'arrêter et encore moins m'assagir. Oui, c'est l'oncle Paul, sous sa propre forme comme dans une de ses nombreuses incarnations, qui m'a soufflé ma conduite et mes idées. »

Il me faut ajouter à ce texte que, sans lui, je n'aurais jamais été amené à devenir celui à qui Hugo Pratt demandera un jour d'expliquer, à qui voudrait bien le croire, que Corto Maltese était un nouvel oncle Paul à sa manière, qui présentait l'avantage d'être capable d'entrer lui-même dans les histoires qu'il racontait par notre intermédiaire. À lui donc le soin de conclure : «... El Dorado... c'est peut-être une fable peinte sur une peau humaine, la peau d'un moine franciscain que les Indiens Jivaro ont arrachée et qui se trouve cachée dans une île de Venise... Saint-François-du-Désert. Je n'en sais rien, Lévi... c'est une jolie fable, et aujourd'hui une jolie journée sans mouches[7]... » Dans le dessin suivant, qui clôt l'histoire racontée par Corto à Lévi Colombia, auditeur attentif, un grand-père et son petit-fils suivent les circonvolutions d'un cerf-volant construit par frère Sullivan, missionnaire franciscain au physique de boxeur, installé depuis l'âge de 25 ans dans un petit village près de Borjas, en Amazonie péruvienne, où il finit ses jours[8].

Que racontait Corto dans le numéro zéro de notre projet de magazine ? La bataille de Magdala, et la mort héroïque de l'empereur d'Éthiopie Théodoros II, qui préféra se tirer une balle dans la tête plutôt que de se rendre aux Anglais. « Cela se passa un beau jour de l'année 1868 : l'humour anglais fut confronté à l'orgueil de ceux qui se posaient en défenseurs du Paradis sur terre. »

Le titre de l'histoire racontée par l'oncle Corto était « Querelle de gentlemen en Éthiopie[9] ». Quelques années plus tôt,

7. Hugo Pratt, *Corto toujours un peu plus loin*, *op. cit.*, chap. 5, « Fables et grands-pères », p. 118.

8. *Ibid.*

9. Archives personnelles, Maquette, *op. cit.*, p. 52-66.

le numéro zéro du magazine *Corto* qui avait paru, vécu, disparu, entre le mois d'avril 1985 et le mois de novembre 1989[10] – celui-là même que nous voulions relancer avec notre projet – proposait « La chasse à la licorne en Éthiopie[11] ». Ainsi, feu *Corto* et *Corto* mort-né s'offraient à nous sous le parrainage de l'Éthiopie en formant une chaîne de la légende à l'histoire. Beau symbole pour nous qui revendiquions le droit à la légitimité de l'une et de l'autre, dans ce décor éthiopien que nous avions en commun.

10. *Corto*, édité par Casterman, eut 22 numéros en tout.

11. « La chasse à la licorne en Éthiopie », trois mois de tribulations sur les traces d'une légende, par Croc Blanc (texte) et Michel Folco (photos), *in Corto* n° 0 (février 1985). L'ensemble de cet extraordinaire reportage – dont la chasse à la licorne ne sera qu'un prétexte bien trouvé, à défaut de ne pouvoir trouver l'animal ! – paraîtra dans les n°s 1 et 2 de *Corto*, mai et juillet 1985.

C'est au tour de l'autre Paul maintenant : Saül de Tarse, persécuteur des disciples de Jésus, qui, frappé par la foudre sur le chemin de Damas, devint dès cet instant Paul le Chrétien, missionnaire infatigable dont les voyages par terre et par mer furent une véritable aventure qui dura quinze ans et peut-être plus. Saint Paul est assurément l'un des plus grands voyageurs du temps de la *Pax romana*, il a défriché des sentiers dont les traces sont autrement plus marquantes aujourd'hui que celles laissées par les voies romaines.

Pour notre gouverne – pour notre gouvernail, préciserai-je ! –, Paul et ses compagnons de voyage sont en bateau, en Méditerranée, pour se rendre à Rome. Ils sont plus de deux cents à bord. Et le bateau s'échoue durant la nuit, à l'approche d'une île ; puis il fait naufrage. Cette île, c'est l'île de Malte ! Luc, dans le livre les *Actes des Apôtres*, raconte très bien cette histoire. Je mentirai en affirmant que je lisais ce passage quand *La Boudeuse* fit naufrage en prenant l'eau avant de couler, non loin de l'île en question. Mais oublions cette histoire que j'ai déjà racontée pour ne pas oublier celle de Paul qui rappelle l'*Odyssée* d'Ulysse et *Les Argonautiques* d'Apollonios de Rhodes[12] ; avec une différence que je relève : l'aventure de Paul est avérée.

Que les albums d'Hugo Pratt aient servi de nourriture aux poissons non loin de l'endroit où Paul et ses compagnons coulèrent, puis nagèrent pour être ensuite recueillis par les habitants de l'île d'où Corto sera originaire dix-huit siècles plus tard et dont il portera le nom, est un fait acquis sur lequel je choisirai de ne pas m'attarder car nous avons mieux avec Hugo Pratt en travers du chemin de saint Paul. Ainsi, en lui faisant remarquer l'absence de héros catholiques dans son œuvre très abondante en références religieuses, spirituelles ou ésotériques, Dominique Petifaux provoqua l'échange d'idées suivant :

12. Apollonios de Rhodes (295-215 env. avant J.-C.). Contemporain de Callimaque – poète et grammairien tout comme lui –, il travailla avec lui à la bibliothèque d'Alexandrie. Avec *Les Argonautiques*, Apollonios renouvela le genre épique grec en retraçant le périple légendaire de Jason et des Argonautes. *Cf.* les trois tomes établis et commentés par Francis Vian, traduction Émile Delage, Les Belles Lettres, 3e tirage, 2002.

« H.P. – Il y en a, mais je n'en parle pas, car ce n'est pas sous cet aspect qu'ils peuvent être intéressants. Mais, dans *Corto Maltese*, on peut quand même trouver des dominicains ou des franciscains, je les fais dialoguer.

D.P. – Je me demande si vous n'êtes pas plus sévère vis-à-vis du christianisme que des autres religions.

H.P. – Je n'ai rien contre le christianisme, mais je ne peux avoir pour l'Église catholique que le genre de respect que l'on peut avoir pour une vieille pute de luxe, dont je respecte la splendeur passée, l'intelligence, la capacité, la fortune, la possibilité qu'elle a de devenir dangereuse.

D.P. – Vous pensez que l'Église catholique peut être dangereuse ?

H.P. – Il y a encore un danger latent. Pensez à l'influence du Vatican, de l'Opus Dei... Vous savez, si l'Inquisition revenait, je serais un des premiers à être brûlé.

D.P. – Un des premiers, peut-être pas, quand même ?

H.P. – On me demanderait : "Pourquoi avez-vous fait ça ? Et ça ?" Et on peut se demander pourquoi *L'Osservatore romano,* le quotidien du Vatican, ne publie pas de bandes dessinées...

D.P. – Avez-vous déjà fait des bandes religieuses ?

H.P. – Oui, une vie de saint Paul.

D.P. – Cela n'est recensé nulle part !

H.P. – C'était dans le *Corriere dei Piccoli*, vers 1964 ; une histoire en deux planches, avec un saint Paul assez caricatural. Cela a pu passer parce que le directeur, Zucconi, était en vacances. Quand il est rentré et qu'il a vu ça, il m'a dit : "Pratt, vous ne ferez plus jamais de vies de saints[13] !" »

Borges – grand lecteur d'écrivains catholiques bien que puissamment opposé à l'idée d'une autre vie après la mort[14] – a beaucoup tourné autour du thème : « La poésie chrétienne se nourrit de notre incrédulité émerveillée, de notre désir de croire que quelqu'un ne doute pas d'elle. Ses militants – Claudel, Hilaire Belloc, Chesterton – partagent notre étonnement ; ils ont dramatisé les réactions imaginaires de cet étrange personnage capable d'exister, un catholique, et ils ont fini par être supplantés par leur propre spectre vocal. Ils sont catholiques comme Hegel fut l'Absolu. Ils projettent leurs fictions sur la mort, la sachant secrète, et elle leur dispense des énigmes et des abîmes. Dante, qui ignorait notre ignorance, dut s'en tenir au romanesque, aux variations extraordinaires de destin. Il ne s'attacha fermement qu'à la seule certitude ; il ne connut ni l'espérance ni le refus. Il ignora la propice incertitude : celle de saint Paul, celle de sir Thomas Browne, celle de Whitman, celle de Baudelaire, celle d'Unamuno, celle de Paul Valéry[15]. »

Les plus belles réponses sur la croyance viennent des convertis par conversion instantanée (« lumineuse » conviendrait mieux), saint Paul ou Paul Claudel, car dans leur cas, c'est Dieu lui-même qui est derrière. Sur cette question, André Frossard était extrêmement convaincant et drôle. C'est

13. Hugo Pratt, *De l'autre côté de Corto*, *op. cit.*, p. 109.

14. Au sujet d'une autre vie possible après la mort, Jorge Luis Borges dit : « Je compte bien qu'il n'y en aura aucune autre, et je n'aimerais pas qu'il y en ait une. Je veux mourir tout entier. Je n'apprécie même pas l'idée qu'on puisse penser à moi une fois que je serai mort. Je compte mourir, m'oublier et être oublié. » *Cf.* l'interview réalisée par Maria Esther Vázquez, *in Le Congrès du monde*, édition de luxe déjà citée, Franco Maria Ricci éditeur, 1979, p. 131.

15. Jorge Luis Borges, *Livre de préfaces*, *op. cit.*, p. 244.

lui qui affirmait, à juste titre, que démontrer Dieu est impossible sauf à se faire au détriment de la foi. Ainsi tout est dit, mais tout reste possible ; et la théorie rebattue du sceptique affirmant qu'il croira en Dieu uniquement quand celui-ci se sera présenté à lui reste valable. Tout dépend de l'idée qu'on se fait de cette présentation. Le cas d'André Frossard est pour le moins exemplaire. Son père était un homme politique de la IIIe République, instituteur révoqué pour menées révolutionnaires et qui fut à 30 ans, en 1920, le premier secrétaire général du Parti communiste français. Le fils était dans le moule, incollable sur le bien-fondé et la logique de l'athéisme défendu par son milieu et par son époque. Jusqu'au jour où il est entré dans une chapelle par hasard à l'âge de 20 ans, pour en ressortir chrétien quelques minutes plus tard ! Il le disait lui-même : « J'ai assisté à ma propre conversion avec un étonnement qui dure encore[16]. »

À la fin de sa vie, André Frossard, de l'Académie française, désormais installé dans une réputation de journaliste écrivain ayant beaucoup écrit sur Dieu d'une plume rieuse, reviendra sur ce jour-là sans que jamais ni l'ennui ni le doute ne prennent le lecteur :

« Mon père aurait voulu me voir rue d'Ulm. J'y suis allé à vingt ans, mais je me suis trompé de trottoir, et au lieu d'entrer à l'École normale supérieure, je suis entré chez les religieuses de l'Adoration pour y chercher un camarade avec qui je devais dîner. Ce que je vais vous raconter n'est pas l'histoire d'une découverte intellectuelle. C'est le récit d'une expérience de physique, presque d'une expérience de laboratoire. Poussant le portail de fer du couvent, j'étais athée. L'athéisme prend bien des formes. Il y a un athéisme philosophique, qui, incorporant Dieu à la nature, refuse de lui accorder une personnalité séparée et résout toutes choses dans l'intelligence humaine : rien n'est Dieu, tout est divin ; cet athéisme-là finit en panthéisme sous la forme d'une idéologie quelconque. L'athéisme scientifique écarte l'hypothèse de Dieu comme impropre à la recherche, et

16. André Frossard, *Dieu en questions*, Desclée de Brouwer/Stock/Laurence Pernoud, 1990, p. 25.

s'emploie à expliquer le monde par les seules propriétés de la matière, dont on ne se demandera pas d'où elle vient. Plus radical encore, l'athéisme marxiste non seulement nie Dieu, mais lui signifierait son congé s'il venait à exister ; sa présence importune entraverait le libre jeu de la volonté humaine. Il existe également un athéisme des plus répandus et que je connais bien, l'athéisme idiot ; c'était le mien. L'athée idiot ne se pose pas de questions. Il trouve naturel d'être posé sur une boule de feu recouverte d'une mince enveloppe de boue séchée, tournant sur elle-même à une vitesse supersonique et autour d'une espèce de bombe à hydrogène entraînée dans la giration de milliards de lampions d'origine énigmatique et de destination inconnue. J'étais encore cet athée-là en passant la porte de la chapelle, et j'étais toujours à l'intérieur. L'assistance à contre-jour ne me proposait que des ombres, parmi lesquelles je ne pouvais distinguer mon ami, et une espèce de soleil rayonnait au fond de l'édifice : je ne savais pas qu'il s'agissait du saint-sacrement[17]. »

André Frossard tint pendant des années un billet quotidien de quelques lignes dans *Le Figaro* titré « Cavalier seul ». J'ai un dessin d'Hugo Pratt sous les yeux qui fera l'affaire pour placer, comme j'aime bien, la bonne illustration quand il faut.

De même que c'est une illustration de Pratt qui nous sert d'icône pour Frossard, c'est ce dernier qui va nous lancer Pratt pour le chapitre suivant :

« Cette lumière, que je n'ai pas vue avec les yeux du corps, n'était pas celle qui nous éclaire, ou qui nous bronze ; c'était une lumière spirituelle, c'est-à-dire une lumière enseignante et comme l'incandescence de la vérité. Elle a définitivement inversé l'ordre ordinaire des choses. Depuis que je l'ai entrevue, je pourrais presque dire que pour moi Dieu seul existe, et que le reste n'est qu'hypothèse. On m'a dit souvent : “Et votre libre arbitre ? On fait décidément de vous tout ce que l'on veut. Votre père est socialiste, vous êtes socialiste. Vous entrez dans une chapelle, vous voilà chrétien. Si vous étiez

17. *Ibid.*, p. 26-27.

entré dans une pagode, vous seriez bouddhiste ; dans une mosquée, vous seriez musulman." À quoi je me permets parfois de répondre qu'il m'arrive de sortir d'une gare sans être un train[18]. »

18. *Ibid.*, p. 29.

26
Le train du soir

Dimanche 20 août 1995 : Hugo Pratt vient de nous quitter pour toujours. Je suis dans le hall de la gare de Lausanne. Je connais cette gare comme ma poche pour y avoir pris si souvent le train de nuit qui va à Paris. J'ai acheté l'édition dominicale du quotidien romand *Le Matin* en date de ce jour funeste. Je n'ai pas le cœur à le lire. Un couple de centenaires fait la une : « 74 ans de mariage ! » Je me prends à imaginer que l'annonce du décès d'Hugo Pratt a déjà circulé. À ce moment-là, j'étais loin de penser que sa mort serait unanimement ressentie comme un malheur immense grandement commenté par toute la presse. Mais en cet instant, alors qu'il était encore en vie il y a trois heures à peine, je constate que je me suis déjà habitué à sa mort. Dès ce moment, je le reverrai plus souvent de mémoire et en rêve que je ne le voyais de son vivant. Je le revois encore me faisant signe par la fenêtre du train reliant Djibouti à Addis-Abeba. C'était pour un au revoir fictif. Désormais, tous les signes de sa part qui s'ajouteront les uns aux autres au fil des années seront des adieux réels.

Dans l'attente du train pour Paris, je m'installe dans divers souvenirs imprégnés du lieu et remontant à quelques années en arrière...

C'était à l'automne 1987, je revenais d'un séjour de quelques jours passés chez Hugo et j'étais pareillement en attente de mon train dans ce même hall de gare. J'avais également

acheté un journal suisse dans lequel un article rendait compte de la présence de Louis Pauwels[1] à Lausanne. Ma réaction fut de me dire que si je l'avais su avant, j'aurais organisé une rencontre entre Louis Pauwels et Hugo Pratt, l'un et l'autre à même, je crois, d'apprécier toute rencontre inattendue suscitée par mon intermédiaire. En effet, Louis Pauwels était aussi mon ami. Nous avions travaillé ensemble. Il m'avait appris à pondérer ma nature tout comme il m'avait incité à rectifier mon écriture. Il m'avait beaucoup apporté. À peine avais-je eu le temps de me remémorer quelques bons moments d'importance avec lui à mes yeux que je le vis en face de moi qui poussait un chariot à bagages. Sa femme, Elina Pauwels, l'accompagnait. Ils rentraient comme moi à Paris.

Vingt ans qu'on se connaît !

Nous voyageâmes ensemble.

Dans le train, Louis me raconta comment il était devenu un « nouveau converti ». Vingt-trois ans plus tard, je retrouvai ce qu'il me dit cette nuit-là en lisant sous sa plume *Un jour je me souviendrai de tout*, livre posthume dû à l'initiative d'Elina Pauwels[2] :

« Il y a quelques années, dans un beau lieu touristique, environné de gens utiles à ma carrière, j'ai été, brusquement, violemment jeté à terre. C'était pour moi une époque de réussite sociale. Cependant, un obscur désespoir me taraudait. Or, cette chute, vraiment effrayante et qui m'a cassé des os, je n'ai pu m'empêcher, aussitôt, de la trouver mystérieuse. Ensuite, et durant des jours, il ne s'est pas écoulé un quart d'heure sans que je m'interroge, avec stupéfaction, sur la poussée qui m'avait jeté au sol. Je recevais chaque fois une réponse inad-

1. L'influence qu'exerça Louis Pauwels sur ses contemporains dans la vie intellectuelle française fut importante. Né en 1920, mort en 1997, il fonda la revue *Planète* à la suite de l'immense succès du *Matin des magiciens* (déjà cité) et dirigea *Le Figaro Magazine*. Il a publié de très beaux romans aux titres révélateurs : *Saint Quelqu'un*, 1946, *Le château du dessous*, 1952, *Blumroch l'admirable ou le déjeuner du surhomme*, 1976, etc. Dans *Un jour je me souviendrai de tout*, p. 470, il note : « Il y a de "grands écrivains" pour journaux et les grands écrivains pour vrais lecteurs. Ce sont rarement les mêmes. » Cette rareté, Louis Pauwels la symbolisait hautement lui-même.

2. Louis Pauwels, *Un jour je me souviendrai de tout*, préface d'Henri-Christian Giraud, éd. du Rocher, 2004.

missible et irréfutable : Dieu, par amour, m'avait précipité sur cette dalle de ciment pour *me sauver*, et il fallait que je me relève *différent*. Ce n'était pas l'idée de Dieu en suspension dans le sentiment religieux. Non. C'était Dieu lui-même : une personne impensable qui s'occupe des personnes. Non pas l'au-delà dans le nulle part. Mais le Dieu de l'Église, notre Père qui connaît nos reins et nos cœurs. Je crois en Dieu parce que Dieu a voulu que je croie qu'Il prend souci de moi[3]. »

Dans *Un jour je me souviendrai de tout*, gros bouquin passionnant et émouvant à plus d'un titre, figurent dans l'ordre des années toutes sortes de textes inédits et morceaux choisis, des notes diverses et petits bouts de papier également – Louis Pauwels écrivait tout le temps et partout –, ainsi que des réponses à son courrier et autres lettres reçues. Elina Pauwels écrit, dans sa page de présentation : « Ce livre est composé, tel un puzzle, dont j'ai choisi les pièces, d'instants qui le dévoilent, rédigés par lui-même depuis son adolescence jusqu'à son dernier jour. »

Dans ce puzzle, Louis Pauwels écrit : « C'est ma conversion, toute insuffisante, inattendue qu'elle fût, qui m'a rendu le chemin de la poésie[4]. » Mais c'est plutôt cette phrase-ci qui aurait reçu l'approbation d'Hugo Pratt : « Qui rate les aubes rate sa vie, voilà mon opinion[5]. » Pour moi, les deux phrases se valent. À égalité. Comme ces deux hommes aux croyances si contraires. Dommage que la rencontre de Lausanne n'ait pas pu se faire !

*
* *

Plus encore qu'aux déplacements pour lesquels il est normalement fait, le train est propice à la rêverie, à la réflexion, à l'évasion, et, pourquoi pas, à l'élévation de l'âme !... Dans un style aux confins de l'imaginaire et de la réalité, le cinéaste

---

3. *Ibid.*, p. 646. Ce texte, écrit en septembre 1993, constituait la réponse de Louis Pauwels à la question posée par François Bluche pour son ouvrage *Pourquoi croyez-vous en Dieu ?*, éd. Critérion, 1994.

4. *Ibid.*, p. 504.

5. *Ibid.*, p. 392.

belge André Delvaux ne proposait-il pas un voyage dans le temps, avec son film *Un soir un train*, sorti en 1968 ? Dans *Le chemin des aquarelles*, Thierry Thomas écrit :

« La véritable naissance de Corto en tant que héros s'est produite, on le sait, non pas dans *La ballade de la mer salée*, où il n'est d'abord qu'un personnage parmi d'autres, mais à l'instant où Hugo, après qu'il ait eu fini ce long récit qui fut décisif dans sa vie comme il allait le devenir dans l'Histoire de la bande dessinée, est parti chercher du travail en France. Alors, dans le train, l'idée lui est venue de ramener ce marin à la vie, de faire revenir Corto. Si bien qu'en son point d'ancrage initial (mais c'est aussi "encrage" qu'il faudrait dire), la silhouette de Corto, en son alliage mouvant de noir et de blanc, était peut-être liée à l'effet stroboscopique que font les fenêtres d'un train lorsque s'y découpent des paysages changeants, lorsque la nuit alterne avec le jour au gré des tunnels (il y en a beaucoup sur la ligne qui part de Gênes[6])... »

L'histoire vraie reprise par Thierry Thomas avait fait l'objet d'une interprétation dessinée par Monciatti dont la destination finale n'était pas Paris, puisque le train en partait, mais Istanbul. Hugo Pratt était cette fois dans l'Orient-Express avec Corto Maltese monté dans le même compartiment[7].

6. Texte figurant dans le gros catalogue trilingue (italien, français, anglais) de l'exposition de Sienne, en Toscane (de mars à septembre 2005) : Thierry Thomas et Patrizia Zanotti, *Hugo Pratt Periplo immaginario*, Lizard edizioni, 2005, p. 39.

7. BD en deux planches publiée dans *Dedicated to Corto Maltese*, *op. cit.*, p. 52-53.

Corto descendra du train avant Hugo. La morale de l'histoire était-elle que Corto Maltese échappa ce jour-là à son destin d'entre les mains de son créateur, lui-même ayant un doute sur l'identité de son personnage ?

Et si le scénario de la vie avait été celui-là ? Tel quel : Corto et Hugo qui ne se reconnaissaient pas, ou pis qui ne s'acceptaient pas l'un l'autre !... Dans ce cas, lequel des deux, entre Hugo et Corto, y aurait le plus perdu ? Dieu seul le sait ! Mais écoutons plutôt Georges Bernanos, toujours de bon conseil en pareil cas : « Le bon Dieu ne m'a pas mis une plume dans les mains pour rigoler avec[8]. »

---

8. Cité par Benoît Vandeputte, *in Les 2 000 ans du christianisme*, album thématique n° 15, *Les grands chrétiens du XXe siècle*, p. 8, Bayard Presse, 1999.

27

Hommage rendu venu de partout et de bien ailleurs...

C'est en me replongeant dans l'énorme dossier, constitué après la mort d'Hugo, où de longues nécrologies élogieuses voisinaient avec des unes de journaux et quelques lettres d'inconnus, que je fus attiré par un article particulier. Cet article n'était pas sur lui. Il formait le verso d'une page arrachée pour mieux la ranger qui, lue du bon côté, offrait un regard pertinent sur la personnalité d'Hugo Pratt : « La mort dans un miroir », par Marjorie Alessandrini. J'en cite un passage :

« C'est que le dessinateur brasse indifféremment la réalité, le mythe et l'imaginaire. À travers les voyages de Corto, il tisse sur la planète un réseau qui englobe l'Abyssinie de Rimbaud et la Chine de Mao, le Buenos Aires de Borges et le Bahia de Jorge Amado. D'un continent l'autre, il entrelace les fils de multiples correspondances, définissant un espace romanesque à la manière d'Umberto Eco, avec qui il avait bien plus d'un point commun. L'aventure est aussi intérieure, mentale, voire ésotérique : dans cet univers, les sortilèges de Venise rejoignent les démons des Caraïbes, la harpe de la sorcière celtique répond aux prophéties de "Bouche dorée" la Brésilienne.

Pour transcrire en images et en bulles ce fabuleux voyage, Hugo Pratt s'est forgé un style unique, d'une élégance, d'une virtuosité époustouflantes. Stylisation idéale qui fait des paysages autant de tremplins pour l'imaginaire. Une ligne d'horizon, un bateau tache d'encre, quelques traits légers sur le ciel blanc pour matérialiser les oiseaux marins et voilà créé le grand océan baudelairien. La silhouette ondoyante d'un chat sur les pavés à peine esquissés, et nous voilà saisis par la nostalgie de Venise. Et quand le narrateur semble briser la continuité de l'action en jouant ainsi avec le vide, il s'agit, plus que de la respiration nécessaire à tout roman d'aventures, du véritable vertige de l'infini[1]. »

J'en reviens au dos de la page qui ne concerne pas Hugo Pratt – du moins *a priori* ! ; c'est le titre qui m'a tout d'abord attiré : *La faim de vie d'Hector Bianciotti.* Écrit par Jean-François Josselin, l'article était consacré à la parution du « dernier livre » (été 1995) d'Hector Bianciotti, *Le pas si lent de l'amour*, deuxième volume de son « autofiction ». L'article commence ainsi :

« Rarement un livre comme celui d'Hector Bianciotti aura autant fondé le titre de notre rubrique. Oh oui ! la vie est un roman. Et le roman, au fait, n'est rien d'autre que la vie. Ce sont d'ailleurs les subtils, voire invisibles liens entre la fantasmagorie et la réalité que tisse puis démêle Hector – narrateur et personnage confondus. Alors, une autobiographie ? Sans doute. À ceci près que Bianciotti donne à voir Hector dans une mise en écriture qui s'apparenterait à une mise en scène. Il ne veut jamais prouver, non. Mais traduire les émotions et, entre les lignes, trahir ses sentiments qui ont fait, qui font sa vie[2]. »

En poursuivant la lecture du texte de Jean-François Josselin, on apprend qu'Hector Bianciotti avait débarqué à Naples en provenance de Buenos Aires, le 18 mars 1955. Avant de passer le détroit de Gibraltar, il écrira : « Je préférerai toujours la mer encadrée par de hauts bâtiments et, au reste, toute la nature, réduite, figée, délimitée par un cadre[3]. »

C'est au port de Naples qu'avait débarqué Hugo Pratt, en janvier 1943. Il venait d'Éthiopie, à bord d'un navire affrété

1. Marjorie Alessandrini, *Le Nouvel Observateur*, 24-30 août 1995, p. 53.
2. Jean-François Josselin, *ibid.*, p. 54.
3. *Ibid.*

par la Croix-Rouge, après quarante-huit jours de mer autour de l'Afrique en passant lui aussi par le détroit de Gibraltar. À leur arrivée à Naples, l'un et l'autre avaient la vie devant eux et déjà une autre vie bien remplie derrière eux. Hugo Pratt dira plus tard : « À Naples, comme si de rien n'était, Mussolini et le roi sont venus me souhaiter la bienvenue. Bienvenue... mais où[4] ? » Nous savons aujourd'hui qu'il trouvera comment se diriger en s'aventurant dans le labyrinthe aux cinq parcours ; de même qu'Hector Bianciotti saura se forcer un passage en s'engageant dans le « délicat labyrinthe de la langue française[5] ».

Quant à ma lecture offerte par le geste curieux d'une page retournée, elle ne me permettra pas d'aller jusqu'à la « fin » de l'article sur la « faim » du livre d'Hector Bianciotti, car la suite de la page arrachée se poursuivait sur les pages disparues. Une lecture inachevée comme dans une nouvelle à la Borges. Comme dans une fable appréciée par Pratt. Comme dans une histoire qui ne dépend pas de celui qui la raconte. Je me dois de lire le livre, un jour...

*
* *

L'annonce de la mort d'Hugo Pratt ne fut pour ainsi dire jamais traitée de façon identique dans les médias. L'image qu'il laissait était suffisamment riche et variée pour que quiconque fut chargé d'écrire à son sujet pût choisir l'évocation qui lui convenait.

Les grands quotidiens nationaux trouvèrent le moyen de ne pas tomber dans le piège d'avoir fait le choix du même dessin à la une ; leurs gros titres suggéraient ce qu'Hugo Pratt avait fait toute sa vie : partir et poétiser son départ ! *Le Monde* : « Le dernier voyage d'Hugo Pratt »/*Info Matin* : « La dernière ballade de Corto »/*Libération* : « Hugo Pratt s'en va[6] ».

---

4. Hugo Pratt, *En attendant Corto*, *op. cit.*, p. 36.

5. Odile Quirot, « Les Argentins de Paris », *Le Nouvel Observateur*, 17-23 mars 2005, p. 128-129.

6. Les trois unes sont du même jour : lundi 21 août 1995, lendemain du décès d'Hugo Pratt.

Tous ceux qui s'employèrent à rendre compte de la vie d'Hugo Pratt après qu'il eut rendu l'âme m'ont laissé le sentiment qu'ils aimaient cet homme. Sa disparition provoqua de nombreux témoignages inspirés. J'aurais préféré lire beaucoup plus tard, ou bien jamais, les extraits de presse qui suivent :

« Il est mort dimanche à Lausanne, à 68 ans, dans une clinique. Même pas dans sa maison que lui seul, Gémeaux féru de la Kabbale, pouvait acheter puisqu'on l'a dite hantée après l'assassinat qui y a été commis. Mais cela n'a sans doute pas d'importance, comme le souligne son ami d'enfance, le romancier vénitien Alberto Ongaro : “Hugo a toujours habité dans son monde.” [...] “Il faudra trente ans pour se rendre compte de ce qu'il a apporté à la littérature italienne”, dit encore Ongaro. Trente ans ou plus, à raconter des histoires qui commenceraient ainsi : « Il y aurait toujours une autre île pour se protéger d'un cyclone ou pour se reposer et aimer[7]. »

« Levée de crayons pour Hugo Pratt », tel était le titre de *Libération*, quelques jours après sa mort[8]. Cohabitaient sur une double page Culture, plusieurs dessins inédits ainsi que deux textes qui l'étaient aussi. L'un de Didier Comès – « ce

7. Texte d'*Info Matin*, signé des initiales C.J. Ce quotidien petit format, pas cher et pas mal fait (disparu à son tour) revenait sur la disparition d'Hugo avec un « Ciao Corto », le jour d'après son annonce à la une.

8. *In Libération* des samedi 26 et dimanche 27 août 1995, p. 24-25.

cher Comès ! », disait Hugo[9] – et l'autre de l'écrivain Antonio Tabucchi.

Didier Comès (extrait) :

« Il avait une mémoire d'éléphant et la nostalgie d'un monde des grands voyageurs, il passait son temps à lire, adorait le cinéma. Il forgeait lui-même son univers, comme un puzzle, et chacun au fond connaissait un Hugo Pratt, une facette du personnage. Il avait toujours plein de projets, il me faisait un peu penser à Orson Welles. Comme tout Vénitien, il adorait jouer la comédie en public, mais c'était aussi un créateur inquiet, dans le doute, vulnérable, même s'il cachait le plus possible cette part de lui-même. Il m'en faisait part parce que j'éprouvais les mêmes sentiments que lui par rapport à notre métier. J'avais les mêmes doutes. Il dessinait comme j'ai toujours rêvé de dessiner[10]. »

Antonio Tabucchi (extrait) :

« Umberto Eco a affirmé une fois : “Quand je cherche à me détendre, je lis un essai d'Engels, quand je veux quelque chose de sérieux, je lis Corto Maltese.” Le paradoxe a bien du vrai. Mais son héros, de descendance bien sûr stevensonienne (l'océan, les mers du Sud, les voiliers, les palmiers, l'oxygène réel et mental qui remplit les poumons et l'esprit), est un héros latin, un marin gitan qui, même dans les endroits les plus lointains, porte en lui l'indolence, les enthousiasmes, les scepticismes et la mélancolie de l'homme méditerranéen. Et qui surtout porte dans sa conscience trois catégories qui lui ont été enseignées par la Révolution française : liberté, égalité, fraternité. Et peut-être est-ce justement à cause de cela (je fais de la sociologie à bon marché) que son plus

---

9. Didier Comès, né en 1942, est l'auteur d'une série d'albums, où le fantastique, l'onirisme et la poésie forcent le lecteur à vivre longtemps encore après lecture avec les personnages et les paysages qu'il met dans ses histoires. Les bandes dessinées de Comès (*Silence*, *Eva*, *Iris*, etc.) étaient très aimées d'Hugo Pratt. Dans le numéro spécial du magazine *À suivre*, consacré à Hugo Pratt, en octobre 1995, Didier Comès lui rend un hommage rimbaldien, inspiré des *Scorpions du désert* (p. 14-15), en même temps que paraissait l'une de ses plus extraordinaires BD, *La maison où rêvent les arbres* (Casterman, 1995).

10. *Libération* des samedi 26 et dimanche 27 août 1995, « La part de rêve et de silence de la BD », p. 24.

grand succès en dehors de l'Italie a eu lieu en France et c'est la France qui l'a diffusé dans le monde[11]. »

La « levée de crayons » proposée par *Libération* s'inscrivait dans une tradition bien établie permettant d'appréciables figures de style : l'hommage de grands dessinateurs de BD à l'un des leurs[12].

Dans *Le Monde*, avec « La dernière ballade d'Hugo Pratt, nomade vénitien », Yves-Marie Labé nous résume sur une pleine page l'homme et l'œuvre d'une manière complète. Je me souviens d'avoir voyagé avec l'auteur de l'article en question de retour de chez Hugo à qui il avait rendu visite. En bavardant ensemble dans le train du soir Lausanne-Paris, nous n'avions pas du tout en tête, ce soir-là, qu'Hugo Pratt allait mourir un jour :

« Ses origines familiales, son habitude et son goût des voyages avaient fait de Pratt l'Italien un véritable citoyen du monde, un nomade apte à se repérer avec une égale facilité dans n'importe quel pays, qu'il fût réel, imaginaire ou livresque. Comme Corto Maltese, Hugo Pratt est né aux confluents de plusieurs cultures : la famille de son père était de Cornouailles, celle de sa mère était juive et avait fui la Turquie pour s'installer à Murano. "Je suis un bâtard avec un pedigree énorme", avait-il coutume de confier fièrement. De son père, Hugo Pratt hérita d'un respect absolu pour les livres – il lui fit lire Jules Verne en français et lui raconta toutes les histoires des grands pirates britanniques comme Drake ou Morgan –, tandis que de

11. Antonio Tabucchi, écrivain italien, né en 1943. Après avoir été professeur de littérature portugaise à l'université de Gênes, puis directeur de l'Institut italien de Lisbonne, il a contribué à faire connaître Fernando Pessoa, en Italie, dont il a traduit de nombreux textes. Son roman *Nocturne indien*, prix Médicis étranger, en 1988, l'a fait connaître lui-même en France. Aujourd'hui, il vit à Lisbonne. Une parenté littéraire le lie indéniablement à Borges et Pratt. Il est l'auteur d'un récit sur Corto Maltese qu'Hugo Pratt lui avait demandé d'écrire et qui figure dans *J'avais un rendez-vous* : « Le mystère de la petite annonce chiffrée ». Antonio Tabucchi termine son hommage dans *Libération* par la phrase suivante : « Maintenant, le voyage terrestre de Hugo Pratt est fini. Mais le voyage de Corto Maltese continue. » *Ibid.*, p. 25.

12. Les dessinateurs ayant prêté leur concours à la « Levée de crayons pour Hugo Pratt » (*Libération* des 26-27 août 1995, p. 24-25) étaient Juilliard, Gillon, Walter Fahrer, Jean-Claude Denis, Mézières, Fred et Mœbius.

sa mère et de ses amies vénitiennes – des employées, des commerçantes mais aussi des tenancières de maisons closes –, il apprit le sens de la fantaisie, prit goût au théâtre (sa mère donnait pour lui des séances de marionnettes) et s'initia aux signes du zodiaque. Mais son talent de dessinateur fut forgé très tôt par son grand-père paternel, qui était dessinateur de constructions militaires, tandis qu'un de ses oncles, marin et anarchiste, lui inspira en partie le personnage de Corto[13]. »

13. Extrait de Yves-Marie Labé, « La dernière ballade d'Hugo Pratt, nomade vénitien », *Le Monde*, 22 août 1995, p. 15.

*
* *

C'est le jeudi 24 août 1995 qu'eut lieu la cérémonie funèbre. Je le revois dans son cercueil avec la croix éthiopienne. Il l'avait dans les deux mains posées sur sa poitrine ; pas comme on tient une hache d'abordage, mais comme c'est l'usage pour une croix mortuaire. L'important était qu'il l'emportât avec lui. Dans la crypte de circonstance, où j'attends je ne sais quoi, je repère un homme qui dessine discrètement le gisant sur un bout de papier. Je sors dans la rue. Livio m'accompagne. On ne se parle pas. Que dire ? Un groupe de personnes est rassemblé. Je suis loin de les connaître tous. Lucas, l'aîné des fils Pratt – celui dont Hugo disait avec fierté qu'il était armateur et qu'il se débrouillait très bien tout seul – se dirige vers moi. Comme il vit en Argentine, je ne l'avais vu avant qu'une seule et unique fois : le dimanche précédent en rentrant dans la chambre de la clinique, où son père vivait ses dernières minutes, pour lui remettre la croix. Lucas me dit quelques mots de ce moment-là avec des déchirements dans la voix. Il me serre dans ses bras à m'en étouffer. Il a la force de son père, en plus longiligne, en plus Corto.

Il fait beau. Nous formons un cortège pour suivre à pied le fourgon en regardant tantôt nos chaussures, tantôt le ciel. Nous nous dirigeons vers la basilique catholique Notre-Dame-du-Valentin, où sont occasionnellement célébrées des messes en vietnamien, en tamoul et en rite zaïrois.

Le rite improvisé du service religieux de ce jour-là, à la mémoire d'Hugo Pratt, contribua-t-il à élargir le cosmopolitisme liturgique de la paroisse Notre-Dame de Lausanne ? Pour peu qu'il fût vivant, Bob Collins était-il là, lui aussi ? Je le vois moins tremper ses doigts dans le bénitier que cracher à ses pieds dehors, sur le parvis de la basilique où nous étions tous entrés.

Je me réfère souvent à la tâche accomplie par Dominique Petitfaux, concrétisée par la parution du *Désir d'être inutile* et de *De l'autre côté de Corto*, ouvrages maintes fois compulsés.

Ce dernier était bien sûr là en ce jour d'adieu solennel. Deux ans plus tard, pour la réédition du *Désir d'être inutile*, il ajoutait quelques pages d'une postface qu'il présentait ainsi : « Quand le 19 novembre 1991 fut mise en vente la première édition de ce livre, je n'imaginais guère que je serais amené quelques années plus tard à écrire seul un ultime chapitre. Ce n'est pas sans hésitation que je l'ai fait. Deux raisons m'y ont poussé cependant : d'une part, Hugo Pratt voulait achever son œuvre (et il considérait que ce récit autobiographique en faisait partie) ; d'autre part, il m'a semblé qu'il était préférable de donner dès maintenant aux futurs chercheurs les indications de base sur ces quatre dernières années. (J'ai, moi aussi, le désir d'être utile...) [14] »

Et c'est ainsi que ce dernier nous offrira, en date du 7 juillet 1997, la toute dernière page du *Désir d'être inutile* ; une page que nous sommes nombreux encore aujourd'hui à avoir du mal à tourner :

« Hugo Pratt avait souhaité que la partie autobiographique de ce livre se nomme "Sous le signe du chat" : ce choix se révéla pertinent au-delà de tout ce que l'on pouvait imaginer, puisque le jour de sa mort les nombreux chats qui rôdaient sans cesse autour de la maison de Grandvaux y pénétrèrent pour la première fois ; ils en firent le tour, puis s'en allèrent pour ne jamais y revenir. La cérémonie funèbre se déroula quatre jours plus tard à Lausanne, dans la basilique catholique Notre-Dame-du-Valentin. Plusieurs centaines de personnes y assistèrent ; parmi elles ses enfants Lucas, Marina, Jonas et Silvina, des éditeurs comme Mario Faustinelli, Florenzo Ivaldi, Sergio Bonelli, Didier Plateau, Jean-Paul Mougin ou Latino Imparato, des confrères comme Manara, Comès, Cosey ou Rosinski, des collaborateurs comme Guido Fuga, Lele Vianello ou Michel Pierre, et des amis restés dans l'ombre, tous également recueillis. Le service religieux fut entrecoupé d'airs de jazz de Dizzy Gillespie et de Joe Pass, et le prêtre lut des passages du *Désir d'être inutile*. L'enterrement eut lieu ensuite à Grandvaux, dans un petit cimetière à flanc de montagne qui domine le lac Léman, et qui peut faire

14. *Le désir d'être inutile. Souvenirs et réflexions*, *op. cit.*, p. 283.

penser à celui de Sète, célébré par Paul Valéry dans « Le cimetière marin ». En épigraphe de ce poème, Paul Valéry avait mis ces vers du poète grec Pindare : "Ô mon âme, n'aspire pas à la vie immortelle, mais épuise le champ du possible." C'est bien ainsi que vécut Hugo Pratt[15]. »

Bien loin de Sète ou de Grandvaux, les images du *Cimetière marin* de Paul Valéry, je les ai sous les yeux, par la grâce des lithographies faites par Raymond Moretti[16], qui, dans la nuit du jeudi 2 juin 2005, a rejoint son ami Hugo Pratt. Ils ne s'étaient rencontrés qu'une seule fois. La bonne !

C'était dans les années 1980, à La Défense, où Moretti vivait et où se trouve son petit musée, sous la grande dalle. J'avais servi d'intermédiaire. Ils s'étaient montrés tous les deux demandeurs, fascinés l'un par l'autre. Il y avait de quoi !

Les deux hommes s'étaient formidablement entendus et accordés, sans que par la suite ils ne se revoient jamais plus. Le calendrier de la vie ! Mais, jusqu'à la disparition du premier, l'un comme l'autre me demandaient régulièrement des nouvelles de l'absent. À chaque fois, la question posée était tendre, amicale, admirative. De part et d'autre.

Je ne possède aucune photo de nos deux artistes ensemble. La plus récente que j'ai de Moretti a été prise quand il signait ses lithographies du « Cimetière marin[17] » dans une galerie parisienne, quelques mois avant sa mort. La dernière photo que j'ai d'Hugo a été faite sur le chemin de Chauderon, à quelques mètres de sa maison, placée en contrebas – c'est pourquoi on ne la voit pas. Ce jour-là, il faisait ses derniers pas dehors. « Regarde comme il sourit ! » m'avait dit Livio en

15. *Ibid.*, p. 287.

16. Né à Nice et tôt monté à Paris, Raymond Moretti (1931-2005) est venu à l'art en peignant, à l'âge de 17 ans, un *Moïse brisant les tables de la loi*, œuvre aujourd'hui exposée au musée de Jérusalem. Picasso, avec qui il fut longtemps complice, le fit connaître dans le monde entier. En 1965, il crée une œuvre étrange baptisée *Le monstre* par Joseph Kessel et qui forme la base gigantesque de ses œuvres, au musée de La Défense. Peintre, graveur, affichiste, illustrateur d'ouvrages, créateur de timbres, sculpteur, décorateur, Raymond Moretti est un artiste complet qui a croisé l'univers d'artistes exceptionnels tels que Jacques Brel, Armand Gatti, Jean Cocteau, qui reconnurent en lui un touche-à-tout de génie.

17. Ouvrage de bibliophilie, édité par le musée Paul Valéry à Sète.

me remettant un grand tirage de la photo qu'il avait prise. De cette photo se dégage une sorte de grâce.

J'ai placé la photo de Raymond et la photo d'Hugo côte à côte, chez moi, sur un mur. Je les ai ensemble, comme ils peuvent l'être aussi...

Après l'enterrement, nous nous rendîmes tous dans un restaurant proche du cimetière. C'est là que, lorsque je vins pour la première fois chez Hugo tout nouvellement installé à Grandvaux, je demandai mon chemin : le chemin de Chauderon, adresse de sa nouvelle maison. Et celle-ci sera la seule de toutes celles qu'il habita dans sa vie qui finit par devenir la sienne, après bien des hésitations.

On boit aux enterrements. Pour oublier ! Nous avions tous un verre à la main. L'homme que j'avais repéré dans la crypte était présent lui aussi. J'interrogeai les uns et les autres. Personne ne le connaissait. J'allai vers lui. Nous entrechoquâmes nos verres : « À Hugo ! » L'homme me montra son dessin. C'était Hugo. Il était plutôt bien dessiné. Il était beau. C'était bien lui.

L'homme me raconta qu'il avait entrevu Pratt quand il était adolescent, en Argentine, parce que son père le connaissait un peu. Il l'avait toujours admiré. Il était venu spécialement de Berne avec l'autorisation de son patron qui lui avait accordé sa journée. « Parce que c'était pour Hugo Pratt ! » précisa-t-il en m'avouant qu'il était domestique dans une bonne maison. Que n'ai-je eu le réflexe de lui demander ne serait-ce que son nom ! J'aimerais revoir cet homme un jour. Son dessin aussi.

*
* *

Extrait du « Cimetière marin », Paul Valéry, 1922 :

« Comme le fruit se fond en jouissance,
Comme en délice il change son absence
Dans une bouche où sa forme se meurt,
Je hume ici ma future fumée,
Et le ciel à l'âme consumée
Le changement des rives en rumeur. »

Il paraît qu'Hector Bianciotti, de l'Académie française, apprit le français par amour de la poésie de Paul Valéry[18].

18. *Ibid.*

28

Sous le signe du chat et de la croix

Ainsi, à Grandvaux, les chats étaient partis une fois leur premier et dernier tour de piste fait dans la maison d'Hugo. Pour lui, le chat était un bel animal. Il était aussi ce que raconte Kipling dans *Le chat qui s'en va tout seul*[1] : l'unique animal domestique ayant passé un pacte avec les humains qui ait su négocier sa liberté, contrairement au chien, au cheval et à la vache.

Dans le conte de Kipling, c'est la femme qui mène les négociations avec le chat ! Femme et mère au foyer quand la maison d'une famille était la grotte et que la femme dans la grotte était un peu sorcière !... Pour Kipling, il s'agissait de remonter à nos origines – quand tous les animaux étaient ennemis des hommes – afin d'expliquer que notre part de quiétude impliquât que nous cédions une part de notre liberté. Comment le chat avait-il fait pour garder la sienne ? Eh bien ! il sut se rendre utile par lui-même – et par trois fois, comme on cogne à la porte ! – pour que la femme fût forcée de prononcer trois mots à sa louange ; de plus, elle dut s'abstenir de lui jeter un mauvais sort à tout jamais. Dans les contes de Rudyard Kipling, chaque animal a un nom qui le désigne. Ainsi, dans *Le chat qui s'en va tout seul*, le chien est Premier Ami, le cheval Premier Fidèle et la vache Nourricière

1. Rudyard Kipling, *Histoires comme ça*, *Le chat qui s'en va tout seul*, Delagrave/Gallimard, coll. « Folio Junior », 1991.

du logis. La femme est appelée Mieux Aimée, tout comme les bienfaits du logis sont surnommés : Feu au fond de la Grotte, Pot à Lait, etc. Le Chat ne porte pas un autre nom que le sien et quand il s'adresse à l'humain, il dit : « Mon Ennemi... »

Dans l'extrait qui suit, le chat a déjà deux louanges de la part de la femme qui s'énerve à la vue d'une souris :

« Ah ! dit le Chat ouvrant l'œil. Alors la souris ne me fera pas de mal si je la mange ?

— Non, dit la Femme, en rattachant ses cheveux, mange-la vite et je t'en serai reconnaissante à jamais.

Chat ne fit qu'un bond et goba la petite souris. Alors la Femme dit :

— Merci mille fois. Le Premier Ami lui-même n'attrape pas les petites souris aussi vivement. Tu dois être très habile.

À la minute, à la seconde, Mieux Aimée, le Pot à Lait qui chauffait devant le feu se fendit en deux – *ffft !* – parce qu'il se rappela le marché conclu avec le Chat ; et quand la Femme sauta à bas de l'escabeau – vrai comme je le dis ! –, voilà le Chat qui lapait le lait tiède et blanc resté au creux d'un des morceaux.

— Ô mon Ennemie, Femme de mon Ennemi et Mère de mon Ennemi, dit le Chat, c'est moi. Car tu as dit trois mots à ma louange et, maintenant, je pourrai boire le lait tiède et blanc trois fois le jour à tout jamais. Mais, pas moins, je suis le Chat qui s'en va tout seul et tous lieux se valent pour moi[2]. »

Il restait encore au chat de traiter avec l'Homme, le mari parti à la chasse avec son chien qui lui-même avait son mot à dire. Quand ils rentrèrent chez eux, voici comment le pacte fut conclu selon Kipling :

« Alors, l'Homme jeta ses deux bottes et sa hachette de pierre (ce qui fait trois), et le Chat s'enfuit hors de la Grotte et le Chien courut et le fit monter aux arbres ; et de ce jour à celui-ci, Mieux Aimée, trois Hommes sur cinq ne manqueront jamais de jeter des choses à un Chat quand ils le rencontrent, et tous les Chiens courront après et le feront grimper aux arbres. Mais le Chat s'en tient au marché de son côté pareillement. Il tuera les souris, il sera gentil pour les Bébés tant qu'il

2. *Ibid.*, p. 139-140.

est dans la maison et qu'ils ne lui tirent pas la queue trop fort. Mais quand il a fait cela, entre-temps, et quand la lune se lève et que la nuit vient, il est le Chat qui s'en va tout seul et tous lieux se valent pour lui. Alors il s'en va par les Chemins Mouillés du Bois Sauvage, sous les Arbres ou sur les Toits, remuant la queue et tout seul[3]. »

Hugo Pratt était de ces deux hommes sur cinq qui laissent faire les chats. Et il confia à Corto Maltese la charge d'être leur oncle Paul dans *Fable de Venise*[4] :

La suite est :

« … Au milieu de ce magnifique paradis terrestre, un jour, Miou Miou, la première chatte, trouva le diable en souris[5]… » Corto en restera là, parce que l'histoire doit continuer, non plus pour les chats, mais pour les hommes – les lecteurs de la BD !

Dans sa villa de Key West, Ernest Hemingway était entouré de chats. Depuis sa mort, les portées se succèdent pour rester dans sa maison. Hugo Pratt renonça à finir comme l'auteur de *Pour qui sonne le glas*. Les chats autour de sa maison ont fait de même, ils n'ont pas suivi l'exemple des chats d'Hemingway…

Après l'enterrement d'Hugo, je découvris un merle mort, juste le long du mur extérieur de la cuisine de sa maison, à

3. *Ibid.*, p. 141-142.

4. Hugo Pratt, *Fable de Venise*, *op. cit.*, chap. 2, « L'énigme du baron Corvo », p. 34.

5. *Ibid.*

l'emplacement même où les chats venaient souvent. Je fis un trou dans le jardin et je l'enterrai.

Située à mi-pente entre le lac et sa maison, la tombe d'Hugo est à deux minutes à vol d'oiseau du monticule de terre servant de tombe au merle moqueur. C'était un mâle, son plumage était noir.

L'oiseau survolant l'ombre de Bob Collins serait-il le merle blanc ?

Merle n'est pas corbeau, mais l'un et l'autre sont oiseaux passereaux, comme le rossignol et le moineau. Dans « Songe d'un matin d'hiver[6] », l'histoire commence par le croassement des corbeaux sur Stonehenge et elle se termine au même endroit par une conversation entre Puck, le lutin des légendes celtes qui a pris la forme d'un corbeau, et Corto Maltese qui s'amuse à se faire portier d'un songe, homme aux clefs d'or d'une bande dessinée féerique et shakespearienne :

« Écoute, mon vieux, je n'ai rien contre les corbeaux mais... essaie de me comprendre, je ne peux pas me promener toute la journée avec toi... Que vont dire les gens...

— Allons, allons, Corto, c'est bien toi qui parles ainsi ?... Croack... Croack... Qu'est-ce que ça peut nous faire, les gens ? Croack... Croack[7]... »

*
* *

La légende – d'origine égyptienne certainement – voudrait que le chat soit né d'une lionne et d'un singe, mais son cousin seigneurial et craint est le tigre : chat géant, chat puissant, fauve royal incomparable. L'envergure de l'homme dont c'était l'animal fétiche mérite les mêmes adjectifs en tant qu'écrivain puisqu'il s'agit de Borges.

Alberto Manguel, citoyen canadien né en Argentine, écrivain, traducteur, éditeur, voyagea beaucoup et lut énormément, fort de cette chance exceptionnelle qui fut la sienne

6. Hugo Pratt, *Les Celtiques*, *op. cit.*, chap. 4, « Songe d'un matin d'hiver », p. 77-96.

7. *Ibid.*, p. 96.

dès l'âge de 16 ans : faire la lecture à notre plus grand auteur aveugle depuis Homère. Son livre, *Une histoire de la lecture*[8], a montré à quel point Alberto Manguel sut tirer profit de son expérience de lecteur boulimique face à Borges ou sans lui. En 2003, il publia *Chez Borges*[9], un bien intéressant petit livre où figure ce passage :

« Le tigre était depuis sa plus tendre enfance son animal emblématique. "Quel dommage de n'être pas né tigre !" s'exclama-t-il un jour que nous lisions une histoire de Kipling où figurait le fantôme du fauve. Sa mère se rappelait avoir dû le traîner, hurlant, loin de la cage du tigre quand venait l'heure de rentrer à la maison, et elle avait conservé l'un de ses premiers gribouillages d'enfant, un tigre rayé dessiné aux crayons de couleur sur la double page d'un album. Plus tard, les taches d'un jaguar vu dans le zoo de Buenos Aires lui ins-

8. Alberto Manguel, *Une histoire de la lecture*. Actes Sud/Leméac, 1998, Prix Médicis essai.

9. Alberto Manguel, *Chez Borges*. Actes Sud/Leméac, 2003.

pirèrent l'idée d'un système d'écriture imprimée sur le pelage de la bête : le résultat fut la superbe histoire intitulée *L'écriture du Dieu*. À propos de tigres, il citait une remarque faite par sa sœur Norah, quand ils étaient enfants : "Les tigres semblent avoir été créés pour l'amour." Quelques mois avant sa mort, un riche propriétaire argentin invita Borges dans son estancia en lui promettant une "surprise". Il installa le vieil homme sur un banc, l'y laissa, et soudain Borges sentit auprès de lui un grand corps tiède et de grosses pattes se posèrent sur ses épaules. Le tigre apprivoisé de l'*estanciero* rendait hommage à son rêveur. Borges n'éprouva aucune crainte. Seule l'haleine brûlante aux relents de viande crue le dérangea. "J'avais oublié que les tigres sont carnivores[10]." »

Dans ce même livre, Alberto Manguel nous apprend que Beppo, le gros chat blanc de Borges, se lovait volontiers sur le couvre-lit blanc dans la chambre spartiate de l'écrivain : « Au mur, un panneau en bois orné des blasons des différents cantons de Suisse et la gravure de Dürer représentant *Le chevalier, la mort et le diable*, qu'il avait célébrée en deux sonnets rigoureux. Selon son neveu, Borges respecta toute sa vie le même rituel avant de s'endormir : il enfilait une longue chemise de nuit blanche, fermait les yeux et récitait à voix haute le *Notre Père* en anglais[11]. »

Cette prière, Borges la récita un jour, dans une vieille chapelle saxonne délabrée, « pour offrir à Dieu une petite surprise[12] ». Petite surprise pour Dieu, soit ! Grande surprise pour ses lecteurs, ma foi au sujet de ce Dieu que Borges se défendait d'admettre.

Dans *Conversations à Buenos Aires*, à raison de séances de deux ou trois heures par semaine, du début de l'été 1974 au mois de mars 1975, Ernesto Sabato eut l'opportunité de dialoguer avec Jorge Luis Borges. Ainsi lui fit-il remarquer un jour :

« Mais dites-moi, Borges, si vous ne croyez pas en Dieu, pourquoi écrivez-vous autant d'histoires théologiques ?

10. *Ibid.*, p. 50-51.
11. *Ibid.*, p. 21-22.
12. *Ibid.*, p. 40.

— C'est parce que je crois en la théologie comme littérature fantastique. C'est la perfection du genre[13]. »

Dans *Chez Borges*, Alberto Manguel rappelle : « Il lisait la théologie avec un plaisir intense. "Je suis le contraire des catholiques argentins, me disait-il. Ils ont la foi mais ça ne les intéresse pas ; j'ai l'intérêt, mais pas la foi." Il admirait l'usage métaphorique que faisait saint Augustin des symboles chrétiens. "La croix du Christ nous a sauvés du labyrinthe circulaire des stoïques", citait-il avec délectation. Et puis il ajoutait : "Mais je préfère tout de même ce labyrinthe circulaire." Même lorsqu'il lisait des livres traitant de religion ou de philosophie, ce qui l'intéressait, c'était la voix littéraire qui, pour Borges, devait toujours être individuelle, jamais nationale, jamais celle d'un groupe ou d'une école de pensée. Il rappelait Valéry, qui aspirait à une littérature sans dates, sans noms, sans nationalités, dans laquelle tous les écrits seraient perçus comme des créations d'un même esprit, l'Esprit saint[14]. »

Si je devais résumer, je dirais que Dieu selon Borges était la Littérature et que Dieu selon Pratt était l'Homme. Borges n'hésitait pas à utiliser Dieu comme personnage de sa propre liturgie littéraire, alors que Pratt dans ses histoires préférait se limiter à ses représentants sur terre. Ce dernier était d'ailleurs très précis quand il abordait le sujet : « Vous savez que les jésuites sont un ordre religieux, mais que l'on peut être jésuite sans être prêtre. Dans "jésuite", il y a des notions d'enseignement, de rigueur, d'organisation quasi militaire, de recherche intellectuelle, tout cela pouvant mener à l'hypocrisie[15]. »

Quand Hugo Pratt revient sur l'existence de Dieu (celui des chrétiens), il est catégorique : « Autant les mythes de la Genèse me passionnent, autant le dieu qui transparaît à travers eux me déçoit. Quand Dieu donne à l'Homme le libre

13. Jorge Luis Borges et Ernesto Sabato, *Conversations à Buenos Aires*, animées par Orlando Barone, éd. du Rocher/Anatolia, coll. « Bibliothèques 10/18 », n° 3734, 2005, p. 41.

14. *Chez Borges*, *op. cit.*, p. 63-64.

15. Hugo Pratt, *De l'autre côté de Corto*, *op. cit.*, p. 109.

arbitre, il doit savoir, puisqu'il est Dieu, à quels malheurs et à quelles souffrances cela pourra le conduire, mais le moins que l'on puisse dire est que cela n'a pas l'air de le troubler. Et quand on dit qu'il a fait l'Homme à sa propre image, je pense qu'après tout c'est normal si Dieu a des côtés plutôt moches, et inversement. Par contre, les animaux me paraissent plus réussis – celui que je trouve le plus beau est la panthère, avec sa queue. Si elle avait des ailes, ce serait un animal terrifiant, d'où le proverbe éthiopien : "Remercie Dieu de ne pas avoir donné d'ailes à la panthère." Mais si, sur le plan métaphysique, le christianisme ne me semble pas acceptable, sur le plan du rite, de la pompe, c'est certainement une des grandes constructions de l'esprit humain. Les évêques en violet, les cardinaux en pourpre, les crosses, les mitres, le cérémonial, les sacrements, les chants grégoriens, les formules latines et grecques : il y a dans tout cela une théâtralité, une symbologie et des aspects païens qui me plaisent. Je trouve particulièrement passionnantes les anciennes cérémonies des jésuites, en colonnes noires dans une église noire et dorée, avec dans les décorations des anges et des têtes de mort[16]. »

Nous avions eu une discussion avec Hugo sur les jésuites et sur Ignace de Loyola qui, comme Charles de Foucauld, autre converti (au XIXe siècle), commença dans la vie en se comportant en soldat turbulent. Son rôle connu de « préposé général » de la Compagnie de Jésus, fondée par le pape Paul III, en 1540, suggère la plupart du temps réticences et moqueries. Quelle erreur ! Ses exercices spirituels nourris de nombreuses lectures, expériences et phénomènes surnaturels extraordinaires – une vision de la Vierge et de l'Enfant Jésus est à l'origine de sa vocation – ne sont pas un fatras de consignes rigides, mais bien un ensemble de règles applicables à tous[17]. Aujourd'hui, l'ascèse, la dévotion, la contemplation, la prière sont des notions considérées comme dépassées ; de même que le « jésuitisme » est interprété comme étant la meilleure méthode pour se comporter en faux-cul ! Saint Ignace repré-

16. Hugo Pratt, *Le Désir d'être inutile. Souvenirs et réflexions*, *op. cit.*, p. 242.
17. Saint Ignace de Loyola (1491 ?-1556), *Exercices spirituels*, Arléa, 1991.

sente un moment de notre histoire. De son côté, la Compagnie de Jésus, dont il fut l'âme de son vivant, n'est pas prête de disparaître. Elle en a vu d'autres. La vie d'Ignace de Loyola est un roman d'aventures. Alexandre Dumas, qui s'y connaissait dans le genre, a fait d'Aramis un général secret des jésuites extrêmement fascinant et dernier survivant des trois mousquetaires, dans *Le vicomte de Bragelonne*.

Hugo Pratt constatait le peu de contrôle qu'il pouvait exercer sur les objets de dévotion autour de Corto Maltese, détournés à des fins commerciales qui ne lui rapportaient pas un sou : « Je ferai peut-être quelque chose au sujet de ces horribles statues de Corto Maltese, style Don Bosco ou saint Antoine de Padoue, que l'on trouve parfois. Je n'ai pas donné mon autorisation pour cela et je devrais demander à des avocats de s'en occuper[18]. »

Qu'il prit pour exemple des statues de saints en parlant de ce vrai problème posé par les marchands du temple modernes ne faisait au fond que confirmer ce qu'il avait toujours soutenu à l'encontre de la religion chrétienne. Pourtant, dans *Fanfulla*, BD historique que j'aime personnellement beaucoup, et qui raconte la mise à sac de Rome par les lansquenets allemands de Georg von Frunberg, en mai 1527, les dessins de Pratt expriment une vraie compassion à l'endroit des prêtres malmenés – martyrisés ! – dans leur église par les mercenaires protestants à la solde de Charles Quint, pourtant empereur et roi on ne peut plus catholique !... Influence de sa culture italienne baignée de catholicisme ? Influence du scénariste de l'histoire, Mino Milani, sous le pseudonyme de Piero Selva ? Influence du tournant de sa vie pris à ce moment-là ? En effet, avec *Fanfulla*, il terminait sa collaboration aux bandes dessinées et autres histoires en images pour le compte du *Corriere dei Piccoli*[19] et il allait rencontrer Florenzo Ivaldi avec qui il fera la revue *Sgt. Kirk*, à Gênes, permettant la naissance d'une nouvelle BD, *Una Ballada del mare salato*.

---

18. Hugo Pratt, *De l'autre côté de Corto*, *op. cit.*, p. 160.
19. Hugo Pratt travailla pour le *Corriere dei Piccoli* de 1962 à 1967.

Fonfulla de Lodi a mis en fuite d'horribles soudards – soudard lui-même ! – pour sauver de la torture un cardinal terrorisé dans son église. Mais Fanfulla constate que le prélat est mort de peur après son intervention musclée en sa faveur : « Bon... Bon... T'as eu une rude soirée. Bois un petit coup... Écoute-moi va, Fanfulla est un sage ! Hé ! Hée ! Cardinal ! Nom de D... Enfin, j'veux dire, bon sang ! Il est mort ! Mort ! Pauvre vieux... Il ne s'est même pas plaint une seule fois[20] ! »

Resté seul dans l'église en ruines, Fanfulla lance : « Au diable ! Ça m'a coupé l'envie de boire ! » Il sort pour aussitôt se battre en se portant au secours d'une jeune fille :

« Du calme, fillette. C'est fini !

— Oh ! monseigneur, soyez béni ! Dieu vous le rendra au centuple !

— Hé ! laisse ma main tranquille, bon sang !

— Merci, oh ! merci ! Je prierai pour vous, pour votre salut[21] ! »

Après lui avoir baisé la main, la fille s'enfuit en courant. Toute l'histoire montre Fanfulla se battant avec ses propres démons. À la fin de l'histoire, il se fait vengeur. Le traître Troilo paiera sa trahison en tombant d'une tour du haut de laquelle Fanfulla de Lodi lancera : « Justice est faite... Bon sang, c'est idiot, hein ? Mais j'me rappelle plus la prière des morts[22] ! »

20. Hugo Pratt, *Fanfulla*, Les Humanoïdes associés, 1981, p. 5-6.
21. *Ibid.*, p. 6-7.
22. *Ibid.*, p. 46.

V

Le parcours des flammes

29
Une torche à la main

La flamme de l'amour, la flamme de la guerre, la flamme du souvenir : de flambants bûchers, propres à éclairer « les sentiers qui bifurquent » chers à Borges et voies royales sur la piste de Pratt, s'allument de partout. « J'aime les danses initiatiques, qui permettent de trouver l'entrée ou la sortie des labyrinthes », disait ce dernier[1].

J'avance une torche à la main, les doigts me brûlent...

J'ai en mémoire une démonstration très brillante et un tant soit peu délirante de la part d'un pasteur, Alain Houziaux, ancien ouvrier de chez Renault, devenu théologien, et prédicateur au verbe exceptionnel. On pouvait l'entendre, il y a quelques années, au temple protestant de l'avenue de la Grande-Armée, à Paris. Sa démonstration reposait sur l'idée que si des récits mythologiques divers (chez les Babyloniens, les Indiens Choctaw et les Naoug de l'Himalaya) étaient comparables à la légende de la tour de Babel, on pouvait rapprocher de celle-ci des œuvres telles que *Faust*, *Don Juan* et *Don Quichotte*, sous le prétexte que tous les trois tentaient d'escalader le ciel à leur façon : quitte pour Faust à pactiser avec le diable, pour don Juan à pactiser avec l'amour, pour don Quichotte à pactiser avec la déraison. Et le pasteur génial et volubile de conclure en chaire :

---

1. Hugo Pratt, *Le Désir d'être inutile. Souvenirs et réflexions, op. cit.*, p. 222.

« On pourrait penser que le récit de la tour de Babel est une forme de critique marxiste de la religion. Les hommes de Babel veulent atteindre le ciel et s'inventer Dieu, mais ils échouent. Et les croyants ajoutent "grâce à Dieu lui-même", car ils retombent toujours sur leurs pieds ou plutôt sur leur Ciel ! »

En ce dimanche où le pasteur fit tonner sa voix, les colonnes du temple en tremblèrent ainsi que les lèvres de la femme qu'il venait d'épouser.

Averti du sens profond des hommes et de leurs mythes primordiaux, le pasteur Houziaux préférait don Quichotte aux deux autres : « À côté de don Juan et de Faust, il y a don Quichotte. Vive don Quichotte ! Vive les constructeurs de tours de Babel qui restent des don Quichotte sans devenir des don Juan ou des Faust. Don Quichotte a trois caractéristiques : il est toujours nomade, toujours individualiste, il ne parvient jamais à ses fins[2]. »

Bien sûr que nous le préférons tous aux deux autres, cet Alonso Quijano, dit « le bon », métamorphosé en don Quichotte de la Manche par Cervantès ! Hugo Pratt se référait à lui comme exemple de héros susceptible d'être repris par quelqu'un : « Un *Don Quichotte* inédit, apocryphe, serait plus intéressant qu'un mauvais roman. Si j'étais capable d'écrire comme Cervantès, je le ferais[3]. » De son côté, Jorge Luis Borges relevait : « Quand j'étais jeune, je me disais que pour décrire les circonstances de la mort de son personnage, Cervantès aurait dû faire de longues phrases. Mais non. Son ami est mort et il écrit simplement : "Je veux dire qu'il mourut[4]." »

Janvier 2002. Je suis venu passer quelques jours chez Livio, à Apremont. Le mont Granier nous domine de sa masse imposante. En 1999, nous l'avions grimpé tranquillement un soir. Une ascension facile, mais splendide. Toute la vallée de Chambéry à nos pieds !

---

2. Doc. Pasteur Alain Houziaux, Église réformée de France (Étoile), 1997.
3. Hugo Pratt, *De l'autre côté de Corto*, *op. cit.*, p. 166.
4. Jorge Luis Borges et Ernesto Sabato, *Conversations à Buenos Aires*, *op. cit.*, p. 69.

D'autre part, Livio raconte : « Hugo rêvait d'amener Corto dans les Alpes, qui constituent mon décor et mon univers. Lui-même rêvait de chausser les crampons afin d'aller se balader sur un glacier. Nous devions d'ailleurs visiter la grotte aux ours qui se trouve juste au pied du mont Granier, là où l'on a retrouvé les cadavres de cinq mille ours morts jadis pour des raisons mystérieuses. Nous n'avons jamais pu y aller, sa maladie nous en ayant empêchés[5]. »

Cette fois-ci, c'est pour brûler des papiers que je suis chez Livio, à la suite d'un déménagement. Je laisserai beaucoup d'affaires chez lui, des livres essentiellement. Chaque fois que se faisait sentir la nécessité de déplacer un carton de livres pour le déposer dans un autre coin de son atelier, nous pensions à Hugo ! Qu'aurait-il dit de nous savoir en train de reconstituer ainsi une bibliothèque secrète, à la fois double et complément de la sienne ?

À ce moment-là, durant l'hiver 2002, cette « opération de bibliomancie » coïncidera avec les travaux de Livio sur un nouveau projet de sculpture de don Quichotte. Déjà, en 1979, il avait réalisé un don Quichotte, sublime bronze de 43 centimètres, qu'il nous avait montré, à Hugo et à moi, lorsque nous nous étions connus. Reconnus !

J'ai connu Livio en décembre 1981, au spectacle annuel du Festival international du film d'aventures vécues, à La Plagne,

5. Livio Benedetti, *BoDoï*, hors série n° 5, « Le vrai Hugo Pratt », septembre-octobre-novembre 2002, « Mon étoile », p. 77.

station de montagne dans les Alpes, lieu de rencontres obligé des aventuriers tous azimuts dont je fus longtemps le compagnon de route. Le Festival de La Plagne n'existe plus. Je m'y étais rendu en compagnie d'Hugo Pratt, président du jury cette année-là. Livio nous avait repérés et avait déposé ses statuettes à nos pieds. Depuis, nous ne nous sommes plus quittés. Nous formions « le trio », avec ce que cela implique comme historiettes personnelles et baguenaudes rayonnantes. Hugo Pratt n'est plus, à quoi bon faire l'apologie de notre amitié et de nos virées rectifiées par la loi de la vie ? On aura compris qu'elles ont formé des stratifications à l'intérieur de nous-mêmes. Aujourd'hui, les deux font la paire : Livio et moi. L'absence d'Hugo s'est faite rôdeuse. Notre grand absent se conjugue à nos yeux au présent continu[6].

Le don Quichotte de l'époque de la rencontre avec Hugo était une statue pédestre qui le montrait avec Sancho Pança, son écuyer – son contraire et son pendant – qui semblait vouloir se cacher derrière l'extraordinaire chevalier délirant, son maître, mais aussi le nôtre ! Hugo l'avait également dessiné, dans *Les Celtiques*, mais ce n'était pas lui, c'était un acteur devenu fou qui se prenait pour don Quichotte[7].

L'été suivant, je retournai chez Livio non sans pratiquer derechef le jeu d'une nouvelle transhumance de livres. Son don Quichotte était terminé. Il l'avait remis sur Rossinante ; Sancho n'était plus là, mais le chef-d'œuvre statuaire était bel et bien là. Il pourrait veiller sur mes livres gardés par son créateur, notre ami Livio Benedetti, sculpteur.

Dans l'esprit de Livio Benedetti, son don Quichotte à cheval, il nous l'a campé à une halte, au repos. Quant au cher petit gros, Sancho, il ne l'a pas représenté. Il nous demande de l'imaginer s'activant à part à préparer repas et repos pour son maître. Quel recul Livio nous offre-t-il là ! Cela me permet de dégager l'idée que le noble chevalier errant n'aurait jamais pu devenir ce mythe littéraire que nous aimons si fort sans la

6. *Cf.* la préface du livre-catalogue *Livio Benedetti*, Garnier Nocera, mai 1997, p. 5-8.
7. Hugo Pratt, *Les Celtiques*, *op. cit.*, chap. 5 « Burlesque entre Zuydcoote et Bray-Dunes », p. 116.

JE SUIS DON QUICHOTTE DE LA MANCHE.

présence à ses côtés de Sancho Pança. Ce dernier préfigure non pas l'idéal chevaleresque, mais l'humanité nécessaire qui doit l'habiter. Sancho Pança est autant porteur de donquichottisme que Don Quichotte lui-même. D'ailleurs, dans un épisode, Cervantès décrit Sancho avec de longues jambes, comme si dans son esprit et par sa plume l'humanité enracinée de l'écuyer prenait le pas sur le délire permanent de l'ingénieux hidalgo de la Manche jusqu'à les confondre le temps d'une description. C'est là tout le génie de Cervantès d'avoir créé l'archétype du faire-valoir littéraire, comme saura le faire plus tard Alexandre Dumas avec Planchet. Hugo Pratt, lui, adaptera le processus en l'arrangeant de surprenante manière, car des personnages comme le professeur Steiner, Lévi Colombia et, surtout, l'insensé Raspoutine, qui l'un ou l'autre séparément et ensemble (comme dans *Mû*) épaulent Corto Maltese, n'ont rien de classiques valets de comédie ! Et en faisant précédemment allusion au talent d'écriture de Cervantès pour nous faire admettre qu'il ne possédait pas un talent d'écriture comparable, Pratt s'affiche lucide, mais exagérément modeste. Lui aussi fut géniteur inspiré, créateur d'une figure universelle : Corto Maltese. Il serait vain de vouloir expliquer après coup pourquoi un tel héros fut une telle réussite. L'unanimité de l'accueil qu'il reçut suffit à démontrer qu'il serait en voie de rejoindre les archétypes confinant à l'universalité pas aussi nombreux qu'on le croit. Faust et don Juan, dont le pasteur tonitruant parlait, en font partie, c'est sûr, de même qu'ils sont parfois associés l'un à l'autre[8] ! Un rapprochement d'ailleurs logique, puisque le pacte avec le diable est principalement formé de l'échange de la chair contre l'âme.

On sait que la vie de Miguel de Cervantes Saavedra (1547-1616) fut aussi riche, aventureuse, surprenante, talentueuse que sa production livresque, l'une et l'autre inégalables ainsi qu'indépassables. L'un des nombreux écrits qu'il nous laissa s'appelle *Le labyrinthe d'amour*. C'est une comédie sur l'innocence calomniée inspirée par ses lectures et ses expériences

8. *Cf.* le drame de Christian Dietrich Grabbe, *Don Juan et Faust*, 1829.

de vie, quand il avait pris rang comme soldat dans les *tercios* en Italie[9].

Livio Benedetti nous offrit, à Hugo et à moi – seulement pour nous –, un bronze de 25 centimètres, exécuté en 1976, avant de nous connaître : la *Dame de poing*, œuvre qu'il nous a dédiée, rien que pour nous deux, représente une dame qui se cache le visage. Cette femme assise et courbée sur elle-même, dont le visage me sera toujours inconnu, est le bien le plus précieux en dur que je possède : c'est un moulage qui pèse son poids, dès lors que je le prends dans la main telle une arme de poing ou de jet. Livio Benedetti a dessiné de belles fesses charmantes à sa statuette de bronze, prolongées par une paire de jambes repliées qui se terminent en pointe comme celles d'une danseuse terrassée. Une telle créature devrait normalement rester posée sur un buffet ou encore recueillir d'autres poussières que celles qui se déposent lentement derrière la vitrine d'un meuble aux souvenirs. Cependant, elle voyage, la douce gueuse. Elle se laisse tripoter et pas seulement à l'occasion de déménagements, pourtant nombreux chez moi. Une sculpture pour nomade à vous courber l'échine – sous le poids non pas d'un caractère difficile, mais parce que son corps pèse dans un sac à dos. Rit-elle ou pleure-t-elle, notre fille moulée ? C'est à nous de l'imaginer puisqu'elle a la face masquée d'une main, comme d'un bandeau, le nez contre le genou gauche. Bref, Jeanne qui rit ou Jeanne qui pleure ? Vierge ou putain ? Fiancée jolie ? Veuve « polie » au sens double : celui exprimant la politesse et celui symbolisant le poli de la tâche aboutie ?

Ainsi évoquai-je un jour – une nuit ? – notre muse commune, cadeau de Livio. C'est sa fiche signalétique[10] ! Je la trouve bien comme il faut, à sa place, côtoyant le portrait de Livio dessiné par Hugo dans le paysage visible de son atelier où l'une de ses belles dames grandeur nature se prélasse.

---

9. *Le labyrinthe d'amour* figure dans le recueil de pièces de théâtre intitulé *Huit comédies et huit intermèdes*, publié à Madrid en 1615.
10. Préface du livre-catalogue *Livio Benedetti*, *op. cit.*

R.
D.

Nous avions un jeu, avec Hugo : quand j'allais chez lui, je remettais toujours sa *Dame de poing*, qui était posée sur la large rambarde basse de son salon, dans la position qu'elle avait chez moi, sur mon bureau. Et il faisait la même chose quand il venait à la maison.

Un jour que nous nous rendions chez Hugo, Livio me montra une mince plaquette de poésies intitulée *Pierres*.

Dès la première page tournée, j'y lus un poème qui se terminait par ces vers :

« Je t'ai taillé une place
Pour la suite des temps
Tu recevras les regards
Et la caresse
Des mains qui t'aiment
Tu leur diras mon souvenir
Quand je serai parti
Parce que tu es PIERRE
Et moi de CHAIR

Mais là où je serai
Je te regarderai
Reposé[11] »

Je lui fis remarquer que ce poème collait à la *Dame de poing* et qu'il lui allait comme un gant ! Sans plus attendre, Livio se saisit de la plaquette pour me la redonner aussitôt avec un petit mot.

Je suis en retard de cadeaux pour Livio.

Alors que Sabato proposait à Borges de citer de mémoire quelques beaux poèmes de Lugones, après s'être concentré celui-ci en récita un, puis un autre :

« Moi qui suis montagnard je sais ce que vaut
Pour l'âme l'amitié de la pierre[12] »

Aux dames de PAPIER et de CHAIR d'avoir voix au chapitre...

---

11. Isidore Dalla Nora, *Pierres*, Association des amis de l'abbaye de Boscodon, 2e édition, 1991, p. 4.

12. Jorge Luis Borges et Ernesto Sabato, *Conversations à Buenos Aires, op. cit.*, p. 45.

30

Frasques et fresques de la chair

Les corps féminins impudiques dessinés par Hugo Pratt révèlent-ils l'homme ou plutôt l'œuvre ? Et ces impudeurs sur le papier sont-elles aussi impudiques que ça ? Entre le parlé cru et le parlé direct, quel voile y glisser ? C'est comme retenir, pendant l'acte d'amour, ces mots qui n'ont rien à voir avec les mots de la déclaration d'amour ! Dans *Mû*, le personnage de Tracy Eberhard – à la féminité ambiguë rare dans les histoires de Pratt – répond-elle à ma place ou plus exactement à la place d'Hugo ? La scène où il nous la fait découvrir tombant du ciel en aviatrice accidentée illustre l'ambiguïté relevée. Après l'avoir sortie de son avion avant qu'il n'explose et après lui avoir retiré ses lunettes pleines d'huile et ôté son casque de pilote, Corto marque sa surprise[1] :

1. Hugo Pratt, *Mû*, *op. cit.*, p. 155.

Se pencher sur la sexualité de papier, cachée ou montrée, en tout cas multiple et variée, troublante, parfois carrément existante, qu'Hugo Pratt nous donne à contempler, n'est pas un exercice facile. L'exemple de l'apparition de Tracy Eberhard est particulièrement révélateur de cette difficulté puisque la féminité secrète de la personne sous-tend une interrogation et qu'il en est de même pour son identité réelle. Et c'est auprès de Corto Maltese que nous soutirerons un semblant de réponse sur les impudeurs de son créateur. Ainsi, alors que Tracy s'apprête à s'embarquer à bord d'une montgolfière de son invention, avec la reine de Mû et Tristan Bantam, Corto se tourne vers elle pour engager le dialogue suivant :

« Il n'y a plus qu'à dire au revoir…

— On dirait… Vous êtes sûr de ne pas vouloir venir ?

— Vous savez pourquoi… Tracy, vous êtes une femme courageuse et…

— Et quoi ?

— Courageuse.

— C'est de la pudeur ?

— Non… Pourquoi ? Je ne crois pas…

— Corto, vous êtes quelqu'un de bien[2] ! »

On peut en dire autant de celui qui mit ces paroles dans leurs bouches dessinées par lui-même car, si Corto Maltese ne couche pas à la place d'Hugo Pratt, il en exprime les sentiments.

En poursuivant son travail d'investigation devenu familier pour nous, Dominique Petitfaux a largement abordé le « monde au féminin » d'Hugo Pratt[3] :

« Vos histoires sont pleines de femmes de toutes sortes, duchesses ou prostituées, mais elles ont des points communs : elles sont généralement belles, aventureuses, dangereuses.

— J'ai connu beaucoup de femmes comme vous venez de les décrire : belles, aventureuses, dangereuses.

---

2. *Ibid.*, p. 247.

3. Hugo Pratt, *Le Désir d'être inutile. Souvenirs et réflexions*, *op. cit.*, *in* « Cinquième porte ou un monde au féminin », p. 245-257.

— Vous ne pouvez les aimer qu'ainsi ?

— Mais non, une seule de ces qualités me suffit, même si j'ai eu la chance de rencontrer des femmes qui les possédaient toutes. Je n'ai jamais fait consciemment une sélection *a priori*. Je suppose que c'est l'éducation qui vous rend sensible à un certain type de regard, de sourire, de physique, d'intelligence, de comportement. En ce qui me concerne, ma famille était un matriarcat, et quand j'étais jeune, peut-être par réaction, je pensais que j'allais fonder une famille de type patriarcal – je crois d'ailleurs être plus paternel que maternel. En fait, la famille que j'ai fondée n'est ni patriarcale ni matriarcale, disons que c'est une famille du troisième type ! À Venise avec mes jeunes tantes, le spectre de l'inceste tournoyait autour de nous. J'aurais pu devenir homosexuel, mais c'est l'inverse qui s'est produit : la promiscuité masculine m'est pénible.

— Considérez-vous l'homosexualité comme une aberration ?

— Pour moi, c'en serait une ! Chez les autres, cela ne me choque ni ne me gêne. Les homosexuels sont souvent des gens intéressants, à la sensibilité originale. J'ai eu de bons amis homosexuels et, dans la mesure où ils n'ont pas cherché à me tripoter, tout s'est toujours très bien passé entre eux et moi. Les contacts physiques entre hommes ne m'ont jamais attiré, même présentés comme l'expression d'une complicité virile [...][4]. Tout ce que je voudrais dire, c'est que, sans être attiré par un type physique précis, j'aime les femmes. Je suis maintenant arrivé à l'âge d'une certaine sérénité dans mes rapports avec elles, mais je les aime toujours. Aujourd'hui encore, un monde sans femmes serait pour moi inconvenable. Les regarder suffit à me donner du plaisir. Il n'y a rien de mal à observer une belle fille. Dans ma vie, j'aurais déjà dû mourir trois fois ; pour tout ce que j'ai mangé, pour tout ce que j'ai bu, pour toutes les femmes que j'ai connues[5]. »

Chaque fois qu'il me paraît indispensable de couper des phrases d'Hugo Pratt, j'ai comme la sensation de lui faire

4. Une partie de l'entretien manque. Je renvoie le lecteur intéressé au chapitre de l'ouvrage d'où est tiré ce passage (*cf.* note 3).

5. *Ibid.*, p. 245-247.

subir une castration aussi brutale et provocante que certaines positions qu'il fit prendre aux filles qu'il dessina. Le « monde au féminin » d'Hugo Pratt, moult fois narré et croqué artistiquement – et, ce qui va de soi, charnellement testé comme il faut par le premier concerné –, nous procure-t-il égarement plus grand sur l'homme ou rapprochement plus intime sur l'œuvre ? Pour que la question n'ait plus lieu, on peut imaginer son contraire. Les libres figures de style de l'écriture ainsi que les retournements merveilleusement scabreux des corps enamourés nous l'autorisent.

*
* *

« Je connais bien les femmes, et pourtant, oui, elles conservent encore pour moi un certain mystère. Il y a parfois des luttes dures pour comprendre une femme. Le monde des hommes et le monde des femmes se ressemblent, il y a une communication possible, mais ce sont quand même des mondes séparés. Et nous sommes tous nés de la rencontre de ces deux mondes. Je n'ai pas fini d'explorer le monde des femmes, et je n'en aurai jamais fini : c'est comme ma recherche de la vérité, mais dans ce cas je ne peux pas dire que les femmes aient été comme une religion, car je n'ai jamais été amoureux de l'amour en général, mais de femmes particulières[6]. »

Ces propos sur les femmes, Hugo Pratt nous les livre avec le recul et la pudeur qui conviennent, et qui depuis toujours le préoccupèrent, lui qui commença très tôt, à peine adolescent, à accumuler les expériences sexuelles. Dans son livre autobiographique, *En attendant Corto*[7], il raconte parfois crûment cette période pour le moins secouée de son existence, que la fin du rêve colonial italien accéléra avec l'arrivée des Anglais vainqueurs et l'empereur Hailé Sélassié Ier rétabli sur son trône. Le passage retenu a l'avantage de nous offrir un résumé assez complet de ce que le jeune Hugo, alors âgé de 14 ans, vécut durant cette période particulièrement riche en

6. *Ibid.*, p. 250.
7. Hugo Pratt, *En attendant Corto*, *op. cit.*, chap. 1.

rebondissements divers, où peines et joies alternaient sans cesse, causées par les troubles de la guerre et l'affaiblissement de la santé de son père[8] :

« Un jour, justement, j'avais rendez-vous avec mon père au bar de la ligne de chemin de fer Addis-Abeba-Djibouti et, pendant que j'étais là à attendre, une femme superbe est entrée, une des plus belles qu'il m'ait été donné de rencontrer durant toute ma vie, une jeune Hongroise arrivée là Dieu sait comment. Je me suis approché. À brûle-pourpoint, je lui ai dit : "Ce que vous êtes belle ! Quel beau cul vous avez, madame !" Elle est restée bouche bée et je me suis mis à rougir ; habitué au bordel "*L'aigle blanc*", ce compliment m'était sorti de la bouche tout naturellement, sans censure préalable. De toute façon, elle avait bien dû ressentir quelque chose, parce qu'elle m'a offert une boisson et m'a fait asseoir avec elle. Ainsi, quand mon père est arrivé, il m'a vu installé avec cette beauté, tout excité à raconter mes histoires. Le pauvre, qu'a-t-il bien pu penser ? J'étais cruel avec lui, vraiment comme seul un enfant peut l'être. Peu de temps après, j'ai su que les Anglais l'avaient pris lors d'une rafle et l'avaient envoyé dans un camp, à Harar. Il n'y a survécu pas même deux ans. Il est mort alors qu'on l'emmenait de Diré-Daoua à Harar. Il est mort comme son père, sur un brancard, mais seul, loin de tout, sans une fiasque de vin et sans rien, comme un pauvre chien !

Ma mère et moi nous sommes restés encore un peu à Addis-Abeba. J'étais souvent avec un groupe de pilotes d'Afrique du Sud et je perfectionnais mon accent anglais qui, bien des années après, à Venise, me mettrait dans un sacré pétrin. J'avais aussi de plus en plus d'amis noirs. Ma mère vendait les montres que Brahane nous avait laissées et nous nous débrouillions. Nous habitions dans une maison que nous avait trouvée Ahmed. Mais ma mère, qui était enceinte, voulait s'installer plus près du camp de prisonniers où se trouvait mon père. C'est ainsi que nous nous sommes déplacés à Dirédaoua, une petite ville en pays danakil où nous avons été internés, au terrain d'aviation. Il semblait que nous nous

8. *Ibid.*, p. 32-33.

étions donné rendez-vous : je retrouvais là mes copains d'école, Nanda Brancati, les fils de madame Memma, les putains de « *L'aigle blanc* » qui occupaient toutes la tente numéro trente-trois, et beaucoup d'autres gens. Ce fut une expérience importante pour moi et pour les quatorze autres gamins. Bon sang ! Il y avait cinq mille femmes au camp de Dirédaoua. Admettons que, sur cinq mille femmes, il y en ait deux mille cinq cents de laides, vieilles et mal fichues. Il en reste deux mille cinq cents qui peuvent aller. Divisons encore et l'on en trouve mille deux cent cinquante bien fichues. Divisons encore une ou deux fois et nous arrivons à la marchandise de premier choix : nous avions tous à disposition un bon nombre de belles nanas.

Mais il suffit qu'on tombe amoureux d'une pour rester avec elle et ne plus regarder les autres. J'avais fini par m'éprendre de Clara Pecci, belle et douce, la Blanche-Neige de Walt Disney. Je me souviens du mur blanc d'un dépôt de dattes, criblé en haut par une rafale de mitraillette, le grand ciel obscur d'une nuit africaine et nous, dessous : Clara Pecci, deux copains, des chameaux et moi. Elle avait fini par me choisir.

Dans notre hangar, nous dormions, filles et garçons, séparés par des sacs de sable. Chacun de nous cherchait à dormir à côté de sa belle : tête à tête. Nous faisions des trous dans les sacs de sable pour dormir en nous tenant la main, les doigts entrelacés ; moi, toujours avec une autre, parce que je n'arrivais jamais à trouver Clara. Je serrais cette main dans l'obscurité. Je ne pouvais sûrement pas imaginer que, seulement deux ans plus tard, je courrais à Vicence pour essayer de la voir encore une fois, morte sous un bombardement[9]. »

À 14 ans, Hugo Pratt n'avait peut-être pas fini de grandir, mais il avait déjà fini de comprendre comment reproduire la vie et comment la perdre. Il nous le raconte avec son style inimitable, mais à l'époque il dessinait déjà, puisque toute sa vie il l'a fait. Les nombreux dessins qu'il fit sur ce qu'il nous a décrit, sa mère les a brûlés en pliant bagage avant de

9. Dans le même livre, Hugo raconte son retour en Italie et celui de Clara Pecci, précédés d'un passage sur l'accouchement de sa mère qui mit au monde une fille mort-née (*ibid.*, p. 34-35).

s'embarquer pour l'Italie avec son fils chéri. Des années plus tard, Hugo refit ses dessins de mémoire. À ses dons si particuliers de mémorisation, s'ajoutait chez lui une exceptionnelle mémoire visuelle quasi photographique :

À Dirédaoua, j'ai retrouvé un des bâtiments dont il est question dans les souvenirs d'Hugo, quand la famille Pratt était en « résidence adaptée ». Il s'agit d'un hangar fermé en bas d'une colline juste avant la sortie de la ville, sur la route en direction de Harar. Le « bâtiment Pratt » est situé sur un vaste terrain où se trouve un grand lycée mixte, en fait plus proche de l'ancienne usine d'Henry de Monfreid que de l'aéroport[10].

Dans mon souci de suivre les traces laissées par Hugo en m'amusant à étudier sa géographie du souvenir, rien de tel que de passer les portes et de tourner les pages. En fait, me promener dans ses pas et lire ce qu'il dicta, ce qu'il confia

10. C'est au cours de la préparation du voyage fait avec Patrizia Zanotti, Gianluigi Gasparini et leur fille Livia, auquel participèrent Marco D'Anna, Wazem et Patrick Flumet, en avril 2004, que j'effectuai un « repérage » sur les traces d'Hugo Pratt, doublé d'une investigation sur les lieux où Henry de Monfreid marqua son passage. Comme pour Bob Collins, l'enquête continue !... *Cf.* Pratt–Guilbert–Wazem–D'Anna, *Éthiopie. La trace du scorpion*, préface d'Alain Borer, interviews par Antoine Duplan, Casterman, 2004.

et ce qu'il retraça diversement me le rappelle autant que de fouiller dans ma mémoire par ailleurs nettement moins performante que la sienne. C'est quand il racontait les femmes que sa pudeur personnelle ressortait le mieux. J'aimais ces moments où nous étions tranquillement installés tous les deux, chez lui ou à une halte en voyage, et que nous bavardions en totale confidentialité, sans aucune retenue. Mais avec Hugo, rien n'était jamais vulgaire, même s'il ne se gênait pas pour appeler un chat un chat, ou plus précisément appeler une chatte par son nom ; « chatte » dont il était capable de détailler les divers usages dans leurs emplois les plus délicieux, sans aucune modération pudibonde. Sur l'art d'obtenir la permission d'une franche utilisation de la chose sur la personne, Hugo Pratt en parlait savoureusement, et – je ne crois pas le mot déplacé – pudiquement.

Hugo Pratt ne m'a pas laissé beaucoup de dessins signés de sa main et exécutés exprès pour moi. J'en ai un pourtant un : le sexe d'une femme. Oserai-je reprendre le terme qu'il utilisa ? « Une chatte, tracée de mémoire ! » précisa-t-il en riant. Pour moi, le modèle est anonyme. Pas pour lui. J'y vois comme une pudeur très bien placée ! J'ai caché ce dessin, comme il se doit.

C'est de mémoire encore qu'Hugo Pratt dessina une demi-douzaine de gros plans de la partie anatomique mentionnée. La version couleur est non signée[11] ; la version en noir et blanc désigne des filles bien précises, mais une fois encore sans la signature du dessinateur.

De l'utilisateur ?....

De gauche à droite et de haut en bas :

« Figa della Flak Waffen-Helferin 1944/Figa Waffen SS Helferin-Nen 1944/Figa Flakwaffen Helferin (Herta) 1944/Figa Ustasha Yugoslavia 1944/American Figa Captain US Wac S.H.A.E.F. 1945/Figa Ausiliaria italiana M.V.S.N. Brigata Nera 1945[12]. »

11. *In* Giorgio Baffo, *Sonnets érotiques*, illustrations d'Hugo Pratt, Vertige Graphic, 1998, p. 76.

12. Planche *in* Hugo Pratt, *En attendant Corto*, *op. cit.*

On le constate : il s'agissait de faire la guerre et l'amour à la fois avec l'ennemi et l'ami, filles sous les drapeaux et sous les draps.

« La flamme de l'amour, la flamme de la guerre, la flamme du souvenir », notai-je pour introduire cette dernière partie en brandissant une torche plutôt qu'en tenant la chandelle. Le parcours des flammes laisse des brûlures.

*
* *

Hugo Pratt illustra Giorgio Baffo, figure typique de Venise, au XVIIIe siècle, pendant le déclin de la République :

« Poète lucide et provocateur acide, Baffo ne pouvait trouver meilleur compagnon qu'Hugo Pratt, dessinateur voyageur, croqueur à la fois raffiné et affamé de notre monde. Ce Vénitien est un peintre de la nostalgie, d'un temps irrémédiablement révolu et pourtant si proche qu'il sourd encore du moindre geste, qu'il se lit au détour d'une courbe ou de l'entrelacs d'une chevelure. D'un temps où les femmes s'abandonnaient, à la fois joyeuses et mystérieuses. Là où Baffo décrit, Pratt écrit. Il raconte ces regards allusifs et pleins d'intentions, ces corps subtilement idéalisés qui s'offrent aux yeux et aux sens en signes de promesses heureuses[13]. »

En visualisant une seule illustration suivie d'un seul sonnet laissés par nos deux Vénitiens, on imagine le reste sans bavures :

> « Écoute, peintre ; tu vas me peindre une femme,
> sans chemise, telle que Dieu l'a créée,
> avec les cheveux blonds, le chignon défait,
> et une fleurette sur la tête, à la putain ;
> tu tâcheras qu'elle ait une figure de Madone,
> les tétins blancs et délicats,
> que l'on aperçoive un peu du fessier,
> et autant que possible de la moniche.
> Fais-moi, je t'en prie, chose qui me plaira :
> qu'elle soit assise sur un drap blanc,

13. Giorgio Baffo, *Sonnets érotiques*, *op. cit.*, avant-propos, p. 6.

et que l'on voie qu'elle se branle ;
qu'elle tende en avant tout ce qu'elle a de motte,
et qu'à son visage pâmé de jouissance
un chacun devine qu'elle décharge[14]. »

Bien qu'il faille se méfier du vocabulaire touchant à cette différence qu'il est de bon ton d'établir entre pornographie et érotisme – et aussi entre ce dont on parle et ce à quoi l'on pense –, l'exemple des *Mille et une nuits* nous renvoie à une lecture considérée comme beaucoup plus acceptable, alors que le sujet est le même. Sujet éternel – formulé, pratiqué, raconté de toute éternité :

« Alors la jeune fille se leva et se dévêtit et vint à moi avec, sur la peau, la chemise fine seulement. Et quelle chemise ! Ô broderies ! Il y avait aussi le caleçon limpide ; mais elle se hâta de le faire glisser et, me prenant la main, elle me mena au fond de l'alcôve, où elle se jeta avec moi sur le grand lit d'or et, haletante, elle me dit : “Cela nous est maintenant

14. *Ibid.*, p. 35.

permis. Il n'y a point de honte dans ce qui est licite !" Et elle s'étendit, élastique, et m'attira tout contre elle ; puis elle gémit longuement et fit suivre cela d'un grand frémissement et cela de quelques coquettes minauderies ; et finit alors par relever sa fine chemise jusqu'au-dessus de ses reins. Alors moi je ne sus plus guère refréner mes longs désirs et, après lui avoir sucé les lèvres, alors qu'elle se pâmait et s'étirait et battait des paupières, je la pénétrai d'outre en outre. Et je vérifiai ainsi l'exactitude charmante de ce dire du poète : "Lorsque la jeune enfant eut relevé sa robe, ma vue put s'étendre avec aisance sur la terrasse de son ventre, ô jardins !" Et j'en découvris l'entrée qui était aussi étroite et difficile que ma patience et ma vie. Mais je pus tout de même avec force y pénétrer, bien que de moitié seulement. Alors elle eut un grand soupir ; et je lui dis : "Pourquoi soupires-tu ?" Elle répondit : "Pour la seconde moitié, ô lumière de mon œil !" En effet, une fois cela fait, elle me dit : "Agis comme tu l'entends, je suis ton esclave soumise. Va ! Viens ! Prends-le ! Donne-le ! Tout entier ou autrement ! Par ma vie chez toi ! Donne-le plutôt pour que de ma main je m'en pénètre, et que je m'en pacifie les entrailles[15] !" »

Hugo Pratt dessina *Simbad le marin* dont les aventures constituent le premier des fameux contes des *Mille et une nuits*. C'était quand il travaillait en Italie, après sa période argentine[16]. Il illustra plusieurs histoires, avec le texte sous l'image, dont un *Ulysse* et un *Hercule* du même ordre, difficilement trouvables aujourd'hui sur le marché français.

Enfant, le jeune Corto, à Malte, gagna une partie d'échecs contre une belle fée sarrasine. Celle-ci lui offrit en gage « un magnifique coussin brodé, orné sur le pourtour de franges de cheveux d'enfants chrétiens de l'île de Chypre. La nuit, pour dormir il suffit de mettre sa tête sur ce coussin pour rêver de

15. *Le Livre des sagesses d'Orient*, présenté par Gilbert Sinoué, éditions n° 1, 2000, p. 39-40.

16. *Simbad le marin*, texte de Mino Milani, illustrations d'Hugo Pratt, *in Corriere dei Piccoli*, du n° 28 (14 septembre 1963) au n° 33 (18 août 1963). Un album *Simbad le marin et autres récits* a été édité par Bédésup.

ce que l'on veut. » La Sarrasine s'était faite conteuse pour lui, à la manière de Schéhérazade, et Corto Maltese ne l'a jamais oubliée[17]...

17. *In Corto Maltese. Mémoires*, *op. cit.*, p. 29.

Simbad, comme tous les personnages des fameux contes, croise l'amour et l'aventure. Il se souvient des paroles de son père : « Qui rêve de la gloire sans plonger dans la peine consume l'existence à quêter l'impossible[18]. » Ni Corto ni Hugo n'ignorèrent que la vie fût ainsi. De plus, que Borges s'en mêlât n'a rien d'étonnant ! Il se pencha sur le rôle des traducteurs de toutes ces histoires formant l'ensemble de ce que le monde entier connaît sous le titre *Contes des mille et une nuits*. Il précisa même : « C'est le titre qui est aujourd'hui familier à tous les pays d'Europe, l'Angleterre exceptée qui préféra celui de *Nuits arabes*[19]. » Dans *Histoire de l'éternité*, il s'attaque au sujet en nous faisant entrer dans ses travaux d'érudition comme si on lisait un roman policier :

« En 1872, à Trieste, dans un palais plein d'humides statues et d'autres œuvres de salubrité douteuse, un gentilhomme au visage armorié d'une cicatrice africaine – le capitaine Richard Francis Burton, consul anglais – entreprit une célèbre traduction du *Quitab alif laila ua laila*, livre que les roumis appellent aussi *Les mille et une nuits*. Un des secrets mobiles de son travail est qu'il se proposait la destruction intégrale d'un autre gentilhomme – également pourvu d'une ténébreuse barbe de Maure, également bruni et tanné – qui était en train de compiler en Angleterre un volumineux dictionnaire. Il mourut bien avant d'être anéanti par Burton. C'était Edward Lane, l'orientaliste, auteur d'une traduction extrêmement scrupuleuse des *Mille et une nuits*, qui avait supplanté celle de Galland. Lane traduisit contre Galland, Burton traduisit contre Lane. Pour comprendre Burton, il faut comprendre la dynastie ennemie[20]. »

Ce texte date de 1935. Plus de temps nous sépare de Borges écrivant sur les *Mille et une nuits* qu'il y a d'années entre Burton et lui. Et deux siècles s'écoulèrent entre sir Richard Francis

---

18. *In Album Mille et une nuits*, iconographie choisie et commentée par Margaret Sironval, Gallimard, coll. « Bibliothèque de la Pléiade », 2005, p. 71.

19. Jorge Luis Borges, *Histoire universelle de l'infamie/Histoire de l'éternité*, *op. cit.*, « Les traducteurs des *Mille et une nuits* », p. 206.

20. *Ibid.*, p. 189.

Burton et Jean-Antoine Galland, tout premier traducteur et à ce titre fondateur de « la dynastie ennemie[21] ». Ainsi le problème posé par Borges est-il à la fois vision des mœurs et affaire de caractères chez les traducteurs sujets de son étude. La trentaine de pages qu'il consacre aux traductions faites des *Mille et une nuits* s'inscrivent dans cette double perspective. Trois traducteurs sont concernés au premier chef : 1. le capitaine Burton, 2. le docteur Mardrus, 3. Enno Littmann[22]. Une phrase de Borges les contient tous les trois mais ne sous-entend pas forcément le jugement qu'il porte sur chacun : « Chez Burton, précurseur occasionnel du toujours fabuleux Mardrus, je me méfierais de formules si miraculeusement orientales. Chez Lane, elles sont si rares, qu'il me faut les croire involontaires, c'est-à-dire authentiques[23]. »

Sur Burton – inventeur d'une formule de souscription pour une édition unique tirée à mille exemplaires, avec obligation juridique de ne jamais réimprimer l'ouvrage –, Borges écrit :

« Pour contenter les souscripteurs, Burton multiplia les notes explicatives sur les "coutumes des hommes de l'Islam". Seulement, Lane avait déjà occupé la place : habillement, nourriture, pratiques religieuses, architecture, références à l'histoire ou au Coran, jeux, arts, mythologies, tout cela avait déjà été classé dans les trois volumes du gênant prédécesseur. Il y manquait, comme on pouvait s'y attendre, le domaine érotique. Burton (dont le premier exercice de style

21. « Cela se passait dans les années 1670. Louis XIV a besoin de preuves pour régler une controverse entre le ministre protestant Claude et les jansénistes, le Grand Arnaud et Nicole, sur la réalité de la transsubstantiation. Il demande que soit démontrée la preuve de cette croyance, et suggère d'aller la chercher dans les deux pays susceptibles de la lui fournir : la Grèce et la Turquie. Le roi charge de cette mission l'ambassadeur Nointel qu'il vient de nommer comme plénipotentiaire du Roi Très-Chrétien auprès de la Sublime Porte, à l'ambassade de France à Constantinople. Nointel demande pour cette charge d'être accompagné d'un secrétaire capable de la remplir en tout point. Le Grand Arnaud ne voit qu'un seul homme qui, de plus, connaît parfaitement le grec : Antoine Galland. Et c'est au travers de cette première mission, et grâce à ce savant de vingt-quatre ans, que commence l'aventure littéraire des *Mille et une nuits*. » *Album Mille et une nuits*, *op. cit.*, p. 16.

22. *Cf.* Jorge Luis Borges, *Histoire universelle de l'infamie/Histoire de l'éternité*, *op. cit.*, « Les traducteurs des Mille et Une Nuits », p. 189-217.

23. *Ibid.*, p. 195.

avait été un rapport des plus personnels sur les bordels du Bengale) était on ne peut plus capable de réparer cet oubli. Un bon exemple des délectations moroses où il sombra est cette note arbitraire du tome sept, plaisamment intitulée dans l'index : *capotes mélancoliques*[24]. »

Sur le docteur Joseph-Charles Mardrus – né au Caire en 1868 et dont le grand-père avait servi sous Bonaparte pendant la campagne d'Égypte comme officier trésorier-payeur de l'armée –, Borges écrit :

« Sans cesse, Mardrus veut parfaire l'œuvre que d'anonymes et indolents Arabes négligèrent. Il ajoute des paysages "Art nouveau", de grosses obscénités, de courts intermèdes comiques, des détails, des symétries, un fréquent orientalisme visuel[25]. [...] Il faut dire qu'en général, Mardrus ne traduit pas les mots, mais les spectacles du livre : liberté refusée aux traducteurs, mais permise aux peintres qui illustrent un ouvrage et qu'on autorise à ajouter des détails de cette espèce. Je ne sais si ce sont ces digressions aimables qui donnent à l'œuvre cet air heureux, cet air d'improvisation personnelle et non de manipulation de dictionnaire ; je sais simplement que la "traduction" de Mardrus est la plus lisible de toutes – après celle, incomparable, de Burton qui n'est pas plus fidèle[26]. »

Sur Enno Littmann, le plus savant des trois au sens académique du terme – philologue spécialisé dans les langues sémitiques anciennes, c'est lui qui a déchiffré les inscriptions éthiopiennes d'Aksoum, où il travailla en 1905 et 1906 –, Borges écrit :

« Sans avoir les mêmes complaisances que Burton, sa traduction est d'une absolue franchise ; les obscénités les plus ineffables ne l'arrêtent point : il les confie à son tranquille allemand et, par exception, au latin. Il ne saute pas un mot, pas même ceux qui annoncent – mille fois – le passage d'une nuit à la suivante ; la couleur locale ne l'intéresse pas ou il la récuse. Il a fallu une observation des éditeurs pour qu'il

24. *Ibid.*, p. 202.

25. Ici, Borges se réfère à la 344e et à la 573e nuit comme exemple de corrections faites par Mardrus.

26. *Ibid.*, p. 211-212.

conservât le nom d'*Allah* et ne le remplaçât point par *Dieu*. Comme Burton et John Payne[27], il traduit en vers occidentaux les vers arabes. Il fait ingénument remarquer que, s'il venait, après l'avertissement rituel : "Untel prononça ces vers", un passage en prose allemande, cela déconcerterait le lecteur. Il fournit les notes nécessaires à la bonne intelligence du texte ; une vingtaine par volume, toutes laconiques. Il est toujours lucide, lisible, médiocre[28]. »

Avec Hugo, nous avions discuté de cette question de l'importance de telle ou telle traduction des *Mille et une nuits*, autrement dit des « *Mille et une lectures* » possibles des contes susurrés à l'oreille de Corto Maltese sur son oreiller par Schéhérazade, la nuit sous les draps froissés. C'était à Saint-Malo, en 1991, au moment du deuxième festival « Étonnants voyageurs ». Nous avions assisté à la projection d'un film retraçant les aventures du capitaine Burton à la recherche des sources du Nil. Oui, c'est bien le même[29] ! La salle était vide.

27. Autre traducteur célèbre, John Payne est celui qui fit connaître *Le Livre des mille nuits et une nuit* (*The Book of the Thousand Nights and One Night*) à son ami Mallarmé, que Mardrus fréquentera aussi. Plus tard, « *L'enchanteur Mardrus* inspire le Tout-Paris artistique et mondain. Son ami Paul Poiret vient de fonder en collaboration avec Raoul Dufy l'école d'arts décoratifs Martine. Ensemble, ils mettent à la mode les soirées *à l'orientale*. Les *Mille nuits et une nuit* deviennent le thème d'une fête costumée que donne Paul Poiret en son château du Butard, en juin 1911. Il imagine le décor du palais d'Aladin, avec des arbres couverts de fruits lumineux, dans lequel trois cents invités choisis par lui, vêtus selon les instructions du couturier, dans un chatoiement oriental de soieries, de bijoux, d'aigrettes et de couleurs, participent à La mille et deuxième nuit. Mardrus et Lucie Delarue y font une entrée remarquée : tous deux sont juchés sur un chameau. La princesse Murat et Boni de Castellane n'oublieront jamais cette nuit miraculeuse qu'ils évoqueront souvent. » *Album Mille et une Nuits*, *op. cit.*, p. 118.

28. Jorge Luis Borges, *Histoire universelle de l'infamie/Histoire de l'éternité*, *op. cit.*, p. 214-215.

29. Sir Richard Francis Burton est l'un des personnages les plus extravagants de l'histoire de l'Angleterre victorienne. Il parlait à la fin de sa vie une quarantaine de langues. Quand il entreprit, en 1857, avec son compatriote John Hanning Speke, capitaine lui aussi, de résoudre le problème des sources du Nil, il était déjà connu pour avoir pénétré deux sanctuaires inviolables : La Mecque et Harar, déguisé en pèlerin musulman. Notons que dans la controverse sur les sources du Nil qui opposa Burton à Speke, c'est à ce dernier que l'histoire donna raison. « Aujourd'hui, pour tout le monde ou presque, la source du grand fleuve, c'est le Nyanza, qui donne naissance au "vieux père Nil" du capitaine Speke ;

Bon signe pour les écrivains-voyageurs qui signaient leur dernier ouvrage sur les stands ce jour-là : le livre l'emportait sur le cinéma. Hugo était devenu un habitué de Saint-Malo. Il y était pour l'inauguration de « Corto à Corto », en mai 1990, et en mai 1994, où il avait pu apprécier l'exposition des illustrations de Newell Convers Wyeth pour *L'île au trésor*[30].

*
* *

« Mon œuvre est plus importante que toutes les femmes que j'ai connues, plus importante que l'histoire de ma vie, ne serait-ce que parce que toute mon expérience s'y retrouve, synthétisée et sublimée. Et l'œuvre est ce qui reste. C'est grâce à l'œuvre que les femmes que j'ai aimées resteront elles aussi, à jamais figées, belles prisonnières des cases de mes bandes dessinées, sauf lorsque quelqu'un ouvrira l'album, et qu'elles iront alors vagabonder dans l'imagination du lecteur[31]. »

Les femmes de Corto Maltese iront même jusqu'à hanter l'esprit de plus d'un et à en rendre jalouse plus d'une. Il suffit de les citer pour comprendre :

Pandora Groovesnore, Soledad Lokäarth, Banshee O'Danann, Morgana Dias Do Santos Bantam, Hipazia Theone, Farias

---

c'est l'embouchure du lac Victoria, c'est ce ruban d'eau, pareil à quelque tapis roulant, que l'explorateur britannique vit, le 28 juillet 1862, se précipiter en plusieurs chutes, mourant dans les remous, dans des tourbillons couverts de plaques d'écume verdâtre, et s'enfuir à toute vitesse vers le Soudan, Khartoum et l'Égypte. » *In* Bernard Pierre, *Le roman du Nil*, Plon, 1974, p. 89-90.

30. « Comme vous le savez, l'aventure n'a rien à voir avec le nombre de kilomètres, et en mai 1990 j'ai découvert Saint-Malo. J'avais été invité à Saint-Malo par Michel Le Bris, qui y organisait le Festival international du livre d'aventures et de voyages. Mais il était fatal que mon lien avec le Canada me conduise un jour à Saint-Malo, la ville de Jacques Cartier. D'ailleurs, Corto Maltese est certainement passé par Saint-Malo ; il venait du Québec et était à la recherche d'un document en rapport avec Jacques Cartier – une ancienne carte, peut-être… C'est une belle ville. On m'avait logé à l'hôtel Brocéliande – du nom de la forêt des légendes arthuriennes –, dans la chambre dite de la reine Guenièvre, c'est-à-dire l'épouse du roi Arthur, aimée de Lancelot. Et logiquement, pendant mon sommeil, la reine Guenièvre est venue me visiter » (*in* Hugo Pratt, *Le désir d'être inutile. Souvenirs et réflexions*, *op. cit.*, p. 166-167)

31. *Ibid.*, p. 253.

Paso Viola, Morgane, madame Java, Bouche dorée, Changhaï Li, Vanexiana Stevenson, Tracy Eberhard, Lady Rowena, Marina Seminova, Esmeralda, Marianne, Fala Mariam, Mélodie Gaël, Mou Lou Sung, Louise Brookszowyc, Cassandre, Sevan Vartkès[32].

C'est à Banshee O'Danann à qui revient l'honneur d'être ici montrée, parce que c'est à elle que Corto Maltese proposa un jour de partir avec lui.

La lettre d'adieu de Banshee à Corto explique pourquoi celle-ci refusa sa proposition ; une proposition qu'à notre connaissance il ne fit jamais à une autre :

« À toi,

Le vent faisait chanter la carcasse de la baleine jadis échouée sur la plage et les mouettes criaient en troupe affolée entre le sable et les vagues vertes de l'océan.

Je m'étais arrêtée non loin du rivage. Un soleil d'automne fouillait la grève de sa lumière froide. Je te regardais arriver les mains enfouies dans ton caban de marin au col relevé. Tu marchais la tête basse et le front buté. Tu semblais triste et mal à l'aise. Je me demande encore comment tu as trouvé le

32. Hugo Pratt et Michel Pierre, *Les femmes de Corto Maltese*, Casterman, 1994.

courage de me demander de partir avec toi. Et je me demande surtout comment j'ai trouvé l'énergie de refuser et de te dire adieu. En affirmant que je portais malheur alors que c'est mon malheur que je porte en moi.

La dernière image que je garde de toi est celle d'une longue silhouette adossée à la dune. Tu faisais corps avec l'horizon et seuls les oiseaux de mer signalaient ta présence. Cela fait bientôt deux ans que leurs cris imbéciles résonnent dans mes cauchemars.

Banshee[33] »

Les femmes de Corto Maltese ouvrent plus facilement leur cœur que leurs cuisses. Cela n'est pas leur moindre charme ! Ainsi sont-elles devenues célèbres sans jamais se déshabiller. Chacune d'elles a su attirer l'œil de lecteurs particuliers. Qui choisit qui ? Mais doit-on faire un choix – puisqu'elles sont inaccessibles ?

Certaines des femmes dessinées par Hugo Pratt dans ses histoires étaient déjà célèbres avant d'y entrer. C'est par exemple le cas de l'actrice américaine Louise Brooks, qu'Hugo avait rencontrée au cours d'un voyage aux États-Unis[34]. C'est aussi le cas de Tamara de Lempicka, baronne et peintre d'origine slave, à la date et au lieu de naissance incertains (peut-être en 1898, à Varsovie ?), morte en 1980, en Suisse, où elle s'était installée comme Hugo[35]. C'est enfin le cas de Tracy

33. *Ibid.*, p. 22.

34. Louise Brooks, transformée en Louise Brookszowyc dans *Fable de Venise* et *Tango*, reçut la visite inopinée d'Hugo Pratt, chez elle, à Rochester, dans l'État de New York, alors qu'il était en voyage dans la région avec une équipe de la RAI. Elle avait très peu de livres, mais elle possédait l'album *Fable de Venise*, que Guido Crepax, qui s'était inspiré d'elle pour son personnage de BD Valentina, lui avait envoyé. Le même Crepax a dessiné une Valentina habillée en Corto. Elle l'a, semble-t-il, déshabillé lui-même, car il est entièrement nu et boudeur à ses pieds. *Cf. Dedicated to Corto Maltese*, *op. cit.*, 1985, p. 16. D'autre part, Louise Brooks-Valentina est représentée assise à côté de Blueberry dans l'Orient-Express où Hugo et Corto se trouvaient ensemble. *Ibid.*, p. 53 et chap. 26 « Le train du soir ».

35. Tamara de Lempicka fut présentée à Corto Maltese, dans *Les Helvétiques*, par Hermann Hesse, lui-même ami du professeur Steiner. Il existe un portrait de Corto fait à la façon de Tamara de Lempicka, comme il existe un portrait de la mère de Corto peint par Ingres. Signalons par ailleurs que les femmes de Corto, plus toutes celles que l'on trouve dans l'œuvre globale de Pratt, sont présentées avec humour dans un livre-album illustré, bilingue italien-français, bien intéressant : Claudio Dell'Orso, *Femmes Hugo-Pratt*, Edizioni REM, 2000.

Eberhard, souvent confondue avec l'aviatrice Amelia Earhart ou encore avec Isabelle Eberhardt, sa cousine avec laquelle Tracy partagea, vingt ans après elle, le goût prononcé de s'habiller comme un homme[36]...

Si le rire de Raspoutine résonne encore dans la jungle du Yucatán, il se prolonge bien au-delà grâce à une suite des *Helvétiques* qu'Hugo Pratt avait très sérieusement envisagé de réaliser et dont il ne faisait pas mystère :

« Je peux très bien faire cette suite un jour. J'ai même trois planches de prêtes. Raspoutine veut rejoindre Corto Maltese et Tamara de Lempicka, mais il est bloqué par la douane ! On lui demande s'il a un travail en Suisse, et il répond qu'il veut travailler comme gigolo. Le garde-frontière regarde s'il y a une loi qui interdit de venir en Suisse pour travailler comme gigolo, mais ne trouve rien. Et Raspoutine conseille au doua-

36. Sur la personne de Tracy Eberhard, l'enquête est encore en cours. Tracy reste tout à la fois mystérieuse et connue (famille de Moerder réfugiée en Suisse). Hugo Pratt et Michel Pierre ont réuni les pièces qu'ils avaient l'un et l'autre recueillies pour la publication de l'album *Les femmes de Corto Maltese*, *cf.* la note 32. Pour ma part, lorsque j'étais en Algérie, j'ai refait son parcours aérien d'observation par voie terrestre, en 1963 (« Opération Mouette II et Merle III ») : Colomb-Béchar, Beni Abbès, El-Golea, In Salah, Arak, Tamanrasset, etc. Ce même trajet que Tracy Eberhard avait fait par avion dans les années 1930 et qui avait tant intrigué les Services secrets français. Ceux-ci ont retrouvé (à Ouargla) dans ses carnets la note suivante que je soupçonne fort d'être pure falsification : « Lorsque je survole le Sahara, je songe à ce continent perdu, à cette Atlantide entrevue, autrefois, lors de mon équipée d'Amérique liée au souvenir de Corto Maltese et de Raspoutine. Et je me dis que les traces en sont peut-être aussi présentes sous les vagues de dunes. » *Cf. Les femmes de Corto Maltese*, *op. cit.*, p. 88.

nier de devenir lui-même gigolo. Ensuite, il pourrait y avoir une séquence en rapport avec l'alpinisme[37]. »

Dans *Mû*, Corto cherche Raspoutine qui a disparu. Englouti ou dévoré ? Corto en doute fort. Confronté à des hommes-léopards, gardiens du labyrinthe sacré, l'un d'eux lui annonce :

« Il est mort... Il a disparu dans le puits...

— Il n'est pas du genre à mourir...

— Comme tu voudras, mais tu dois maintenant entrer dans le labyrinthe sacré.

— Un labyrinthe sacré ? Cela ne m'intéresse pas... Je cherche une femme.

— La femme est un labyrinthe elle aussi[38]... »

---

37. Hugo Pratt, *De l'autre côté de Corto*, *op. cit.*, p. 135.
38. Hugo Pratt, *Mû*, *op. cit.*, p. 174.

31
« À moi la Légion ! »

La scène se passe à quelques kilomètres de la ville de Djibouti, en 1981, alors que nous revenons du camp de la Légion étrangère, à Arta, à une demi-heure de route. Notre véhicule est un gros 4 × 4 bâché de l'armée djiboutienne. Hugo est à côté du chauffeur et moi derrière. Soudain, c'est la panne.

À peine étions-nous descendus du véhicule, le capot levé avec le moteur étalant son impuissance à vouloir redémarrer, qu'une jeep de la Légion passa en trombe. Elle était suivie d'une autre. Hugo se plaça en plein milieu de la route et, les mains en porte-voix, cria : « À moi la Légion ! » Coup de frein et bruits de bottes. En un tournemain, les légionnaires nous aidèrent à repartir. Hugo Pratt était aux anges. Quelques heures auparavant, nous avions rigolé avec nos sauveurs qui avaient pris la pose parce que Hugo les avait mis dans sa poche en dessinant et en leur racontant des histoires.

Après la guerre, quand il n'arrêtait pas de chercher un moyen de fuir l'Italie à coups d'escapades sans cesse répétées, Hugo avait sérieusement envisagé de s'engager à la Légion étrangère :

« J'avais souvent la bougeotte et je partais n'importe où. Avec ma décision d'aller en Amérique, au moins j'allais résoudre ce problème… le temps de grimper à bord d'un bateau et d'être rejeté par-dessus bord habillé et avec les chaussures attachées autour du cou : sans cérémonie. Le plus gentil fut un marin finlandais qui m'avait demandé d'abord si je savais nager. Et moi de lui répondre oui tout de suite, pensant que c'était l'élément

positif pour se faire garder à bord... Mes absences les plus longues concernaient l'Europe. Elles ne finissaient pas autrement qu'avec le marin finlandais, mais la conclusion était retardée. J'avais fait un voyage à Rome pour être engagé dans la Légion étrangère. Je m'étais retrouvé devant le bureau d'un vieux sergent de la Légion. J'avais fait tout mon cinéma, avec un faux nom et des tas de mensonges. Mais, lui, il était absolument vrai, comme le bandeau noir qu'il portait sur un œil. Il avait sorti d'un tiroir le télégramme que mes proches avaient expédié, m'avait appelé par mon nom et m'avait demandé pourquoi je voulais m'engager. Et moi, qui n'avais pas encore compris que je ne pouvais plus jouer la comédie, je répliquai que je n'avais jamais entendu dire qu'à la Légion on vous demandait le pourquoi de votre décision de vous enrôler. Lui, alors, était devenu le sergent de la Légion qui gueule et qui fait dans le genre "je te fais un cul comme ça". Après s'être calmé, il m'avait expliqué qu'il y avait une convention entre la France et l'Italie qui stipulait qu'il ne pouvait pas recruter dans le pays : si je voulais devenir légionnaire, je devais rejoindre la frontière à Tende et, de là, on me ferait poursuivre pour Marseille. Mais je ne devais pas avoir encore bien compris comment allaient les choses, car j'avais demandé : "Quel moyen de transport mettez-vous à ma disposition pour rejoindre Tende ?" Je lui avais fait perdre patience, au sergent. "À pied, tu y vas, à Tende, couillon ! À pied, parce que tu dois devenir un légionnaire !..." criait-il[1]. »

Pour finir, Hugo sut tirer la leçon de cette histoire non sans une certaine nostalgie. Je le revois encore me dire ce que souvent il raconta en prenant toujours un ton grave : « Ainsi, le sergent de la Légion m'avait sauvé. C'était un brave homme, avec le profil terrible d'un oiseau de proie. »

En se rendant à Rome au bureau de recrutement de la Légion étrangère, Hugo avait réussi à convaincre un ami vénitien de l'accompagner et c'est lui qui finit par s'engager : « Je suis rentré à la maison et je ne sais pas s'il a rejoint Tende à pied, mais il s'est enrôlé. Avant de mourir en Indochine, il m'a envoyé une carte postale sur laquelle était écrit : "Vive la Légion[2] !" »

L'histoire d'Hugo Pratt avec la Légion étrangère eut son prolongement. Le colonel commandant la demi-brigade de la Légion étrangère stationnée à Djibouti – escale obligée des voyageurs français en mer Rouge depuis longtemps et pays indépendant depuis peu[3] – nous invita à dîner chez lui. Mais pour le colonel de la Légion, le dessinateur italien qui m'accompagnait était un inconnu. Voulant bien faire, parce qu'un nouvel arrivant est toujours le bienvenu à la maison quand on est en garnison au bout du monde, le colonel de la Légion, baroudeur sympathique et curieux, organisa son plan de table. Sur mon compagnon de voyage à Djibouti, on lui avait sommairement rapporté qu'il traînait dans les quartiers du centre-ville, après un long périple aux frontières de l'Éthiopie, de la Somalie et le long des côtes yéménites, sur les traces d'Henry de Monfreid, de Rimbaud et de quelques autres parmi ces aventuriers un peu voyous et souvent poètes ayant choisi de venir se perdre du côté du Bab el-Mandeb[4].

---

1. Pratt Hugo, *En attendant Corto*, *op. cit.*, 1996, p. 74-75.
2. *Ibid.*, p. 75.
3. L'indépendance de la République de Djibouti date du 27 juin 1977 : notre histoire a lieu début 1981.
4. Hugo Pratt fera plus tard l'illustration de couverture du livre de Jean-Pierre Diehl, *Le regard colonial* (Éditions Régine Deforges, 1986), parce qu'il s'agissait d'un très bon essai, salutairement critique et proche « poétiquement » des idées anticolonialistes qu'il avait toujours défendues lui-même.

Le hasard fit que le colonel parla de l'agencement du dîner avec sa femme, devant leurs deux enfants, adolescents, fans de Corto Maltese. À l'énoncé du nom de Pratt, les deux gosses s'extasièrent et n'eurent dès lors de cesse qu'ils n'aient prouvé à leurs parents quelle chance inouïe c'était que de recevoir chez eux un personnage si considérable. Pendant le dîner, presque entre chaque bouchée et chaque lampée, les deux têtes des enfants du légionnaire en chef apparaissaient régulièrement, n'ayant d'yeux que pour « le mystérieux gentilhomme de Venise » reçu chez eux.

Hugo gardera un bon souvenir des contacts noués avec la Légion à Djibouti. Il m'en parlera souvent. Il savait que j'avais de mon côté vécu pas mal d'histoires avec la Légion étrangère : en Algérie, en Guyane, etc. La seule pétition que j'ai jamais signée de ma vie a été en faveur de la Légion étrangère quand, un temps, il fut question de la supprimer.

*
* *

En décembre 1984 et janvier 1985, nous étions de nouveau ensemble à Djibouti. Noël est traditionnellement fêté à la Légion dans le respect de la coutume qui donne un sens à la célébration de la Nativité au cours de la nuit la plus longue de l'année. Hugo déclina l'invitation d'assister à la messe de minuit en compagnie de certains képis blancs de nos relations, il préféra passer la nuit de Noël chez les filles pour pouvoir saluer de bonne façon une autre tradition bien ancrée à la Légion :

32

Histoires à mourir debout

« Le front était tranquille. De temps en temps, à intervalles brefs et réguliers, on entendait le bruit d'une mitrailleuse !... On aurait été peinards en somme, s'il n'y avait pas eu ce type qui gémissait[1]... »

C'est le jour de Noël, sur un des nombreux fronts où Américains et Japonais s'entretuent sur une île du Pacifique pendant la Seconde Guerre mondiale :

« Putain de Jap ! Il nous casse les oreilles !... Vivement qu'il crève pour qu'on ne l'entende plus !

— On devrait aller le chercher, sergent[2]... »

Ernie Pike, le correspondant de guerre, est là, parmi eux, avec un livre dans les mains, à moins que ce ne soit un carnet. Écrire ou lire, c'est son métier : les deux directions convergent. Le titre du récit qu'il retrace est *Jour de Noël*, tiré de l'une de ses fameuses « Chroniques de guerre[3] » :

« Qu'est-ce que le vieux Dutton n'avait pas dit là ! Le sergent Morgan explosa : "Non mais, t'es pas marteau ?... Risquer votre peau pour un de ces museaux jaunes !... Ils n'ont qu'à le récupérer, les salauds ! Et toi, le journaliste ! Raconte-nous plutôt une de tes histoires de guerre..."

1. Pratt Hugo et Oesterheld Hector, *Ernie Pike*, version intégrale des « Chroniques de guerre », *in Jour de Noël*, p. 27, Glénat, 1984.
2. *Ibid.*, p. 27.
3. *Ibid.*, p. 27-35.

Je ne pus m'empêcher de sourire : raconter une histoire de guerre à des hommes qui y étaient plongés en plein ! Avec, en arrière-fond, les lamentations d'un blessé !

"D'accord !... Tenez, puisqu'on est le 24 décembre, qu'est-ce que vous diriez d'un conte de Noël ?... Vous savez, une de ces histoires qui commencent par : 'Il était une fois'... " »

... Et Ernie Pike de raconter aux GI's du Pacifique l'histoire qui commence avec trois enfants coupant du bois dans la neige, en Yougoslavie, pour ne pas mourir de froid. Ils sont dans une zone forestière où les accrochages entre soldats allemands et partisans sont fréquents. Surgit une patrouille allemande, qui menace les enfants et s'empare du bois. Les enfants sont atterrés. Que va dire leur mère ? Mais un soldat allemand, prénommé Anton, revient. Il a décidé d'aider les trois enfants.

Ernie Pike précise :

« J'avais la gorge sèche : une petite pause s'avérait nécessaire... »

Le sergent Morgan insiste :

« "Un brave soldat allemand qui cueille du bois pour trois malheureux gosses dans un pays ennemi... C'est vraiment un conte de Noël, comme tu dis !"

Dehors, la mitrailleuse continuait à aboyer par intermittences... et le blessé à pousser ses gémissements lancinants.

— Mais mon histoire n'est pas finie, mon vieux, attends la suite !... Anton s'était débarrassé de son arme pour se servir de la cognée... lorsque deux ombres s'approchèrent silencieusement en se cachant derrière les arbres... Il s'agissait de deux partisans. »

Les deux hommes tirent sur lui et le blessent mortellement. Ils en profitent pour ramasser son arme et filer sous les yeux horrifiés des trois enfants. Les Allemands ont entendu le coup de feu. Ils reviennent. Dans un effort ultime de volonté, Anton réussit à cacher sa blessure et à les éloigner. Il va mourir. Il le sait. Pour tenter de le sauver, les enfants veulent rappeler la patrouille allemande. Il ne veut pas. Trop tard ! Il ferme les yeux. Il respire encore. Il demande aux enfants de chanter un chant de Noël.

Les trois enfants ont compris. Leurs voix s'élèvent.

« Le soldat Anton Kirchenheimer, en entendant ce chant, se retrouva chez lui… dans son village… Dans sa famille où deux enfants aussi chantaient Noël… Puis brusquement le chant s'interrompit… le "brave Boche" était mort, sergent Morgan ! Tout est bien qui finit bien, pas vrai ? Il est des moments, en temps de guerre comme en temps de paix, où chacun de nous voit sa propre foi soumise à l'épreuve… Bien peu sont ceux qui en sortent victorieux ! Le soldat Anton, de Forêt-Noire, était de ceux-là… »

Le dessin de Pratt fait bien ressortir l'impact de l'histoire racontée dans la tranchée où sont les soldats américains, songeurs sous leurs casques, alors que les cris de souffrance du Japonais blessé continuent de résonner à leurs oreilles.

« "Ça va, le scribouillard – T'as gagné !" dit le sergent.

— Où tu vas, Morgan ? demande un soldat.

— Fais pas l'andouille – chercher ce putain de Jap, pardi !… Y a des volontaires ?

— Moi ! Moi ! Moi ! lancent-ils tous. »

Ernie Pike aussi : « Je suis trop curieux de voir comment cette histoire de Noël va finir[4] !! »

Ernie Pike a existé. Son vrai nom était Pyle : Ernest Taylor Pyle. Il signait Ernie Pyle. Ses reportages quotidiens étaient publiés dans plus de deux cents publications[5]. Hugo Pratt lui donna le visage d'Hector German Oesterheld, « le meilleur scénariste que j'ai jamais connu », affirmait-il. Ses histoires le prouvent. Elles étaient présentées comme des sortes de « nouvelles » en bande dessinée avec, à chaque fois, Ernie Pike (c'est-à-dire Hector Oesterheld) qui raconte en étant dans l'histoire. En plein dedans ! Comme pendant ce « Jour de Noël » qui fut le dernier pour le soldat allemand au comportement inventé et « Jour de sauvetage miraculeux » pour le soldat japonais au destin reconduit. Mais on peut dire que tous les personnages de ce conte existèrent. Avec Oesterheld, Pratt les dessina tels qu'ils se comportèrent réellement ailleurs. Vue par eux deux, la guerre réhabilitait les hommes dans leur part d'honneur et de gloire cachées que la paix per-

4. *Ibid.*, p. 30-35.
5. *Cf.* la présentation du traducteur, Antoine Roux, en début d'album, *ibid.*

met moins souvent de faire ressortir. C'est ce qui se passa pour eux-mêmes. Le talent et la trempe qui les caractérisaient autant l'un que l'autre convergèrent fortement pour sublimer les hommes dans la guerre, mais divergèrent durement dans l'aménagement de leurs rôles respectifs concernant leur travail en commun :

« Nous ne nous sommes jamais bien entendus. À la différence d'Ongaro, il était toujours d'accord pour me laisser travailler sur le scénario, mais il voulait être le seul à le signer et à toucher les droits. Il me disait tout le temps : "Fais ce que tu veux mais moi je signe." Ça n'allait pas bien entre nous quand il était vivant, et je ne vais pas dire autre chose parce qu'il est mort, même s'il n'y a pas de mots pour parler de ce qui lui est arrivé. J'ai honte d'être un homme en pensant à ce qui lui est arrivé, et à ses quatre filles[6]. »

Quand Hugo Pratt présidait l'Association internationale des auteurs de cartoons et *comics*, il chercha à savoir ce que le scénariste argentin d'origine allemande et sa famille étaient devenus. Plus de dix ans après qu'un groupe de paramilitaires l'a enlevé, en avril 1977, aucune information, aucun témoignage, aucune preuve ne purent être sérieusement recueillis. On sait seulement qu'il a été torturé abominablement, puis fusillé. Ses filles, Barbara, Diana, Estela, Marina, situées toutes les quatre politiquement très à gauche et favorables aux *Montoneros*, subirent le même sort. En pire ! Parce que femmes... Une chose est sûre, la junte militaire au pouvoir en Argentine entre 1976 et 1982 peut être tenue comme principale responsable de la fin tragique d'Hector Oesterheld et de ses quatre filles, victimes de tortionnaires qui jamais ne mériteront de figurer comme héros de guerre, si minables soient-ils, dans une aventure racontée par Ernie Pike.

Quand il contribuait à la réalisation de toutes ces belles histoires de guerre dans le magazine *Hora Cero*, édité par Hector Oesterheld et son frère Jorge[7], Pratt était largement mûr pour passer à l'écriture des chroniques de guerre qu'il dessinait. Sur les vingt-quatre récits de la version intégrale

---

6. Pratt Hugo, *De l'autre côté de Corto*, *op. cit.*, p. 42.
7. *Hora Cero*, n°1 daté de mai 1957.

d'*Ernie Pike*, cinq furent entièrement écrits par lui. Hugo me dit un jour que je pourrais deviner lesquels, parce qu'il avait mis plus de lui-même dans ces histoires que dans les autres. Et c'est vrai que sur les cinq histoires d'Hugo, j'en repérai facilement trois :

— *On ne se refait pas*[8]... :

Une histoire qui se passe à l'automne 1940, au cours de l'offensive éclair des troupes italiennes qui occupèrent la Somalie anglaise avec vingt-cinq bataillons venus de Somalie italienne contre seulement cinq bataillons britanniques. Le lieutenant Roberti, méhariste italien, se sacrifie pour sauver le lieutenant Maxwell, des troupes coloniales britanniques, blessé. En racontant son histoire à Ernie Pike, Maxwell, sur son lit d'hôpital, triturait nerveusement le calot de Roberti, mort criblé de balles, près d'un puits « parce qu'il a perdu son temps à bien m'attacher sur le chameau... S'il s'était enfui tout de suite, sans s'occuper de moi, comme j'aurais fait à sa place, il serait sûrement vivant ! Mais on ne se refait pas, comme il disait... l'imbécile !... ».

— *Une aventure dangeureuse*[9] :

C'est l'histoire d'un pilote de Corsair, le lieutenant Frawley de l'US Navy. Elle commence sur l'aéroport de Henderson Field, à Guadalcanal, quand celui-ci jette avec mépris le manuel d'instructions pour survivre dans la jungle en cas de nécessité. Fatalement, le cas se produit pour lui ! Il doit sauter en parachute de son Corsair en flammes et il se retrouve perdu sur une île qu'il croit peuplée de cannibales en apercevant de loin des hommes des Fijian Commandos, pourtant clairement répertoriés comme alliés sûrs dans le manuel de survie qu'il avait refusé de compulser avant son départ en mission. En fait, les « sauvages » le sauvent alors qu'il est fait prisonnier des Japonais. Il va donc effectuer plus tard une démarche pour remercier Taro, le chef des commandos fidjiens. Les deux hommes ne se rencontreront pas, car Taro était en mission en forêt profonde, mais ils s'enverront des lettres et Frawley réceptionnera des colis... Avec pour consé-

8. Pratt Hugo et Oesterheld Hector, *Ernie Pike*, *op. cit.*, p. 42-46.
9. *Ibid.*, p. 82-91.

quence la colère de l'amiral : « Encore un paquet, lieutenant ! Un autre paquet de votre ami Taro ! Ça fait déjà trois ! Mais quel genre d'ami avez-vous ? Écoutez ce qu'il dit : "Je vous envoie une autre tête d'ennemi... Conservez-la à l'abri des fourmis... Un jour, nous l'admirerons ensemble... Je vous envoie aussi un bouton... Votre ami Taro." » L'histoire se termine par l'arrivée d'un autre paquet expédié par le chef Taro : « Veuillez signer le reçu ! » demande le vaguemestre au lieutenant Frawley.

— *Tarawa*[10] :

Cette histoire est celle du soldat Melvin Levins, Oregon, qu'Ernie Pike raconte devant la tombe du soldat, avec son casque posé sur la croix : « On va certainement lui donner la médaille du Congrès, la décoration militaire la plus importante... Mais ce n'est pas juste : on devrait l'attribuer à tout le peloton. Ça s'est passé à quelques mètres d'ici, le premier jour du débarquement de Tarawa, un petit atoll japonais. » Le peloton va passer à l'attaque mais un « p'tit nouveau » est terré dans son coin. Il tremble. Il a peur. Il a chié dans son froc. Le sergent Burger le réprimande, mais tous soutiennent le jeune soldat, sergent compris. Au cours de l'assaut, ils sont massacrés l'un après l'autre par les Japonais. Le dernier à ne pas y être passé est le jeunot : « Ils les ont tous tués, le sergent, Hine... Même Al... Et maintenant ? Maintenant, ils contre-attaquent ! Ils vont prendre la tête de pont ! Je n'ai qu'à me cacher dans les fougères, je ne peux quand même pas les attaquer tout seul... » Pourtant, le soldat Melvin Levins les attaquera tout seul pour venger ses nouveaux copains. Quand les renforts arriveront, ils ne pourront que constater que l'ensemble du peloton du sergent Burger a été liquidé. Ils remarqueront que le jeune Melvin a comme un sourire. Deux infirmiers installent son corps sur un brancard et le transportent : « Quelle odeur épouvantable ! — Ça arrive souvent quand on est blessé au ventre. Traite-le avec respect. Sans lui, nous serions en train de boire de l'eau de mer. » Ernie Pike conclut : « Ils l'ont enterré ici, sur la plage. Le lieutenant

10. *Ibid.*, p. 92-98.

l'a signalé pour la médaille… Mais, je le répète, ils la méritent tous. »

La première histoire fut pour moi décelable par la géographie et la forme légitime de patriotisme, qu'Hugo y mettait ; la deuxième parce qu'il y avait glissé le jour de son anniversaire (15 juin) et que cette histoire était tellement proche de lui par son humour et son absence totale d'un quelconque racisme que j'aurais gagné s'il m'avait fallu parier. Quant à la troisième histoire, Hugo s'était carrément dessiné dedans en donnant son visage au sergent Burger, baroudeur déterminé au cœur tendre. Les deux autres récits qu'il écrivit et dessina lui-même, je ne les avais pas trouvés. Il livra plus tard l'information dans ses mémoires en citant les cinq réunis : *On ne se refait pas…*, *Une aventure dangereuse*, *Tarawa*, *Les Dix-sept de la sapinière* et *Garde nocturne*[11]. Les deux dernières histoires auraient pu être de la plume d'Oesterheld. Hugo Pratt était devenu aussi bon scénariste que lui.

11. Pratt Hugo, *De l'autre côté de Corto*, *op. cit.*, p. 45.

Vouloir en savoir plus sur Oesterheld (1919-1977) relève de l'éthique et de l'histoire, de la justice bien sûr ! Mais aussi de la littérature. Le *Dictionnaire mondial de la bande dessinée* écrit à son sujet : « Reste son œuvre gigantesque, unique et originale, réaliste et poétique. Hector German Oesterheld s'impose comme le plus important écrivain de bande dessinée de l'Amérique du Sud[12]. »

Comme Ernie Pike, le capitaine Koïnsky des *Scorpions du désert* a existé. Si le premier est tiré d'un personnage réel[13] que Pratt n'eut jamais l'occasion de connaître, le second est né d'une rencontre : « Je l'ai rencontré en Afrique en 1941, puis je

12. Gaubert Patrick et Moliterni Claude, *Dictionnaire mondial de la bande dessinée*, Larousse, 1994, p. 470. Dans la longue notule que le dictionnaire de la BD consacre à Oesterheld, les auteurs précisent, au sujet de sa disparition : « Malgré une requête signée par l'ensemble de la profession, personne n'entendra plus parler de lui et son nom s'inscrit désormais parmi ceux des martyrs de ce régime ; un ouvrage inédit de bande dessinée, intitulé *Pétition* et retraçant sa vie, sera même publié en 1987 par Amnesty International-Belgique (auquel collaborent Franz, William Vance, Frank, etc.). »

13. *Cf. Ernie Pike*, Présentation, *op. cit.*

l'ai revu, en 1944, en Italie pendant la guerre, et à Venise en 1945 avec Peniakoff qui était à la tête du groupe "Private Army of Peniakoff", intégré au Special Boat Squadron[14]. » À la suite de cette rencontre, le jeune Hugo Pratt s'était fait broder par sa mère, à leur retour d'Éthiopie pendant la guerre, à Venise, un écusson confectionné par lui-même : *« Individual Soldier »*. Provocateur, il disait : « Je m'étais qualifié – premier exemple dans l'histoire militaire – de soldat combattant pour lui-même[15]. »

Ernie Pike et Koïnsky sont deux personnages vivants grâce à leur présence à chacun dans ces histoires qu'ils vivent et qu'ils racontent eux-mêmes. Le major Koïnsky laissa des mémoires de guerre qu'il écrivit pendant la campagne d'Italie. Dans *Koïnsky raconte*[16], Hugo Pratt lui fait dire :

« Billy et Sandy, les deux soldats australiens que nous retrouverons dans les prochaines pages, sont les protagonistes d'une brève histoire de guerre ; ils font partie d'une communauté constituée de soldats, de buveurs de bière brune, arrière-petits-fils de mineurs ex-bagnards et de femmes déportées pour mœurs légères. En 1941, en Afrique du Nord, ils donnèrent pas mal de fil à retordre aux Italiens et aux Allemands du général Rommel. C'est une guerre lointaine et oubliée par la plupart des jeunes d'aujourd'hui. Quoi qu'il en soit, il reste sûrement quelqu'un pour se souvenir de Billy et Sandy, et qui sera ravi de les retrouver[17]. »

14. Pratt Hugo, *De l'autre côté de Corto*, *op. cit.*, p. 92.
15. Pratt Hugo, *En attendant Corto*, Vertige Graphic, 1996, p. 64.
16. Pratt Hugo, *Koïnsky raconte*, *Deux ou trois choses que je sais d'eux*, Casterman, 1993, p. 6.
17. *Ibid.*, *Ce sable est le nôtre*, p. 14-34.

Billy et Sandy s'en sont tirés. Il n'y a pas si longtemps, dans le bush australien, on pouvait en rencontrer des gars comme eux, au coup de poing facile et à la chaleur humaine en rapport.

*
* *

Des mouvements d'intrigues nombreuses jalonnent l'œuvre d'Hugo Pratt, l'air de rien. Oui, rien n'est réellement simple chez Hugo Pratt et pourtant tout est clair, notamment quand ce sont des images de guerre qui lui servent à raconter une histoire. Ainsi de l'une d'elles, « La lagune des beaux songes », le plus mystérieux épisode de l'album *Corto toujours un peu plus loin*[18]. Dans cette histoire, les délires du lieutenant Stuart (portant l'uniforme d'un prestigieux régiment anglais du Artists Rifles, composé de volontaires pour aller se battre en France) nous montrent un homme perdu, échoué en Amazonie, alors que ses rêves de guerre et d'amour, ses rêves tout court, regrets et amertumes, le poursuivent et serpentent entre les nombreuses croix de bois désignant les jeunes soldats de son régiment, morts en 14-18, tombés à Saint-Jean et à Ypres, dans un champ de ruines devenu champ de rêves.

18. Pratt Hugo, *Corto toujours un peu plus loin*, album noir et blanc, Casterman, 1979, chap. IV, p. 77-96.

Mais le lieutenant anglais devenu fou rêve de sa lointaine Évelyne. Il est fou d'Évelyne. « Oh ! Robin Stuart Darling... J'avais peur que vous n'arriviez plus[19]... »

C'est une Évelyne trônant au milieu des croix de bois, prête à prendre le thé avec les morts, qui accueille ce pauvre lieutenant désespéré et c'est par cette image que débute la sixième porte (« Héros ou guerrier »), dans *Le désir d'être inutile* :

« — Dominique Petitfaux : Cette case est la vision d'un homme qui délire : la femme qu'il aime est au milieu des tombes de ses compagnons morts à la guerre, illustration du lien entre Éros et Thanatos.

— Hugo Pratt : Oui, cette histoire, *La lagune des beaux songes*, est une de celles qui me touchent le plus. Et il me semble que rien que par ce dessin, il est clair que je n'aime pas la guerre, alors que certains pensent le contraire. La guerre a détruit ma famille : comment pourrais-je l'aimer ? J'ai vu le chagrin de ma mère, j'ai perdu des amis, comme Sandro Gerardi, un bon copain qui s'était engagé du côté des fascistes et a été tué par des maquisards. La guerre a été une grande expérience. Elle m'a fait mûrir, m'a fait comprendre les dessous de la politique et des idéologies, l'absurdité des nationalismes et de l'impérialisme, la fragilité et la brièveté de la vie. Et quand je parle de la guerre, quand je la montre, je sais de quoi je parle ; je l'ai faite. À 13 ans, sous l'uniforme, j'ai pris la guerre comme un jeu, jusqu'au moment où, participant à des engagements, j'ai vu des morts et des blessés. À aucun moment je n'ai ressenti l'exaltation ; tout juste, les premiers temps, alors que je n'avais pas encore vu de morts et que je me croyais immortel, un sentiment d'importance et de puissance, le fusil à la main donnant le sentiment que l'on était doublement immortel. Mais très vite la perte, à cause de mon fusil et de mon uniforme, de mes amis éthiopiens a fait de moi un renégat[20]. »

Le dialogue avec la mort vous laisse sans voix et, surtout, il vous laisse des marques. Quand il était prisonnier, à Diré-

---

19. *Ibid.*, p. 93.
20. Pratt Hugo, *Le désir d'être inutile*, *op. cit.*, p. 259-260.

daoua, Hugo s'arrangeait pour se faire régulièrement la belle :

« D'après le règlement, nous n'avions pas le droit de sortir. Nous nous trouvions sous la surveillance de soldats sénégalais ; nous étions prisonniers de la France libre et je me rappelle le bleu-blanc-rouge de ce drapeau français, sur les hangars et les tentes. Malgré le règlement, j'étais toujours dehors. Si personne ne venait me chercher, je me sauvais par une fenêtre des cuisines militaires. Je sautais et j'allais me promener ! Une nuit, j'ai eu une grande frayeur. Un type qui s'était fait tirer dessus était venu mourir sous cette fenêtre. Je lui suis tombé dessus de tout mon poids. Dans l'obscurité la plus totale, j'ai touché de mes mains ce visage froid. J'ai senti sous mes doigts ses lèvres tendues sur ses dents ; j'ai éclairé avec une allumette le sourire du diable. Je me suis mis à courir à en perdre le souffle, espérant que le noir de la nuit m'engloutisse avec toute ma peur. Par la suite, j'ai toujours évité de me souvenir de ce mort. Je savais qu'il était archivé dans un coin de ma mémoire, mais je ne le sortais jamais. Je l'ai retrouvé devant moi vingt-cinq ans après. J'étais en train de faire un de mes voyages en Amérique du Sud. J'étais en Guyane et je voyageais dans une jeep que j'avais louée avec un Français et un Javanais. Un soir, des soldats nous ont arrêtés sur une piste. Des soldats noirs dans ces uniformes qu'on ne peut voir qu'en Amérique du Sud, la mitraillette en bandoulière et la machette sur la hanche. Bien ! Ils nous disent qu'il y a là l'un des nôtres et que nous devons l'emmener. Nous allons derrière une masure ; sous une fenêtre, il y a un mort : criblé de balles, le visage couvert de mouches. Ils le chargent sur la jeep et nous disent de l'emmener. C'est un Blanc comme nous deux, nous disent-ils. Eux ne savent qu'en faire. J'ai voyagé avec ce mort à mon côté, vingt-cinq ans après la nuit de Dirédaoua[21]. »

Alors que Corto Maltese et le chef du village de Waïni, dans le delta de l'Orénoque, s'apprêtent à enterrer le lieutenant Robin Stuart, mort avant l'aube, le corps criblé de

21. Pratt Hugo, *En attendant Corto*, *op. cit.*, p. 33-34.

rêves dans la lagune des beaux songes, le chef demande à Corto :

« Dis-moi... Vous ne lui mettez pas ce signe que les Blancs mettent sur les tombes ?

— Non... cet homme était en fuite... Autrement, il ne serait pas venu ici... Il n'avait pas de pièces d'identité... L'unique chose que nous savons sur lui est cet uniforme du Artists Rifles. Les fleurs sauvages recouvriront sa tombe et ses regrets[22]... »

*

* *

Et si *La lagune des beaux songes* nous permettait de combler *la lacune des mensonges* ! ?...

Que n'a-t-on pas dit sur ma personne, en avançant même qu'Hugo Pratt m'avait dessiné dans ses histoires ! Certains m'ont attribué un fort cousinage – voire une ressemblance physique – avec le personnage principal de son œuvre. J'ai toujours dit que c'était faux. Archifaux ! La meilleure preuve – hormis le fait de me regarder – est que j'ai connu Hugo Pratt plusieurs années après qu'il ait imaginé Corto Maltese.

Il est vrai qu'il m'a réellement dessiné, mais seulement le bras. J'ai posé à sa demande. C'était à la terrasse d'un hôtel, place Ménélik, à Djibouti. L'« Hôtel d'Europe ». Depuis, il a été démoli. Je me souviens plus si c'est mon bras droit ou mon bras gauche que j'ai tendu à Hugo. Comme pour une prise de sang. Ça n'a pas duré plus longtemps. Par ailleurs, il s'est inspiré de mon uniforme quand j'étais soldat, jeune appelé sous les drapeaux, dans les troupes sahariennes en Algérie. L'habit ne fait pas le moine, on le sait, comme l'uniforme ne fait pas le soldat et le baratin encore moins le héros. C'était si bien quand Hugo Pratt me racontait des histoires. C'est si bien que ses histoires nous restent et qu'elles nous poursuivent. Jusqu'à nous faire croire, à chacun, que nous pourrions les dire à sa place et même les vivre en sa compagnie. Mais c'est tellement mieux quand c'est lui-même qui raconte.

---

22. Pratt Hugo, *Corto toujours un peu plus loin*, *op. cit.*, p. 96.

33
Mais où est donc passé Corto Maltese ?

« Je suis l'océan Pacifique et je suis le plus grand. On m'appelle ainsi depuis très longtemps, mais ce n'est pas vrai que je suis toujours pacifique. Je me fâche parfois, et alors je donne une raclée à tous et à tout. Aujourd'hui, par exemple, je viens de me calmer. Mais hier, je dois avoir tout raflé sur trois ou quatre îles et autant de coquilles de noix que les hommes appellent "bateaux"... Celle-ci... Oui, celle que vous voyez ici, je ne sais pas comment elle a pu s'en sortir. C'est peut-être parce que le capitaine Raspoutine connaît son métier et que ses marins viennent des îles Fidji. Ou bien parce qu'ils ont fait un pacte avec le diable. Mais cela n'a pas d'importance[1]. »

Le narrateur est l'océan Pacifique. La mer parle, mais comment lui poser la question ? Au départ, Corto Maltese n'était qu'un personnage secondaire. *La ballade de la mer salée* est devenue un classique et le personnage secondaire a été porté par les vagues.

Après l'épisode de *Mû*, en 1925, qu'est devenu Corto Maltese ? Pendant dix ans, de 1926 à 1936 (année où commence la guerre d'Espagne[2]), on ne sait rien de précis sur lui. Il y eut pourtant cette rencontre, dite « Rencontre d'Harar », avec Henry de Monfreid et Teilhard de Chardin.

---

1. Pratt Hugo, *La ballade de la mer salée*, *op. cit.*, p. 37.
2. La guerre civile espagnole a commencé en juillet 1936 et a duré jusqu'en mai 1939.

Qu'ont pu se dire – et surtout faire – les trois hommes ? Une chose est sûre : ils étaient ensemble, en Éthiopie, en décembre 1928 et janvier 1929.

Michel Pierre, après avoir fait la démonstration que Corto Maltese n'était pas mort pendant la guerre d'Espagne, raconte sa réapparition pendant cette guerre, ainsi que pendant les années d'après[3]. En 1940, il a 53 ans. Il vit à Antigua. Les informations sur sa vie ultérieure sont fragmentaires, mais elles suggèrent de longues années dignes de celles qui les ont précédées et dont les albums de Pratt rendent compte. En quête d'un trésor parmi les plus fabuleux de l'histoire maritime, il aurait définitivement disparu après avoir quitté Boston, au printemps 1955, à la barre de la goélette « Vanité dorée II », et s'être perdu dans les eaux froides du golfe du Saint-Laurent à la suite d'un violent orage.

La conclusion de Michel Pierre est la suivante : « Néanmoins, nul ne pourra jamais certifier qu'il s'agissait de la "Vanité dorée II", ni que Corto ait survécu à un éventuel naufrage. Car d'autres témoins affirment l'avoir vu bien plus tard, dans l'archipel des Samoa, à Apia, non loin de l'ancienne maison et de la tombe de Robert Louis Stevenson. Mais si Corto Maltese est bien mort en 1955, le destin lui aurait joué une dernière farce, le faisant disparaître au même âge que son créateur[4]. »

« Disparition » ne signifie pas fatalement « mort ». Le verbe « disparaître » utilisé par Hugo Pratt, pris dans son sens double, pouvait, c'est vrai, le sous-entendre, mais dès l'existence de Corto Maltese « révélée » par son créateur, aussi incroyable que cela puisse aujourd'hui paraître, ce dernier racontait, déjà, ce que Corto Maltese allait devenir plus tard, bien plus tard. Une révélation formulée sous forme d'une lettre qui, avec le recul, est si appropriée qu'elle présente un caractère divinatoire[5].

---

3. Michel Pierre, « Inédit : la seconde vie d'un héros immortel », *in Le monde extraordinaire de Corto Maltese, Album Géo*, Casterman, 2002, p. 176-179.

4. *Ibid.*, p. 179.

5. *Cf.* la page d'introduction à *La ballade de la mer salée*, in *Sgt Kirk* n°1, juillet 1967.

Cette lettre était adressée à Florenzo Ivaldi, l'éditeur génois des premières planches, celui grâce à qui l'aventure *Corto Maltese* a pris naissance[6]. Bizarrement, la lettre fut longtemps écartée, et non publiée, dans les albums des éditions françaises[7].

Le texte original est le suivant :

« Cher Monsieur Ivaldi,

Je vous fais savoir par cette lettre que j'ai confié les manuscrits de mon oncle Caïn Groovesnore à M. Pratt. De même pour le livre de bord du capitaine de vaisseau Slütter et deux cartes marines qui appartiennent au capitaine Galland.

C'est tout ce que j'ai pu trouver parmi les vieux livres et les cartes anciennes de mon père, hormis une lettre de la cousine de mon oncle, Pandora Groovesnore, que j'ai tenu à conserver.

En soi, la lettre n'a pas une grande valeur documentaire pour l'histoire que vous voulez publier. Elle ne présente qu'une valeur affective pour moi ; je vous en transcris toutefois un bref passage qui peut vous intéresser.

Voici : "… Si tu vois Caïn, rappelle-lui de ne pas oublier de m'envoyer les cartes que j'attends. Dis-lui que les enfants vont bien et que Pamela demande toujours de ses nouvelles. Nous aussi, nous nous portons très bien mais un grand malheur est advenu dans la famille. L'oncle Tarao est mort. Il laisse un grand vide parmi nous, mais c'est surtout pour l'oncle Corto que je m'inquiète à présent. Ces deux-là se comprenaient parfaitement et ils étaient inséparables. Maintenant, quand je vois l'oncle Corto rester aussi seul dans le

---

6. Dans le spécial *BoDoï* hors-série « Le vrai Hugo Pratt », déjà cité, Florenzo Ivaldi a déclaré : « […] je l'ai rencontré en 1960 à Venise, par l'intermédiaire d'un de nos amis communs, Stelio Fenzo. On est rapidement devenus amis, et on a très vite envisagé de travailler ensemble. Je venais de m'installer comme éditeur à Gênes, et je voulais faire de la bande dessinée (mon premier métier était l'immobilier, c'est dire si on en était loin !). Je l'invite à venir bosser pour moi. Il me demande ce que j'aimerais lire, je lui réponds que je voudrais un héros qui fasse rêver. Et hop ! il arrive avec l'idée de Corto ; en deux temps trois mouvements, il fait des sketches, et voilà, c'était parti ! […] Après cette période, on s'est un peu perdus de vue quand il est venu à Paris. Mais on ne s'est jamais disputé, on était toujours amis. En 1995, l'année de sa mort, il m'a rappelé pour me dire qu'il voulait revenir à Gênes afin qu'on retravaille ensemble sur un nouveau concept, mais on n'a pas eu le temps… »

7. Pratt Hugo, *De l'autre côté de Corto*, *op. cit.*, p. 30.

jardin, les yeux éteints, face à la grande mer qui fut sienne, mon cœur se serre. Les enfants essaient bien de lui tenir compagnie mais c'est comme s'il ne s'en apercevait pas. Caïn devrait venir passer un peu de temps ici. Chez nous, le printemps est revenu et le jardin est déjà tout en fleurs..."

Voilà, la lettre continue mais cela ne nous concerne plus. Il y a quelques taches sur cette lettre, des larmes me semble-t-il.

On a dit que Lafitte a été le dernier pirate mais cela n'est pas vrai. Le dernier pirate est le Moine. C'est ce que j'affirme et je suis sûr qu'il vit toujours, ce qui paraît surprenant car lorsque Caïn Groovesnore le rencontra il était déjà vieux. Cela s'est passé en 1914, quelque part dans le Pacifique Sud. C'est également là qu'il rencontra Corto Maltese, un vrai marin, le capitaine Raspoutine, ce maudit assassin, le lieutenant de vaisseau Slütter, qui fut un héros obscur, le Maori Tarao, son ami, et enfin Jérémie, qui aurait pu être quelqu'un et préféra n'être personne.

Tels furent parmi tant d'autres les personnages importants qui comptèrent dans sa vie. Je pense que dans sa jeunesse il devait avoir un caractère hargneux, plutôt étourdi et paresseux. Les gifles de Corto Maltese et la noblesse de Jérémie le changèrent sans doute bien plus que les mortifications infligées par sa cousine Pandora, Dieu la bénisse. Voilà la véritable histoire et je ne l'aurais jamais divulguée si M. Pratt n'avait tellement insisté pour se faire raconter toutes ces histoires. Je termine cette lettre et je vous envoie mes salutations cordiales ainsi qu'à votre famille. J'espère vous voir bientôt et n'oubliez pas que nous vous attendons toujours.

Votre R. Obregon Carranza
16 juin 1965. Viña del Mar (Chili)[8]. »

Depuis que cette lettre, tout autant prémonitoire qu'hallucinatoire, fut rédigée (de la main d'Hugo Pratt, sans aucun doute), les hypothèses sur Corto Maltese convergent pour affirmer ce que remarque avec admiration Dominique Petitfaux :

8. *In Le collectionneur de bandes dessinées*, n° 49, février 1986, p. 16-17.

« Il est fascinant de constater que, alors qu'il ne fait que commencer une bande dessinée incertaine, Hugo Pratt sait comment vieilliront ses personnages et qu'il n'hésite pas à établir un point de contact entre leur vie et la sienne, c'est-à-dire entre la fiction et la réalité. Par ce texte inaugural, il se situe par rapport à son œuvre et il l'ancre dans la réalité : chez Pratt, l'ancrage précède l'encrage[9]. » Il conclut un peu plus loin : « L'étude de la vie de Corto Maltese met donc en évidence le jeu brillant de Pratt entre la fiction et la réalité. On peut rapprocher cette démarche de celle de l'écrivain argentin

9. Pratt Hugo, *De l'autre côté de Corto*, *op. cit.*, p. 32.

Jorge Luis Borges qui, lui aussi, a multiplié les références les plus diverses, de la culture classique à l'ésotérisme, et a parsemé son œuvre de mystifications bi(bli)ographiques[10]. »

D'autre part, un renseignement des plus intéressants, recueilli par Juan Antonio de Blas, concerne Raspoutine, lui qui fut non pas l'inventeur de Corto Maltese, mais son découvreur et, peut-être, son ami le plus fidèle :

« Raspoutine, octogénaire, vivait en décembre 1960 près de La Barbade : ayant finalement eu de la chance, il était devenu millionnaire et propriétaire d'une île. Ses souvenirs, dans lesquels Corto apparaît presque constamment, furent rédigés par Caïn Groovesnore qui, par la suite, allait aider Hugo Pratt. Le titre de ces mémoires encore inédits est *Je ne suis pas n'importe qui*[11]. »

Dans cette même toujours première histoire de Corto Maltese, *La ballade de la mer salée*, j'ai le souvenir de Raspoutine qui croit Corto mort, mais qui croit aussi aux signes de chance des oiseaux de mer. Récemment, je me trouvais dans les murs en ruines du château du roi Arthur, en Cornouailles, à Tintagel, petite ville au bord de l'océan Atlantique d'où le père de Corto Maltese était originaire. Une mouette est venue. Et si Raspoutine avait raison ?

10. *Ibid.*

11. *Ibid.* Voir aussi *Portrait du marin adolescent*, préface de Juan Antonio de Blas, *in La jeunesse*, album couleur, Casterman, 1996.

34

Sorties sanglantes sur la légende

« On m'appelle ! En attendant, prends ça ! Tu apprendras vite qui commande ici... »

Le capitaine Raspoutine vient de gifler Pandora, à bord de son catamaran.

Et voici Corto Maltese qui apparaît, attaché, crucifié, à la dérive, tel que les lecteurs le virent pour la première fois.

« Eho ! Corto... Comment va ?... Tu prends un bain de soleil ?

— Maudit bouffon ! Il fallait que je tombe sur toi ! »

Le dialogue commencé ce jour-là, entre Raspoutine et lui, est connu. Il ne se finira pas comme nous le savons. Raspoutine sort son revolver et tue Corto.

« Crétin... si tu avais été plus attentif... Nous aurions pu être amis... »

Pandora surgit. Raspoutine a les larmes aux yeux : « Que regardes-tu ? Rentre dans la cabine, le vent salé peut brûler les yeux... »

Le catamaran s'éloigne. Les requins approchent.

Le titre des deux planches où figure la scène est *Si...*, une scène signée Scarpa, version dure de l'une des disparitions possibles de Corto Maltese[1].

Ainsi Corto aurait pu mourir, en 1914, du côté de l'archipel Bismarck, dès sa première apparition dessinée. Nous savons qu'il n'en a rien été : un vol de mouettes et leurs cris nous

1. Réf. *Dedicated to Corto Maltese*, *op. cit.*, p. 56-57.

annoncent son arrivée au débarcadère de Lausanne-Ouchy, le mardi 2 mai 1922, à 17 h 30[2]. Il n'a rien à déclarer aux douaniers. Il prend un taxi direction place Saint-François. Il a rendez-vous. Signe de reconnaissance : un large parapluie noir, ouvert par beau temps, sous lequel apparaît une pute de luxe :

« Monsieur Maltese, j'apprécie votre ponctualité. Entrons dans ce bar.

— *Si*... »

Ils s'installent et elle lui tend une liasse de billets.

« Je suis votre contact helvétique... Je suis chargée de vous remettre ceci.

— *Grazie*... »

Elle lui montre une photo d'Hugo Pratt :

« Voici votre objectif : sujet installé depuis peu dans la région. Un professionnel redoutable dans son domaine...

— *Claro*... », dit-il.

Depuis le début de l'histoire, Corto Maltese, sujet britannique, répond en italien.

« Vous vous rendrez à cette adresse, le matériel vous y sera remis par Otto Schmutz...

— *Bene*...

— J'ai encore à vous recommander la plus grande efficacité... Adieu...

— *Ciao*[3]... »

Il signore Maltese progresse dans les rues de Lausanne des années 1920, aussi à l'aise pour une promenade en ville que l'authentique maestro Pratt dans les années 1980.

Corto Maltese a déposé son argent à la banque et récupéré son arme chez Schmutz dans l'étui géant d'un violoncelle. « Bonne chasse... », lui souhaite Otto Schmutz[4].

Tout concorde désormais pour que Corto puisse remplir son contrat : tuer Hugo ! Ce dernier est attablé en compagnie d'un « banquier », appelé Wolf Resselking, c'est-à-dire Kesselring, l'éditeur et ami de Pratt dans la réalité[5].

---

2. *Ibid.*, « Corto en Suisse », par Bondroit, p. 62-65.
3. *Ibid.*, p. 63.
4. *Ibid.*, p. 64.
5. *In BoDoï*, hors-série, « Le vrai Hugo Pratt », sept.-oct.-nov. 2002, Livio Benedetti dit de lui à propos de ceux qu'il voyait chez Hugo, à Grandvaux : « Je

Corto Maltese vient de sortir l'arme de son étui de violoncelle : « Ma ! Qu'est-ce que c'est ? ! ? »

C'est une arbalète !

« Au pays de Guillaume, Telle fut la surprise[6]... », s'amuse d'un jeu de mots Bondroit, l'auteur.

Une autre histoire raconte avec autant d'allant Corto chargé de tuer Hugo, mais cette fois sous forme d'un texte[7] et non plus d'une BD. Texte écrit à Paris, en décembre 1976, par le futur « Soldat Poule », le Bersagliere de *Brise de mer*, c'est-à-dire Ugo Scotto : « Oui, je suis ce Bersagliere que Koïnsky rencontre au début de l'histoire. Pratt m'avait prévenu de ça et voulait que je lui signe un document l'autorisant à prendre toute liberté avec le personnage ! Je ne l'ai pas fait. À vrai dire, je ne suis pas très content de cette image qu'il m'a donnée ; d'ailleurs, par la suite, il m'a précisé que ce n'était pas moi moralement. Physiquement par contre, aucun doute ! Il me voyait comme quelqu'un de "pétulant", ce qui est assurément le cas du dénommé Guerrino. Ah, il s'est bien payé la tête de son copain, l'ami Hugo ! Mais entre nous, de 1968 jusqu'à sa mort en 95, il n'y a jamais eu le moindre nuage[8]. »

L'histoire racontée par Ugo Scotto commence comme ça :

« Mais où était Hugo Pratt ? En Éthiopie, au pays des Danakil, à dos de chameau, en train de regarder les pillards châtrer un caravanier dont la vie sexuelle risquait d'être réduite à bien peu de chose ? En Italie, en Carniole, avec ses amis partisans en train de lutter contre les cosaques nazis de l'"ataman" Krasnoff ? En Patagonie ? En Argentine à la rédaction de *Frontera*, la revue de bandes dessinées qu'il dirigeait ? À Venise, sa ville préférée, dans le dédale des petites rues du quartier juif, à la recherche de manuscrits introuvables de la

---

croisais Lele Vianello et ses dessinateurs italiens, des gens des milieux de l'édition, du cinéma, de la presse, mais il y avait aussi ce véritable Barbe Rousse d'éditeur suisse que j'appréciais beaucoup, Kesselring, qui, en dépit de la réputation qu'on lui a faite, posait à Hugo pas mal de problèmes certes, mais lui donnait aussi de nombreuses joies car c'était un personnage haut en couleurs et plein de vitalité. »

6. *Dedicated to Corto Maltese*, *op. cit.*, « Corto en Suisse », par Bondroit, 1984 : « En hommage à Hugo Maltese et à Corto Pratt... », p. 65.

7. *In Pratt*, dossier de Vincenzo Mollica et Mauro Paganelli, SEDLI, Jacky Goupil éditeur, 1984, « La fin de l'aventure », par Ugo Scotto, p. 67-70.

8. Interview d'Ugo Scotto, « À l'italienne », *in BoDoï*, *op.cit.*, p. 54.

Cabale ? Sur le glacis du fort Ticonderoga, où il avait envoyé mourir bon nombre de ses héros de bandes dessinées[9] ? »

L'auteur précise : « Non, Hugo regardait la télé. Le grand aventurier regardait la télé. »

La fin de l'histoire s'amorce quand Corto Maltese regarde sa montre suisse et dit à Hugo :

« "Il est l'heure que j'en finisse aussi avec toi. Avec tes histoires en bandes dessinées, tu es le véritable successeur de Kipling et de Jack London, tu ne peux pas espérer vivre longtemps. On m'a offert une belle somme pour te faire sauter la cervelle. Je pourrai ainsi ouvrir un petit magasin qui me servira de couverture pour un bordel que dirigera Pandora, ma femme. Steve Canyon deviendra général et Dick Tracy chef de la police judiciaire. Maintenant, assez causé."

« Corto tira plusieurs coups de feu qui ne firent aucun bruit. Sans un cri, Hugo tomba dans la fosse qu'il avait lui-même creusée. Rapidement, Corto remplit la tombe de terre, si rapidement qu'il réussit à rejoindre à temps les canots de touristes qui rentraient à l'hôtel flottant. Ils étaient enthousiasmés par le voyage et en parlaient entre eux, persuadés d'avoir vécu une grande aventure. Ils ne savaient pas que l'aventure, la vraie, était morte ce jour-là avec Hugo Pratt et qu'elle ne ressusciterait plus jamais[10]. »

Entre ce début et cette fin, censés se dérouler dans la région de Manaos au Brésil, l'histoire a pris tournure avec ses développements. La démonstration d'Ugo Scotto est implacable. Il s'agit d'éliminer physiquement tous les auteurs comme Hugo Pratt, Milton Caniff ou encore Chester Gould qui invitent au rêve. « En ce moment même, le colonel Steve Canyon fait tomber Milton Caniff d'un avion dans lequel il l'a invité à monter et Dick Tracy tue à coups de revolver Chester Gould qui s'effondre sur sa table à dessin. Deux petits travaux bien exécutés[11] ». « Et maintenant, à nous… », a signifié Corto à Hugo. La bonne idée de ce scénario tient au fait que ce sont les héros eux-mêmes qui sont chargés du sale boulot.

9. *Pratt*, « La fin de l'aventure », *op. cit.*, p. 67.
10. *Ibid.*, p. 70.
11. *Ibid.*

Trois ans après que cette histoire fut écrite, Hugo Pratt déclarait : « Rendez-vous compte : non seulement vous avez le plaisir de donner naissance à un personnage de papier, de réaliser un dessin sur une page blanche, mais en plus vous constatez qu'il pénètre dans l'imagination des gens. Je ne suis donc pas jaloux de Corto. J'en fais tout de même ce que je veux, et je suis trop vieux dans le métier pour le laisser s'échapper hors de mon contrôle. D'ailleurs, vous savez, je peux toujours le faire disparaître s'il m'embête trop[12]. »

Ce ne fut jamais le cas. En revanche, Liberatore chargea Cush de la besogne en dessinant Corto la tête tranchée, posée sur un piquet avec assis à côté son tueur présumé, le regard halluciné[13].

*

* *

On va faire comme au cinéma. Hugo aimait tellement ça. *Happy end* ! Baiser d'amour ? Peut-être ! Mais surtout baiser d'adieu, salut sur la bouche de la part de Pandora au lieutenant Slütter, dans *La ballade de la mer salée*, juste avant que ce dernier soit conduit devant le peloton d'exécution[14].

Hugo Pratt a remplacé l'horreur des tranchées par l'honneur retrouvé sous les cocotiers, pendant la Grande Guerre, en 1914. Un cinéphile m'a dit un jour que cette scène d'exécution capitale, avec les images du dernier baiser, était plus célèbre que celle du film de Stanley Kubrick, *Les Sentiers de la gloire*[15].

« Prisonnier Slütter, c'est l'heure. Si vous le désirez, l'aumônier militaire est là…

— C'est ça, même l'aumônier. Tout fait partie du jeu. Les Anglais me fusillent parce que j'ai obéi aux ordres de mon

---

12. *Lire*, n° 76, déc. 1981, interview de Michel Pierre, p. 133.
13. *Dedicated to Corto Maltese*, *op.cit.*, p. 33.
14. Pratt Hugo, *La ballade de la mer salée*, album coul., Casterman, 1989, p. 187.
15. Tiré d'un livre d'Humphrey Cobb, publié en 1935, le film *Les Sentiers de la gloire*, avec Kirk Douglas et Adolphe Menjou, apportera à Stanley Kubrick, en 1957, la notoriété internationale.

commandant, et les Allemands m'auraient fusillé si je ne leur avais pas obéi. Pas de curé !... Pas la peine de prolonger cette hypocrisie... Je suis prêt, lieutenant !

— Mademoiselle Groovesnore, il vaudrait mieux que vous partiez. Ce n'est pas amusant de voir emporter un prisonnier !

— Je reste ici, dit-elle.

— Pandora ! lâche Slütter, avant de l'enlacer[16]. »

Après le baiser, après la promesse de lui retirer les accusations de félonie et d'homicide, après sa dernière cigarette, après qu'un marin allemand prisonnier lui ait passé sa veste pour qu'il meure sous l'uniforme de son pays, après la salve, et avant même que son corps criblé de balles fut porté en terre, le romantisme était tué à son tour. En effet, après l'exécution de Slütter, l'oncle de Pandora, le commandant Groovesnore, s'entend dire par son collègue de l'amirauté :

« Mets de côté tes scrupules de soldat romantique et laisse-lui les accusations de félonie et d'homicide... D'ailleurs, il est mort et il a fini de s'en faire. Se permettre

16. *Ibid.*, p. 186-187.

d'être chevaleresque et romantique, à notre niveau, c'est de la vanité. Nous devons penser à des choses plus sérieuses que ça.

— Oui, tu as raison. Je n'arrive pas à comprendre comment j'ai pu faire un tel faux pas. Je te remercie du conseil, mon vieux. Buvons un coup[17]. »

Quel est le plus embarrassé, dans ce genre de situation ?

Hugo ou Corto ?

Dans *La ballade de la mer salée*, c'est plutôt Hugo, l'auteur. Dans *Les Celtiques*[18], c'est plutôt Corto, l'acteur.

Corto a mis Lady Rowena Welsh, espionne allemande, hors d'état de nuire, le 21 décembre 1917, jour du solstice d'hiver, et celle-ci est condamnée à mort dès le lendemain par un tribunal militaire anglais :

« Le tribunal militaire ayant examiné les preuves d'espionnage et de félonie à charge de Lady Rowena Welsh émet une sentence de mort à exécuter... immédiatement. »

La condamnée, impassible, se maquille.

Le colonel ayant prononcé le verdict lui fait remarquer :

« Ce n'est pas pour une fête que vous devez vous préparer.

— Je vous prie de m'excuser, messieurs... mais je ne voudrais pas laisser un mauvais souvenir au peloton d'exécution. »

Corto pense : « Mais pourquoi donc les femmes qui m'intéressent se trouvent toujours de l'autre côté ? »

Lady Rowena surveillée par les soldats s'approche de lui :

« Commandant Corto Maltese, vous êtes la cause de ma défaite et celle de mes frères Hengest et Horsa. Mais malgré tout, je suis sans rancune. Pour vous prouver mon estime, je vous donne cette décoration. Adieu, et quelquefois souvenez-vous de moi[19]. »

Et la belle espionne de s'éloigner dédaigneusement, laissant Corto avec son offrande dans la main : une croix de fer, plus haute distinction allemande pour acte de bravoure.

---

17. *Ibid.*, p. 190.
18. Pratt Hugo, *Les Celtiques*, *op. cit.*, chap. II, « Songe d'un matin d'hiver ».
19. *Ibid.*, p. 52-53.

Mais il y a une suite, la voici :

« Hollywood, 18 mars 1931

Cher ami,

Vous permettez que je vous appelle cher ami ? Après tout, on peut faire preuve d'une certaine familiarité envers quelqu'un qui vous a fait goûter au poteau d'exécution. Cela dit, ne croyez pas que je revienne d'entre les morts en cette année 1931. C'est une vivante qui a eu l'envie de vous adresser ce petit mot, comme une bouteille à la mer envoyée à tout hasard vers votre maison d'Antigua.

Un film qui se termine à Hollywood m'a renvoyée à votre souvenir. J'ai été invitée par Joseph von Sternberg (que, je crois, vous connaissez également) à assister aux rushes de son dernier film, *Agent X 27*, que la Paramount veut rebaptiser *Dishonored*. À la fin du film, l'espionne que joue Marlène Dietrich est condamnée à mort, mais le jeune lieutenant qui doit ordonner la salve fatale refuse et c'est un autre gradé, moins émotif, qui s'en charge.

Vous avez deviné, cher Corto, que c'est un peu mon histoire, car la grâce me fut accordée à l'ultime moment. Pour diverses raisons, la mesure resta secrète. Après la guerre et quelques années de prison, je suis retournée à Berlin, j'ai travaillé pour l'UFA, rencontré Sternberg et je l'ai suivi en Amérique après le tournage de *L'Ange bleu*. Évidemment sous une fausse identité.

Schoedsock, que vous avez connu à Smyrne en 1922, vous transmet son meilleur souvenir. J'espère avoir un jour de vos nouvelles, d'autant que je suis certaine que votre vie ferait un très beau scénario. Après tout, songez-y.

Eve Cunnigham (ex Lady Rowena)[20] »

Ce n'était pas le genre de Corto d'y songer ! Mais Hugo, pourquoi pas ? Il nous a même laissé un croquis d'ambiance, à Hollywood, une ambiance rétrospective étant donnée la date.

Eve Cunningham (ex Lady Rowena) relança Corto en janvier 1932[21], car il ne lui avait jamais répondu. Cette fois, elle glissa dans sa lettre la base d'un scénario se passant en Chine. Apparemment de nouveau aucune réponse de la part de Corto.

20. *Les femmes de Corto Maltese*, par Hugo Pratt et Michel Pierre, Casterman, 1994, p. 92.
21. *Ibid.*, p. 94.

En mars de cette même année 1932, Eve Cunningham lui écrit encore pour lui donner des nouvelles de Tamara de Lempicka[22].

A-t-il revu l'une d'elles, ou même les deux ?

Corto Maltese garda le secret. Hugo Pratt lui imposa le silence ; tout comme le fit, début 1920, le baron von Ungern-Sternberg, seigneur de la guerre et « roi de Mongolie », à l'endroit de deux de ses jeunes lieutenants qui venaient de lui faire faux bond pour aller soi-disant se battre ailleurs[23] :

Il ordonne que le commandement du peloton leur soit confié.

Les deux jeunes officiers vérifient les fusils :

« Tout est en ordre, Excellence ! Les armes sont en parfait état.

— Très bien. Je ne supporterai pas que des officiers de la cavalerie asiatique soient fusillés avec des armes défectueuses.

— Mais... Excellence...

— Oui, je vais vous faire fusiller ! Ce que vous appelez une absence illégale, moi, je l'appelle désertion. Je pense qu'il est inutile de vous bander les yeux. Si vous y tenez, vous pouvez commander vous-même le peloton d'exécution », dit Ungern de Mongolie au plus ahuri des deux lieutenants[24].

Au sujet de « la disparition de Corto », pendant la guerre d'Espagne, Giardino nous le montre, les mains dans les

22. *Ibid.*, p. 96.
23. Pratt Hugo, *Corto Maltese en Sibérie*, *op. cit.*, chap. V, « Ungern de Mongolie », p. 93-94.
24. *Ibid.*, p. 94.

poches, conduit contre un mur, par des soldats franquistes, avec une jeune femme et un jeune homme. Le 9 février 1937, à Malaga, deux femmes assistent à l'exécution. Elles s'interrogent. L'une d'elles ressemble à Bouche Dorée :

« Ne sois pas stupide, Niña, tu ne penses pas que c'était vraiment Corto...

— Pourtant cette casquette, cet uniforme...

— Oh... oui... Oui c'est ça. Un uniforme est vite fusillé... Du reste, aujourd'hui Corto aurait presque cinquante ans. Il se fait quelques plaisanteries dans cette guerre. Oh oui, des plaisanteries, de toutes sortes. On plaisante même avec les morts parfois. Qui sait où il peut être aujourd'hui... Peut-être qu'un jour, il mourra aussi... ou peut-être pas. Qui peut le dire[25] ? »

Loin d'Espagne, le 1er mars 1941, Madame Brezza, patronne du bordel Brise de mer, à Djibouti, en apprenant qu'elle est condamnée à être fusillée, déclare : «... Je veux dire : Vive de Gaulle et la France Libre[26] ! »

*
* *

Avec Hugo, nos fréquentations épisodiques de quelques maquis et autres groupes de partisans perdus nous avaient inspiré l'idée d'une série de chroniques d'aventures. Celles-ci se réclamaient de nos expériences directes, séparées d'une vingtaine d'années, lui surtout comme soldat, moi surtout comme reporter : « touristes de terrain », l'un et l'autre.

25. *In* magazine *Corto*, n° 14, sept. 1987, « La disparition de Corto », par Giardino, « Hommage à Corto Maltese », p. 13.
26. Pratt Hugo, *Les Scorpions du désert V : Brise de mer*, Casterman, 1992.

Notre première histoire imaginée – et dessinée – s'articulait sur un dialogue que j'amorçais, alors que nous marchions côte à côte :

« ... Et c'est ainsi que l'on n'entendit plus parler de lui, et que l'on ne sût jamais si les larmes qui formèrent la source de la rivière "Love-and-Love" étaient les siennes ou celles de sa muse.

— Celle-là, je la connaissais, mais dans sa version argentine, car les gars galopaient dans la pampa et les larmes s'étaient perdues dans les canaux de Patagonie. Tu en as une autre encore plus mélancolique ?

— Oui... Celle de la dernière phrase des fusillés !

— Je sais que tu es capable de prendre le fusil pour défendre une phrase, mais cette histoire, je ne la connais pas !

— Ça se passe quelque part en Amérique latine, dans les années 30, sept guérilleros dépenaillés sont faits prisonniers par une compagnie de l'armée nationale d'une République bananière. La règle voulait que tous fussent collés contre un mur et fusillés au petit matin. Le chef des soldats réguliers, qui avait le sens du rituel en général, ainsi que le souci du détail administratif en particulier, décida alors de procéder à une étrange mesure. Il accordait aux sept condamnés une dernière faveur : avant d'être passé par les armes, chacun d'eux aura droit à une phrase ultime. À cet effet, un greffier est là, parmi les soldats, chargé d'écrire sur un registre la phrase de chacun afin que leur postérité soit marquée, inscrite et personnalisée. Ils avaient toute la nuit pour y penser, préparer leur phrase, la peaufiner.

Le lendemain, à l'aube, les sept passèrent devant le greffier qui les attendait le stylo levé.

Le premier demanda que l'on inscrive :

"Vive la patrie !"

Le deuxième :

"J'aime ma femme et mes enfants."

Le troisième :

"Pardon à ceux qui ne méritaient pas ma haine."

Le quatrième cita un classique de son pays.

Le cinquième en fit autant.

Le sixième tourna sa phrase autour de Dieu qui s'apprêtait à le recevoir.

Le dernier annonça d'une voix forte :

"Rien !"

Le greffier insista. Le peloton d'exécution s'impatientait.

Le septième condamné fixa celui qui avait la charge de répertorier sa phrase et précisa : "Rien, c'est ma phrase !"

Après une hésitation, le greffier nota en toutes lettres sur son registre : "Rien", soigneusement calligraphié. Il avait compris[27]. »

Dans cette histoire, j'avais hésité entre faire dire au condamné récalcitrant « Rien » et « C'est tout ».

Enfin, Patrizia Zanotti raconte de son côté au sujet du tout dernier album d'Hugo Pratt, *Morgane*, une histoire de guerre : « Corto disait : "Venise sera ma fin." Or, cette dernière histoire de Pratt se passe à Venise. Surtout, Pratt a senti peut-être qu'il n'avait plus assez d'énergie et je pense qu'inconsciemment au moins il voulait vite trouver la fin et se dire "bon, c'est fait". D'ailleurs, chose incroyable, il a écrit en grand le mot « *FINE* » dans la dernière case, ce qu'il ne faisait jamais, notamment parce que cela pose toujours des problèmes d'encombrement dans les éditions étrangères. Ce détail est vraiment pour moi une chose très forte, d'autant que j'étais à ses côtés quand il a tracé ce mot fatidique[28]. »

27. Réf. *Conversation lointaine avec Hugo Pratt*, texte de Jean-Claude Guilbert, dessins de Jar, coll. particulière, Nouméa, 2001. D'autre part, cette même histoire a fait l'objet d'un point de vue « Le scoop ou le condamné récalcitrant », à l'occasion du 11e Festival international du Scoop et du Journalisme », Angers, 18-30 novembre 1996.

28. *In BoDoï*, n° 22, août-sept. 1999, « Patrizia l'enlumineuse », p. 39.

35

Un passage secret

Dans son *Livre de préfaces*, Jorge Luis Borges propose une *Préface des préfaces*[1]. Pourquoi pas un *Épilogue des épilogues*, pour Hugo Pratt ?

Existe-t-il ce passage secret qu'il chercha sur l'île de Pâques quand il enquêtait sur place, en novembre 1988, avec Patrizia Zanotti, pour le scénario de *Mû*, son dernier album des aventures de Corto Maltese ?

« Pour moi, aller à l'île de Pâques, c'était atteindre un des endroits les plus inaccessibles du monde, me plonger dans un monde perdu, lié à l'Atlantide et au continent Mû, popularisé par Churchward. J'avais en tête les écrits sur les énigmes de l'Océanie, des livres de Pierre Loti à ceux de Thor Heyerdahl. Mais, en arrivant à l'aéroport, je vois des tee-shirts fabriqués à Hong Kong ou en Italie : j'ai eu l'impression d'arriver trop tard. Il y avait même une bande de légionnaires en vacances qui suivaient une troupe de danseuses polynésiennes en tournée dans le Pacifique. Heureusement, les statues avaient été relativement préservées. Un de leurs noms anciens signifie « les yeux regardent les étoiles », alors, une nuit, Patrizia et moi sommes allés voir les étoiles depuis les statues, et j'ai enfin trouvé la suggestion d'une civilisation perdue, le sentiment que j'étais au nombril d'un univers. Comme un désespéré, j'ai cherché l'entrée d'un tunnel qui

---

1. Borges Jorge Luis, *Livre de préfaces*, Gallimard, coll. « Folio », 1992, p. 13-14.

mènerait à un monde souterrain, trait d'union oublié entre les continents[2]. »

Nul doute qu'il l'emprunta, ce tunnel, ce passage secret, en descendant vers l'Ahu Akapu, sur l'île de Pâques, puisque c'est Corto Maltese lui-même qui lui montra le chemin.

« Passer ma vie avec un monde imaginaire a été mon île au trésor. Bien sûr, c'est vrai que les mondes que je visite au hasard de mes recherches peuvent parfois être jugés puérils ou inutiles, tant ils sont éloignés des préoccupations quotidiennes,

2. Pratt Hugo, *Le désir d'être inutile*, *op. cit.*, p. 162-166.

mais quand aujourd'hui je repense à ceux qui m'accusaient d'être inutile, et à ce qu'ils croyaient être utile, alors, vis-à-vis d'eux, je n'ai pas seulement le plaisir d'être inutile mais aussi le désir d'être inutile[3] », concluait-il les souvenirs de sa vie dans un dernier hommage à celui qui lui avait donné le coup de main nécessaire pour que cette vie fut sienne : son propre père. Une vie qu'il plaça, nous le savons, sous le signe du chat.

« Jamais ce que l'on vous donne
Ne vaudra ce que l'on prend
Avec sa griffe et sa dent.
La vie ne donne à personne[4]. »

*
* *

Les exemples de fascinations opérées par le personnage de Corto Maltese, et par extension par ceux qui l'accompagnent dans la plupart de ses aventures (Raspoutine, le Professeur Steiner, Bouche Dorée, etc.) sont si nombreux qu'ils s'annulent sans pour autant nous déplaire. Rarement un mythe fut si fortement installé dans les esprits, souvent parmi les meilleurs, que celui-ci, généré par Hugo Pratt. Arturo Pérez-Reverte écrit dans *Le cimetière des bateaux sans nom* : « Il n'y a qu'un seul voyage et tu travailleras gratis. Coy regarda de nouveau les lignes de sa main en se répétant qu'il aurait dû laisser la gitane les lui lire. En cas de prédictions déplaisantes, pensa-t-il, il pouvait toujours les rectifier à son goût avec une lame de rasoir, comme cet autre marin d'encre et de papier, Corto Maltese, si grand et si beau avec son anneau d'or à l'oreille, à qui ça ne lui aurait pas déplu de ressembler chaque fois qu'il sentait les yeux de Tanger fixés sur lui[5]. »

3. *Ibid.*, p. 281.
4. Extrait de la fable « Le chat bourgeois », par Jean Anouilh, *Fables*, La Table Ronde, 1962.
5. Pérez-Reverte Arturo, *Le cimetière des bateaux sans nom*, éd. du Seuil, 2001, coll. « Points », p. 190.

En avril 1972, à l'occasion d'un voyage à New York, Claude Moliterni présenta Hugo Pratt, au Lincoln Center, devant un public averti constitué d'un millier de fans et de dessinateurs de BD. C'est là-bas que la rencontre entre Hugo Pratt et Milton Caniff eut lieu : « Après le spectacle, je suis allé voir Hugo perdu parmi la foule pour lui dire : "Il faut que je te présente quelqu'un." J'avais prévenu Caniff, que j'avais un peu briefé sur l'œuvre de Pratt. Hugo ne l'a pas reconnu. Je lui ai donc dit : "Je te présente Milton Caniff." À ce moment-là, son visage s'est figé, je l'ai vu totalement bouleversé, au-delà du descriptible. À l'évidence, il n'imaginait pas qu'il rencontrerait un jour cet homme qui était son « phare ». Katzmann, un dessinateur humoristique, par ailleurs milliardaire grâce à ses usines de matériel électroménager, a lancé alors : "Tous ceux qui sont dans la salle sont invités chez moi." Il avait un appartement de 500 m^2 sur Park Avenue, tout le monde s'y est retrouvé, y compris Pratt et Caniff qui à partir de ce moment sont devenus très copains[6]. »

6. *In BoDoï,* hors série, « Le vrai Hugo Pratt », sept.-oct.-nov. 2002, « C'était le roi », par Claude Moliterni, p. 25.

Biens des années après la consécration américaine orchestrée par Claude Moliterni, ce dernier écrivait dans *Pilote* : « Il faut attendre l'arrivée de Hugo Pratt en 1967, avec *La ballade de la mer salée*, pour que le noir et blanc s'installe réellement dans l'univers de la bande dessinée moderne. Pratt deviendra un des auteurs de BD au style instinctif. Au long des années, il va créer une nouvelle BD, composée de taches noires sur une feuille de papier blanc... Les résultats seront étonnants et une école inspirée par le maître de "Malamocco" verra jour[7]. »

Il fut souvent dit qu'Hugo Pratt avait introduit le silence dans la bande dessinée. Tout comme ses ombres étaient lumières, ses mutismes avaient valeur de commentaires. À ce sujet, j'ai le souvenir d'avoir lu une préface extraordinaire de Karl Jaspers, le philosophe et psychiatre allemand, grand représentant de l'existentialisme chrétien (cette philosophie existentielle dont on a tendance à se moquer et dont je serais moi-même incapable de résumer correctement l'enseignement), qui montrait que Shakespeare avait, avec *Hamlet*, su désigner le rôle magnifiquement complexe de celui qui détient la vérité en secret. Sa conclusion m'avait paru encore plus forte que le fameux : « Et le reste est littérature » puisqu'il écrivait « Le reste est silence ».

Avec Hugo, nous avions instauré l'idée, non seulement de vivre comme dans les livres, mais de remédier à l'ennui du quotidien en nous inventant des jeux qui tournaient autour du mystère. Il nous arrivait même de faire semblant de ne pas nous connaître au sein d'une foule anonyme, à l'occasion du lancement d'un de ses albums. L'appui du jeu n'est pas un artifice dans une amitié. Je voudrais l'illustrer par deux histoires qui s'apparentent chacune à un jeu.

La première histoire est le jeu de l'Indien, un jeu très simple qui consiste pour deux hommes arrivés au stade ultime du désaccord à se provoquer en duel en marchant côte à côte sans se parler. Le premier qui parle ou qui s'arrête a perdu. Le jeu de l'Indien est donc un duel dans lequel chacun des duellistes mène individuellement son combat contre lui-

7. Extrait de « Pour une esthétique du noir et blanc », par Claude Moliterni, *Pilote*, sept. 1988, p. 4.

même, tout en se mesurant à l'autre. J'aime bien ce jeu-là. La règle est extrêmement simple, mais le jeu lui-même est très difficile à vivre.

Le second jeu est le jeu du départ. Il s'organise autour d'une histoire : celle d'un homme qui réapparaît auprès de ses amis de jeunesse, vingt ans après avoir totalement disparu, sans jamais donner de nouvelles. Le voilà revenu. Il a resurgi dans leur vie. Chacun d'eux est marié, a des enfants, a réussi... Ils sont plutôt du côté de ceux dont on considère qu'ils n'ont rien raté. Il les réunit et leur dit : « Vous vous souvenez, quand on était dans la cour de la récréation, puis quand nous étions des jeunes gens pleins d'espoir, nous avions le désir de vivre une grande aventure ensemble. De mon côté, pendant toutes ces années de silence, j'ai mené ma vie, j'ai fait ce que j'ai voulu. Je ne vous raconte rien, mais je vous propose maintenant que cette grande aventure, ensemble, on la fasse enfin, sans plus attendre. Il est encore temps ! » Les autres, subjugués par ses paroles acquiescent : « Bien sûr, tu as raison, on va le faire. » Ils se donnent une semaine pour tout abandonner, tout lâcher, tout régler. Rendez-vous est pris à la gare Saint-Charles, à Marseille, au pied de la dernière marche du grand escalier qui descend vers le port. L'homme les a attendus, ils ne sont jamais venus.

Hugo Pratt a joué à ces deux jeux-là avec moi. Nous perdîmes une fois et gagnâmes une fois, l'un et l'autre.

Qui était Hugo Pratt ?

Il répond lui-même :

« Je suis un mélange d'Omar Khayyam, de Sindbad le Marin et d'Henry de Monfreid. Omar Khayyam aimait le vin et les femmes. Henry de Monfreid, que j'ai connu en 1939, à Diré-daoua, en Éthiopie, était un ascète. Il était donc très loin de moi, mais il avait le même goût de l'aventure. Je suis retourné plusieurs fois à Obock voir sa maison, où vivent aujourd'hui des religieuses. Sindbad et moi, nous nous sommes rencontrés au cours de mes lectures des *Mille et Une Nuits*. C'est un personnage doué d'ironie. J'ai fait des dessins sur lui. J'ai en moi une parcelle de chacun d'eux[8]. »

Pour moi, c'est bien lui.

« Silence ! Je me souviens », disait-il.

Bob Collins livrera-t-il, un jour, son secret ?

8. « Hugo Pratt l'homme qui a fait de la BD un art », interview réalisée par Jean-Claude Zana, *Paris-Match*, 19 juillet 1985.

Crédits des illustrations

P. 13 « Un coin perdu », D.R.
P. 15 Atelier de Grandvaux, photo F. Mangeot.
P. 22 *Fable de Venise* © 1977, Cong S.A.
P. 25 *Les Helvétiques* © 1987, Cong S.A.
P. 30 *Le désir d'être inutile* © 1991, Cong S.A.
P. 33 *L'île au trésor* © 1965, Cong S.A.
P. 35 *Les Celtiques* © 1972, Cong S.A.
P. 37 *Les Éthiopiques* © 1973, Cong S.A.
P. 40 *Les Helvétiques* © 1987, Cong S.A.
P. 46 *Mû* © 1988, Cong S.A.
P. 48 « L'Antipode », D.R.
P. 52 Christian Prost, D.R.
P. 53 *H. P. et Giuseppe Bergman* © 1980, Casterman.
P. 57 Tournage à Djibouti, TF1.
P. 58 *J'avais un rendez-vous* © 1994, Cong S.A.
P. 62 *J'avais un rendez-vous* © 1994, Cong S.A.
P. 68 *Mû* © 1988, Cong S.A.
P. 70 À bord de l' « Eco Europa », D.R.
P. 73 « Le trio », D.R.
P. 76 *Saint-Exupéry – Le dernier vol* © 1994, Cong S.A.
P. 78 *Dans un ciel lointain* © 1993, Cong S.A.
P. 80 *Saint-Exupéry – Le dernier vol* © 1994, Cong S.A.
P. 82 Tour du bassin méditerranéen, D.R.
P. 83 Fresque d'In Salah, D.R.
P. 84 Aquarelle de Luc Benedetti.

P. 85 *Corto Maltese en Sibérie* © 1974, Cong S.A.
P. 88 Cimetière marin d'Obock, D.R.
P. 90 *Le désir d'être inutile* © 1991, Cong S.A.
P. 93 *La maison dorée de Samarkand* © 1980, Cong S.A.
P. 99 *Les Helvétiques* © 1987, Cong S.A.
P. 105 *Dedicated to Corto Maltese*, 1985, Kesselring.
P. 113 *L'envers et l'endroit*, 1996, ministère de la Culture.
P. 120 *Cato Zoulou* © 1990, Cong S.A.
P. 123 *La jeunesse de Corto – Mû* © 1981, 1988, Cong S.A.
P. 134 *Les Scorpions du désert* © 1981, Cong S.A.
P. 139 *Rudyard Kipling. Poèmes – Périples imaginaires* © 1993, 2005, Cong S.A.
P. 149 *La jeunesse de Corto* © 1981, Cong S.A.
P. 157 *La ballade de la mer salée* © 1967, Cong S.A.
P. 168 *Corto Maltese en Sibérie* © 1974, Cong S.A.
P. 171 Boutre à Tadjoura, D.R.
P. 177 *Rimbaud, l'heure de la fuite – Périples imaginaires* © 1990, 2005, Cong S.A.
P. 181 *Les scorpions du désert* © 1969, Cong S.A.
P. 185 *Les Celtiques* © 1979, Cong S.A.
P. 191 *Les Celtiques* © 1979, Cong S.A.
P. 203 *Dedicated to Corto Maltese*, 1985, Kesselring.
P. 208 *Les Éthiopiques* © 1973, Cong S.A.
P. 210 *Fable de Venise* © 1977, Cong S.A.
P. 215 *Wheeling* © 1962, Cong S.A.
P. 222 *Wheeling* © 1962, Cong S.A.
P. 232 *Jesuit Joe* © 1980, Cong S.A.
P. 242 « Indiens » – *Périples imaginaires* © 1969, 2005, Cong S.A.
P. 249 Tango © 1985, Cong S.A.
P. 254 Tango © 1985, Cong S.A.
P. 260 *Le réalisme fantastique*, 1973, Opta.
P. 274 Gravure Samarkand, D.R.
P. 278 *La maison dorée de Samarkand* © 1980, Cong S.A.
P. 288 Aquarelle sur encre pour *L'Express* © 1992, Cong S.A.
P. 297 *La maison dorée de Samarkand* © 1992, Cong S.A.
P. 301 Au lac Abbé, D.R.
P. 305 *Mû* © 1988, Cong S.A.

P. 312 Photos D.R. *Les scorpions du désert II* © 1980, Cong S.A.

P. 316 Forts G.C.F., D.R.

P. 320 *Les Éthiopiques* © 1973, Cong S.A.

P. 325 *À l'ouest de l'Eden* © 1978, Cong S.A.

P. 327 Rouleau magique, 1979, Jacques Mercier.

P. 333 L'oroscopo © 1989, Cong S.A.

P. 337 *La ballade de la mer salée* © 1976, Cong S.A.

P. 342 *La Macumba du gringo* © 1977, Cong S.A.

P. 349 *Sous le signe du Capricorne – Mû* © 1970, 1988, Cong S.A.

P. 351 *Les femmes de Corto Maltese* © 1994, Cong S.A.

P. 366 *À L'ouest de l'Eden* © 1978, Cong. S.A.

P. 369 *Le désir d'être inutile* © 1991, Cong. S.A.

P. 371 *Les Éthiopiques* © 1973, Cong S.A.

P. 372 *La maison dorée de Samarkand* © 1980, Cong S.A.

P. 374 Photo Hugo Pratt et Patrizia Zanotti, Hervé Bruhat/Rapho.

P. 379 « Indiens » – *Périples imaginaires* © 1969, 2005, Cong S.A. – enluminure et écusson, D.R.

P. 386 *Corto toujours un peu plus loin* © 1971, Cong. S.A.

P. 388 *Les Celtiques* © 1971, Cong S.A.

P. 392 *Le désir d'être inutile* © 1991, Cong S.A.

P. 395 Hugo Pratt dans le train, D.R.

P. 398 *Dedicated to Corto Maltese*, 1985, Kesselring.

P. 403 Les trois unes *Le Monde*, *InfoMatin*, *Libération*, D.R.

P. 406 *Libération*, D.R.

P. 410 Photo Moretti, D.R. – photo Pratt Livio Benedetti.

P. 414 *Fable de Venise* © 1977, Cong S.A.

P. 416 « Occidente » – *Périples imaginaires* © 1984, 2005, Cong S.A.

P. 422 Hugo Pratt la main en visière dans le désert, D.R.

P. 427 Papiers brûlée et livres rangés, D.R.

P. 429 Don Quichotte : photos D.R., *Les Celtiques* © 1972, Cong S.A.

P. 432 Dames de Livio Benedetti, D.R. – portrait © 1993, Cong S.A.

P. 434 *Mû* © 1988, Cong S.A.

P. 440 *En attendant Corto* © 1987, Cong S.A.

P. 443 « Farewell Ladies » – *Périples imaginaires* © 1986, 2005, Cong S.A.

P. 445 *La ballade de la mer salée, Simbad le marin* © 1976, 1963, Cong S.A.

P. 451 *Les Celtiques* © 1972, Cong S.A.

P. 453 *Fable de Venise – Les Helvétiques – Mû,* © 1977, 1987, 1988, Cong S.A.

P. 456 Hugo Pratt à la Légion, D.R.

P. 458 *Périples imaginaires* © 1985, 2005, Cong S.A.

P. 459 *Périples imaginaires* © 1985, 2005, Cong S.A.

P. 466 *Ernie Pike* © 1957, Cong S.A.

P. 467 *Koïnsky raconte... deux ou trois choses que je sais d'eux* © 1993, Cong S.A.

P. 468 *Ce sable est aussi le nôtre* © 1962, Cong S.A.

P. 469 *Corto toujours un peu plus loin* © 1971, Cong S.A.

P. 473 Soldat en Algérie, D.R. – *Les scorpions du désert II* © 1991, Cong S.A.

P. 478 *Tango* © 1988, Cong S.A.

P. 479 *La ballade de la mer salée* © 1967, Cong S.A. et photo Jacques Lebeau.

P. 485 *La ballade de la mer salée* © 1967, Cong S.A.

P. 487 *Les Celtiques* © 1971, Cong S.A.

P. 488 *Les femmes de Corto Maltese* © 1994, Cong S.A.

P. 489 *Corto Maltese en Sibérie* © 1974, Cong. S.A.

P. 490 Avec les combattants de Frud, Dominique Martial – Hugo Pratt avec l'armée nationale djiboutienne, D.R.

P. 494 Photo D.R. *in J'avais un rendez-vous* © 1994, Cong S.A. – *Mû,* © 1988, Cong S.A.

P. 496 Milton Caniff, D.R.

P. 498 Hugo Pratt, D.R.

Illustration couverture : *Corto Maltese en Sibérie* – J'avais un rendez-vous © 1974, 1994, Cong S.A.

Table

III. — Le parcours des arcanes

IV. — Le parcours des anges

V. — Le parcours des flammes

Composé par Nord Compo
à Villeneuve-d'Ascq

Imprimé en France par I.M.E. - 25110 Baume-les-Dames
Dépôt légal : mai 2006 - Suite du premier tirage